家藏文库

曾国藩家书

〔清〕曾国藩 著 卢坡 导读

中州古籍出版社

·郑州·

图书在版编目（CIP）数据

曾国藩家书 /（清）曾国藩著；卢坡导读. —郑州：中州古籍出版社，2018.11（2022.1重印）
（家藏文库）
ISBN 978-7-5348-7806-0

Ⅰ.①曾… Ⅱ.①曾…②卢… Ⅲ.①曾国藩（1811-1872）-书信集 Ⅳ.①K827=52

中国版本图书馆 CIP 数据核字（2018）第 239638 号

JIACANG WENKU：ZENGGUOFAN JIASHU

家藏文库：曾国藩家书

选题策划　卢欣欣　赵发杰
约稿统筹　卢欣欣
责任编辑　董祐君
责任校对　刘丽佳
封面设计　王　歌
版式设计　曾晶晶

出 版 社	中州古籍出版社（地址：郑州市郑东新区祥盛街 27 号 6 层　邮编：450016　电话：0371-65723280）
发行单位	河南省新华书店发行集团有限公司
承印单位	郑州印之星印务有限公司
开　　本	640 mm × 960 mm　1/16
印　　张	29.5 印张
字　　数	380 千字
版　　次	2018 年 11 月第 1 版
印　　次	2022 年 1 月第 2 次印刷
定　　价	58.00 元

本书如有印装质量问题，请与出版社调换。

导 读

角色意识与曾氏家风

一

在五千年华夏文明史中，个体总显得微不足道，如恒河沙、沧海粟，但正是这一粒粒沙，才构筑起巍峨的文明大厦。一叶一菩提，一花一世界，我们在对华夏五千年文明做整体观照的同时，更需要走近一个个鲜活的个人。我们今天要了解的是曾国藩。

曾国藩是一位了不起的人物，有"立德立功立言三不朽，为师为将为相一完人"之誉。近代以来，梁启超、蔡锷、毛泽东，甚至蒋介石，都对曾国藩推崇备至。梁启超甚至认为：曾国藩不仅是近代以来的大人物，也是有史以来数一数二的伟大人物；不仅是中国的伟大人物，同时也是世界少有的伟大人物。曾国藩到底有何事功，让后人如此推崇？曾国藩为后世留下了哪些宝贵财富，让世人赞叹不已？在曾氏短短六十年生命中，作为头领，他白手起家，创建了一支体制外的团队——湘军，打败了太平天国，成为清王朝的"救命恩人"；作为官员，他整肃政风，匡救时弊，积极学习西方先进技术，使得晚清出现"同治中兴"；作为学者，他学问文章并重，既是名重当世的理学大师，又是"湘乡文派"的创始人；作为父兄，即使在军情险恶、随时有生命危险的时候，仍然对子弟谆谆教诲，使得曾氏家族代有贤才……

显然，曾国藩是值得关注的一位历史人物，要参透曾氏，最好的办法是读他留下的文字，但面对曾氏传世的多达1500万字的各类文稿，如奏稿、批牍、诗文、日记、书信等，一般读者是不易做到全部阅读的，这就需要我们去粗取精，而曾氏文字最精华的部分首在家书。所谓"家书"，一般认为就是家人相互往来的书信。在现代通信方式普及之前，家书是异地亲人主要的沟通方式之一①。家书的内容无可不包，但多为说明自己在外的处境，以及对家人的思念、对家事的牵挂等，一般少长篇大论。

今天存留的曾国藩家书近1500封，限于时间、精力等方面的原因，一般读者还是无法全部阅读，需要从中再精选一部分，且需要一些必要的注释和导读。有些研究者按照家书内容之不同进行归类，比如分为"修身篇""劝学篇""从政篇""治军篇""处世篇""齐家篇"等，读者朋友可以各取所需，从中获得教益；有些研究者按照时间顺序，择选具有代表性的家书，读者朋友可以从中了解曾国藩生平大略和一些重要的时事。众所周知，曾国藩是一位恪守礼教的理学大师，讲求"君君，臣臣，父父，子子"，在曾国藩看来，臣子必须尽臣子的责任，父亲应有父亲的样子，儿子需守儿子的礼数。这种"角色"意识，也明显地体现在曾国藩的家书中。根据通信对象不同，可将家书分为"与祖父家书""与父亲家书""与叔父家书"，对于这些长辈，曾国藩格外尊敬，在通信对象前往往使用"禀"字；"与夫人家书""与诸弟家书"，曾氏在通信对象前常常使用"致"字；在"与子侄家书"时，曾国藩使用的是"谕"字。"禀""致""谕"三种不同表达方式的背后是一种潜在的角色意识在发挥作用，即对于曾国藩这样讲求理学之人，他要做贤孙孝子，他要做仁兄爱父。这种角色意识，为我们解读曾国藩家书提供了绝好的途径。

---

① 岑参《逢入京使》："马上相逢无纸笔，凭君传语报平安。"这种带口信的方式毕竟较少，且因没有实物载体及有限的信息承载，往往被大家忽视。

二

我们首先来看曾国藩写给祖父的家书。从现存的家书看，曾国藩写给祖父母的家书共16封，始于清道光二十一年（1841），终于道光二十七年（1847），其中道光二十一年4封，二十二年4封，二十三年2封，二十四年4封，二十七年2封。就曾国藩与祖父的家书内容言，有介绍国家及京城大事的，有报内宅平安的，有询问诸弟读书的，有言自己及儿子境况的，有劝家中救济亲戚的，有关心祖父身体及祖母坟茔修缮的等。这些信的内容虽然零碎，但有一个特点，就是投祖父之所好，满足祖父从孙子那里想要了解信息的需求。曾国藩是长孙，又是考取功名在京城做官的长孙，是被看作光耀门楣的栋梁之材。曾国藩当然知道与祖父的家书应该怎么写。对于长期居住乡下的祖父，京城发生的大事自然能引起其兴趣，所以曾国藩在家书中经常说到京城的事情："今年散馆，湖南三人皆留，全单内共留五十二人，仅三人改部属，三人改知县。翰林衙门现已多至百四五十人，可谓极盛。琦善已于十四日押解至京。奉上谕派亲王三人、郡王一人、军机大臣、大学士、六部尚书会同审讯。现未定案。"（《禀祖父》道光二十一年四月十七日）"英夷去年攻占浙江宁波及定海、镇海两县。今年退出宁波，攻占乍浦，极可痛恨。京城人心安静如无事时，想不日可歼也。"（《禀祖父母》道光二十二年四月二十七日）这些国家大事，由孙子家书告知，能够满足祖父了解国家大事的需求，也为祖父乡里闲话提供了谈资。在曾国藩与祖父的家书中，那封劝家中救济亲戚的家书尤其值得关注。道光二十三年（1843），曾国藩出任四川乡试考官，略有进项，经济状况转好，寄千金至家，拟以六百两补贴家用，以四百两救济族戚。曾家虽为乡里大户，但亦时常举债，家中对于曾国藩将千两之银以四百两赈济族戚颇为不满，认为曾国藩此举为不顾家中负债之实情而救济他人以求虚誉。为此，曾国藩于道光二十四年（1844）三月初十日，与祖父家书一封，与温弟沅弟家书一封。与温弟沅弟家书颇长，处处动之以情；与祖父家书，则重在禀明其中道理。在曾国藩看来，正是家中气运太盛，所以要懂得持盈保泰之道，留债不清，则是好中不足，而亲戚的贫穷和衰老，迫切需要救助，此时救济，正当其时。曾国藩在此言之后，又不忘孙子之礼，接言道："此二者，孙之愚见如此。然孙少不更事，未能远谋，一切求祖父、叔父作主，孙断不敢擅自专权。"将同日与祖父的家书和与温弟、沅弟家书对比阅读，其对祖父尊重、孝道之情，溢于言表。而振济族戚之事也终在祖父的授意下，稍有实施。概而言之，以曾国藩与祖父的16封家书而言，曾国藩对祖父始终敬爱有加，曲求欢心，实为贤孙。

现存最早的曾国藩家书是道光二十年（1840）二月初九日写给父母的家书。曾国藩于道光十八年（1838）第三次会试中试，殿试三甲四十二名，赐同进士出身。曾国藩道光十九年（1839）年底从湖南老家出发参加散馆考试，这封《禀父母》的家书就作于其到京之后，内容极为详赡：详述一路行程，雇车如何，天气如何，拜客如何，所获如何；到京后，又详述租住如何，费用如何，邻居何人，甚至把所学诗赋大课等详细说来，真是不厌其烦。就一般而言，家书约略报平安，述近况，寥寥数笔，以传信息。就上面这封近千字的《禀父母》，大约可以概括为：二十一日在汉口开车，于河南度岁，一路平安，到京后寓南横街千佛庵，时有汤中堂大课。京城天地广阔，人物辐辏，很多人一入京城即眼花缭乱，忙于各种交际应酬，哪里还愿如此不厌其烦地与家人通信？曾国藩不光自己如此，同样要求家人复信"以烦琐为贵"。这一方面显示出游子对于家人的关心思念之情，一方面也显示出曾国藩的家乡情结及浓厚的"根"的观念。在曾国藩看来，京城只是实现抱负的寓居之所，家永远是那世代居住的地方。曾国藩与父亲的家书存量不少。其中很多内容与曾国藩写给祖父的书信相类似,比如报平安、述琐事、督促诸弟读书、言自己与妻子境况等。但细味曾氏与祖父及父亲的家书,还是有些差别的。其中与祖父的家书,多为娱亲之作,报喜不报忧,即使偶一涉及"困难",也旋即解决,总是一笔带过;而与父亲的书,对于自己的处境述说则较为实际,更多关心诸弟读书乃至整个家族发展,在分享升学士、得侍郎喜悦的同时,也言明自己的居京处境,甚至前线带兵打仗的情况。如咸丰三年(1853)十月初四日的《禀父》家书就重点为父亲解释了其与王鑫(璞山)的军中不和之事。王鑫以报仇为名回湘乡招募三千人,实际是借此扩大自己的实力,曾国藩训练湘勇,是为了给江忠源提供兵源,与王鑫自招自将的做法不同。一为大局着想,一为自己私利,高下立见。在此信中,曾国藩又言将专思办水军之事,开启了彭玉麟等湘军水师征战的序幕。而最后以"男办理一切,自知谨慎,求大人不必挂心"作结,可与曾国藩在京城时家书所言"男等在京谨慎,望父母亲大人放心""男现慎保身体,自奉颇厚""居家保身一切,男自知谨慎,大人不必挂念"一样看待。《孝经·开宗明义章第一》言:"身体发肤,受之父母,不敢毁伤,孝之始也。立身行道,扬名于后世,以显父母,孝之终也。夫孝,始于事亲,中于事君,终于立身。"①曾国藩深明其理,慎保身体,自奉颇厚,自知谨慎,这不仅仅是爱自己,更是孝顺父母的表现。而那些不爱惜自己身体,一味逞强求进,以致伤及自己,最终必将导致父母担忧,这便是不懂孝道了。曾国藩因母丧在籍守制,后墨绖从戎,也是遵从父亲之劝言,移孝作忠。从曾国藩与父亲的家书看,无论是自爱己身、求取功名,还是移孝作忠、扬名于世,都是出于孝道,从这一角度看,曾国藩实为孝子。

---

① 胡平生:《孝经译注》,北京:中华书局,1996年,第1页。

曾国藩叔父曾骥云为祖父曾玉屏第三子。曾骥云一生于功名不得志，一直在乡里帮助父亲和兄长主持家事。曾骥云一生无出，后其兄曾麟书将第三子曾国华出继给他。作为家族的重要主事人、曾氏兄弟在外戎马生涯的后盾，曾骥云一生都为曾国藩所敬重。曾国藩家书中与叔父的信不多，其中道光二十一年1封，二十五年3封，二十七年1封，二十八年2封，总计7封。总体而言，曾国藩对于叔父的敬重与父亲相类，间或稍有客气。叔父不得功名，又无子嗣，把大部分精力都用于照顾曾氏家族及祖父，这让在外为官的曾国藩少了很多后顾之忧，但又多了一些歉疚："祖大人之病不得少减，日夜劳父亲、叔父辛苦服事，而侄远离膝下，竟不得效丝毫之力，中夜思维，刻不能安。……闻叔父去年起公屋，劳心劳力，备极经营。外面极堂皇，工作极坚固，费钱不过百千，而见者拟为三百千规模。焦劳太过，后至吐血，旋又以祖父复病，勤劬弥甚。"（《禀叔父母》道光二十八年七月二十日）正是这种歉疚，曾国藩多次劝叔父"宜保养神气，稍稍休息"，时常捎带东西孝敬叔父。曾国藩也曾以书劝父亲不要干预公事，但却把信写给叔父（《禀叔父母》道光二十五年十月初一日），希望由叔父出面来劝诫家人，这一方面避免自己直谏父亲的尴尬（不孝），也从另一方面说明曾国藩对于叔父的敬爱。从这些家书看，于叔父曾骥云而言，曾国藩洵为贤侄。

三

通检曾国藩家书，其中写给欧阳夫人的仅仅两封。这是家书中最少的一类，甚至比写给叔父的家书还少。这是因为家中早有父亲、叔父主持家务，后有曾国潢（四弟）操办家务，家中一切事情，曾国藩与他们商量即可。而儿子渐大，曾国藩又可与儿子通信，这样就更减少了与欧阳夫人通信的机会。就现存的两封写给妻子的家书而言，都是作于曾国藩渐入老境的同治年间,所言内容也大略相似,如同治五年(1866)十二月初一日的《致欧阳夫人》中先是说再三疏辞江督之任,接着就家中琐碎之事如此交代:"家中遇祭酒菜,必须夫人率妇女亲自经手。祭祀之器皿,另作一箱收之,平日不可动用。内而纺绩做小菜,外而蔬菜养鱼、款待人客,夫人均须留心。吾夫妇居心行事,各房及子孙皆依以为榜样,不可不劳苦,不可不谨慎。近在京买参,每两去银二十五金,不知好否,兹寄一两与夫人服之。澄叔待兄与嫂极诚极敬,我夫妇宜以诚敬待之,大小事丝毫不可瞒他,自然愈久愈亲。"很明显,这后半部分才是曾国藩与夫人家书的重点,即要求欧阳夫人敬祖宗、勤家事、睦妯娌,以此为各房及子孙做榜样。同治六年(1867)五月初五日,曾国藩《致欧阳夫人》家书又言盛衰之理,希望夫人能教训儿孙妇女,常作家中无官之想,时时有谦恭省俭之意。此于曾国藩家书中虽属老生常谈,但确为曾国藩最想与夫人所言,也是曾国藩于家事中所放心不下的。曾国藩与妻书,几乎看不到夫妻之间的相思之情、相爱之意,这与对诸弟的书信中所言"后辈诸儿须走路,不可坐轿骑马。诸女莫太懒,宜学烧茶煮菜。书、蔬、鱼、猪,一家之生气;少睡多做,一人之生气。勤者生动之气,俭者收敛之气。有此二字,家运断无不兴之理"(《致澄弟沅弟季弟》咸丰八年十一月二十三日)本质上并无二致。① 从这方面看,曾国藩是

---

① 本着不为贤者讳的精神,我们在这里谈论下曾国藩的女性观问题。曾国藩不光对欧阳夫人如此,其《致澄弟沅弟》(咸丰十一年十一月十四日)信中言及所纳之妾:"余身体平安,惟疮癣之痒迄不能愈,娶妾之后亦无增减。陈氏妾入室已二十日,尚属安静大方,但不能有裨于吾之病耳。"似乎陈氏妾成了其抓痒治癣的工具。就是对诸妹、诸女,曾国藩也多抑制情感,总是要求她们按照礼法行事。曾国藩没有与诸女写过信,但与儿子的书信中涉及对于女儿的教诲,实际可以看作对女儿所作书信,如《谕纪泽》(同治二年正月二十四日)家书中有所表露。曾国藩知道女婿性情乖戾、脾气暴躁,但仍然让女儿柔顺恭谨、不可有片语违忤。接着又搬出三纲五常的一套,告诫一番,还以自己服官的经历,劝女儿在"耐劳忍气"四字上做工夫。在曾国藩看来,"读书居官,世守礼义"的曾家女儿应该忍耐顺受。从这些家书看,曾国藩是恪守封建礼教的丈夫,是一味让女儿"耐劳忍气"、甚至宁愿牺牲女儿幸福以维护"世守礼义"家风的近乎苛刻的父亲。

将夫人作为传宗接代、延续香火的工具，作为各房和子孙敬孝勤俭的表率。或许曾国藩受礼教影响，不肯言及儿女私情，实际生活中并非不知冷暖之人，但从这仅有的两封与夫人的家书而言，曾国藩是恪守封建礼法的丈夫。

曾国藩家书中数量最多、延续时间最长也最精彩的是其写给诸弟的家书。从道光二十二年（1842）居京城为官至同治十年（1871）底（同治十一年初曾国藩于金陵逝世），曾国藩与诸弟通信时间前后长达三十年，有事告之以书，无事勉之以书，甚至有五日一书之约（同治五年四月二十一日《致沅弟》），往往一信结束又加数言，真是"复恐匆匆说不尽，行人临发又开封"（张籍《秋思》）。从曾国藩早期与弟书看，总以《致澄弟温弟沅弟季弟》为题，四位弟弟尚幼，又都聚在一处，所以并未分别作书。就这一阶段家书内容而言，多是论学业讲读书，总是劝勉进德修业，力求专精不作兼营并骛。如道光二十二年（1842）九月十八日《致澄弟温弟沅弟季弟》的书信中言："求业之精，别无他法，曰专而已矣。谚曰'艺多不养身'谓不专也。吾掘井多而无泉可饮，不专之咎也。诸弟总须力图专业。……凡专一业之人，必有心得，亦必有疑义。诸弟有心得，可以告我共赏之；有疑义，可以问我共析之。且书信既详，则四千里外之兄弟不啻晤言一室，乐何如乎？"其中的劝勉鼓励之情，溢于言表。曾国藩这一时期的家书一般都较长，往往是不厌其烦，并希望诸弟的书信也"长篇累牍"。"嗣后我写诸弟信，总用此格纸，弟宜存留，每年装订成册。其中好处，万不可忽略看过。诸弟写信寄我，亦须用一色格纸，以便装订。"曾国藩是有意将与诸弟的家书保存下来，供诸弟看，亦可留与后人。面对曾国藩的谆谆教诲，诸弟大多数时候能够听取，亦偶有不耐烦之时，于书信中骂曾国藩糊涂（《致澄弟温弟沅弟季弟》道光二十四年正月二十六日），又对曾国藩的某些做法表示不满。① 总体而言，曾国藩与诸弟总是知无不言，一心想着几位弟弟成才成人。

随着诸弟渐长，多能独当一面，往往分散各处，曾国藩与诸弟的家书也就由《致澄弟温弟沅弟季弟》四弟共作一书，变为《致澄弟沅弟季弟》《致澄弟温弟沅弟》《致温弟沅弟季弟》《致澄弟季弟》《致澄弟》《致温弟》《致沅弟》《致季弟》。针对诸弟才学性情不同，曾国藩往往能"因材施教"，扬其所长，避其所短。

我们先看看曾国藩的大弟曾国潢。曾国潢原名国英，号澄侯。《家书》中称之为"澄侯、澄弟"。曾国潢自家兄弟中排行第二，但在族谱兄弟中排行第四，曾国藩通常依据族谱称之为"四弟"。曾国潢资质平庸，曾国藩劝之不必求取功名，专心在家主理家事。曾国藩在家书中言："现在我不在家，一切望四弟作主。兄弟不和，四弟之罪也；妯娌不睦，四弟之罪也；后辈骄恣不法，四弟之罪也。我有三事奉劝四弟：一曰勤，二曰早起，三曰看《五种遗规》。四弟能信此三语，便是爱兄敬兄；若不信此三语，便是弁髦老兄。我家将来气象之兴衰，全系乎四弟一人之身。"（《致澄弟沅弟季弟》道光二十七年七月十八日）曾国藩是将全家气象之兴衰大任交于曾国潢，曾国潢遵循兄长指教，料理家务，教育子侄，曾家许多家事，诸如祖父母和父母的赡养安葬及建祠修房，曾国潢都极力操办，井然有序。曾国藩与澄弟书信多是谈论家务，总希望家中能克勤克俭，子侄不生骄傲之

---

① 如对曾国藩未经商量擅自将四百金赈救族亲的做法表示不满。曾国藩在复信中动之以情，晓之以理，用很大篇幅来描述各家亲戚的贫穷境遇，通过这种描述来引起诸弟的同情之心，再以这种同情之心来看待曾国藩坚持周济众戚，自然合乎情理。此信的后半部分，曾国藩又以《易》之道察盈虚消息之理："是故既吉矣，则由吝以趋于凶；既凶矣，则由悔以趋于吉。"曾国藩表示，凡事不可万全，但求缺陷，这也是曾国藩名其所居为"求缺斋"的缘故。

气，如咸丰十年十月初四日《致澄弟》言："家事有弟照料，余甚可放心，但恐黄金堂买田起屋，以重余之罪戾，则寸心大为不安，不特生前做人不安，即死后做鬼也是不安。特此预告贤弟，切莫玉成黄金堂买田起屋。弟若听我，我便感激尔；弟若不听我，我便恨尔。但令世界略得太平，大局略有挽回，我家断不怕没饭吃。若大局难挽，劫数难逃，则田产愈多指摘愈众，银钱愈多抢劫愈甚，亦何益之有哉？嗣后黄金堂如添置田产，余即以公牍捐于湘乡宾兴堂，望贤弟千万无陷我于恶。"从中能够看出战乱之中曾国藩对于大局的忧虑和勤俭持家的期望。正是曾国潢等人全力操持家务，使得曾国藩及诸弟能够放手在外勤于政务军事而免除了后顾之忧。从与曾国潢的书信中可以看出，曾国藩是知人善用的长兄。

曾国华，原字谦斋，后曾国藩为之改名温甫。《家书》中称之为"温甫、温弟"。曾国华为曾国藩的二弟，自家兄弟中排行第三，但在族谱兄弟中排行第六，曾国藩通常依据族谱称之为"六弟"。因叔父曾骥云无子，曾国华后出继给叔父为子。他天分本高，但功名不顺，遂怨弃科举，只得一监生。后在乡办团练，转战鄂、皖等地，殉命于安徽三河镇。正是因为天分本高而时运不济，曾国藩在与六弟的信中多是宽慰劝勉之词："知四弟、六弟未得入学，怅怅然。科名有无迟早，总由前定，丝毫不能勉强。吾辈读书，只有两事：一者进德之事，讲求乎诚正修齐之道，以图无忝所生；一者修业之事，操习乎记诵词章之术，以图自卫其身。进德之事难以尽言，至于修业以卫身，吾请言之……"（《致澄弟温弟沅弟季弟》道光二十二年九月十八日）"六弟自怨数奇，余亦深以为然。然屈于小试辄发牢骚，吾窃笑其志之小，而所忧之不大也。君子之立志也，有民胞物与之量，有内圣外王之业，而后不忝于父母之生，不愧为天地之完人。……若夫一身之屈伸，一家之饥饱，世俗之荣辱得失、贵贱毁誉，君子固不暇忧及此也。六弟屈于小试，自称数奇，余窃笑其所忧之不大也。"（《致澄弟温弟沅弟季弟》道光二十二年十月二十六日）从上面诸信可以看出，曾国藩一直在安慰和鼓励这位"自怨数奇"的六弟，希望他能够从挫折中振作起来，从而立大志，以有补于世。需要注意的是，曾国藩并没有因为六弟过继给叔父为子，就与其他诸弟区别对待，反而是格外注意，时常鼓励和提醒他。曾国华后来亦于乡里办团练，当湘军被围困于江西时，他率军赴赣解围。作为湘军将领李续宾副手，曾国华转战多地，在安徽三河与太平军交战殒命于阵中，曾国藩大为悲痛，直到多年后与曾国华之子纪寿信仍多感慨惋惜。从与曾国华的书信可以看出，曾国藩又是一位善于开导勉励的长兄。

曾国荃，字沅甫，号叔淳，又名子植。《家书》中称之为"叔淳、子植、沅甫"。曾国荃为曾国藩的三弟，自家兄弟中排行第四，但在族谱兄弟中排行第九，曾国藩通常依据族谱称之为"九弟"。曾国荃年少时被赞为"奇童"，但这位"奇童"却实在不让兄长省心。曾国藩考取功名京城为官后，诸弟中最早来京随兄读书的便是曾国荃。先是功课有常，但时间不久曾国荃生起病来，在兄长的精心照顾下逐渐康复，但好起来的曾国荃即思归乡（或与曾国藩的严格要求有关），先是不肯一屋吃饭，后来不愿住在一处，坚决要回乡里。苦留不得后，曾国藩为其借途费、择良伴，始令其南归。在此后的读书等事中，曾国藩对于这位弟弟关爱备至、青眼有加，时常在书信中加以劝勉鼓励。如曾国荃喜爱书法，曾国藩在复信中既有褒奖又有点拨，煞费苦心。曾国藩创建湘军后，曾国荃亦随军练兵，其"治军严明，名望极振"，从者众多，后自帅一军，转战南北，成为湘军的重要将领，在攻破安庆、金陵城过程中居功甚大。可以说，从一位青年士子成长为一名湘军统帅，除了曾国荃自身的求强要胜外，很大程度上离不开长兄的殷勤教诲。这些教诲，或可称为湘军统帅成长录，即见于曾国藩与沅弟的众多书信中。如咸丰七年十月二十七日夜《致沅弟》的信中言将才四大端:"一曰知人善任,二曰善觇敌情,三曰临阵胆识岿有胆,迪厚有胆有识,四曰营务整齐。吾所见诸将于三者略得梗概,至于善觇敌情,则绝无其人。古之觇敌者,不特知贼首之性情伎俩,而并知某贼与某贼不和,某贼与伪主不协。今则不见此等好手矣。贤弟当于此四大端下工夫,而即以此四大端察同僚及麾下之人才。第一、第二端不可求之于弁目散勇中,第三、第四端则末弁中亦未始无材也。"曾国藩是将自己所读兵书之经验、所历战斗之实践总结起来,传之于正在带兵打仗的九弟。类似的见解还见于咸丰七年十二月十四日夜《致沅弟》书中。真可谓"鸳鸯绣出从君看,又把金针度与人"。难能可贵的是,曾国藩总是在曾国荃不同阶段所面临不同困惑给予不同指导:如六弟、九弟并在军中时,曾国藩以"长傲多言为凶德"提醒他们(《致沅弟》咸丰八年三月初六日);在九弟获得"上下交誉"的时候,曾国藩提醒他"不可错过时会,当尽心竭力,做成一个局面"(《致沅弟》咸丰八年五月十六日);面对危局,曾国藩希望九弟应"持以谨静专一之气"(《致沅弟季弟》咸丰十一年二月二十二日);面对军事的复杂、成事之艰难,曾国藩以"凡办大事,半由人力,半由天事"启之(《致沅弟》咸丰十一年四月初三日),希望九弟能尽人力、听天命;针对九弟贪、傲、怠的毛病,曾国藩以廉、谦、劳三字为药饵以求疗效(《致沅弟季弟》同治元年五月十五日);针对九弟肝火旺盛,"在军中办事日久,每为人所欺压",曾国藩以"去忿欲以养体,存倔强以励志"劝之(《致沅弟》同治二年正月二十日);针对朝廷的有意弹压("毋庸单衔具奏"),曾国藩劝九弟从"畏""慎"二字痛下工夫,即"畏天命、畏人言、畏君父之训诫""于畏慎二字之中养出一种刚气来"(《致沅弟》同治二年九月十一日);攻下太平军占据的金陵城,曾国荃在受赏的同时亦面对各方的攻击，曾国藩及时给予各种安慰（《致沅弟》同治三年七月二十九日）；在曾国荃开缺回籍又重出助剿捻军失利后，曾国藩以"好汉打脱牙和血吞"相劝勉（《致沅弟》同治五年十二月十八日夜），希望九弟能"咬定牙根，徐图自强"；在经历一连串的打击后，在面对新的处境和困惑时，曾国藩以"弟克复两省，勋业断难磨灭，根基极为深固。但患不能达，不患不能立；但患不稳适，不患不峥嵘。此后总从波平浪静处安身，莫从掀天揭地处着想。吾亦不甘为庸庸者，近来阅历万变，一味向平实处用功。非委靡也，位太高，名太重，不如是，皆危道也"开导（《致沅弟》同治六年正月二十二日）。真可谓事事为曾国荃参议、谋划，处处对其鼓励、劝诫，时时给予警示、开导。可以说，曾国荃正是在大哥的指导下，成就了自己，也成就了湘军的功绩。曾国藩于曾国荃而言真可谓知音知己兄长。

曾国葆，字季洪，又字事恒。曾国葆为曾国藩最小的弟弟，家书中称之为"季洪"或"季弟"。曾国葆自幼用功读书，志向远大。咸丰三年（1853），曾国藩奉诏募军进击太平军，曾国葆曾挈六百人相从。咸丰八年（1858），为报三哥曾国华战死之仇复出，曾国葆改名"贞干"，投奔胡林翼。咸丰十一年（1861），曾国葆与兄曾国荃合围安庆，克之。同治元年（1862），曾国葆随曾国荃围攻金陵，病死军中。一般而言，家中的老小，最受人疼爱，曾国藩长曾国葆十八岁，就年龄论，几乎可以为父子，就实际而言，曾国藩于曾国葆也一直充当长兄为父的角色。因年龄最小，曾国葆不任专事，主要在家中读书，曾国藩又喜欢与诸弟共作一书，所以与季弟之专书较少。咸丰十年（1860），投笔从戎的曾国葆获得"以训导加国子监学正衔"，曾国藩专门写来贺信。曾国藩先是祝贺季弟"官阶初晋"，对其"行事则不激不随，处位则可高可卑"深表赞同，同时希望季弟能够讲将略、求品行，并重学术，躬亲之，苦思之，以求成为出色之湖南人，继而成为后世所推崇的人才。曾国藩的这番鼓励加期望的话说得极为平易，毫无做作，毫无高论，全是出自肺腑的大白话，其中的鼓励期望之情溢于言表。特别是"哥做几件衣道贺"一句，纯粹大人对小孩子的口气，而其间的浓浓的亲情，让人倍感温暖。"哥做几件衣道贺"，让人忘却了时间在流失，忘记了此时已是年届五十的总督与三十二岁的湘军将领之间的对话，一切仿佛又回到二十年前，回到如父般的长兄对尚未成人的幺弟的细心关爱场景。曾国藩于曾国葆而言真可谓如父亲般的兄长。

四

古往今来，"谕儿书"是家书中非常重要的组成部分。曾国藩育有两子。长子曾纪泽、次子曾纪鸿。曾国藩常年在外征战为官，与儿子通信自然成为其生活的一部分。第一篇与曾纪泽的家书作于咸丰二年（1852），此时曾国藩得知母亲去世的消息，匆匆南下，京城诸事尚需料理，故而作《谕纪泽》一书有所交代，此时曾纪泽年仅十三岁。曾国藩最后与纪泽、纪鸿兄弟书为同治十年（1871），此时曾纪泽三十二岁，曾纪鸿二十三岁。在近二十年的谕儿书中，最能看出曾国藩作为父亲对于儿子的关爱和期望，虽然稍涉严厉，却处处充满关爱之情，这种比较朴素的父与子的感情，至今读来，仍令人动容。

曾纪泽为曾国藩长子，《家书》中称之为"纪泽""泽儿"。曾纪泽自幼随父受严格教育，通经史、工诗文及书法篆刻，因受洋务运动影响，力学英语，研究西方科学文化，识者每以"学贯中西"誉之。曾纪泽在政治上的主要贡献在外交方面，他曾出使过英、法、俄诸国。又曾配合左宗棠在新疆的对俄作战，与俄人力争，毁掉崇厚已订之丧权辱国条约，订立《中俄伊犁条约》，迫使俄国交还伊犁等地，赢得晚清仅有的一次外交胜利。曾纪泽作为长子长孙，被寄予厚望。这从曾国藩于咸丰二年（1852）七月二十五日夜所写的长书（十七条）《谕纪泽》即可知晓，家中之事，详尽告知。此后，祖母葬事、长沙战事，悉数函告。但是与对诸弟要求不同，曾国藩并不希望儿子投身行伍之列，因为"此事难于见功，易于造孽"，希望他能安心读书、为学。谕儿书中，大量的内容就是教授儿子读书做人。如咸丰八年（1858）七月二十一日《谕纪泽》中，曾国藩将读书之法概括为"看、读、写、作"四法，为了说明这四者之间的关系，曾氏还非常用心地用了比喻的方法：一是比作赚钱，"看书"如同在外面做生意获大利，"读书"如同在家里守财，不轻易花费；二是比作战争，"看书"是攻城略地、开疆拓土，"读书"是深沟坚垒、得地能守。比较形象地将"看书"的粗略浏览、讲求效率与"读书"的反复吟咏、注重实效的差异区分开来了。同时曾国藩鼓励曾纪泽大胆尝试，不怕出丑，少年应该有志向抱负，志向和抱负选取不妨远大些，正所谓"初生牛犊不怕虎"，或许正是这种不怕丑的精神能闯出一番成就。这实际是针对曾纪泽性格偏柔一途而言的，这也是曾国藩以"劼刚"字之的原因所在："尔禀气太清。清则易柔，惟志趣高坚，则可变柔为刚；清则易刻，惟襟怀闲远，则可化刻为厚。余字汝曰劼刚，恐其稍涉柔弱也。"（《谕纪泽》同治六年三月二十八日）曾国藩对于这位长子，既希望他能有所作为，但又不强求做官为吏，更不愿纪泽征战沙场，以此得官获赏。诗书人家、耕读人家，是曾国藩对于整个家族的比较实在而又切合实际的要求，这种要求则延续体现在曾纪泽身上。

曾纪鸿为曾国藩次子，家书中称之为"纪鸿""鸿儿"。曾纪鸿前面除有长兄外，尚有四个姐姐。曾纪鸿少年好学，不热衷于仕途而酷爱数学，并通天文、地理、舆图诸学，有《对数评解》《圆率考真图解》等数学专著传世。由于平日勤奋过度,曾纪鸿英年早逝,逝世时年仅三十三岁。因是家中的小儿子,曾国藩谕儿书中单独与曾纪鸿的书信并不多,很多都是"纪泽纪鸿"并"谕",但就是为数不多的《谕纪鸿》信中,仍能够看出曾国藩对于这个幺儿极为疼爱,并做到了因材施教。曾国藩研究专家唐浩明先生认为,曾氏上千封家书中最值得铭记传颂的就是咸丰六年(1856)九月二十九日夜作的《谕纪鸿》,而当时曾纪鸿才九岁。曾氏以一种少有的温婉语气,给年龄尚小的儿子写信,告诫儿子要勤俭自持、习劳习苦,不要沾染官宦子弟的恶习,不可贪爱奢华、不可惯习懒惰,读书写字不可间断,要早起不可贪睡,以此养成好的习惯。需要注意的是,曾国藩希望儿子做读书明理的君子,不做为他人羡慕的大官。要做君子,除了以上的勤俭自持、习劳习苦、不贪爱奢华、不骄奢倦怠外,曾国藩希望儿子注重德行修炼。在曾国藩看来,富贵功名,皆是命定,半由人力,半由天命,而作君子圣贤,则可以通过自己的不断修炼而实现。"凡人多望子孙为大官,余不愿为大官,但愿为读书明理之君子",这句千百年来在士人间传颂的话,至今仍给我们很多启发。《论语·先进篇》记载了孔门弟子求学一事:"子路问:'闻斯行诸?'子曰:'有父兄在,如之何其闻斯行之?'冉有问:'闻斯行诸?'子曰:'闻斯行之。'公西华曰:'由也问闻斯行诸,子曰,"有父兄在";求也问闻斯行诸,子曰,"闻斯行之"。赤也惑,敢问。'子曰:'求也退,故进之;由也兼人,故退之。'"[①]子路性格较为直率敢为,所以孔子让其请教父兄之后再行动;冉求平日做事退缩,所以孔子给他壮胆,鼓励其勇敢行动起来。孔子的这种因材施教的方法深深地影响到曾国藩。如咸丰八年(1858)八月二十日《谕纪鸿》的书信中言:"余生

---

① 杨伯峻:《论语译注》,北京:中华书局,1980年,第117页。

平有三耻：学问各途，皆略涉其涯埃，独天文算学，毫无所知，虽恒星五纬亦不识认，一耻也；每作一事，治一业，辄有始无终，二耻也；少时作字，不能临摹一家之体，遂致屡变而无所成，迟钝而不适于用，近岁在军，因作字太钝，废阁殊多，三耻也。尔若为克家之子，当思雪此三耻。推步算学，纵难通晓，恒星五纬，观认尚易。家中言天文之书，有《十七史》中各天文志，及《五礼通考》中所辑观象授时一种。每夜认明恒星二三座，不过数月，可毕识矣。凡作一事，无论大小难易，皆宜有始有终。"曾国藩知晓曾纪鸿喜爱天文、数学等，即通过为父雪耻的方式，鼓励纪鸿学习天文、数学。曾纪鸿也确实在数学、天文诸方面取得一定成就。这是曾国藩得风气之先的表现，也是曾氏因材施教的表现。从这些谕儿书看，曾国藩是一位循循善诱的、懂得启发的父亲，是一位不希望儿子成龙、希望儿子成为君子的父亲。

五

从上面的这些梳理可以看出，曾国藩是一位恪守封建礼教的士大夫，其"角色"意识浓重，总是按照角色来承担相对应的责任和义务。我们先来了解下什么是角色，按角色行事这种提法的意义何在？"角色"源于"脚色"，而"脚色"最初与演艺行当并无多少关联。"脚色"在宋代是一个被经常使用的词汇。比如在范仲淹《与韩魏公》的尺牍中称："曾申脚色状，今上呈，如有指示安排处，乞留意。""脚色状"实际就是履历表，宋代人要进入仕途，要提供包含个人主要履历信息以及政治立场的脚色状。个人政治立场及履历之所以使用"脚色"一词，或是因为与"履历"一样，都与"脚"相关：个人（脚）走过的路即为履历，个人（脚）所站的地方就是立场；而"色"一般指种类、类别，如"货色""各色各样"等。可见，脚色传达出一个人的身份、背景、立场等信息，成为一个人的身份标识。按照《辞海》的解释，"角色"又为"社会角色"的简称，而角色的扮演，则可以理解为个人根据自己所处的社会地位，把权利和义务恰当地结合起来而产生应有的效果。人总是处于社会之中，"角色"总是在与他人的交往中才得以体现出来，或者是权利，或者是义务。就家庭而言，曾国藩虽然在妻女之道方面有所亏欠，但总体说来，他是在努力做贤孙、孝子、仁兄、爱父；由曾国藩家书延展到全部的书信，则可以看出，曾国藩是努力在做忠臣、名将、益友、良师。尽管由于时代的局限，曾国藩有不少需要批判的地方，但是他的这种角色意识给予今天的启示在于，大家都按照角色办事，即父亲做父亲该做的，丈夫做丈夫该做的，儿子做儿子该做的，推而广之，处于什么地位就做与这个地位和身份相符合的事情，这样各行各业就会涌现一大批立足岗位、兢兢业业的人才，社会也必将是稳定繁荣、一片欣欣向荣的景象。这当是我们今天按角色解读曾国藩家书的现实意义所在。

六

曾国藩虽为湘乡曾氏家族的杰出代表，家族发展的核心人物，但曾氏家风却是由曾国藩的祖父"星冈公"开启的。祖父曾玉屏是对曾国藩性格和做人标准的形成有重要影响的人，是曾国藩一生的精神偶像。曾玉屏年少时由于家庭条件较好，沾染了不少"游惰"之气，常骑马到湘潭市肆与一些裘衣少年相嬉逐，或者"日高酣寝"，从而引起一些年长者的讥笑和斥责。但他能闻而立起自责，到三十五岁开始讲求农事，他从劳动中总结出"早、扫、考、宝、书、蔬、鱼、猪"八字治家家训。同时他还总结出"三不信"，即不信医药、僧巫、地仙，这成为曾国藩一生向弟弟、子女强调的重要准则。曾玉屏重视对先祖的祭祀，他说："后世虽贫，礼不可废。子孙虽愚，家祭不可简也。"他建起了简单的祠堂,供家族祭祀之用。曾家在当地乐善好施,"乡党戚好吉则贺,丧则吊,有疾则问。财不足以及物,吾力助焉;邻里讼诤,则常居间以解两家之纷",曾国藩常救济族戚,就是受到祖父潜移默化的影响。曾玉屏说话嗓门很大,"厉辞诘责,势若雷霆"。人惧之,"悍夫往往神沮",而他常常骂完了,"或具樽酒通殷勤,一笑散之"。正是曾玉屏"八字治家""三不信""祭祀先祖"等举措开启了曾氏一门家风。

曾麟书为曾玉屏长子,自幼受到其父的严格家训,指望以读书获取功名。但他天资不高,虽勤劳于学,考过十次童试,但都名落孙山,直至四十三岁那年,才得以补县学生员,仅比他的长子曾国藩早一年入县学。他自知才短,无望跻身仕途的更高阶梯,遂建立家塾"利见斋",教育督促诸子,将光大门第的希望寄托在曾国藩兄弟的身上。曾麟书提出的养生之法"节欲、节劳、节饮食"为曾国藩一生所遵循,并用以教导后辈。曾麟书在行为习惯上也对曾国藩等产生很大影响,即每日早早起来,或读书,或劳作,不作懒惰之人。曾麟书专重孝道,少壮敬亲,暮年爱亲,皆出于至诚。早起、孝亲,也成为曾氏一族的家风家训。

曾国藩中进士,为将为相,官场、战场,阅历极丰。曾氏又是极其善于总结经验之人,遂将生平所历,读书所得,加以提炼总结,形成家风,以传后世。我们在总结曾国藩开启曾氏家风前,先看看曾国藩对于祖父等人家训的继承情况。如曾国藩在与澄弟的家书中言:"余与沅弟论治家之道,一切以星冈公为法,大约有八个字诀。其四字即上年所称书、蔬、鱼、猪也,又四字则曰早、扫、考、宝。早者,起早也;扫者,扫屋也;考者,祖先祭祀,敬奉显考、王考、曾祖考,言考而妣可该也;宝者,亲族邻里,时时周旋,贺喜吊丧,问疾济急,星冈公常曰人待人无价之宝也。星冈公生平于此数端最为认真。故余戏述为八字诀曰：书、蔬、鱼、猪、早、扫、考、宝也。此言虽涉谐谑，而拟即写屏上，以祝贤弟夫妇寿辰，使后世子孙知吾兄弟家教，亦知吾兄弟风趣也。弟以为然否？"（《致澄弟》咸丰十年闰三月二十九日）由此家书可见，曾国藩是有意将祖父一代形成的良好的、朴素的家风以文字的形式提炼出来，并且以一种易记易诵的方式呈现，为的就是便习便用。在这八字诀中，最为曾国藩看重的就是一"早"字。大约是因为，"早"最便于施行和检验，而早早起来后，自然是或读书，或打扫，且能去骄去惰，故大为曾国藩所重视，屡屡传之于兄弟子侄。曾国藩一辈子不信医药、僧巫、地仙，多次告诫家人不可过于依赖药物，更是不信那些僧巫、地仙之言，这在当时是难能而可贵的。曾国藩除了善于继承和总结，还善于结合耳目之所接、身心之所历，形成一些新的家训，概括总结，约有如下几条：

"遵八本，三致祥。"曾国藩在祖父治家八字之说的基础又提出"遵八本"之说：读书以训诂为本，作诗文以声调为本，事亲以得欢心为本，养生以戒恼怒为本，立身以不妄语为本即不扯谎也，居家以不晏起为本，作官以不要钱为本，行军以不扰民为本。在曾国藩看来，这些都是他多年阅历而有把握之论，希望诸弟与子侄都能谨记。不管世之治乱、家之贫富，只要能守住祖父之八字及曾氏自己总结的八本，总可以不失为上等人家。除了"尊八本"，曾国藩还提出"三致祥"，即"孝致祥，勤致祥，恕致祥"。孝、勤、恕都成为致祥的法宝，也都成为曾国藩对于儿子的要求。

"勤俭自持，习劳习苦。"随着曾国藩及兄弟们的军功日大、官阶日高，曾国藩越发觉得兄弟子侄们应该勤俭自持，不可仗着家中的势力横行乡里、干涉公事，不可因着家中的富足便挥霍无度，骄奢淫逸。如曾国藩在《致澄弟沅弟》（同治十年三月初三日）言："望两弟于吾之过失时寄箴言，并望互相切磋，以勤俭自持，以忠恕教子，要令后辈洗净骄惰之气,各敦恭谨之风,庶几不坠家声耳。"与"勤俭自持"相对应的是"习劳习苦"。曾国藩总是希望自己的兄弟子侄少骑马坐轿,多从事劳作,或耕或读,总有兴旺的气象。只有习劳习苦,才会懂得得之不易,才会懂得珍惜,自然会勤俭自持;勤俭自持很大程度上需要习劳习苦,只有身体或精神方面得到劳苦锻炼,才会更加认同勤俭自持的观念。

"有恒、谨慎、自重。"曾国藩曾在京城随理学家唐鉴等致力程朱之学,每日做日课,如早起、主敬、静坐、读书不二、读史、谨言、养气、保身、日知所亡、月无忘所能、作字、夜不出门,等等,特别重视做事的持久有恒。曾国藩这样要求自己,也这样要求兄弟子侄,比如曾国藩给诸弟写信,总希望他们能读书有恒,一书不毕,不得换书,写字有恒,一帖不毕,不临他帖。如前所述,曾国藩早期在京为官时,常在家书中言"自知谨慎",后来曾国藩长年带兵打仗,很多军政大事,需要其拿定主意、做出判断,曾氏总是以谨慎的态度决之。正是靠着这种谨慎,曾国藩在京"十年七迁",由一位名不彰显的进士升擢为侍郎这样的二品大员;正是靠着这种谨慎,曾氏兄弟才能率领湘军攻克安庆、金陵等重要城池,最终打败太平军。曾国藩当然想把这种心得经验传给兄弟子侄,比如在给儿子的信中称"目下春季必尚有危险迭见,余当谨慎图之,泰然处之"(《谕纪泽》咸丰十一年正月二十四日),在与澄弟的家书中要求"凡事皆当存一谨慎俭朴之见"(《致澄弟》同治二年十月十四日),不管是军中之事还是家中之事,都需要谨慎处之,可见曾氏有意培养兄弟子侄的"谨慎"之行,希望谨慎成为曾氏一门家风。曾国藩强调举止稳重,不喜轻佻之人,对于曾纪泽的轻快之举,总是时有规劝:"余尝细观星冈公仪表绝人,全在一重字。余行路容止亦颇重厚,盖取法于星冈公。尔之容止甚轻,是一大弊病,以后宜时时留心。"(《谕纪泽》咸丰九年十月十四日）有恒体现了曾氏推崇的持之以恒和专精，这是曾氏为学的要求；谨慎透露出曾氏为官为吏、行军打仗的秘诀，这是曾氏为事的要求；自重是一种由内而外的从容不迫，这是曾氏为人的要求。

"勿浪掷光阴，勿恃才傲物。"曾国藩在短短六十年的生涯中，能够立德、立功、立言，成就了众多大事，终成一代宗师，很大程度上与曾国藩善于利用时间有关。就家书、日记等资料记载，曾国藩经常是天不明即起读书、处理政务，至夜半不眠，很多精彩的文章甚至就是夜间所作[①]。曾国藩希望诸弟及子侄也能珍惜时光，发奋有为。如曾国藩道光二十二年（1842）十二月二十日《致澄弟温弟沅弟季弟》中言："诸弟在家读书，不审每日如何用功？""诸弟每人自立课程，必须有日日不断之功，虽行船走路，俱须带在身边。"行船走路，都必须把课业带上，真是不肯浪费一寸光阴。曾国藩对诸弟尚是如此，对于儿子则更为严厉，甚至以为纪泽儿子结婚过早，影响读书求学。或是天性使然，曾氏兄弟多才气逼人，曾国藩阅历颇多，深知有才可用为善事，恃才傲物则万不可为。恃才自傲者处顺境多会得人掣肘，处逆境甚或被落井下石。曾国荃即是恃才傲物的典型，常常居功自傲，招致非议，曾国藩与其书信，很多都是劝其收敛才气，以谦和之心处事待人。

曾国藩家书中尚有"孝友和睦，赈济乡里""须努力读书，不可积钱买田""男子讲求耕读，女子讲求纺绩酒食"，等等，这些都成为曾氏家族宝贵的财富。"积善之家，必有余庆。"或许是曾国藩对

---

① 如曾国藩在同治四年正月二十二日《日记》中把古文境界定为"八言"："余昔年尝慕古文境之美者,约有八言:阳刚之美曰雄、直、怪、丽,阴柔之美曰茹、远、洁、适。蓄之数年,而余未能发为文章,略得八美之一以副斯志。是夜,将此八字言各作十六字以赞之,至次日辰刻作毕。"可见曾国藩整夜都在梳理、总结为文之事。

于诸弟子侄的教诲产生了作用,曾国藩家族在后世代有英才,曾国藩兄弟自不必多言;曾纪泽、曾纪鸿前面也有介绍;第三代孙曾广钧(曾国藩长孙),为翰林、诗人,有《环天室诗集》传世,曾广铨(曾国藩三孙)为外交家,曾任出使韩国大臣;第四代有曾宝荪(曾国藩曾孙女)、曾约农(曾国藩曾孙)、曾昭燏(曾国潢曾孙女)、曾昭抡(曾国潢曾孙)等,他们多数留学国外,从事教育科研工作,其中曾宝荪为中国第一位在西方取得理科学位的女子,曾为湖南省立第一女子师范学校校长,曾昭燏、曾约农分别为英国伦敦大学硕士和博士,曾昭抡为美国麻省理工学院博士;第五代曾宪植(曾国荃玄孙女)为革命家,参加过北伐战争和广州起义,系叶剑英之夫人,曾厚熙(曾国荃玄孙),为驰誉海内外的画家。曾氏家族,代有贤才,这种打破"君子之泽,五世而斩"惯例的奥秘,或许就藏在曾国藩传世的一千五百封家书中。

曾国藩家书对象介绍[①]

祖父

曾玉屏，号星冈，《家书》中称之为"星冈公"。

祖父曾玉屏是对曾国藩性格和做人标准的形成有重要影响之人，是曾国藩一生的精神偶像。曾玉屏年少时由于家庭条件好，沾染了不少"游惰"之气，常骑马到湘潭市肆与一些裘衣少年相嬉逐，或者"日高酣寝"，从而引起一些年长者的讥笑和斥责。但他能闻而立起自责，到35岁开始讲求农事，他从劳动中总结出"早、扫、考、宝、书、蔬、鱼、猪"八字治家家训。同时他还总结出"三不信"，即不信医药、不信僧巫、不信地仙。这成为曾国藩一生向弟弟、子女强调的重要准则。曾玉屏重视对先祖的祭祀，他说："后世虽贫，礼不可废。子孙虽愚，家祭不可简也。"他建起了简单的祠堂，供家族祭祀之用。曾家在当地乐善好施。"乡党戚好吉则贺，丧则吊，有疾则问。财不足以及物，吾力助焉；邻里讼诤，则常居间以解两家之纷。"他说话嗓门很大，"厉辞诘责，势若雷霆"。人惧之，"悍夫往往神沮"，而他常常骂完了，"或具樽酒通殷勤，一笑散之"。

[①] 此处仅列本书所选之对象加以介绍，相关材料参考中国书店版《曾文正公家书》前《曾国藩家族成员表》。

父亲

曾麟书,号竹亭,族谱派名毓济,《家书》中称之为"竹亭公"。

父亲曾麟书为曾玉屏长子,自幼受到其父的严格家训,指望他读书以获取功名。但他天资愚钝,虽勤劳于学,考过10次童试,但都名落孙山,直至43岁那年,才得以补县学生员,仅比他的长子曾国藩早一年入县学。他自知才短,无望跻身仕途的更高阶梯,遂建立家塾"利见斋",教育督促诸子,将光大门第的希望寄托在曾国藩兄弟身上。曾麟书提出的养生之法"节欲、节劳、节饮食"为曾国藩一生所遵循,并用以教导后辈。

叔父

曾骥云,号高轩,族谱派名毓驷,《家书》中称之为"高轩公"。

叔父曾骥云为曾玉屏第三子,其上第二子早夭。曾骥云一生于功名不得志,一直在乡间帮助父亲和兄长主持家事。曾骥云一生无出,后其兄曾麟书将第三子曾国华出继给他。作为家族的重要主事人,曾氏兄弟在外戎马生涯的后盾,曾骥云一生都为曾国藩所敬重。

妻子

欧阳夫人。

其父欧阳凝祉为曾国藩在衡阳求学时的老师,其兄欧阳牧云和曾国藩亦为好友。欧阳夫人持家教子,和睦亲友,为曾国藩育有二男五女。

四弟

曾国潢,原名国英,派名传晋,后改国潢,号澄侯。《家书》中称之为"澄侯、澄弟、四弟"。

曾国潢为曾国藩的大弟,自家兄弟中排行第二,但在族谱兄弟中排行第四,曾国藩通常依据族谱称之为"四弟"。曾国潢姿质平庸,曾国藩劝之不必求取功名,专心在家主理家事。曾国潢遵循兄长指教,带领弟弟，教育子侄，奋发攻读，协助父亲与叔父管理家务，曾家许多家事，如祖父母和父母的赡养安葬，及建祠修房，曾国潢都极力操办，井然有序。也曾参与公务，协办团练。

六弟

曾国华，原字谦斋，派名传谦，后曾国藩为之改名温甫。《家书》中称之为"温甫、温弟、六弟"。

曾国华为曾国藩的二弟，自家兄弟中排行第三，但在族谱兄弟中排行第六，曾国藩通常依据族谱称之为"六弟"。因叔父曾骥云无子，曾国华后出继给叔父为子。他天分本高，但功名不顺，遂怨弃科举，只得一监生。咸丰五年（1855）在乡办团练，当湘军被围困于江西时，他率军赴赣解围。后为湘军将领李续宾副手，转战鄂、皖，殉命于安徽三河镇。清廷赠其道员衔，加赠太常寺卿衔，追赠通议大夫，赏骑都尉世职，谥"愍烈"，并于国史馆立传。

九弟

曾国荃，字沅甫，派名传恒，号叔淳，又名子植。《家书》中称之为"叔淳、子植、沅甫、九弟"。

曾国荃为曾国藩的三弟，自家兄弟中排行第四，但在族谱兄弟中排行第九，曾国藩通常依据族谱称之为"九弟"。曾国荃年少时被赞为"奇童"，咸丰二年（1852）取优贡生，曾国藩创建湘军后随曾国藩转战南北，在攻破安庆、金陵城过程中居功甚大。同治三年（1864），因率军攻破太平军之"天京"——金陵城而获加封太子少保，封一等伯爵。后历任陕西、山西巡抚，署两广总督、署礼部尚书、两江总督兼通商事务大臣，光绪十五年（1889）加太子太保衔。翌年卒于位，谥"忠襄"。因善于围城，在军中有"曾铁桶"之称，又称之为"曾九帅"。

季弟

曾国葆，字季洪，又字事恒，派名传履，后改名贞干。《家书》中称之为"季洪、季弟"。

曾国葆为曾国藩最小的弟弟，兄弟中排行第五。自幼用功读书，志向远大。咸丰三年（1853），曾国藩奉诏募军进击太平军，曾国葆曾挈六百人相从。咸丰八年（1858），为报三哥曾国华战死之仇复出，改名"贞干"，先投奔胡林翼。咸丰十一年（1861），与兄曾国荃合围安庆，克之。同治元年（1862），随曾国荃围攻金陵，病死军营。清廷追赠其为内阁学士，谥"靖毅"。

长子

曾纪泽，字劼刚，号梦瞻，著名外交家。《家书》中称之为"纪泽、泽儿"。

曾纪泽为曾国藩长子，自幼随父受严格教育，通经史，工诗文、书法篆刻，善山水，尤精绘狮子，并精算术。长大后，因受洋务运动影响，力学英语，研究西方科学文化，识者每以"学贯中西"誉之。曾纪泽在政治上的主要贡献在外交方面，出使过英、法、俄诸国。又曾配合左宗棠在新疆的对俄作战，与俄人力争，毁掉崇厚已订之丧权辱国条约，虎口夺食，订立《中俄伊犁条约》，迫使俄国交还伊犁等地，有功于新疆甚大。

次子

曾纪鸿，字栗诚，著名数学家。《家书》中称之为"纪鸿、鸿儿"。

曾纪鸿少年好学，与兄纪泽并精算术，尤明于西方代数学。他不热衷于仕途而酷爱数学，并通天文、地理、舆图诸学，著有《对数评解》《圆率考真图解》等数学专著传世。其在《圆率考真图解》中依据西方数学家欧拉的方法，并加以改进，删繁就简，计算出圆周率到

100 位的小数，这是一个了不起的成就。可惜的是，由于平时勤奋用心过度，曾纪鸿事业未竟就因病逝世了，年仅 33 岁。

侄子

曾纪瑞，字佰祥，号符卿，又号酉臣。《家书》中称之为"纪瑞"。

曾纪瑞为曾国荃长子，曾国藩于同治二年（1863）十二月十四日与纪瑞一书，劝其勿忘先世之勤俭，不可专恃荫生为基。

曾纪寿，字岳松。《家书》中称之为"纪寿"。

曾纪寿为曾国华次子，曾纪寿曾写信于伯父曾国藩，奋然有报仇雪恨之意。曾国藩劝其立志读古书，立志做第一好人。

目　录

上编：与祖父、父亲、叔父书

道光二十一年四月十七日	禀祖父	3
道光二十二年九月十七日	禀祖父母	4
道光二十四年三月初十日	禀祖父母	6
道光二十七年六月十七日	禀祖父	7
道光二十年二月初九日	禀父母	8
道光二十一年五月十八日	禀父	10
道光二十一年十月十九日	禀父母	11
道光二十二年二月二十四日	禀父母	13
道光二十二年三月十一日	禀父母	14
道光二十二年八月十二日	禀父母	15
道光二十三年正月十七日	禀父母	16
道光二十三年二月十九日	禀父母	18
道光二十三年四月二十日	禀父母	20
道光二十四年五月十二日	禀父母	21

道光二十四年七月二十日	禀父母	22
道光二十四年九月十九日	禀父母	23
道光二十四年十月二十一日	禀父母	24
道光二十五年五月二十九日	禀父母	25
道光二十六年正月初三日	禀父母	26
道光二十六年二月十六日	禀父母	28
道光二十六年九月十九日	禀父母	29
道光二十七年六月二十七日	禀父母	30
道光二十七年七月十八日	禀父母	31
道光二十七年十二月初六日	禀父母	32
道光二十八年四月十四日	禀父母	33
道光二十九年二月初六日	禀父母	34
道光二十九年四月十六日	禀父母	35
咸丰三年十月初四日	禀父	37
咸丰四年三月二十五日	禀父	38
道光二十五年九月十七日	禀叔父	40
道光二十七年六月十七日	禀叔父母	41

中编：与夫人、诸弟书

同治五年十二月初一日	致欧阳夫人	45
同治六年五月初五日	致欧阳夫人	46
道光二十二年九月十八日	致澄弟温弟沅弟季弟	47
道光二十二年十月二十六日	致澄弟温弟沅弟季弟	50
道光二十二年十二月二十日	致澄弟温弟沅弟季弟	54

道光二十三年正月十七日	致澄弟温弟沅弟季弟	57
道光二十三年三月十九日	致澄弟温弟沅弟季弟	63
道光二十三年六月初六日	致温弟	64
道光二十三年六月初六日	致澄弟沅弟季弟	66
道光二十四年正月二十六日	致澄弟温弟沅弟季弟	68
道光二十四年三月初十日	致温弟沅弟	69
道光二十四年五月十二日	致澄弟温弟沅弟季弟	77
道光二十四年八月二十九日	致澄弟温弟沅弟季弟	80
道光二十四年九月十九日	致澄弟温弟沅弟季弟	81
道光二十四年十月二十一日	致澄弟温弟沅弟季弟	82
道光二十四年十一月二十一日	致澄弟温弟沅弟季弟	84
道光二十五年二月初一日	致澄弟温弟沅弟季弟	85
道光二十五年四月二十四日	致澄弟温弟沅弟季弟	86
道光二十五年五月初五日	致澄弟温弟沅弟季弟	87
道光二十六年四月十六日	致沅弟季弟	89
道光二十七年三月初十日	致澄弟沅弟季弟	90
道光二十七年六月二十七日	致澄弟沅弟季弟	93
道光二十七年七月十八日	致澄弟沅弟季弟	94
道光二十九年三月二十一日	致澄弟温弟沅弟季弟	96
道光二十九年四月十六日	致澄弟温弟沅弟季弟	99
道光二十九年九月二十一日	致澄弟温弟沅弟季弟	101
咸丰元年三月十二日	致澄弟温弟沅弟季弟	102
咸丰元年八月十九日	致澄弟温弟沅弟季弟	103
咸丰元年九月初五日	致澄弟温弟沅弟季弟	105
咸丰元年十月十二日	致澄弟温弟沅弟季弟	107

咸丰元年十二月二十二日	致澄弟温弟沅弟季弟	110
咸丰二年正月初九日	致澄弟温弟沅弟季弟	111
咸丰四年四月十四日	致澄弟温弟沅弟季弟	113
咸丰四年五月初九日	致澄弟温弟沅弟季弟	114
咸丰四年六月十八早	致澄弟温弟沅弟季弟	115
咸丰四年七月二十一夜	致澄弟温弟沅弟季弟	116
咸丰四年八月十一日	致澄弟温弟沅弟季弟	117
咸丰四年九月十三日	致澄弟温弟沅弟季弟	119
咸丰四年十一月初七日	致澄弟温弟沅弟季弟	121
咸丰四年十一月二十三夜	致澄弟温弟沅弟季弟	122
咸丰四年十一月二十七日	致澄弟温弟沅弟季弟	124
咸丰五年二月二十九夜	致澄弟温弟沅弟季弟	125
咸丰五年三月二十日	致澄弟温弟沅弟季弟	127
咸丰五年五月二十六日	致澄弟温弟沅弟季弟	128
咸丰五年七月初八日	致澄弟温弟沅弟季弟	130
咸丰五年八月二十七早	致澄弟温弟沅弟季弟	131
咸丰六年二月初八日	致澄弟温弟沅弟季弟	133
咸丰六年九月初十日	致澄弟沅弟季弟	135
咸丰六年十一月初七日	致沅弟	137
咸丰六年十一月十四日	致沅弟	138
咸丰六年十一月二十九日	致澄弟	139
咸丰七年九月二十二日	致沅弟	140
咸丰七年十月初四日	致沅弟	141
咸丰七年十月初十日	致沅弟	143
咸丰七年十月二十七夜	致沅弟	145

咸丰七年十一月初五日	致沅弟	146
咸丰七年十二月十四夜	致沅弟	148
咸丰七年十二月二十一日	致沅弟	150
咸丰八年正月初四夜	致沅弟	152
咸丰八年正月十四日	致沅弟	154
咸丰八年正月十九日	致沅弟	155
咸丰八年正月二十九日	致沅弟	156
咸丰八年三月初六日	致沅弟	158
咸丰八年三月三十日	致沅弟	159
咸丰八年四月初九日	致沅弟	161
咸丰八年五月初六日	致沅弟	163
咸丰八年五月十六日	致沅弟	164
咸丰八年六月初四日	致沅弟	166
咸丰八年十一月二十三日	致澄弟沅弟季弟	167
咸丰八年十二月十六日	致澄弟沅弟季弟	169
咸丰九年正月二十三日	致澄弟沅弟季弟	170
咸丰九年三月十三日	致澄弟沅弟季弟	172
咸丰九年四月二十三日	致澄弟沅弟季弟	173
咸丰九年六月初四日	致澄弟	174
咸丰九年十二月初五日	致澄弟沅弟	175
咸丰十年正月二十四日	致澄弟沅弟	176
咸丰十年二月二十四日	致澄弟沅弟	177
咸丰十年闰三月二十九日	致澄弟	179
咸丰十年四月十四日	致澄弟	179
咸丰十年四月二十二日	致沅弟	180

咸丰十年四月二十四日	致澄弟	181
咸丰十年四月二十八日	致沅弟季弟	182
咸丰十年六月二十七日	致季弟	183
咸丰十年七月初四日	致澄弟	184
咸丰十年七月初八日	致沅弟季弟	185
咸丰十年七月十二日	致沅弟季弟	186
咸丰十年七月十五日	致沅弟	187
咸丰十年七月二十三日	致沅弟季弟	188
咸丰十年八月十二日	致沅弟季弟	189
咸丰十年八月二十八日	致沅弟	190
咸丰十年九月初十日	致沅弟	191
咸丰十年九月二十三日	致沅弟	193
咸丰十年九月二十四日	致沅弟季弟	193
咸丰十年十月初四日	致澄弟	194
咸丰十年十月初四夜	致沅弟季弟	195
咸丰十年十月二十四日	致沅弟	196
咸丰十年十一月十四日	致澄弟	197
咸丰十年十一月二十四日	致沅弟季弟	198
咸丰十一年正月初四日	致澄弟	199
咸丰十一年二月初四日	致澄弟	200
咸丰十一年二月二十二日	致沅弟季弟	201
咸丰十一年二月二十四日	致澄弟	202
咸丰十一年三月十四日	致沅弟季弟	203
咸丰十一年三月二十五日	致沅弟季弟	204
咸丰十一年四月初三日	致沅弟	206

咸丰十一年六月十四日	致澄弟	207
咸丰十一年六月二十九日	致沅弟	208
咸丰十一年七月十四日	致澄弟	209
咸丰十一年九月初六日	致沅弟季弟	210
咸丰十一年九月初十日	致沅弟	211
咸丰十一年九月十五夜	致沅弟	211
咸丰十一年十一月初四日	致澄弟沅弟	212
咸丰十一年十一月十四日	致澄弟沅弟	213
咸丰十一年十一月十四日	致季弟	215
同治元年正月初四日	致澄弟沅弟	216
同治元年正月十四日	致沅弟	216
同治元年正月十八日	致沅弟	217
同治元年二月二十一日	致季弟	218
同治元年三月初三日	致沅弟季弟	219
同治元年四月初四日	致沅弟	219
同治元年四月初六日	致沅弟	221
同治元年四月十二日	致沅弟	222
同治元年四月二十八日	致沅弟	222
同治元年五月十五日	致沅弟季弟	223
同治元年五月二十八日	致沅弟季弟	225
同治元年六月初二日	致沅弟季弟	226
同治元年六月初四日	致澄弟	227
同治元年六月初十日	致沅弟季弟	227
同治元年六月二十日	致沅弟	228
同治元年七月二十日	致沅弟季弟	229

同治元年七月二十五日	致沅弟季弟	230
同治元年闰八月初四日	致澄弟	231
同治元年九月初四日	致澄弟	232
同治元年九月初九日	致沅弟季弟	233
同治元年九月十一日	致沅弟	234
同治元年九月二十四日	致沅弟	235
同治元年十月初三日	致沅弟	236
同治元年十月十五日	致沅弟	237
同治元年十月二十日	致沅弟	238
同治元年十一月二十四日	致沅弟	239
同治元年十二月初四日	致澄弟	239
同治二年正月十八日	致沅弟	240
同治二年正月二十日	致沅弟	242
同治二年三月二十四日	致沅弟	243
同治二年四月初一日	致沅弟	244
同治二年四月十四日	致澄弟	245
同治二年四月十六日	致沅弟	246
同治二年四月二十七日	致沅弟	247
同治二年五月初九日	致沅弟	248
同治二年五月十六日	致沅弟	249
同治二年五月二十一日	致沅弟	250
同治二年七月初一日	致沅弟	252
同治二年七月十一日	致沅弟	253
同治二年七月二十一日	致沅弟	254
同治二年七月二十三日	致沅弟	255

同治二年七月二十四日	致澄弟	257
同治二年九月十一日	致沅弟	257
同治二年九月十四日	致澄弟	258
同治二年十月十四日	致澄弟	260
同治二年十一月十二日	致沅弟	261
同治二年十二月初四日	致澄弟	262
同治二年十二月二十一日	致沅弟	263
同治三年正月十四日	致澄弟	264
同治三年正月二十六日	致沅弟	265
同治三年二月十四日	致澄弟	266
同治三年二月二十四日	致澄弟	267
同治三年四月初三日	致沅弟	268
同治三年四月初七日	致沅弟	269
同治三年四月十三日	致沅弟	269
同治三年四月二十日	致沅弟	270
同治三年四月二十八日	致沅弟	271
同治三年五月初六日	致沅弟	272
同治三年五月十六日	致沅弟	273
同治三年五月二十三日	致沅弟	274
同治三年五月二十五日	致沅弟	274
同治三年六月初一日	致沅弟	275
同治三年六月初四日	致澄弟	276
同治三年六月十六日	致沅弟	277
同治三年六月十九日	致沅弟	278
同治三年七月二十九日	致沅弟	278

同治三年八月初四日	致澄弟	279
同治三年八月二十二日	致沅弟	280
同治三年八月二十四日	致澄弟	281
同治三年九月二十四日	致澄弟	282
同治三年十月十四日	致沅弟	283
同治四年正月十四日	致沅弟	284
同治四年五月二十五日	致澄弟沅弟	284
同治五年三月二十六日	致澄弟沅弟	286
同治五年四月二十一日	致沅弟	287
同治五年六月初五日	致澄弟	288
同治五年九月十二日	致沅弟	289
同治五年十月二十三日	致沅弟	291
同治五年十一月初七日	致沅弟	292
同治五年十二月十八夜	致沅弟	293
同治五年十二月二十二日	致沅弟	294
同治六年正月初二日	致沅弟	295
同治六年正月初四日	致澄弟	296
同治六年正月二十二日	致沅弟	297
同治六年正月二十六日	致沅弟	298
同治六年二月二十一日	致沅弟	299
同治六年二月二十九日	致沅弟	299
同治六年三月初二日	致沅弟	300
同治六年三月十二日	致沅弟	301
同治十年三月初三日	致澄弟沅弟	302
同治十年十月二十三日	致澄弟沅弟	303

下编：与子侄书

咸丰二年七月二十五夜	谕纪泽	307
咸丰二年九月十八日	谕纪泽	311
咸丰六年九月二十九夜	谕纪鸿	313
咸丰六年十月初二日	谕纪泽	314
咸丰六年十一月初五日	谕纪泽	315
咸丰八年七月二十一日	谕纪泽	316
咸丰八年八月初三日	谕纪泽	318
咸丰八年八月二十日	谕纪泽	319
咸丰八年九月二十八日	谕纪泽	321
咸丰八年十月二十五日	谕纪泽	322
咸丰八年十月二十九日	谕纪泽	323
咸丰八年十二月初三日	谕纪泽	324
咸丰八年十二月二十三日	谕纪泽	325
咸丰八年十二月三十日	谕纪泽	326
咸丰九年三月初三日	谕纪泽	327
咸丰九年三月二十三日	谕纪泽	328
咸丰九年四月二十一日	谕纪泽	329
咸丰九年五月初四日	谕纪泽	331
咸丰九年五月初四日	谕纪泽	332
咸丰九年六月十四日	谕纪泽	333
咸丰九年七月十四日	谕纪泽	334
咸丰九年九月二十四日	谕纪泽	335

咸丰九年十月十四日	谕纪泽	335
咸丰十年二月初四日	谕纪泽	336
咸丰十年二月二十四日	谕纪泽	337
咸丰十年闰三月初四日	谕纪泽	338
咸丰十年四月初四日	谕纪泽	339
咸丰十年四月二十四日	谕纪泽	340
咸丰十年十月十六日	谕纪泽纪鸿	342
咸丰十年十一月初四日	谕纪泽纪鸿	343
咸丰十一年正月初四日	谕纪泽	343
咸丰十一年正月十四日	谕纪泽	345
咸丰十一年正月二十四日	谕纪泽	346
咸丰十一年二月十四日	谕纪泽纪鸿	347
咸丰十一年三月十三日	谕纪泽纪鸿	348
咸丰十一年四月初四日	谕纪泽	350
咸丰十一年六月二十四日	谕纪泽	351
咸丰十一年七月二十四日	谕纪泽	352
咸丰十一年八月二十四日	谕纪泽	353
咸丰十一年九月初四日	谕纪泽	354
咸丰十一年九月二十四日	谕纪泽	356
同治元年正月十四日	谕纪泽	357
同治元年二月十四日	谕纪泽	358
同治元年四月初四日	谕纪泽	359
同治元年四月二十四日	谕纪泽纪鸿	360
同治元年五月十四日	谕纪泽	361
同治元年五月二十四日	谕纪泽	362

同治元年五月二十七日	谕纪鸿	363
同治元年七月十四日	谕纪泽	364
同治元年八月初四日	谕纪泽	365
同治元年闰八月二十四日	谕纪泽	366
同治元年九月十四日	谕纪泽	367
同治元年十月十四日	谕纪泽	367
同治元年十一月初四日	谕纪泽	369
同治元年十二月十四日	谕纪泽	370
同治二年正月二十四日	谕纪泽	371
同治二年二月二十四日	谕纪泽	372
同治二年三月初四日	谕纪泽	373
同治二年三月十四日	谕纪泽	375
同治二年五月十八日	谕纪鸿	376
同治二年八月初四日	谕纪鸿	376
同治二年八月十二日	谕纪鸿	377
同治二年十二月十四日	谕纪瑞	378
同治三年七月初四日	谕纪泽	379
同治三年七月初七日	谕纪泽	380
同治三年七月初九日	谕纪鸿	380
同治三年七月初九日	谕纪泽	381
同治三年七月初十日	谕纪泽	382
同治三年七月十三日	谕纪泽	382
同治三年七月十八日	谕纪泽	383
同治三年七月二十日	谕纪泽	384
同治三年七月二十四日	谕纪鸿	384

同治四年闰五月初九日	谕纪泽纪鸿	385
同治四年五月十四日	谕纪泽纪鸿	386
同治四年闰五月十九日	谕纪泽	386
同治四年六月初一日	谕纪泽纪鸿	388
同治四年六月十九日	谕纪泽纪鸿	389
同治四年六月二十五日	谕纪泽	390
同治四年七月初三日	谕纪泽纪鸿	391
同治四年七月十三日	谕纪泽	392
同治四年八月十九日	谕纪泽	393
同治四年九月初一日	谕纪泽	394
同治四年九月晦日	谕纪泽纪鸿	395
同治四年十月初四日	谕纪泽	396
同治五年正月十八日	谕纪鸿	397
同治五年二月十八日	谕纪鸿	398
同治五年二月二十五日	谕纪泽纪鸿	398
同治五年三月十四夜	谕纪泽纪鸿	399
同治五年六月十六日	谕纪泽纪鸿	400
同治五年六月二十六日	谕纪泽纪鸿	401
同治五年八月初三日	谕纪泽纪鸿	403
同治五年八月二十二日	谕纪泽纪鸿	404
同治五年九月初九日	谕纪泽纪鸿	404
同治五年十月十一日	谕纪泽	405
同治六年正月十七日	谕纪泽	406
同治六年二月二十五日	谕纪泽	407
同治六年三月二十八日	谕纪泽	409

同治七年十二月初三日	谕纪泽	410
同治八年正月二十二夜	谕纪泽	411
同治八年二月十八日	谕纪泽	412
同治九年正月初八日	谕纪寿	413
同治九年六月初四日	谕纪泽纪鸿	415
同治九年六月二十四日	谕纪泽	418
同治九年十一月初二日	谕纪泽纪鸿	418

上编 与祖父、父亲、叔父书

道光二十一年四月十七日

禀祖父

散馆湖南三人全留。琦善押解来京。求解楚善之危。①

祖父大人万福金安：

四月十一日由折差②发第六号家信，十六日折弁又到。孙男等平安如常，孙妇亦起居维慎。

曾孙数日内添吃粥一顿，因母乳日少，饭食难喂，每日两饭一粥。今年散馆，湖南三人皆留，全单内共留五十二人，仅三人改部属，三人改知县。翰林衙门现已多至百四五十人，可谓极盛。

琦善已于十四日押解到京。奉上谕派亲王三人、郡王一人、军机大臣、大学士、六部尚书会同审讯。现未定案。

梅霖生同年因去岁咳嗽未愈，日内颇患喀血。同乡各京官宅皆如故。

澄侯弟三月初四在县城发信已经收到，正月二十五信至今未接。兰姊以何时分娩？是男是女？伏望下次示知。

楚善八叔事，不知去冬是何光景。如绝无解危之处，则二伯祖母将穷迫难堪；竟希公之后人，将见笑于乡里矣。孙国藩去冬已写信求东阳叔祖兄弟，不知有补益否？此事全求祖父大人作主。如能救焚拯溺③，何难嘘枯④回生！伏念祖父平日积德累仁，救难济急，孙所知

---

① 每封家书前以小字概括书信内容，以作阅读提示。阅读提示主要取自岳麓书社《曾国藩全集·家书》（修订版）信前概括部分。
② 折差：即折弁（biàn），古时称专为地方大员送奏折到京城的邮差为折弁。
③ 救焚拯溺：亦作"救火拯溺"，犹言救人于水火之中。焚，指火灾。溺，指落水者。
④ 嘘枯：比喻拯绝扶危。

者，已难指数。如廖品一之孤、上莲叔之妻、彭定五之子、福益叔祖之母及小罗巷、樟树堂各庵，皆代为筹画，曲加矜恤。凡他人所束手无策、计无复之者，得祖父善为调停，旋乾转坤，无不立即解危，而况楚善八叔同胞之亲、万难之时乎？孙因念及家事，四千里外杳无消息，不知同堂诸叔目前光景。又念家中此时亦甚艰窘，辄敢冒昧饶舌①，伏求祖父大人宽宥无知之罪。楚善叔事如有说法之处，望详细寄信来京。

兹逢折便，敬禀一二，即跪叩祖母大人万福金安。

道光二十二年九月十七日

禀祖父母
告中英签订南京条约。家信务求详明。

孙男国藩跪禀祖父母大人万福金安：

九月十三日接到家信，系七月父亲在省所发，内有叔父信及欧阳牧云致函。知祖母于七月初三日因占犯致恙，不药而愈，可胜欣幸。

高丽参足以补气，然身上稍有寒热，服之便不相宜，以后务须斟酌用之。若微觉感冒，即忌用。此物平日康强时，和入丸药内服最好。然此时家中想已无多，不知可供明年一单丸药之用否？若其不足，须写信来京，以便觅便寄回。四弟、六弟考试又不得志，颇难为怀。然大器晚成，堂上不必以此置虑。闻六弟将有梦熊②之喜，幸甚。近叔父为婶母之病劳苦忧郁，有怀莫宣。今六弟一索得男，则叔父含饴弄

---

① 饶舌：唠叨；多嘴。
② 梦熊：古人以梦中见熊罴为生男的征兆，后以"梦熊"作生男的颂语。

孙，瓜瓞①日蕃，其乐何如！唐镜海先生德望为京城第一，其令嗣极孝，亦系兄子承继者。先生今年六十五岁，得生一子，人皆以为盛德之报。

英夷在江南，抚局已定。盖金陵为南北咽喉，逆夷既已扼吭而据要害，不得不权为和戎之策，以安民而息兵。去年逆夷在广东曾经就抚，其费去六百万两。此次之费，外间有言二千一百万者。又有言此项皆劝绅民捐输，不动帑藏。皆不知的否。现在夷船已全数出海，各处防海之兵陆续撤回，天津亦已撤退。议抚之使，系伊里布、耆英及两江总督牛鉴三人。牛鉴有失地之罪，故抚局成后即革职拿问。伊里布去广东代奕山为将军，耆英为两江总督。自英夷滋扰，已历二年，将不知兵，兵不用命，于国威不无少损。然此次议抚，实出于不得已。但使夷人从此永不犯边，四海晏然安堵，则以大事小，乐天之道，孰不以为上策哉！

孙身体如常，孙妇及曾孙兄妹并皆平安。同县黄晓潭鉴荐一老妈吴姓来。渠②在湘乡苦请他来，而其妻凌虐婢仆，百般惨酷，黄求孙代为开脱。孙接至家住一月，转荐至方夔卿太守宗钧处，托其带回湖南。大约明春可到湘乡。

今年进学之人，孙见题名录，仅认识彭惠田一人。不知二十三四都进人否？谢宽仁、吴光煦取一等，皆少年可慕。一等第一，题名录刻黄生平，不知即黄星平否？

孙每接家信，常嫌其不详，以后务求详明。虽乡间田宅婚嫁之事，不妨写出，使游子如神在里门③。各族戚家，尤须一一示知。幸甚。

---

① 瓜瓞（dié）：喻子孙繁衍，相继不绝。
② 渠：方言，他。
③ 里门：闾里的门，古代同里的人家聚居一处，设有里门。这里指称乡里。

敬请祖父母大人万安。余容后呈。

孙谨禀

道光二十四年三月初十日

禀祖父母

馈赠亲族之原因：一为有意留部分债，恐盈极生亏；一为亲族中老人在世不久，恐今后欲赠不能。

孙国藩跪禀祖父母大人万福金安：

二月十四，孙发第二号信，不知已收到否？孙身体平安，孙妇及曾孙男女皆好。孙去年腊月十八曾寄信到家，言寄家银一千两，以六百为家中还债之用，以四百为馈赠亲族之用。其分赠数目，另载寄弟信中，以明不敢自专之义也。后接家信，知兑啸山百三十千，则此银已亏空一百矣。项闻曾受恬丁艰，其借银恐难遽完，则又亏空一百矣。所存仅八百，而家中旧债尚多，馈赠亲族之银，系孙一人愚见，不知祖父母、父亲、叔父以为可行否？伏乞裁夺。

孙所以汲汲①馈赠者，盖有二故。一则我家气运太盛，不可不格外小心，以为持盈保泰之道。旧债尽清，则好处太全，恐盈极生亏；留债不清，则好中不足，亦处乐之法也。二则各亲戚家皆贫，而年老者，今不略为欲助，则他日不知何如。自孙入都后，如彭满舅曾祖、彭王姑母、欧阳岳祖母、江通十舅，已死数人矣。再过数年，则意中所欲馈赠之人，正不保何若矣！家中之债，今虽不还，后尚可还。赠人之举，今若不为，后必悔之。

---

① 汲汲：心情急切貌。

此二者，孙之愚见如此。然孙少不更事，未能远谋，一切求祖父、叔父作主，孙断不敢擅自专权。其银待欧阳小岑南归，孙寄一大箱，衣物银两概寄渠处，孙认一半车钱。彼时再有信回。

孙谨禀

道光二十七年六月十七日

禀祖父
升授内阁学士兼礼部侍郎衔。

孙国藩跪禀祖父大人万福金安：

六月十五日接家中第九号信，系四月初三日四弟在县城发者。知祖父身体康强，服刘三爷之药，旧恙已经全愈，孙等不胜欣喜。前五月底，孙发第五号信，言大考蒙恩记名赏缎事，想家中已收到。

六月初二，孙荷蒙皇上破格天恩，升授内阁学士兼礼部侍郎衔。由从四品骤升二品，超越四级，迁擢不次，惶悚①实深。初六日考试教习，孙又蒙天恩派为阅卷大臣。初六日入闱②，初七日王大臣点名。士子入闱者，进士、举人共三百八十余名，贡生入闱者一百七十余名。初八早发题纸，十一日发榜，十三日复试，十四日复命。初三日谢恩及十四复命，两次召见，奏对尚无愆误③，教习取中额数共一百二十一名，湖南得取十一人，另有全单。

十七日冯树堂回南，孙寄回红顶二个、二晶补服三付及他物，另

---

① 惶悚：惶恐。
② 入闱：指科举考试时考生或监考人员等进入考场，科举时代称考场为闱。
③ 愆误：差错。

有单。大约八月初旬可到省，存陈季牧家中。望大人于中秋前后专人至省来接，命九弟写信与季牧可也。

孙等身体平安，癣疾已将全好，头上竟看不见。孙妇及曾孙男女皆好。余俟续具。

孙谨禀

道光二十年二月初九日

禀父母

二十八日到京，寓南横街千佛庵，现间日一课。

男国藩跪禀父亲母亲大人膝下：

去年十二月十六日，男在汉口寄家信，付湘潭人和纸行，不知已收到否？后于二十一日在汉口开车。二人共雇二把手小车六辆，男占三辆半。行三百余里，至河南八里汊度岁。正月初二日开车，初七日至周家口，即换大车。雇三套篷车二辆，每套钱十五千文。男占四套，朱占二套。初九日开车，十二日至河南省城，拜客耽搁四天，获百余金。十六日起行，即于是日三更趁风平浪静径渡黄河。二十八日到京。一路清吉平安，天气亦好，惟过年二天微雪耳。

到京在长郡会馆卸车。二月初一日移寓南横街千佛庵。屋四间，每月赁钱四千文，与梅、陈二人居址甚近。三人联会，间日一课。每课一赋一诗誊真①。初八日是汤中堂老师大课，题"智若禹之行水赋"，以"行所无事则智大矣"为韵，诗题赋得"池面鱼吹柳絮行"

---

① 誊真：谓用楷书誊写。

得"吹"字。三月尚有大课一次。

同年未到者不过一二人,梅、陈二人皆正月始到。岱云江南、山东之行无甚佳处,到京除偿债外,不过存二三百金,又有八口之家。

男路上用去百金,刻下光景颇好。接家眷之说,郑小珊现无回信。伊若允诺,似尽妥妙;如其不可,则另图善计,或缓一二年亦可,因儿子太小故也。

家中诸事都不挂念,惟诸弟读书不知有进境否?须将所作文字诗赋寄一二首来京。丹阁叔大作亦望寄示。男在京一切谨慎,家中尽可放心。

又禀者,大行皇后①于正月十一日升遐②,百日以内禁剃发,期年禁燕会音乐。何仙槎年伯于二月初五日溘逝。是日男在何家早饭,并未闻其大病,不数刻而凶问至矣。没后,加太子太保衔。其次子何子毅,已于去年十一月物故。自前年出京后,同乡相继殂逝③者:夏一卿、李高衢、杨宝筠三主事,熊子谦、谢讱庵及何氏父子凡七人。光景为之一变。男现慎保身体,自奉颇厚。

季仙九师升正詹,放④浙江学政,初十日出京。廖钰夫师升尚书。吴甄甫师任福建巡抚。朱师、徐师灵榇并已回南矣。

詹有乾家墨,到京竟不可用,以胶太重也。拟仍付回,或退或用随便。接家眷事,三月又有信回家中。信来,须将本房及各亲戚家附载详明,堂上各老人须一一分叙,以烦琐为贵。

谨此跪禀万福金安。

---

① 大行皇后:古代称刚死而尚未定谥号的皇后。
② 升遐:帝王去世的婉辞,亦指后妃等死亡。
③ 殂逝:逝世。殂,死亡。
④ 放:指任命为外地官员。

道光二十一年五月十八日

禀 父

接家信五封。身体如常,惟不耐久思。沅甫功课有常。龙翰臣得状元。

男国藩跪禀父亲大人万福金安:

自闰三月十四日在都门拜送父亲,嗣后共接家信五封:十五日接四弟在涟滨所发信,系第二号,始知正月信已失矣;二十二日接父亲在二十里铺发信;四月二十八巳刻接在汉口寄曹颖生家信;申刻又接在汴梁寄信;五月十五接父亲到长沙发信,内有四弟信、六弟文章五首。诸悉祖父母大人康强,家中老幼平安,诸弟读书发奋;并喜父亲出京一路顺畅,自京至省,仅三十余日,真极神速。

男于闰月十六发第五号家信,四月十一发六号,十七发七号,不知家中均收到否?迩际①男身体如常。每夜早眠,起亦渐早。惟不耐久思,思多则头昏。故常冥心于无用,优游涵养,以谨守父亲保身之训。

九弟功课有常。《礼记》九本已点完,《鉴》已看至三国,《斯文精萃》诗、文各已读半本。诗略进功,文章未进功,男亦不求速效。观其领悟,已有心得,大约手不从心耳。

甲三于四月下旬能行走,不须扶持,尚未能言。无乳可食,每日一粥两饭。冢妇②身体亦好,已有梦熊之喜。婢仆皆如故。

今年新进士龙翰臣得状元,系前任湘乡知县见田年伯之世兄。同乡六人,得四庶常、两知县。复试单已于闰三月十六付回,兹又付呈

---

① 迩际:近来。
② 冢妇:嫡长子之妻。

殿试朝考全单。同乡京官如故。郑莘田给谏服阕来京。梅霖生病势沉重,深为可虑。黎樾乔老前辈处,父亲未去辞行,男已道达此意。广东之事,四月十八得捷音,兹将抄报付回。

男等在京自知谨慎,堂上各老人不必挂怀。家中事,兰姊去年生育,是男是女?楚善事如何成就?伏望示知。

男谨禀

即请母亲大人万福金安。

道光二十一年十月十九日

禀父母

近日发奋用功。与沅甫和好无猜。附劝弟诗一首。

男国藩跪禀父母亲大人万福金安:

十月十七日接奉在县城所发手谕,知家中老幼安吉,各亲戚家并皆如常。七月二十五由黄恕皆处寄信,八月十三日由县附信寄折差,皆未收到。男于八月初三发第十一号家信,十八发第十二号,九月十六发第十三号,不知皆收到否?

男在京身体平安。近因体气日强,每天发奋用功。早起温经,早饭后读二十三史,下半日阅诗、古文。每日共可看书八十页,皆过笔圈点。若有耽阁,则止看一半。

九弟体好如常,但不甚读书。前八月下旬迫切思归,男再四劝慰,询其何故。九弟终不明言,惟不读书,不肯在上房①共饭。男因就弟

---

① 上房:正房。

房二人同食，男妇独在上房饭。九月一月皆如此。弟待男恭敬如常，待男妇和易如常，男夫妇相待亦如常，但不解其思归之故。男告弟云"凡兄弟有不是处，必须明言，万不可蓄疑于心。如我有不是，弟当明争婉讽。我若不听，弟当写信禀告堂上。今欲一人独归，浪用途费，错过光明，道路艰险，尔又年少无知，祖父母、父母闻之，必且食不甘味，寝不安枕，我又安能放心？是万万不可也"等语。又写书一封，详言不可归之故，共二千余字。又作诗一首示弟。弟微有悔意，而尚不读书。十月初九，男及弟等恭庆寿辰。十一日，男三十初度，弟具酒食、肃衣冠，为男祝贺。嗣是复在上房四人共饭，和好无猜。

昨接父亲手谕，中有示荃男一纸，言境遇难得，光阴不再等语，弟始愧悔读书。男教弟千万言，而弟不听；父亲教弟数言，而弟遽惶恐改悟。是知非弟之咎，乃男不能友爱，不克修德化导之罪也。伏求更赐手谕，责男之罪，俾男得率教改过。幸甚。

男妇身体如常。孙男日见结实，皮色较前稍黑，尚不解语。男自六月接管会馆公项，每月收房租大钱十五千文，此项例听经管支用，俟交卸时算出，不算利钱。男除用此项外，每月仅用银十一二两。若稍省俭，明年尚可不借钱。比家中用度较奢华，祖父母、父母不必悬念。男本月可补国史馆协修官，此轮次挨派者。

英夷之事，九月十七大胜。在福建、台湾生擒夷人一百三十三名，斩首三十二名，大快人心。

许吉斋师放甘肃知府。同乡何宅尽室南归，余俱如故。同乡京官现仅十余人。敬呈近事，余容续禀。

男谨禀

又，呈附录诗一首云：

松柏翳危岩，葛①藟②相钩带。兄弟匪他人，患难亦相赖。行酒烹肥羊，嘉宾填门外。丧乱一以闻，寂寞何人会？维鸟有鹣鹣③，维兽有狼狈。兄弟审无猜，外侮将予奈？愿为同岑④石，无为水下濑。水急不可矶，石坚犹可磕。谁谓百年长，仓皇已老大。我迈而斯征，辛勤共粗粝。来世安可期，今生勿玩愒⑤！

道光二十二年二月二十四日

禀父母

浙江与英军开仗不胜。湖北杀钟人杰。河口合龙。

男国藩跪禀父母亲大人万福金安：

正月十七日发第二号家信，不知已收到否？男身体平安，男妇亦如常。九弟之病，自正月十六日后，日见强旺。二月一日开荤，现已全复元矣。二月以来，日日习字，甚有长进。男亦常习小楷，以为明年考差之具。近来改临智永《千字文》帖，不复临颜、柳二家帖，以不合时宜故也。孙男身体甚好，每日佻达欢呼，曾无歇息。孙女亦好。

浙江之事，闻于正月底交战，仍尔不胜。去岁所失宁波府城、定海镇海二县城尚未收复。英夷滋扰以来，皆汉奸助之为虐。此辈食毛

---

① 葛：多年生草本植物，茎可编篮做绳，纤维可织布，块根肥大，称"葛根"，可制淀粉，亦可入药（通称"葛麻"）。
② 藟（lěi）：一种像葛的蔓生植物，缠绕而生。
③ 鹣（jiān）鹣：鸟名，比翼鸟。
④ 岑：小而高的山。
⑤ 玩愒（kài）：贪图安逸，旷废时日。

践土①，丧尽天良，不知何日罪恶贯盈，始得聚而歼灭！湖北崇阳县逆贼钟人杰为乱，攻占崇阳、通城二县。裕制军即日扑灭，将钟人杰及逆党槛送京师正法，余孽俱已搜尽。钟逆倡乱不及一月，党羽姻属，皆伏天诛。黄河去年决口，昨已合龙，大功告成矣。

九弟前病中思归，近因难觅好伴，且闻道上有虞，是以不复作归计。弟自病好后，亦安心不甚思家。李碧峰在寓住三月，现已找得馆地，在唐同年李杜家教书，每月俸金二两，月费一千。男于二月初配丸药一料，重三斤，约计费钱六千文。

男等在京谨慎，望父母亲大人放心。

男谨禀

道光二十二年三月十一日

禀父母

近日习帖，为试帖诗及温习制艺。

男国藩跪禀父母亲大人万福金安：

二月二十三日发家信第三号，不知已收到否？正月所寄鹿脯②想已到。三月初奉大人正月十二日手谕，具悉一切。又知附有布匹、腊肉等在黄莘卿处，第不知黄氏兄弟何日进京，又不知家中系专人送至省城，抑托人顺带也。

男在京身体如常，男妇亦清吉。九弟体已复元，前二月间因其初愈，每日只令写字养神。三月以来，仍理旧业，依去年功课。未服补

---

① 食毛践土：居其地而食其土之所产。毛，指可食植物。
② 鹿脯：鹿肉干。

剂，男分丸药六两与他吃，因年少不敢峻补。

孙男女皆好，拟于三月间点牛痘。此间牛痘局系广东京官请名医设局积德，不索一钱，万无一失。

男近来每日习帖，不多看书。同年邀为试帖诗课，十日内作诗五首，用白折写好公评，以为明年考差之具。又吴子序同年有两弟在男处附课看文。又金台书院每月月课，男亦代人作文。因久荒制艺，不得不略为温习。

此刻光景已窘，幸每月可收公项房钱十五千，外些微挪借，即可过度。京城银钱比外间究为活动。家中去年彻底澄清，余债无多，此真可喜。蕙妹仅存钱四百千，以二百在新窑食租，不知住何人屋？负薪汲水，又靠何人？率五素来文弱，何能习劳！后有家信，望将蕙妹家事琐细详书。余容后禀。

男谨呈

道光二十二年八月十二日

禀父母

黄河决口百九十余丈。何子贞全家来京。彭王姑墓志铭已写毕。

男国藩跪禀父母亲大人万福金安：

八月初二日发第十号家信，内载九弟南旋事甚详，不审到否？九弟自七月十六出京，二十三即有信来京，嗣后在道上未发信来，刻下想已到樊城矣。不知道上果平安否？男实难放心。

黄河决口百九十余丈，在江南桃源县之北，为患较去年河南不过三分之一。逆夷在江南半月内无甚消息，大约和议已成。

同县有黄鉴者，为口外宣化巡检。去年回家，在湘乡带一老妈来京。因使用不合，仍托人携带南归。现寄居男寓，求男代觅地方附回，途费则黄自出。

谢果堂先生已于八月初六出京，住京两月，与男极相投洽，临别依依难舍。同乡如唐镜海、俞岱青、谢果堂三前辈，皆老成典型，于男皆青眼相待。何子贞全家皆已来京。男妇及孙男女身体如常。

此次折差于七月十六在省起身，想父亲彼时尚在省城，不知何以无信？陈岱云家信，言学院十六封门。四弟、六弟府考，渠亦不知。彭王姑墓志铭，九弟起程时，仓卒未及写，今写毕，又无便寄，求告知征一表叔。正月十二所办寿具，不知已漆否？万不可用黄二漆匠。此人男深恶之，他亦不肯尽心也。彭宫五亦不可用，彼未学过，且太迟钝。余俟续禀。

男谨禀

道光二十三年正月十七日

禀父母

在京为祖父母祝寿。望从澄侯、温甫等人求学之请。

男国藩跪禀父母亲大人万福金安：

正月八日恭庆祖父母双寿，男去腊作寿屏二架。今年同乡送寿对者五人。拜寿来客四十人。早面四席，晚酒三席。未吃晚酒者，于十七日、二十日补请二席。又倩①人画椿萱②重荫图，观者无不叹羡。

男身体如常。新年应酬太繁，几至日不暇给。媳妇及孙儿女俱平安。

正月十五接到四弟、六弟信。四弟欲偕季弟从汪觉庵师游，六弟欲偕九弟至省城读书。男思大人家事日烦，必不能常在家塾照管诸弟；且四弟天分平常，断不可一日无师，讲书改诗文，断不可一课耽阁。伏望堂上大人俯从男等之请，即命四弟、季弟从觉庵师。其束脩③银，男于八月付回，两弟自必加倍发奋矣。六弟实不羁之才，乡间孤陋寡闻，断不足以启其见识而竖其志向，且少年英锐之气不可久挫。六弟不得入学，既挫之矣；欲进京而男阻之，再挫之矣；若又不许肄业省城，则毋乃太挫其锐气乎？伏望堂上大人俯从男等之请，即命六弟、九弟下省读书。其费用，男于二月间付银二十两至金竺虔家。

夫家和则福自生。若一家之中，兄有言弟无不从，弟有请兄无不应，和气蒸蒸④而家不兴者，未之有也；反是而不败者，亦未之有也。伏望大人察男之志，即此敬禀叔父大人，恕不另具。六弟将来必为叔父克家之子，即为吾族光大门第，可喜也。

谨述一二，余俟续禀。

---

① 倩：请；央求。
② 椿萱：《庄子·逍遥游》谓大椿长寿，后世因以椿称父、以萱称母。椿、萱连用，代称父母。
③ 束脩：指学生致送教师的酬金。
④ 蒸蒸：兴盛貌。

道光二十三年二月十九日

禀父母

申明从澄侯、温甫之请,意在和睦兄弟。

男国藩跪禀父母亲大人万福金安:

正月十七日,男发第一号家信,内呈堂上信三页,复诸弟信九页,教四弟与厚二从汪觉庵师,六弟、九弟到省从丁秩臣,谅已收到。二月十六日接到家信第一号,系新正初三交彭山屺者,敬悉一切。

去年十二月十一,祖父大人忽患肠风,赖神灵默佑,得以速痊,然游子闻之,尚觉心悸。六弟生女,自是大喜。初八日恭逢寿筵,男不克在家庆祝,心尤依依。

诸弟在家不听教训,不甚发奋。男观诸弟来信,即已知之。盖诸弟之意,总不愿在家塾读书。自己亥年男在家时,诸弟即有此意,牢不可破。六弟欲从男进京,男因散馆①去留未定,故比时未许。庚子年接家眷,即请弟等送,意欲弟等来京读书也。特以祖父母、父母在上,男不敢专擅,故但写诸弟,而不指定何人。迨九弟来京,其意颇遂,而四弟、六弟之意尚未遂也。年年株守家园,时有耽阁;大人又不能常在家教之;近地又无良友,考试又不利。兼此数者,怫郁②难申,故四弟、六弟不免怨男,其可以怨男者有故。丁酉在家教弟,威克厥爱,可怨一矣;己亥在家未尝教弟一字,可怨二矣;临进京不肯带六弟,可怨三矣;不为弟另择外傅,仅延丹阁叔教之,拂厥本意,

---

① 散馆:明清时翰林院设庶常馆,新进士朝考得庶吉士资格者入馆学习,三年期满举行考试后,成绩优良者留馆,授以编修、检讨之职,其余分发各部为给事中、御史、主事,或出为州县官,谓之"散馆"。
② 怫郁:亦作"怫悒"。忧郁,心情不舒畅。

可怨四矣；明知两弟不愿家居，而屡次信回，劝弟寂守家塾，可怨五矣。惟男有可怨者五端，故四弟、六弟难免内怀隐衷。前次含意不申，故从不写信与男。去腊来信甚长，则尽情吐露矣。

男接信时，又喜又惧。喜者，喜弟志气勃勃不可遏也；惧者，惧男再拂弟意，将伤和气矣。兄弟和，虽穷氓小户必兴；兄弟不和，虽世家宦族必败。男深知此理，故禀堂上各位大人俯从男等兄弟之请。男之意实以和睦兄弟为第一。

九弟前年欲归，男百般苦留，至去年则不复强留，亦恐拂弟意也。临别时，彼此恋恋，情深似海。故男自九弟去后，思之尤切，信之尤深。谓九弟纵不为科目中人，亦当为孝弟中人。兄弟人人如此，可以终身互相依倚，则虽不得禄位，亦何伤哉！

恐堂上大人接到男正月信必且惊而怪之，谓两弟到衡阳、两弟到省，何其不知艰苦，擅自专命？殊不知男为兄弟和好起见，故复缕陈一切；并恐大人未见四弟、六弟来信，故封还附呈。总愿堂上六位大人俯从男等三人之请而已。

伏读手谕，谓男教弟宜明言责之，不宜琐琐告以阅历工夫。男目〔自〕忆连年教弟之信不下数万字，或明责，或婉劝，或博称，或约指，知无不言，总之尽心竭力而已。

男妇孙男女身体皆平安，伏乞放心。

男谨禀

道光二十三年四月二十日

禀父母

三月盘查国库，不对数银九百二十五万两。有关官员皆革职分赔。

男国藩跪禀父母亲大人万福金安：

三月二十日，男发第三号信，二十四日发第四号信，谅已收到。托金竺虔带回之物，谅已照信收到。男及男妇孙男女皆平安如常。男因身子不甚壮健，恐今年得差劳苦，故现服补药，预为调养。已作丸药二单。考差尚无信，大约在五月初旬。

四月初四，御史陈公上折直谏。此近日所仅见，朝臣仰之如景星庆云①。兹将折稿付回。三月底盘查国库，不对数银九百二十五万两。历任库官及查库御史，皆革职分赔，查库王大臣亦摊赔。此从来未有之巨案也。湖南查库御史有石承藻、刘梦兰二人，查库大臣有周系英、刘权之、何凌汉三人。已故者，令子孙分赔。何家须赔银三千两。

同乡唐诗甫_{李杜}选陕西靖边县，于四月二十一日出京。王翰城选山西冀宁州知州，于五月底可出京。余俱如故。

男二月接信后，至今望信甚切。

男谨禀

---

① 景星庆云：古代以为祥瑞的事物或征兆。庆云，五色云，祥瑞之云。

道光二十四年五月十二日

禀父母

纪泽等婚事暂缓。送戚族家银两，家家须同等对待。

男国藩跪禀父母亲大人万福金安：

五月十一接到四月十三自省城所发信，具悉一切。

母亲齿痛，不知比从前略松否？现服何药？下次望季弟寄方来看。叔父之病至今未愈，想甚沉重，望将药方病症书明寄京。刘东屏医道甚精，然高云亭犹嫌其过于胆大，不知近日精进何如？务宜慎之又慎！

王率五荒唐如此，何以善其后？若使到京，男当严以束之，婉以劝之。明年会试后偕公车南归，自然安置妥当，家中尽可放心；特恐其不到京耳。

本家受恬之银，男当写信去催。江西抚台系男戊戌座师，男可写信提及，亦不能言调剂之说。常南陔之世兄，闻其宦家习气太重。孙男孙女尚幼，不必急于联婚。且男之意，儿女联姻，但求勤俭孝友之家，不愿与宦家结契联婚，不使子弟长奢惰之习。不知大人意见何如？望即日将常家女庚退去，托阳九婉言以谢。渠托买高丽参，因亲事不成，亦不便买。

本家道三兄弟托荐馆，男当代为留心。然分发湖南者，即使在京答应，未必到省果去找他，此亦不可靠者也。常南陔处，即由男写信回复。

前男送各戚族家银两，不知祖父、父亲、叔父之意云何？男之浅见，不送则家家不送，要送则家家全送；要减则每家减去一半，不减则家家不减。不然，口惠而实不至，亲族之间嫌怨丛生，将来衅生不测，反成仇雠①。伏乞堂上审慎施行。百叩百叩。

男谨禀

道光二十四年七月二十日

禀父母

汤海秋去世。温甫在省城读书无长进，应去其骄傲气习。

男国藩跪禀父母亲大人万福金安：

六月二十三日男发第七号信交折差，七月初一日发第八号交王仕四手，不知已收到否？

六月二十日接六弟五月十二书，七月十六接四弟、九弟五月二十九日书，皆言忙迫之至。寥寥数语，字迹潦草，即县试案首前列皆不写出。同乡有同日接信者，即考古考老生皆已详载。同一折差也，各家发信迟十余日而从容，诸弟发信早十余日而忙迫，何也？且次次忙迫，无一次稍从容者，又何也？

男等在京大小平安，同乡诸家皆好。惟汤海秋于七月八日得病，初九未刻即逝。六月二十八考教习，冯树堂、郭筠仙、朱啸山皆取。湖南今年考差，仅何子贞得差，余皆未放。惟陈岱云光景最苦。男因去年之病，反以不放为乐。王仕四已善为遣回。率五大约在粮船回，现尚未定。渠身体平安，二妹不必挂心。叔父之病，男累求详信直告，至今未得，实不放心。甲三读《尔雅》，每日二十余字，颇肯率教。

六弟今年正月信欲从罗罗山处附课，男甚喜之。后来信绝不提及，

---

① 仇雠（chóu）：仇人；冤家对头。

不知何故？所付来京之文，殊不甚好。在省读书二年，不见长进，男心实忧之而无如何，只恨男不善教诲而已。大抵第一要除骄傲气习。中无所有而夜郎自大，此最坏事。四弟、九弟虽不长进，亦不自满。求大人教六弟，总期不自满足为要。余俟续呈。

男谨禀

道光二十四年九月十九日

禀父母

澄侯等人应以看书为主。

男国藩跪禀父母亲大人万福金安：

八月二十九日男发第十号信，备载二十八生女及率五回南事，不知已收到否？

男身体平安。家妇月内甚好，去年月里有病，今年尽除去。孙儿女皆好。初十日顺天乡试发榜，湖南中三人，长沙周荇农中南元原名康立。率五之归，本拟附家心斋处。因率五不愿坐车，故附陈岱云之弟处同坐粮船。昨岱云自天津归，云船不甚好，男颇不放心。幸船上人多，应无可虑。

诸弟考试后，尽肄业小罗巷庵，不知勤惰若何？此时惟季弟较小，三弟俱年过二十，总以看书为主。我境惟彭薄墅先生看书略多，自后无一人讲究者，大抵为考试文章所误。殊不知看书与考试全不相碍，彼不看书者，亦仍不利考如故也。我家诸弟此时无论考试之利不利，无论文章之工不工，总以看书为急。不然则年岁日长，科名无成，学问亦无一字可靠，将来求为塾师而不可得。或经或史或诗集文集，每日总宜看二十页。男今年以来五日不看书，虽万事丛忙，亦不废正业。

闻九弟意欲与刘霞仙同伴读书。霞仙近来见道甚有所得，九弟若去，应有进益。望大人斟酌行之，男不敢自主。此事在九弟自为定计。若愧奋直前，有破釜沉舟之志，则远游不负；若徒悠忽因循，则近处尽可度日，何必远行百里外哉？求大人察九弟之志而定计焉。余容续呈。

男谨禀

道光二十四年十月二十一日

禀父母

纪泽已读《尔雅》一本。在京为父母祝寿。

男国藩跪禀父母亲大人万福金安：

九月二十日，男发十一号信，内有寄刘霞仙一封，想已收到。

男身体平安，读书日有常课。自六月底起，至今未尝间断一天。男妇如常，渐渐有乳。孙男读书有恒，已读《尔雅》一本。共四本，大约明年下半年可读完。此书太难，他书则易为力矣。三孙女皆好，余亦合室平安。男自七月起，寓中已养车马，每年须费百金。因郭雨三奉讳出京，渠车马借与男用。渠曾借男五十金，亦未见还。

率五在东昌有信来京，兹附呈。渠在道上，船钱火食皆陈宅的，所需用者不过剃头、吃烟而已，故男仅给银十两、钱五千而已。意谓钱已够用，银可剩下到家也。兹渠到东昌已将钱用完，不知余银敷①用否？若不敷，陈处挪移自易，然男已不放心。

---

① 敷：足够。

邹至堂来，望付茶叶一篓、大小剪刀各二把，其余布匹、腊肉之类俱不必付，盖家中极难办，路上极难带也。初九日，父亲大人寿辰，京寓客共三席。十一月初三日，母亲大人六十寿辰。男不获在家庆祝，不胜瞻恋①。男拟于寿辰后作寿屏一架，即留在京张挂，不必付回。诸弟读书，不知明年定在何处，望于今冬写信告之，男不胜悬望。谨禀。即跪叩父母亲大人双寿大喜。

道光二十五年五月二十九日

禀父母

喜诸弟考试皆取。万不可入署说公事。

男国藩跪禀父母亲大人膝下：

五月初六日，男发第六号家信后，十七日接到诸弟四月二十二日在县所发信。欣悉九弟得取前列第三，余三弟皆取前二十名，欢慰之至。

诸弟前所付诗文到京，兹特请杨春皆改正付回。今年长进甚远，良可忻慰②。向来六弟文笔最矫健，四弟笔颇笨滞，观其"为仁矣"一篇，则文笔大变，与六弟并称健者。九弟文笔清贵，近来更圆转如意。季弟诗笔亦秀雅。男再三审览，实堪怡悦。

男在京平安。十六七偶受暑，服药数帖，禁晕〔荤〕数日而愈，现已照常应酬。男妇服补剂已二十余帖，大有效验。医人云虚弱之症，能受补则易好。孙男女及合室下人皆清吉。

---

① 瞻恋：依恋。
② 忻慰：欣慰。

长沙馆于五月十二日演戏题名，状元南元朝元三匾，同日张挂，极为热闹，皆男总办，而人人乐从。头门对联云：同科十进士，庆榜三名元。可谓盛矣。

　　同县邓铁松在京患吐血病，甚为危症，大约不可挽回。同乡有危急事，多有就男商量者，男效祖大人之法，银钱则量力佽助①，办事则竭力经营。

　　严丽生取九弟置前列，男理应写信谢他，因其平日官声不甚好，故不愿谢。不审大人意见何如？我家既为乡绅，万不可入署说公事，致为官长所鄙薄。即本家有事，情愿吃亏，万不可与人构讼，令官长疑为倚势凌人。伏乞慈鉴。

男谨禀

道光二十六年正月初三日

禀父母

> 陈岱云放吉安知府。深喜父亲杜门谢客不管闲事之策。
> 近日充补日讲起居注官、文渊阁直阁事。

男国藩跪禀父母亲大人万福金安：

　　乙巳十一月二十二日发家信十七号。其日同乡彭棣楼放广西思恩府知府。二十四日，陈岱云放江西吉安府知府。岱云年仅三十二岁，而以翰林出为太守，亦近来所仅见者。人皆代渠庆幸，而渠深以未得主考、学政为恨。且近日外官情形，动多掣肘②；不如京官清贵安稳，

---

① 佽（cì）助：帮助。
② 掣肘：从旁牵制。

能多外差，固为幸事，即不得差，亦可读书养望，不染尘壒①。岱云虽以得郡为荣，仍以失去玉堂为悔。自放官后，摒挡②月余，已于十二月二十八出京。是夕渠有家书到京，男拆开。

接大人十一月二十四所示手谕，内叔父及九弟季弟各一信、彭莘庵表叔一信，具悉家中一切事。前信言莫管闲事，非恐大人出入衙门，盖以我邑书吏欺人肥己，党邪嫉正，设有公正之乡绅，取彼所鱼肉之善良而扶植之，取彼所朋比之狐鼠而锄抑之，则于彼大有不便，必且造作谣言，加我以不美之名，进谗于官，代我构不解之怨。而官亦阴庇彼辈，外虽以好言待我，实则暗笑之而深斥之，甚且当面嘲讽。且此门一开，则求者踵至，必将日不暇给，不如一切谢绝。今大人手示，亦云杜门谢客。此男所深为庆幸者也。

男身体平安。热毒至今未好，涂药则稍愈，总不能断根。十二月十二，蒙恩充补日讲起居注官。二十二日，又得充文渊阁直阁事。两次恭谢天恩，兹并将原折付回。讲官共十八人，满八缺，汉十缺。其职司则皇上所到之处，须轮四人侍立。直阁事四缺，不分满汉，其职司则皇上临御经筵之日，四人皆侍立而已。

四弟、六弟皆有进境。孙男读书已至《陈风》。男妇及孙女等皆好。

欧阳牧云有信来京，与男商请封及荐馆事。二事男俱不能应允，故作书宛转告之。外办江绸套料一件、丽参二两、鹿胶一斤、对联一付，为岳父庆祝之仪。恐省城寄家无便，故托彭棣楼带至衡阳学署。

朱尧阶每年赠谷四十石，受惠太多，恐难为报，今年必当辞却。小斗四十石不过值钱四十千，男每年可付此数到家，不可再受他谷，

---

① 尘壒（ài）：尘埃。
② 摒挡：收拾料理；筹措。

望家中力辞之。毅然家之银想已送矣；若未送，须秤元银三十二两，以渠来系纹银也。

男有挽联，托岱云交萧辛五转寄毅然家，想可无误。岱云归，男寄有冬菜十斤、阿胶二斤、笔四枝、墨四条、同门录十本。彭棣楼归，男寄有蓝顶二个、四品补服四付，俱交萧辛五家转寄。伏乞查收。

男谨禀

道光二十六年二月十六日

禀父母

托人带物回家，病尚未全愈。

男国藩跪禀父母亲大人万福金安：

正月初三日发第一号家信。初七日彭棣楼太守出京，男寄补服四付、蓝顶二个，又寄欧阳沧溟先生江绸袷料一件、对联一付、高丽参二两、鹿胶一斤，又寄彭莘庵表叔鹿胶一斤。二月初寄第三号家信。想俱收到。

男等在京合室平安。男病尚未全愈，二月初吃龙胆泻肝汤，甚为受累，始知病在肝虚。近来专服补肝之品，颇觉有效。以首乌为君，而加以蒺藜、山药、赤芍、兔〔菟〕丝诸味。男此时不求疮癣遽好，但求脏腑无病，身体如常，即为如天之福。今年虽不能得差，男亦毫无怨尤。

同乡张钟涟丁艰，男代为张罗一切，令之即日奔丧回里。黎樾乔于二月十四到京。

四弟近日读书，专以求解为急，每日摘疑义二条来问。为男煮药求医及纪泽教书，皆四弟独任其劳。六弟近日文思大进，每月作四书文六首、经文三首，同人无不击节称赏①。

请封之事，大约六月可以用玺，秋冬可以寄家。余详四弟书中。

男谨禀

道光二十六年九月十九日

禀父母
家中勿以不得差、温甫乡试不售为忧。

男国藩跪禀父母亲大人万福金安：

九月十七日接读第五、第六两号家信。喜堂上各老人安康，家事顺遂，无任欢慰。

男今年不得差，六弟乡试不售②，想堂上大人不免内忧；然男则正以不得为喜。盖天下之理，满则招损，亢则有悔③，日中则昃④，月盈则亏，至当不易之理也。男毫无学识而官至学士，频邀非分之荣，祖父母、父母皆康强，可谓极盛矣。现在京官翰林中无重庆下者，惟我家独享难得之福。是以男栗栗⑤恐惧，不敢求分外之荣，但求堂上大人眠食如常，阖家平安，即为至幸。万望祖父母、父母、叔父母无以男不得差，六弟不中为虑，则大慰矣。况男三次考差，两次已得；六弟初次下场，年纪尚轻，尤不必挂心也。

---

① 击节称赏：打着节拍不停地称赞叹赏，形容对诗文或艺术品十分推崇、欣赏。
② 不售：指考试不中。
③ 亢则有悔：出自《易·乾》，指居高位的人要戒骄否则会失败后悔。
④ 昃：太阳偏西。
⑤ 栗栗：畏惧貌。

同县黄正斋，乡试当外帘差，出闱即患痰病，时明时昏，近日略愈。

　　男癣疾近日大好，头面全看不见，身上亦好了九分。十八生女，男妇极平安。惟体太弱，满月当大补养。在京一切，男自知谨慎。

　　八月二十三日，折差处发第十四号信。二十七日，周缦云处寄寿屏，发十五号信。九月十二二日，善化郑七处寄诰封卷六十本，发第十六号信。均求查收。

男谨禀

道光二十七年六月二十七日

禀父母

与陈家于秋间择期订盟。与袁家姻事望示知。

男国藩跪禀父母亲大人礼次：

　　十八日发第八号信，言升官事，欲萧辛五先生专人送回，计七月中旬可以到家。昨又接四弟六月初一日所发之信，借悉一切。于祖父大人之病略不言及，惟言至刘家更补药方，可以长服者，则病已尽除矣。游子闻之，不胜欣幸之至。

　　男升官后，应酬较繁，用费较广，而俸入亦较多，可以应用，不至窘迫。昨派教习总裁，门生来见者多，共收赘敬[①]二百余金，而南省同乡均未受，不在此数。

　　前陈岱云托郭筠仙说媒，欲男以二女儿配伊次子。男比写信告禀，

---

① 赘敬：为表敬意所送的礼品。

求堂上决可否。昨四弟信来，言堂上皆许可。男将于秋间择期订盟。前信又言以大女儿许袁漱六之长子，是男等先与袁家说及。漱六尚有品学，其子亦聪明伶俐。与之结姻，谅无不可，亦求堂上大人示知。

　　藩男癣疾将近全愈，尚略有形影，而日见日好。华男身体甚壮健，余大小男女俱平安，堂上不必挂念。余俟另禀。

男百拜呈

道光二十七年七月十八日

禀父母
望珍重节劳。

男国藩跪禀父母亲大人膝下：

　　十六夜接到六月初八日所发家信，欣悉一切。祖父大人病已什愈八九，尤为莫大之福。六月二十八日曾发一信，言升官事，想已收到。冯树堂六月十七日出京，寄回红顶、补服、袍褂、手钏、笔等物，计八月可以到家。贺礼耕七月初五日出京，寄回鹿胶、丽参等物，计九月可以到家。

　　四弟、九弟信来，言家中大小诸事皆大人躬亲之，未免过于劳苦。勤俭本持家之道，而人所处之地各不同。大人之身，上奉高堂，下荫儿孙，外为族郐①乡里所模范。千金之躯，诚宜珍重。且男忝窃②卿贰③，服役已兼数人，而大人以家务劳苦如是，男实不安于心。此后

---

① 族郐（dǎng）：聚居的同族亲属。郐，同"党"。
② 忝（tiǎn）窃：谦言辱居其位或愧得其名。
③ 卿贰：次于卿相的大官。

万望总持大纲，以细微事附之四弟。四弟固谨慎者，必能负荷，而大人与叔父大人惟日侍祖父大人前，相与娱乐，则万幸矣。

京寓大小平安，一切自知谨慎，堂上各位大人不必挂念。余容另禀。

道光二十七年十二月初六日

禀父母

熟地、当归蒸鸡可治失眠症。三角丘多栽竹树，可使家里气运更聚。

男国藩跪禀父母亲大人万福金安：

十二月初五接到家中十一月初旬所发家信，具悉一切。男等在京身体平安。男癣疾已全愈，六弟体气如常。纪泽兄妹五人皆好。男妇怀喜平安，不服药。

同乡各家亦皆无恙。陈本七先生来京，男自有处置之法，大人尽可放心，大约款待从厚，而打发从薄。男光景颇窘，渠来亦必自悔。

九弟信言母亲常睡不着。男妇亦患此病，用熟地、当归蒸母鸡食之，大有效验。九弟可常办与母亲吃。乡间鸡肉、猪肉最为养人，若常用黄芪、当归等类蒸之，略带药性而无药气，堂上五位大人食之，甚有益也，望诸弟时时留心办之。

老秧田背后三角丘是竹山湾至我家大路，男曾对四弟言及，要将路改于墈①下，在檀山嘴那边架一小桥，由豆土排上横穿过来。其三角丘则多栽竹树，上接新塘坳大枫树，下接檀山嘴大藤包里，甚为完

---

① 墈（kàn）：险陡的堤岸、山崖。

紧，我家之气更聚。望堂上大人细思。如以为可，求叔父于明春栽竹种树；如不可，叔父写信示知为幸。

男等于二十日期服已满，敬谨祭告。二十九日又祭告一次。余俟续具。

道光二十八年四月十四日

禀父母

寄回辽东人参一两五钱及再造丸二颗。
欲与郭雨三结亲，不审家中以为何如？

男国藩跪禀父母亲大人礼安：

三月二十日，男发第五号家信。内言及长孙纪泽与桂阳州李家定亲之事，不审已收到否？男等身体平安。次孙于二十四日满月，送礼者共十余家。是日未请客，陆续请酒酬谢。男妇生产之后，体气甚好，所雇乳母最为壮健。华男在黄正斋家馆，诸凡如恒。

祖大人之病未知近日如何？两次折弁皆无来信，心甚焦急。兹寄回辽东人参五枝，重一两五钱。在京每两价银二十四两，至南中则大贵矣。大约高丽参宜用三钱者，用辽参则减为一钱；若用之太少，则亦不能见功。祖父年高气衰，服之想必有效。男前有信托江岷樵买全虎骨，不知已办到否？闻之医云，老年偏瘫之症，病右者，以虎骨之右半体熬胶医之；病左者，以虎骨之左半体熬胶医之，可奏奇效。此方虽好，不知祖大人体气相宜否？当与刘三爷商之。若辽参则醇正温和，万无流弊①。

---

① 流弊：相沿而成的弊病。

次孙体气甚壮，郭雨三沛霖欲妻之以女。雨三戊戌同年，癸卯大考二等第三，升右赞善。其兄用宾，壬辰翰林，现任山西蒲州府知府。其家教勤俭可风。其次女去年所生，长次孙一岁。与之结婚，男甚愿之，不审堂上大人以为何如？下次信来，伏祈示知。

又寄回再造丸二颗，系山东杜家所制者。杜家为天下第一有福之家，广积阴德。此药最为贵重，有人参、鹿茸、蕲蛇等药在内，服之一无流弊，杜氏原单附呈，求照方用之。

欧阳沧溟先生谋衡阳书院一席，男求季仙九先生写信与伍府尊，求家中即遣人送至岳家为要。同乡周华甫扬之、李梅生杭皆于三月仙逝，余俱如故。男等在京，一切自知谨慎，伏乞堂上大人放心。

男谨禀

道光二十九年二月初六日

禀父母
二月二十日升授礼部侍郎。

男国藩跪禀父母亲大人万福金安：

正月十一日，男发第一号家信，并寄呈京报，想已收到。

二十二日男蒙皇上天恩，升授礼部侍郎。次日具折谢恩，蒙召对诲谕谆切。二十五日午刻上任，属员共百余人，同县黄正斋亦在内。从前阁学虽兼部堂衔，实与部务毫不相干。今既为部堂，则事务较繁，每日须至署办事。八日一至圆明园奏事，谓之该班。间有急事，不待八日而即陈奏者，谓之加班。除衙门官事之外，又有应酬私事，日内甚忙冗，几于刻无暇晷，幸身体平安，合家大小如常。

纪泽读书已至《酒诰》①，每日讲《纲鉴》②一页，颇能记忆。次孙体甚肥胖。同乡诸人并皆如旧。余详与诸弟信中。

男谨禀

道光二十九年四月十六日

禀父母
在礼部上下水乳交融。不与李家联姻。

男国藩跪禀父母亲大人万福金安：

四月十四日接奉父亲三月初九日手谕，并叔父大人贺喜手示，及四弟家书。敬悉祖父大人病体未好，且日加沉剧。父、叔率诸兄弟服侍已逾三年，无昼夜之闲，无须臾之懈，独男一人远离膝下，未得一日尽孙子之职，罪责甚深。闻华弟、荃弟文思大进，葆弟之文得华弟讲改，亦日驰千里。远人闻此，欢慰无极。

男近来身体不甚结实，稍一用心，即癣发于面。医者皆言心亏血热，故不能养肝；热极生风，阳气上干，故见于头面。男恐大发，则不能入见二月二十三谢恩，蒙召见。三月十四值班，蒙召见。三十又蒙召见。故不敢用心，谨守大人保养身体之训。隔日一至衙门办公事，余则在家，不妄出门。现在衙门诸事，男俱已熟悉。各司官于男皆甚佩服，上下水乳交融，同寅③亦极协和。男虽终身在礼部衙门为国家办此照例之事，

---

① 《酒诰》：出自《尚书·周书》，作者是周公旦，此为中国第一篇禁酒令。
② 《纲鉴》：明人承袭宋朱熹《通鉴纲目》体例编写的史书，取"纲目""通鉴"各一字而名。
③ 同寅：同僚，旧称在一个部门当官的人。

不苟不懈尽就条理，亦所深愿也。

英夷在广东，今年复请入城。徐总督办理有方，外夷折服，竟不入城。从此永无夷祸，圣心嘉悦之至四月十五日上谕甚嘉奖，兹付呈。李石梧前辈告病。陆立夫总制两江，亦极能胜任。术者每言皇上连年命运行劫财地，去冬始交脱。皇上亦每为臣工言之。今年气象果为昌泰，诚国家之福也。

儿妇及孙女辈皆好。长孙纪泽前因开蒙太早，教得太宽，顷读毕《书经》①，请先生再将《诗经》点读一遍。夜间讲《纲鉴》，正史约已讲至秦商鞅开阡陌。李家亲事，男因桂阳州往来太不便，已在媒人唐鹤九处回信不对。常家亲事，男因其女系妾所生，且闻其嫡庶不甚和睦，又闻其世兄不甚守俭敦朴，亦不愿对。南陔先生今年来京时，男不与之提及此事，渠已知其不谐矣。

纪泽儿之姻事屡次不就，男当年亦十五岁始定婚，则纪泽再缓一二年，亦无不可。或求大人即在乡间选一耕读人家之女，或男在京自定，总以无富贵气习者为主。纪沄对郭雨三之女，虽未订盟，而彼此呼亲家，称姻弟，往来亲密，断不改移。二孙女对岱云之次子，亦不改移。谨此禀问，余详与诸弟书中。

男谨禀

---

① 《书经》：《尚书》又称《书》《书经》，是中国汉民族第一部古典散文集和较早的历史文献，它以记言为主。

咸丰三年十月初四日

禀　父

述与王鑫招勇往江南一事不同之处，且告专思办水战之法。

男国藩跪禀父亲大人万福金安：

屡次接到二十三日、二十八日、二十九日、初二日手谕，敬悉一切。

男前所以招勇往江南杀贼者，以江岷樵麾下人少，必须万人一气，诸将一心，而后渠可以指挥如意所向无前。故八月三十日寄书与岷樵，言陆续训练，交渠统带。此男练勇往江南之说也。王璞山因闻七月二十四日江西之役谢、易四人殉难、乡勇八十人阵亡，因大发义愤，欲招湘勇二千前往两江杀贼，为易、谢诸人报仇。此璞山之意也。男系为大局起见，璞山系为复仇起见；男兼招宝庆、湘乡及各州县之勇，璞山则专招湘乡一县之勇；男系添六千人合在江西之宝勇、湘勇足成万人，概归岷樵统带；璞山则招二千人由渠统带。男与璞山大指虽同，中间亦有参差不合之处。恐家书及传言但云招勇往江南，而其中细微分合之故，未能尽陈于大人之前也。

自九月以来，闻岷樵本县之勇皆溃散回楚，而男之初计为之一变。闻贼匪退出江西，回窜上游，攻破田家镇，逼近湖北，而男之计又一变。而璞山则自前次招勇报仇之说通禀抚藩各宪，上宪皆嘉其志而壮其才。昨璞山往省，抚藩命其急招勇三千赴省救援。闻近日在涟滨开局，大招壮勇，即日晋省。器械未齐，训练未精，此则不特非男之意，亦并非璞山之初志也。事势之推移有不自知而出于此，若非人力所能自主耳。

季弟之归，乃弟之意，男不敢强留。昨奉大人手示，严切责以大义,不特弟不敢言归,男亦何敢稍存私见,使胞弟迹近规避,导诸勇以退缩之路?现令季弟仍认〔按:此处抄本缺字〕之不可为,且见专用本地人之有时而不可恃也。男现在专思办水战之法,拟簰与船并用。湘潭驻扎,男与树堂亦尝熟思之。办船等事,宜离贼踪略远,恐未曾办成之际,遽尔蜂拥而来,则前功尽弃。

朱石翁已至湖北,刻难遽回。余湘勇留江西吴城者,男已专人去调矣。江岷樵闻亦已到湖北省城。谨此奉闻。男办理一切,自知谨慎,求大人不必挂心。

男谨禀

咸丰四年三月二十五日

禀 父

告吃饭、扎营、调军出战、破敌阵法等军中要务。

男国藩跪禀父亲大人万福金安:

二十二日接到十九日慈谕,训戒军中要务数条。谨一一禀复:

一、营中吃饭宜早,此一定不易之理。本朝圣圣相承,神明寿考,即系早起能振刷精神之故。即现在粤匪暴乱,为神人所共怒,而其行军,亦系四更吃饭,五更起行。男营中起太晏①、吃饭太晏,是一大坏事。营规振刷不起,即是此咎。自接慈谕后,男每日于放明炮时起来,黎明看各营操演。而吃饭仍晏,实难骤改,当徐徐改作天明吃饭,未知能做得到否。

---

① 晏:迟;晚。

一、扎营一事，男每苦口教各营官，又下札教之。言筑墙须八尺高，三尺厚；壕沟须八尺宽，六尺深；墙内有内濠一道，墙外有外濠二道或三道；壕内须密钉竹签云云。各营官总不能遵行。季弟于此等事尤不肯认真，男亦太宽，故各营不甚听话。岳州之溃败，即系因未能扎营之故。嗣后①当严戒各营也。

一、调军出战，不可太散。慈谕所戒，极为详明。昨在岳州，胡林翼已先至平江，通城屡禀来岳请兵救援，是以于初五日遣塔、周继往。其岳州城内王璞山有勇二千四百，朱石樵有六百，男三营有一千七百。以为可保无虞矣，不谓璞山至羊楼司一败，而初十开仗，仅男三营与朱石樵之六百人，合共不满二千人，而贼至三万之多，是以致败。此后不敢分散。然即合为一气，而我军仅五千人，贼尚多至六七倍，拟添募陆勇万人，乃足以供分布耳。

一、破贼阵法，平日男训戒极多，兼画图训诸营官。二月十三日，男亲画贼之莲花抄尾阵。寄交璞山，璞山并不回信；寄交季弟，季弟回信言贼了无伎俩，并无所谓抄尾阵；寄交杨名声、邹寿璋等，回信言当留心。慈训言当用常山蛇阵法，必须极熟极精之兵勇乃能如此。昨日岳州之败，贼并未用抄尾法，交手不过一个时辰，即纷纷奔退。若使贼用抄尾法，则我兵更胆怯矣。若兵勇无胆无艺，任凭好阵法，他也不管，临阵总是奔回，实可痛恨。

一、拿获形迹可疑之人，以后必严办之，断不姑息。

以上各条，谨一一禀复，再求慈训。

男谨禀

---

① 嗣后：以后。

道光二十五年九月十七日

禀叔父

热毒近大有好转。江岷樵乃义侠之士。

侄国藩谨启叔父大人座下：

八月二十二日发十二号家信，想已收到。九月十五、十七连到两折差，又无来信，想四弟、六弟已经来京矣。若使未来，则在省，还家时，将必书信寄京。

侄身上热毒，近日头面大减。请一陈姓医生，每早吃丸药一钱，又小有法术，已请来三次。每次给车马大钱一千二百文。自今年四月得此病，请医甚多，服药亦五十余剂，皆无效验。惟此人来，乃将面上治好，头上已好十分之六，身上尚未好。渠云不过一月即可全愈。侄起居如常，应酬如故，读书亦如故。惟不做诗文，少写楷书而已。侄妇及侄孙儿女皆平安。

陈岱云现又有病，虽不似前年之甚，而其气甚馁，亦难骤然复元。湘乡邓铁松孝廉于八月初五出京，竟于十一日卒于献县道中。幸有江岷樵忠源同行，一切附身附棺，必诚必信。此人义侠之士，与侄极好。今年新化孝廉邹柳溪在京久病而死，一切皆江君料理，送其灵榇回南。今又扶铁松之病而送其死，真侠士也。扶两友之柩行数千里，亦极难矣。侄曾作邹君墓志铭，兹付两张回家。今年七月忘付黄芽白菜子，八月底记出，已无及矣。

请封之典，要十月十五始可颁恩诏，大约明年秋间始可寄回。

闻彭庆三爷令郎入学，此是我境后来之秀，不可不加意培植。望于家中贺礼之外，另封贺仪大钱一千，上书侄名，以示奖劝。余不具。

侄谨启

道光二十七年六月十七日

禀叔父母

寄回十两银，分送戚族中最苦者。

侄国藩敬禀叔父婶母大人万福金安：

新年两次禀安，未得另书敬告一切。侄以庸鄙无知，托祖宗之福荫，幸窃禄位，时时抚衷滋愧。兹于本月大考，复荷皇上天恩，越四级而超升。侄何德何能，堪此殊荣！常恐祖宗积累之福，自我一人享尽，大可惧也，望叔父作书教侄，幸甚。

金竺虔归，寄回银五十两。其四十两用法：六弟、九弟在省读书用二十六两，四弟、季弟学俸六两，买漆四两，欧阳太岳母奠金四两。前第三号信业已载明矣。后又有十两，若作家中用度则嫌其太少，添此无益，减此无损。侄意戚族中有最苦者，不得不些须顾送。求叔父将此十金换钱，分送最亲最苦之处。叔父于无意中送他，万不可说出自侄之意，使未得者有觖望①有怨言。二伯祖母处，或不送钱，按期送肉与油盐之类，随叔父斟酌行之可也。

侄谨禀

---

① 觖（jué）望：不满；怨望。

中编
与夫人、诸弟书

同治五年十二月初一日

致欧阳夫人
当再三疏辞江都之任。望为子孙榜样。

欧阳夫人左右：

　　接纪泽儿各禀，知全眷平安抵家，夫人体气康健，至以为慰。余自八月以后，屡疏请告假开缺，幸蒙圣恩准交卸钦差大臣关防，尚令回江督本任。余病难于见客，难于阅文，不能复胜江都繁剧之任，仍当再三疏辞。但受恩深重，不忍遽请离营，即在周口养病，少泉接办。如军务日有起色，余明年或可回籍省墓一次，若久享山林之福，则恐不能。然办捻无功，钦差交出，而恩眷仍不甚衰，已大幸矣。

　　家中遇祭酒菜，必须夫人率妇女亲自经手。祭祀之器皿，另作一箱收之，平日不可动用。内而纺绩做小菜，外而蔬菜养鱼、款待人客，夫人均须留心。吾夫妇居心行事，各房及子孙皆依以为榜样，不可不劳苦，不可不谨慎。近在京买参，每两去银二十五金，不知好否，兹寄一两与夫人服之。澄叔待兄与嫂极诚极敬，我夫妇宜以诚敬待之，大小事丝毫不可瞒他，自然愈久愈亲。此问近好。

同治六年五月初五日

致欧阳夫人
从勤俭耕读上做出好规模。

欧阳夫人左右：

自余回金陵后，诸事顺遂。惟天气亢旱①，虽四月二十四、五月初三日两次甘雨，稻田尚不能栽插，深以为虑。科一出痘，非常危险，幸祖宗神灵庇佑，现已全愈发体，变一结实模样。十五日满两个月后，即当遣之回家，计六月中旬可以抵湘。如体气日旺，七月中旬赴省乡试可也。

余精力日衰，总难多见人客。算命者常言十一月交癸运，即不吉利，余亦不愿久居此官，不欲再接家眷东来。夫人率儿妇辈在家，须事事立个一定章程。居官不过偶然之事，居家乃是长久之计，能从勤俭耕读上做出好规模，虽一旦罢官，尚不失为兴旺气象；若贪图衙门之热闹，不立家乡之基业，则罢官之后，便觉气象萧索。凡有盛必有衰，不可不预为之计。望夫人教训儿孙妇女，常常作家中无官之想，时时有谦恭省俭之意，则福泽悠久，余心大慰矣。余身体安好如常，惟眼蒙日甚，说话多则舌头蹇涩，左牙疼甚，而不甚动摇，不至遽脱，堪以告慰。顺问近好。

---

① 亢旱：大旱。

道光二十二年九月十八日

致澄弟温弟沅弟季弟

论学业之精与不精,一切由自己做主。劝四弟六弟不必因未入学而怅怅,总须努力进德修业,而尤须力求专精,万不可兼营并鹜。

四位老弟足下:

九弟行程,计此时可以到家。自任邱发信之后,至今未接到第二封信,不胜悬悬①。不知道上不甚艰险否?四弟、六弟院试②,计此时应有信,而折差久不见来,实深悬望。

予身体较九弟在京时一样,总以耳鸣为苦。问之吴竹如,云只有静养一法,非药物所能为力。而应酬日繁,予又素性浮躁,何能着实养静?拟搬进内城住,可省一半无谓之往还,现在尚未找得。予时时自悔,终未能洗涤自新。

九弟归去之后,予定刚日③读经、柔日④读史之法。读经常懒散不沉着。读《后汉书》,现已丹笔点过八本;虽全不记忆,而较之去年读《前汉书》,领会较深。九月十一日起同课人议每课一文一诗,即于本日申刻用白折写。予文、诗极为同课人所赞赏。然予于八股绝无实学,虽感诸君奖借之殷,实则自愧愈深也。待下次折差来,可付课

---

① 悬悬:心情不安貌。
② 院试:清代由各省学政主持的考试。曾经府试录取的士子可参加院试。因学政称提督学院,故由学政主持的考试,亦名院试,又以旧制称提学道,故亦沿称道考。录取者即为生员,送入府、县学官,曰入学,受教官的月课与考校。
③ 刚日:犹单日。古以"十干"纪日。甲、丙、戊、庚、壬五日居奇位,属阳刚,故称。
④ 柔日:古代以干支纪日,凡天干值乙、丁、己、辛、癸的日子称柔日。因均属偶数,也称偶日。

文数篇回家。予居家懒做考差工夫，即借此课以摩厉①考具，或亦不至临场窘迫耳。

吴竹如近日往来极密，来则作竟日之谈，所言皆身心国家大道理。渠言有窦兰泉者壻，云南人，见道极精当平实。窦亦深知予者，彼此现尚未拜往。竹如必要予搬进城住，盖城内镜海先生可以师事，倭艮峰先生、窦兰泉可以友事。师友夹持，虽懦夫亦有立志。子思、朱子言为学譬如熬肉，先须用猛火煮，然后用漫火温。予生平工夫全未用猛火煮过，虽略有见识，乃是从悟境得来。偶用功，亦不过优游玩索已耳。如未沸之汤，遽用漫火温之，将愈煮愈不熟矣。以是急思搬进城内，屏除一切，从事于克己之学。镜海、艮峰两先生亦劝我急搬。而城外朋友，予亦有思常见者数人，如邵蕙西、吴子序、何子贞、陈岱云是也。

蕙西尝言："'与周公瑾交，如饮醇醪'，我两人颇有此风味。"故每见辄长谈不舍。子序之为人，予至今不能定其品。然识见最大且精，尝教我云："用功譬若掘井，与其多掘数井而皆不及泉，何若老守一井，力求及泉而用之不竭乎？"此语正与予病相合。盖予所谓掘井多而皆不及泉者也。

何子贞与予讲字极相合，谓我"真知大源，断不可暴弃"。予尝谓天下万事万理皆出于乾坤二卦。即以作字论之：纯以神行，大气鼓荡，脉络周通，潜心内转，此乾道也；结构精巧，向背有法，修短合度，此坤道也。凡乾以神气言，凡坤以形质言。礼乐不可斯须去身，即此道也。乐本于乾，礼本于坤。作字而优游自得真力弥满者，即乐之意也；丝丝入扣转折合法，即礼之意也。偶与子贞言及此，子贞深以为然，谓渠生平得力，尽于此矣。陈岱云与吾处处痛痒相关，此九

---

① 摩厉：切磋；磨炼。

弟所知者也。

写至此，接得家书。知四弟、六弟未得入学，怅怅①然。科名有无迟早，总由前定，丝毫不能勉强。吾辈读书，只有两事：一者进德之事，讲求乎诚正修齐之道，以图无忝所生；一者修业之事，操习乎记诵词章之术，以图自卫其身。进德之事难以尽言，至于修业以卫身，吾请言之：

卫身莫大于谋食。农工商劳力以求食者也，士劳心以求食者也。故或食禄于朝，教授于乡，或为传食之客，或为入幕之宾，皆须计其所业，足以得食而无愧。科名者，食禄之阶也，亦须计吾所业，将来不至尸位素餐，而后得科名而无愧。食之得不得，穷通由天作主，予夺由人作主；业之精不精，则由我作主。然吾未见业果精，而终不得食者也。农果力耕，虽有饥馑必有丰年；商果积货，虽有壅滞②必有通时；士果能精其业，安见其终不得科名哉？即终不得科名，又岂无他途可以求食者哉？然则特患业之不精耳。

求业之精，别无他法，曰专而已矣。谚曰"艺多不养身"谓不专也。吾掘井多而无泉可饮，不专之咎也。诸弟总须力图专业。如九弟志在习字，亦不必尽废他业。但每日习字工夫，断不可不提起精神，随时随事，皆可触悟。四弟、六弟，吾不知其心有专嗜否？若志在穷经，则须专守一经；志在作制义，则须专看一家文稿；志在作古文，则须专看一家文集。作各体诗亦然，作试帖亦然，万不可以兼营并骛③，兼营则必一无所能矣。切嘱切嘱，千万千万。此后写信来，诸弟各有专守之业，务须写明。且须详问极言，长篇累牍。使我读其手书，即可知其志向识见。凡专一业之人，必有心得，亦必有疑义。诸

---

① 怅怅：失意不快貌。
② 壅滞：积压。
③ 并骛：并驰。

弟有心得，可以告我共赏之；有疑义，可以问我共析之。且书信既详，则四千里外之兄弟不啻晤言①一室，乐何如乎？

予生平于伦常中，惟兄弟一伦抱愧尤深。盖父亲以其所知者尽以教我，而我不能以吾所知者尽教诸弟，是不孝之大者也。九弟在京年余，进益无多，每一念及，无地自容。嗣后我写诸弟信，总用此格纸，弟宜存留，每年装订成册。其中好处，万不可忽略看过。诸弟写信寄我，亦须用一色格纸，以便装订。

谢果堂先生出京后，来信并诗二首。先生年已六十余，名望甚重，与予见面，辄彼此倾心，别后又拳拳②不忘，想见老辈爱才之笃。兹将诗并予送诗附阅，传播里中，使共知此老为大君子也。

予有大铜尺一方，屡寻不得，九弟已带归否？频年寄黄英〔芽〕白菜子，家中种之好否？在省时已买漆否？漆匠果用何人？信来并祈详示。

兄国藩手具

道光二十二年十月二十六日

致澄弟温弟沅弟季弟

读书在发奋自立，不必择地。读书须明修己治人之道。格物即穷物理，诚意在于力行。近日起学倭艮峰每日记日记，欲借此改过自新。

十月二十一接九弟在长沙所发信，内途中日记六叶③，外药子一

---

① 晤言：见面谈话；当面谈话。
② 拳拳：眷爱貌。
③ 叶：同"页"。

包。二十二接九月初二日家信,欣悉以慰。

自九弟出京后,余无日不忧虑,诚恐道路变故多端,难以臆揣。及读来书,果不出吾所料。千辛万苦,始得到家。幸哉幸哉!郑伴之不足恃,余早已知之矣。郁滋堂如此之好,余实不胜感激。在长沙时,曾未道及彭山屺,何也?又为祖母买皮袄,极好极好,可以补吾之过矣。

观四弟来信甚详,其发奋自励之志,溢于行间。然必欲找馆出外,此何意也?不过谓家塾离家太近,容易耽搁,不如出外较清净耳。然出外从师,则无甚耽搁;若出外教书,其耽搁更甚于家塾矣。且苟能发奋自立,则家塾可读书,即旷野之地、热闹之场亦可读书,负薪牧豕,皆可读书;苟不能发奋自立,则家塾不宜读书,即清净之乡、神仙之境皆不能读书。何必择地?何必择时?但自问立志之真不真耳!

六弟自怨数奇①,余亦深以为然。然屈于小试辄发牢骚,吾窃笑其志之小,而所忧之不大也。君子之立志也,有民胞物与之量,有内圣外王之业,而后不忝于父母之生,不愧为天地之完人。故其为忧也,以不如舜不如周公为忧也,以德不修学不讲为忧也。是故顽民梗化②则忧之,蛮夷猾夏③则忧之,小人在位贤才否闭则忧之,匹夫匹妇不被己泽则忧之,所谓悲天命而悯人穷。此君子之所忧也。若夫一身之屈伸,一家之饥饱,世俗之荣辱得失、贵贱毁誉,君子固不暇忧及此也。六弟屈于小试,自称数奇,余窃笑其所忧之不大也。

盖人不读书则已,亦即自名曰读书人,则必从事于《大学》。《大学》之纲领有三:明德、新民、止至善,皆我分内事也。若读书不能体贴到身上去,谓此三项与我身了不相涉,则读书何用?虽使能文能诗,博雅自诩,亦只算得识字之牧猪奴耳!岂得谓之明理有用之人也

---

① 数奇:指命运不好,遇事多不利。
② 梗化:谓顽固不服从教化。
③ 猾(huá)夏:侵扰华夏、中国。

乎？朝廷以制艺取士，亦谓其能代圣贤立言，必能明圣贤之理，行圣贤之行，可以居官莅民、整躬率物①也。若以明德、新民为分外事，则虽能文能诗，而于修己治人之道实茫然不讲，朝廷用此等人作官，与用牧猪奴作官何以异哉？然则既自名为读书人，则《大学》之纲领，皆己身切要之事明矣。其条目有八，自我观之，其致功②之处，则仅二者而已：曰格物，曰诚意。

格物，致知之事也；诚意，力行之事也。物者何？即所谓本末之物也。身、心、意、知、家、国、天下皆物也，天地万物皆物也，日用常行之事皆物也。格者，即物而穷其理也。如事亲定省，物也；究其所以当定省之理，即格物也。事兄随行，物也；究其所以当随行之理，即格物也。吾心，物也；究其存心之理，又博究其省察涵养以存心之理，即格物也。吾身，物也；究其敬身之理，又博究其立齐坐尸以敬身之理，即格物也。每日所看之书，句句皆物也；切己体察、穷究其理即格物也。此致知之事也。所谓诚意者，即其所知而力行之，是不欺也。知一句便行一句，此力行之事也。此二者并进，下学在此，上达亦在此。

吾友吴竹如格物工夫颇深，一事一物，皆求其理。倭艮峰先生则诚意工夫极严，每日有日课册，一日之中一念之差、一事之失、一言一默皆笔之于书。书皆楷字，三月则订一本。自乙未年起，今三十本矣。盖其慎独之严，虽妄念偶动，必即时克治，而著之于书。故所读之书，句句皆切身之要药。兹将艮峰先生日课抄三叶付归，与诸弟看。余自十月初一日起亦照艮峰样，每日一念一事，皆写之于册，以便触目克治，亦写楷书。冯树堂与余同日记起，亦有日课册。树堂极为虚

---

① 整躬率物：整饬自身做出榜样，以为下属示范。
② 致功：把精力和工夫专用于某一方面。

心，爱我如兄，敬我如师，将来必有所成。余向来有无恒之弊，自此次写日课本子起，可保终身有恒矣。盖明师益友，重重夹持，能进不能退也。本欲抄余日课册付诸弟阅，因今日镜海先生来，要将本子带回去，故不及抄。十一月有折差，准抄几叶付回也。

余之益友，如倭艮峰之瑟僩①，令人对之肃然；吴竹如、窦兰泉之精义，一言一事，必求至是；吴子序、邵蕙西之谈经，深思明辨；何子贞之谈字，其精妙处，无一不合，其谈诗尤最符契。子贞深喜吾诗，故吾自十月来已作诗十八首。兹抄二叶，付回与诸弟阅。冯树堂、陈岱云之立志，汲汲②不遑，亦良友也。镜海先生，吾虽未尝执贽请业，而心已师之矣。

吾每作书与诸弟，不觉其言之长，想诸弟或厌烦难看矣。然诸弟苟有长信与我，我实乐之，如获至宝。人固各有性情也。

余自十月初一日起记日课，念念欲改过自新。思从前与小珊有隙，实是一朝之忿，不近人情，即欲登门谢罪。恰好初九日小珊来拜寿，是夜余即至小珊家久谈。十三日与岱云合伙，请小珊吃饭。从此欢笑如初，前隙尽释矣。

金竺虔报满用知县，现住小珊家，喉痛月余，现已全好。李笔峰在汤家如故。易莲舫要出门就馆，现亦甚用功，亦学倭艮峰者也。同乡李石梧已升陕西巡抚。两大将军皆锁拿解京治罪，拟斩监候。英夷之事，业已和抚。去银二千一百万两，又各处让他码头五处。现在英夷已全退矣。两江总督牛鉴，亦锁解刑部治罪。

近事大略如此，容再续书。

兄国藩手具

---

① 瑟僩：庄敬宽厚。瑟，矜庄，是外貌庄严。僩，宽大，是内心宽裕。
② 汲汲：心情急切貌。

道光二十二年十二月二十日

致澄弟温弟沅弟季弟

记日记,读史,记茶余偶谈。暂不作曾氏家训。介绍京中各位朋友的学问性情,勉以有志、有识、有恒。在京欠债四百金。附课程表。

诸位贤弟足下:

十一月十七寄第三号信,想已收到。父亲到县纳漕,诸弟何不寄一信,交县城转寄省城也?以后凡遇有便,即须寄信,切要切要。九弟到家,遍走各亲戚家,必各有一番景况,何不详以告我?

四妹小产以后生育颇难,然此事最大,断不可以人力勉强。劝渠家只须听其自然,不可过于矜持。又闻四妹起最晏,往往其姑反服事他。此反常之事,最足折福。天下未有不孝之妇而可得好处者,诸弟必须时劝导之,晓之以大义。

诸弟在家读书,不审每日如何用功?余自十月初一立志自新以来,虽懒惰如故,而每日楷书写日记,每日读史十叶,每日记茶余偶谈一则,此三事未尝一日间断。十月二十一日立誓永戒吃水烟,迄今已两月不吃烟,已习惯成自然矣。予自立课程甚多,惟记茶余偶谈、读史十叶、写日记楷本,此三事者誓终身不间断也。诸弟每人自立课程,必须有日日不断之功,虽行船走路,俱须带在身边。予除此三事外,他课程不必能有成;而此三事者,将终身以之。

前立志作曾氏家训一部,曾与九弟详细道及。后因采择经史,若非经史烂熟胸中,则割裂零碎,毫无线索;至于采择诸子各家之言,尤为浩繁，虽钞数百卷犹不能尽收。然后知古人作《大学衍义》①《衍义补》②诸书，乃胸中自有条例自有议论，而随便引书以证明之，非翻书而遍钞之也。然后知著书之难，故暂且不作曾氏家训。若将来胸中道理愈多，议论愈贯串，仍当为之。

现在朋友愈多。讲躬行心得者，则有镜海先生、艮峰前辈、吴竹如、窦兰泉、冯树堂；穷经知道者，则有吴子序、邵蕙西；讲诗、文、字而艺通于道者，则有何子贞；才气奔放，则有汤海秋；英气逼人志大神静，则有黄子寿。又有王少鹤名锡振，广西主事，年二十七岁，张筱浦之妹夫、朱廉甫名琦，广西乙未翰林、吴莘畲名尚志，广东人，吴抚台之世兄、庞作人名文寿，浙江人。此四君者，皆闻予名而先来拜。虽所造有浅深，要皆有志之士，不甘居于庸碌者也。京师为人文渊薮③，不求则无之，愈求则愈出。近来闻好友甚多，予不欲先去拜别人，恐徒标榜虚声。盖求友以匡己之不逮，此大益也；标榜以盗虚名，是大损也。天下有益之事，即有足损者寓乎其中，不可不辨。黄子寿近作《选将论》一篇，共六千余字，真奇才也。子寿戊戌年始作破题，而六年之中遂成大学问，此天分独绝，万不可学而至。诸弟不必震而惊之，予不愿诸弟学他，但愿诸弟学吴世兄、何世兄。吴竹如之世兄现亦学艮峰先生写日记，言有矩，动有法，其静气实实可爱。何子贞之世兄，每日自朝至夕总是温书。三百六十日，除作诗文时，无一刻不温书，真可谓有恒者矣。故予从前限功课教诸弟，近来写信寄弟，从不另开课程，但教

---

① 《大学衍义》：作者真德秀，南宋著名理学家，是朱子学术思想最典型的秉承者，为理学取得正宗地位起到巨大作用，所编撰的《大学衍义》为元、明、清三朝皇族学士必读之书，被康熙皇帝称为"力明正学"，其治国之道、民生之理和廉政文化很为后世所推崇。
② 《衍义补》：《大学衍义补》为明丘濬著，是阐发《大学》经义、论述"治国平天下之道"的儒学著作。
③ 渊薮：泛指人和事物集聚的地方。渊，鱼聚之处。薮，兽聚之处。

诸弟有恒而已。盖士人读书，第一要有志，第二要有识，第三要有恒。有志则断不甘为下流；有识则知学问无尽，不敢以一得自足，如河伯之观海，如井蛙之窥天，皆无识者也；有恒则断无不成之事。此三者缺一不可。诸弟此时，惟有识不可以骤几，至于有志有恒，则诸弟勉之而已。予身体甚弱，不能苦思，苦思则头晕，不耐久坐，久坐则倦乏，时时属望惟诸弟而已。

明年正月恭逢祖大人七十大寿，京城以进十为正庆。予本拟在戏园设寿筵，窦兰泉及艮峰先生劝止之，故不复张筵。盖京城张筵唱戏，名为庆寿，实则打把戏。兰泉之劝止，正以此故。现在作寿屏两架。一架淳化笺四大幅，系何子贞撰文并书，字有茶碗口大。一架冷金笺八小幅，系吴子序撰文，予自书。淳化笺系内府用纸，纸厚如钱，光彩耀目，寻常琉璃厂无有也。昨日偶有之，因买四张。子贞字甚古雅，惜太大，万不能寄回。奈何奈何！

侄儿甲三体日胖而颇蠢，夜间小解知自报，不至于湿床褥。女儿体好，最易扶携，全不劳大人费心力。

今年冬间，贺耦庚先生寄三十金，李双圃先生寄二十金，其余尚有小进项。汤海秋又自言借百金与我用。计还清兰溪、寄云外，尚可宽裕过年。统计今年除借会馆房钱外，仅借百五十金。岱云则略多些。岱云言在京已该账九百余金，家中亦有此数，将来正不易还。寒士出身，不知何日是了也！我在京该账尚不过四百金，然苟不得差，则日见日紧矣。

书不能尽言，惟诸弟鉴察。

兄国藩手草

课程

主敬 整齐严肃，无时不惧。无事时心在腔子里，应事时专一不杂。

静坐 每日不拘何时，静坐一会，体验静极生阳来复之仁心。正位凝命，如鼎之镇。

早起黎明即起，醒后勿沾恋。

读书不二一书未点完断不看他书。东翻西阅，都是徇外为人。

读史二十三史每日读十叶，虽有事不间断。

写日记须端楷。凡日间过恶：身过、心过、口过，皆记出。终身不间断。

日知其所亡每日记茶余偶谈一则。分德行门、学问门、经济门、艺术门。

月无忘所能每月作诗文数首，以验积理之多寡、养气之盛否。

谨言刻刻留心。

养气无不可对人言之事。气藏丹田。

保身谨遵大人手谕：节欲、节劳、节饮食。

作字早饭后作字。凡笔墨应酬，当作自己功课。

夜不出门旷功疲神，切戒切戒。

道光二十三年正月十七日

致澄弟温弟沅弟季弟

详答澄侯、温甫等人来信。勉以兄弟友爱、读书专一及慎择友。

诸位老弟足下：

正月十五日接到四弟、六弟、九弟十二月初五日所发家信。

四弟之信三叶，语语平实。责我待人不恕，甚为切当。谓月月书信徒以空言责弟辈，却又不能实有好消息，令堂上阅兄之书，疑弟辈粗俗庸碌，使弟辈无地可容云云。此数语，兄读之不觉汗下。

我去年曾与九弟闲谈，云为人子者，若使父母见得我好些，谓诸兄弟俱不及我，这便是不孝；若使族党称道我好些，谓诸兄弟俱不如我，这便是不弟。何也？盖使父母心中有贤愚之分，使族党口中有贤愚之分，则必其平日有讨好底意思，暗用机计，使自己得好名声，而使其兄弟得坏名声，必其后日之嫌隙由此而生也。刘大爷、刘三爷兄弟皆想做好人，卒至视如仇雠。因刘三爷得好名声于父母族党之间，而刘大爷得坏名声故也。今四弟之所责我者，正是此道理，我所以读之汗下。但愿兄弟五人，各各明白这道理，彼此互相原谅。兄以弟得坏名为忧，弟以兄得好名为快。兄不能使弟尽道得令名，是兄之罪；弟不能使兄尽道得令名，是弟之罪。若各各如此存心，则亿万年无纤芥①之嫌矣。

至于家塾读书之说，我亦知其甚难，曾与九弟面谈及数十次矣。但四弟前次来书，言欲找馆出外教书。兄意教馆之荒功误事，较之家塾为尤甚。与其出而教馆，不如静坐家塾。若云一出家塾便有明师益友，则我境之所谓明师益友者，我皆知之，且已夙夜熟筹之矣。惟汪觉庵师及阳沧溟先生，是兄意中所信为可师者。然衡阳风俗，只有冬学②要紧，自五月以后，师弟皆奉行故事③而已。同学之人，类皆庸鄙无志者，又最好讪笑人其笑法不一，总之不离乎轻薄而已。四弟若到衡阳去，必以翰林之弟相笑。薄俗可恶。乡间无朋友，实是第一恨事。不惟无益，且大有损。习俗染人，所谓与鲍鱼处，亦与之俱化也。兄尝与九弟道及：谓衡阳不可以读书，涟滨不可以读书，为损友太多故也。今四弟意必从觉庵师游，则千万听兄嘱咐，但取明师之益，无受损友之损也。

接到此信，立即率厚二到觉庵师处受业。其束脩，今年谨具钱十挂。兄于八月准付回，不至累及家中。非不欲从丰，实不能耳。兄所最虑者，同学之人无志嬉游，端节以后放散不事事，恐弟与厚二效尤耳。切戒切戒。凡从师必久而后可以获益。四弟与季弟今年从觉庵师，

---

① 纤芥：亦作"纤介"，细微。
② 冬学：农村在冬闲时开办的季节性学校。
③ 故事：先例，旧日的典章制度。

若地方相安，则明年仍可从游；若一年换一处，是即无恒者，见异思迁也，欲求长进难矣。

此以上答四弟信之大略也。

六弟之信，乃一篇绝妙古文。排奡①似昌黎，拗很似半山。予论古文，总须有倔强不驯之气，愈拗愈深之意。故于太史公外，独取昌黎、半山两家。论诗亦取傲兀不群者，论字亦然。每蓄此意，而不轻谈。近得何子贞意见极相合，偶谈一二句，两人相视而笑。不知六弟乃生成有此一枝妙笔。往时见弟文，亦无大奇特者。今观此信，然后知吾弟真不羁才也。欢喜无极，欢喜无极！凡兄所有志而力不能为者，吾弟皆可为之矣。

信中言兄与诸君子讲学，恐其渐成朋党。所见甚是。然弟尽可放心。兄最怕标榜，常存暗然尚䌹之意，断不至有所谓门户自表者也。信中言四弟浮躁不虚心，亦切中四弟之病。四弟当视为良友药石之言。

信中又有荒芜已久，甚无纪律二语。此甚不是。臣子与君亲，但当称扬善美，不可道及过错；但当谕亲于道，不可疵议②细节。兄从前常犯此大恶，但尚是腹诽，未曾形之笔墨。如今思之，不孝孰大乎是？常与阳牧云并九弟言及之，以后愿与诸弟痛惩此大罪。六弟接到此信，立即至父亲前磕头，并代我磕头请罪。

信中又言弟之牢骚，非小人之热中③，乃志士之惜阴。读至此，不胜惘然，恨不得生两翅忽飞到家，将老弟劝慰一番，纵谈数日乃快。然向使诸弟已入学，则谣言必谓学院做情。众口铄金，何从辨起！所谓塞翁失马，安知非福。科名迟早，实有前定，虽惜阴念切，正不必以虚名萦怀耳。

---

① 排奡（ào）：刚劲有力；豪宕。奡，矫健。
② 疵议：非议；指责。
③ 热中：原谓内心躁急，后多指急切追逐名利权势。

来信言看《礼记》疏一本半，浩浩茫茫，苦无所得，今已尽弃，不敢复阅，现读朱子《纲目》，日十余叶云云。说到此处，兄不胜悔恨。恨早岁不曾用功，如今虽欲教弟，譬盲者而欲导人之迷途也，求其不误难矣。然兄最好苦思，又得诸益友相质证，于读书之道，有必不可易者数端：

穷经必专一经，不可泛骛。读经以研寻义理为本，考据名物为末。读经有一耐字诀。一句不通，不看下句；今日不通，明日再读；今年不精，明年再读。此所谓耐也。读史之法，莫妙于设身处地。每看一处，如我便与当时之人酬酢①笑语于其间。不必人人皆能记也，但记一人，则恍如接其人；不必事事皆能记也，但记一事，则恍如亲其事。经以穷理，史以考事。舍此二者，更别无学矣。

盖自西汉以至于今，识字之儒约有三途：曰义理之学，曰考据之学，曰词章之学。各执一途，互相诋毁。兄之私意，以为义理之学最大。义理明则躬行有要而经济有本。词章之学，亦所以发挥义理者也。考据之学，吾无取焉矣。此三途者，皆从事经史，各有门径。吾以为欲读经史，但当研究义理，则心一而不纷。是故经则专守一经，史则专熟一代，读经史则专主义理。此皆守约之道，确乎不可易者也。

若夫经史而外，诸子百家，汗牛充栋。或欲阅之，但当读一人之专集，不当东翻西阅。如读昌黎集，则目之所见，耳之所闻，无非昌黎。以为天地间，除昌黎集而外，更别无书也。此一集未读完，断断不换他集，亦专字诀也。六弟谨记之。

读经、读史、读专集、讲义理之学，此有志者万不可易者也。圣人复起，必从吾言矣。然此亦仅为有大志者言之。若夫为科名之学，则要读四书文，读试帖、律赋，头绪甚多。四弟、九弟、厚二弟天质

---

① 酬酢：主客相互敬酒，主敬客称酬，客还敬称酢。

较低，必须为科名之学。六弟既有大志，虽不科名可也，但当守一耐字诀耳。观来信言读《礼记》疏似不能耐者，勉之勉之。

兄少时天分不甚低，厥后日与庸鄙者处，全无所闻，窃被茅塞久矣。及乙未到京后，始有志学诗古文并作字之法，亦泊无良友。近年得一二良友，知有所谓经学者、经济者，有所谓躬行实践者，始知范、韩可学而至也，马迁、韩愈亦可学而至也，程、朱亦可学而至也。慨然思尽涤前日之污，以为更生之人，以为父母之肖子，以为诸弟之先导。无如体气本弱，耳鸣不止，稍稍用心，便觉劳顿。每自思念，天既限我以不能苦思，是天不欲成我之学问也。故近日以来，意颇疏散。计今年若可得一差，能还一切旧债，则将归田养亲，不复恋恋于利禄矣。粗识几字，不敢为非以蹈大戾①已耳，不复有志于先哲矣。吾人第一以保身为要。我所以无大志愿者，恐用心太过，足以疲神也。诸弟亦须时时以保身为念，无忽无忽。

来信又驳我前书，谓必须博雅有才，而后可明理有用。所见极是。兄前书之意，盖以躬行为重，即子夏"贤贤易色"章之意。以为博雅者不足贵，惟明理者乃有用，特其立论过激耳。六弟信中之意，以为不博雅多闻，安能明理有用？立论极精，但弟须力行之，不可徒与兄辩驳见长耳。

来信又言四弟与季弟从游觉庵师，六弟、九弟仍来京中，或肄业城南云云。兄之欲得老弟共住京中也，其情如孤雁之求曹也。自九弟辛丑秋思归，兄百计挽留，九弟当能言之。及至去秋决计南归，兄实无可如何，只得听其自便。若九弟今年复来，则一岁之内忽去忽来，不特堂上诸大人不肯，即旁观亦且笑我兄弟轻举妄动。且两弟同来，途费须得八十金，此时实难措办。弟云能自为计，则兄窃不信。曹西

---

① 戾：罪过；乖张。

垣去冬已到京，郭云仙明年始起程，目下亦无好伴。惟城南肄业之说，则甚为得计。兄于二月间准付银二十两至金竺虔家，以为六弟、九弟省城读书之用。竺虔于二月起身南旋①，其银四月初可到。

弟接到此信，立即下省肄业。省城中兄相好的如郭云仙、凌笛舟、孙芝房，皆在别处坐书院。贺蔗农、俞岱青、陈尧农、陈庆覃诸先生皆官场中人，不能伏案用功矣。惟闻有丁君者 名叙忠，号秩臣，长沙廪生 学问切实，践履笃诚。兄虽未曾见面，而稔知其可师。凡与我相好者，皆极力称道丁君。两弟到省，先到城南住斋，立即去拜丁君 托陈季牧为介绍，执贽受业。凡人必有师；若无师，则严惮之心不生。即以丁君为师，此外择友则慎之又慎。昌黎曰："善不吾与，吾强与之附；不善不吾恶，吾强与之拒。"一生之成败，皆关乎朋友之贤否，不可不慎也。

来信以进京为上策，以肄业城南为次策。兄非不欲从上策，因九弟去来太速，不好写信禀堂上。不特九弟形迹矛盾，即我禀堂上亦必自相矛盾也。又目下实难办途费。六弟言能自为计，亦未历甘苦之言耳。若我今年能得一差，则两弟今冬与朱啸山同来甚好。目前且从次策。如六弟不以为然，则再写信来商议可也。此答六弟信之大略也。

九弟之信，写家事详细，惜话说太短。兄则每每太长，以后截长补短为妙。尧阶若有大事，诸弟随去一人帮他几天。牧云接我长信，何以全无回信？毋乃嫌我话太直乎？扶乩②之事，全不足信。九弟总须立志读书，不必想及此等事。季弟一切皆须听诸兄话。此次折弁走甚急，不暇钞③日记本。余容后告。

---

① 旋：回；归。
② 扶乩（jī）：一种迷信活动。术士制丁字形木架，其直端顶部悬锥下垂。架放在沙盘上，由两人各以食指分扶横木两端，依法请神，木架的下垂部分即在沙上画成文字，作为神的启示，或与人唱和，或示人吉凶，或与人处方。旧时民间常于农历正月十五夜迎紫姑扶乩。扶，指扶架子。乩，谓卜以问疑。
③ 钞：同"抄"。

冯树堂闻弟将到省城，写一荐条，荐两朋友。弟留心访之可也。

道光二十三年三月十九日

致澄弟温弟沅弟季弟
升翰林院侍讲。付回五品补服、水晶顶等物及银两。

诸位老弟足下：

　　正月间曾寄一信与诸弟，想已收到。二月发家信时甚匆忙，故无信与弟。

　　三月初六巳刻，奉上谕于初十日大考翰詹。余心甚着急，缘写作俱生，恐不能完卷。不图十三日早见等第单，余名次二等第一。遂得仰荷①天恩，赏擢不次，以翰林院侍讲升用。格外之恩，非常之荣，将来何以报称！惟有时时惶悚，思有补于万一而已。

　　兹因金竺虔南旋之便，付回五品补服四付、水晶顶二品、阿胶二封、鹿胶二封、母亲耳环一双。竺虔到省时，老弟照单查收。阿胶系毛寄云所赠，最为难得之物，家中须慎重用之。

　　竺虔曾借余银四十两，言定到省即还。其银以二十二两为六弟、九弟读书省城之资，以四弟〔两〕为买书买笔之资，以六两为四弟、季弟衡阳从师束脩之资，以四两为买漆之费——即每岁漆一次之谓也，以四两为欧阳太岳母奠金。贤弟接到银后，各项照数分用可也。此次竺虔到家，大约在五月节后，故一切不详写。待折差来时，另写一详明信付回，大约四月半可到。贤弟在省如有欠用之物，可写信到京，

---

① 仰荷：敬领；承受。

要我付回。

另付回大考名次及升降一单照收。余不具述。

兄国藩手草

道光二十三年六月初六日

致温弟

与师友交，宜常存敬畏之心。无论何书，须先通读一遍。学诗先读专集，明一体。习字须有恒。

温甫六弟左右：

五月二十九、六月初一连接弟三月初一、四月二十五、五月初一三次所发之信，并四书文二首，笔仗①实实可爱。

信中有云"于兄弟则直达其隐，父子祖孙间不得不曲致其情"，此数语有大道理。余之行事，每自以为至诚可质天地，何妨直情径行。昨接四弟信，始知家人天亲之地，亦有时须委曲以行之者。吾过矣，吾过矣。

香海为人最好，吾虽未与久居，而相知颇深，尔以兄事之可也。丁秩臣、王衡臣两君，吾皆未见，大约可为尔之师。或师之，或友之，在弟自为审择。若果威仪可测、淳实宏通，师之可也；若仅博雅能文，友之可也。或师或友，皆宜常存敬畏之心，不宜视为等夷，渐至慢亵，则不复能受其益矣。

尔三月之信所定功课太多，多则必不能专，万万不可。后信言已向陈李〔季〕牧借《史记》，此不可不熟看之书。尔既看《史记》，则

---

① 笔仗：谓书画诗文的风格。

断不可看他书。功课无一定呆法，但须专耳。余从前教诸弟，常限以功课。近来觉限人以课程，往往强人以所难，苟其不愿，虽日日遵照限程，亦复无益，故近来教弟但有一专字耳。专字之外，又有数语教弟，兹特将冷金笺①写出。弟可贴之座右，时时省览，并抄一付寄家中三弟。

香海言时文须学《东莱博议》，甚是。尔先须过笔圈点一遍，然后自选几篇读熟，即不读亦可。无论何书，总须从首至尾通看一遍。不然，乱翻几叶，摘抄几篇，而此书之大局精处茫然不知也。

学诗从《中州集》②入亦好。然吾意读总集，不如读专集。此事人人意见各殊，嗜好不同。吾之嗜好，于五古则喜读《文选》，于七古则喜读昌黎集，于五律则喜读杜集，七律亦最喜杜诗，而苦不能步趋，故兼读元遗山集。吾作诗最短于七律，他体皆有心得；惜京都无人可与畅语者。尔要学诗，先须看一家集，不要东翻西阅。先须学一体，不可各体同学。盖明一体，则皆明也。凌笛舟最善为律诗，若在省，尔可就之求教。

习字临《千字文》亦可，但须有恒。每日临帖一百字，万万无间断，则数年必成书家矣。陈季牧最喜谈字，且深思善悟。吾见其寄岱云信，实能知写字之法，可爱可畏。尔可从之切磋。此等好学之友，愈多愈好。

来信要我寄诗回南。余今年身体不甚壮健，不能用心，故作诗绝少，仅作感春诗七古五章。慷慨悲歌，自谓不让陈卧子③，而语太激

---

① 冷金笺：即冷金纸，带白色的泥金或洒金的纸。
② 《中州集》：元好问编定的金朝诗歌总集。选录金代二百四十九人的诗作，因作者多聚集于中州（今河南一带），故名。
③ 陈卧子：本名陈子龙（1608～1647），初名介，字卧子，号大樽，松江华亭（今上海市松江区）人。南明抗清将领，文学家。

烈,不敢示人。余则仅作应酬诗数首,了无可观。顷作寄贤弟诗二首,弟观之以为何如?京笔现在无便可寄,总在秋间寄回。若无笔写,暂向陈季牧借一支,后日还他可也。

兄国藩手草

道光二十三年六月初六日

致澄弟沅弟季弟
学问不可求速,家庭日用中间有绝大学问。

澄侯、叔淳、季洪三弟左右:

五月底连接三月一日、四月十八两次所发家信。

四弟之信,具见真性情,有困心横虑、郁积思通之象。此事断不可求速效。求速效必助长,非徒无益,而又害之。只要日积月累,如愚公之移山,终久必有豁然贯通之候,愈欲速则愈锢蔽①矣。

来书往往词不达意,我能深谅其苦。今人都将学字看错了。若细读"贤贤易色"一章,则绝大学问即在家庭日用之间。于孝弟两字上尽一分便是一分学,尽十分便是十分学。今人读书皆为科名起见,于孝弟伦纪之大,反似与书不相关。殊不知书上所载的,作文时所代圣贤说的,无非要明白这个道理。若果事事做得,即笔下说不出何妨!若事事不能做,并有亏于伦纪之大,即文章说得好,亦只算个名教中之罪人。贤弟性情真挚,而短于诗文,何不日日在孝弟两字上用功?《曲礼》《内则》所说的,句句依他做出,务使祖父母、父母、叔父母无一时不安乐,无一时不顺适;下而兄弟妻子皆蔼然②有恩,秩然有

---

① 锢蔽:禁锢蔽塞。
② 蔼然:温和貌;和善貌。

序，此真大学问也。若诗文不好，此小事，不足计；即好极，亦不值一钱。不知贤弟肯听此语否？

科名之所以可贵者，谓其足以承堂上之欢也，谓禄仕可以养亲也。今吾已得之矣，即使诸弟不得，亦可以承欢，可以养亲，何必兄弟尽得哉？贤弟若细思此理，但于孝弟上用功，不于诗文上用功，则诗文不期进而自进矣。

凡作字总须得势，务使一笔可以走千里。三弟之字，笔笔无势，是以局促不能远纵。去年曾与九弟说及，想近来已忘之矣。

九弟欲看余白折。余所写折子甚少，故不付。大铜尺已经寻得。付笔回南，目前实无妙便，俟秋间定当付还。

去年所寄牧云信未寄去，但其信前半劝牧云用功，后半劝凌云莫看地，实有道理。九弟可将其信钞一遍仍交与他，但将纺棉花一段删去可也。地仙为人主葬，害人一家，丧良心不少，未有不家败人亡者，不可不力阻凌云也。至于纺棉花之说，如直隶之三河县、灵寿县，无论贫富男妇，人人纺布为生，如我境之耕田为生也。江南之妇人耕田，犹三河之男人纺布也。湖南如浏阳之夏布、祁阳之葛布、宜昌之棉布，皆无论贫富男妇，人人依以为业。此并不足为骇异①也。第风俗难以遽变，必至骇人听闻，不如删去一段为妙。书不尽言。

兄国藩手草

---

① 骇异：亦作"骇异"，惊异。

道光二十四年正月二十六日

致澄弟温弟沅弟季弟
温甫、沅甫在罗罗山处附课甚好。

四位老弟左右：

正月二十三日接到诸弟信，系腊月十六在省城发，不胜欣慰。四弟女许朱良四姻伯①之孙，兰姊女许贺孝七之子，人家甚好，可贺。惟蕙妹家颇可虑，亦家运也。

六弟、九弟今年仍读书省城，罗罗山兄处附课甚好。既在此附课，则不必送诗文与他处看，以明有所专主也。凡事皆贵专。求师不专，则受益也不入；求友不专，则博爱而不亲。心有所专宗，而博观他途以扩其识，亦无不可。无所专宗，而见异思迁，此眩彼夺，则大不可。罗山兄甚为刘霞仙、欧晓岑所推服，有杨生任光者，亦能道其梗概，则其可为师表明矣，惜吾不得常与居游也。在省用钱，可在家中支用银三十两则够二弟一年之用矣，亦在吾寄一千两之内，予不能别寄与弟也。

我去年十一月二十日到京，彼时无折差回南，至十二月中旬始发信，乃两弟之信骂我糊涂。何不检点②至此！赵子舟与我同行，曾无一信，其糊涂更何如耶？余自去年五月底至腊月初未尝接一家信。我在蜀可写信由京寄家，岂家中信不可由京寄蜀耶？又将骂何人糊涂耶！凡动笔不可不检点。

陈尧农先生信至今未接到。黄仙垣未到京。家中付物，难于费心，以后一切布线等物，均不必付。九弟与郑、陈、冯、曹四信，写作俱佳，可喜之至。六弟与我信字太草率，此关乎一生福分，故不能不告

---

① 姻伯：对兄弟的岳父、姐妹的公公及远亲长辈的称呼。
② 检点：约束；慎重。

汝也。四弟写信语太不圆，由于天分，吾不复责。余容续布，诸惟心照。

兄国藩手具

道光二十四年三月初十日

致温弟沅弟
详为解释馈赠各位族戚之原因。教练字与读书之法。附课程表等。

六弟、九弟左右：

三月八日接到两弟二月十五所发信，信面载第二号，则知第一号信未到。比去提塘追索，渠云并未到京，恐尚在省未发也。以后信宜交提塘挂号①，不宜交折差手，反致差错。

来书言自去年五月至十二月，计共发信七八次。兄到京后，家人仅检出二次：一系五月二十二日发，一系十月十六日发。其余皆不见。远信难达，往往似此。

腊月信有糊涂字样，亦情之不能禁者。盖望眼欲穿之时，疑信杂生，怨怒交至。惟骨肉之情愈挚，则望之愈殷；望之愈殷，则责之愈切。度日如年，居室如圜墙②，望好音如万金之获，闻谣言如风声鹤唳；又加以堂上之悬思③，重以严寒之逼人。其不能不出怨言以相詈者，情之至也。然为兄者观此二字，则虽曲谅其情，亦不能不责之；

---

① 挂号：寄递邮件的一种方式。重要信件付邮时由相关机构编号登记，如有遗失，由相关机构负责追查。
② 圜墙：牢狱。
③ 悬思：挂念；想念。

非责其情，责其字句之不检点耳。何芥蒂之有哉！

至于回京时有折弁南还，则兄实不知。当到家之际，门几如市，诸务繁剧①，吾弟可想而知。兄意谓家中接榜后所发一信，则万事可以放心矣，岂尚有悬挂者哉？来书辨论详明，兄今不复辨，盖彼此之心虽隔万里，而赤诚不啻日见，本无纤毫之疑，何必因二字而多费唇舌！以后来信，万万不必提起可也。

所寄银两，以四百为馈赠族戚之用。来书云："非有未经审量之处，即似稍有近名之心。"此二语推勘②入微，兄不能不内省者也。又云："所识穷乏得我而为之，抑逆知家中必不为此慷慨，而姑为是言。"斯二语者，毋亦拟阿兄不伦乎？兄虽不肖，亦何至鄙且奸至于如此之甚！所以为此者，盖族戚中有断不可不一援手之人，而其余则牵连而及。

兄己亥年至外家，见大舅陶穴③而居，种菜而食，为恻然④者久之。通十舅送我，谓曰："外甥做外官，则阿舅来作烧火夫也。"南五舅送至长沙，握手曰："明年送外甥妇来京。"余曰："京城苦，舅勿来。"舅曰："然。然吾终寻汝任所也。"言已泣下。兄念母舅皆已年高，饥寒之况可想。而十舅且死矣，及今不一援手，则大舅、五舅者又能沾我辈之余润乎？十舅虽死，兄意犹当恤其妻子；且从俗为之延僧，如所谓道场者，以慰逝者之魂而尽吾不忍死其舅之心。我弟我弟，以为可乎？

兰姊、蕙妹家运皆舛。兄好为识微之妄谈，谓姊犹可支撑，蕙妹再过数年则不能自存活矣。同胞之爱，纵彼无觊望，吾能不视如一家

---

① 繁剧：谓事务繁重之极。
② 推勘：考察；推求。
③ 陶穴：古代凿地而成的土室。
④ 恻然：哀怜貌；悲伤貌。

一身乎？

欧阳沧溟先生夙债甚多，其家之苦况，又有非吾家可比者。故其母丧，不能稍隆厥礼。岳母送余时，亦涕泣而道。兄赠之独丰，则犹徇世俗之见也。

楚善叔为债主逼迫，抢地无门。二伯祖母尝为余泣言之。又泣告子植曰："八儿夜来泪注，地湿围径五尺也。"而田货于我家，价既不昂，事又多磨。尝贻书于我，备陈吞声饮泣之状。此子植所亲见，兄弟尝欷歔久之。

丹阁叔与宝田表叔昔与同砚席十年，岂意今日云泥隔绝至此！知其窘迫难堪之时，必有饮恨于实命之不犹者矣。丹阁戊戌年曾以钱八千贺我。贤弟谅其景况，岂易办八千者乎？以为喜极，固可感也；以为钓饵，则亦可怜也。

任尊叔见我得官，其欢喜出于至诚，亦可思也。

竟希公一项，当甲午年抽公项三十二千为贺礼，渠两房颇不悦。祖父曰："待藩孙得官，第一件先复竟希公项。"此语言之已熟，特各堂叔不敢反唇相稽耳。同为竟希公之嗣，而菀①枯悬殊若比〔此〕。设造物者一旦移其菀于彼二房，而移其枯于我房，则无论六百，即六两亦安可得耶？

六弟、九弟之岳家皆寡妇孤儿，槁饿②无策。我家不拯之，则孰拯之者？我家少八两，未必遂为债户逼取；渠得八两，则举室回春。贤弟试设身处地而知其如救水火也。

彭王姑待我甚厚，晚年家贫，见我辄泣。兹王姑已没，故赠宜仁王姑丈，亦不忍以死视王姑之意也。腾七则姑之子，与我同孩提长养。

---

① 菀：草木茂盛的样子。
② 槁饿：谓穷困饥饿。

各舅祖则推祖母之爱而及也。彭舅曾祖则推祖父之爱而及也。陈本七、邓升六二先生，则因觉庵师而牵连及之者也。

其余馈赠之人，非实有不忍于心者，则皆因人而及。非敢有意讨好沽名钓誉，又安敢以己之豪爽形祖父之刻啬，为此奸鄙之心之行也哉？

诸弟生我十年以后，见诸戚族家皆穷，而我家尚好，以为本分如此耳，而不知其初皆与我家同盛者也。兄悉见其盛时气象，而今日零落如此，则大难为情矣。凡盛衰在气象，气象盛则虽饥亦乐，气象衰则虽饱亦忧。今我家方全盛之时，而贤弟以区区数百金为极少，不足比数。设以贤弟处楚善、宽五之地，或处葛、熊二家之地，贤弟能一日以安乎？凡遇之丰啬顺舛，有数存焉，虽圣人不能自为主张。天可使吾今日处丰亨之境，即可使吾明日处楚善、宽五之境。君子之处顺境，兢兢焉常觉天之过厚于我，我当以所余补人之不足。君子之住啬境，亦兢兢焉常觉天之厚于我：非果厚也，以为较之尤啬者，而我固已厚矣。古人所谓境地须看不如我者，此之谓也。

来书有"区区千金"四字，其毋乃不知天之已厚于我兄弟乎？兄尝观《易》之道，察盈虚消息之理，而知人不可无缺陷也。日中则昃，月盈则亏，天有孤虚，地阙东南，未有常全而不缺者。《剥》① 也者，《复》② 之几也，君子以为可喜也。《夬》③ 也者，《姤》④ 之渐也，

---

① 《剥》：《易》卦名，卦象为䷖，全卦六爻，一阳爻在上，五阴爻在下，阴气盛，阳气衰，象征小人得势，君子不利。后谓时运不济为"剥"。
② 《复》：卦名，六十四卦之一，卦形为䷗，震下坤上。《易·复》："复，亨，出入无疾。"
③ 《夬》：卦名，六十四卦之一，卦形为䷪，乾下兑上。《易·夬》："夬，扬于王庭。"孔颖达疏："此阴消阳息之卦也。"
④ 《姤》：卦名，六十四卦之一，卦形为䷫，巽下乾上。《易·姤》："姤，女壮，勿用取女。"孔颖达疏："此卦一柔而遇五刚，故名为姤。"

君子以为可危也。是故既吉矣,则由吝以趋于凶;既凶矣,则由悔以趋于吉。君子但知有悔耳。悔者,所以守其缺而不敢求全也。小人则时时求全;全者既得,而吝与凶随之矣。众人常缺,而一人常全,天道屈伸之故,岂若是不公乎?今吾家椿萱重庆,兄弟无故,京师无比美者,亦可谓至万全者矣。故兄但求缺陷,名所居曰求缺斋。盖求缺于他事,而求全于堂上。此则区区之至愿也。家中旧债不能悉清,堂上衣服不能多办,诸弟所需不能一给,亦求缺陷之义也。内人不明此意,时时欲置办衣物,兄亦时时教之。今幸未全备,待其全时,则吝与凶随之矣。此最可畏者也。贤弟夫妇诉怨于房闼①之间,此是缺陷,吾弟当思所以弥其缺而不可尽给其求,盖尽给则渐几于全矣。吾弟聪明绝人,将来见道有得,必且韪余之言也。

至于家中欠债,则兄实有不尽知者。去年二月十六接父亲正月四日手谕,中云:"年事一切,银钱敷用有余。上年所借头息钱,均已完清。家中极为顺遂,故不窘迫。"父亲所言如此,兄亦不甚了了②。不知所完究系何项?未完尚有何项?兄所知者,仅江孝八外祖百两、朱岚暄五十两而已。其余如耒阳本家之账,则兄由京寄还,不与家中相干。甲午冬借添梓坪钱五十千,尚不知作何还法,正拟此次禀问祖父。此外账目,兄实不知。下次信来,务望详开一单,使兄得渐次筹画③。如弟所云家中欠债千余金,若兄早知之,亦断不肯以四百赠人矣。如今信去已阅三月,馈赠族戚之语,不知乡党已传播否?若已传播而实不至,则祖父受啬吝之名,我加一信,亦难免二三其德之消。此兄读两弟来书,所为踌躇而无策者也。兹特呈堂上一禀,依九弟之言书之。谓朱啸山、曾受恬处二百落空,非初意所料。其馈赠之项,听祖父、

---

① 房闼(tà):寝室。
② 了了:明白;清楚。
③ 筹画:谋划。

叔父裁夺。或以二百为赠，每人减半亦可；或家中十分窘迫，即不赠亦可。戚族来者，家中即以此信示之，庶不悖于过则归己之义。贤弟观之以为何如也？

若祖父、叔父以前信为是，慨然赠之，则此禀不必付归，兄另有安信付去。恐堂上慷慨持赠，反因接吾书而尼沮。凡仁心之发，必一鼓作气，尽吾力之所能为。稍有转念，则疑心生，私心亦生。疑心生则计较多，而出纳吝矣；私心生则好恶偏，而轻重乖矣。使家中慷慨乐与，则慎无以吾书生堂上之转念也。使堂上无转念，则此举也，阿兄发之，堂上成之，无论其为是为非，诸弟置之不论可耳。向使去年得云贵、广西等省苦差，并无一钱寄家，家中亦不能责我也。

九弟来书，楷法佳妙，余爱之不忍释手。起笔收笔皆藏锋，无一笔撒手乱丢，所谓有往皆复也。想与陈季牧讲究，彼此各有心得，可喜可喜。然吾所教尔者，尚有二事焉。一曰换笔。古人每笔中间必有一换，如绳索然。第一股在上，一换则第二股在上，再换则第三股在上也。笔尖之着纸者仅少许耳。此少许者，吾当作四方铁笔用。起处东方在左，西方向右，一换则东方向右矣。笔尖无所谓方也，我心中常觉其方。一换而东，再换而北，三换而西，则笔尖四面有锋，不仅一面相向矣。二曰结字有法。结字之法无穷，但求胸有成竹耳。

六弟之信，文笔拗而劲，九弟文笔婉而达，将来皆必有成。但目下不知各看何书？万不可徒看考墨卷，汩没①性灵。每日习字不必多，作百字可耳。读背诵之书不必多，十叶可耳。看涉猎之书不必多，亦十叶可耳。但一部未完，不可换他部，此万万不易之道。阿兄数千里外教尔，仅此一语耳。

罗罗山兄读书明大义，极所钦仰，惜不能会面畅谈。

---

① 汩没：埋没；湮灭。

余近来读书无所得，酬应之繁，日不暇给，实实可厌。惟古文各体诗，自觉有进境，将来此事当有成就；恨当世无韩愈、王安石一流人与我相质证①耳。贤弟亦宜趁此时学为诗、古文，无论是否，且试拈笔为之。及今不作，将来年长，愈怕丑而不为矣。每月六课，不必其定作时文也。古文、诗、赋、四六无所不作，行之有常。将来百川分流，同归于海。则通一艺即通众艺，通于艺即通于道，初不分而二之也。此论虽太高，然不能不为诸弟言之，使知大本大原，则心有定向，而不至于摇摇无着。虽当其应试之时，全无得失之见乱其意中，即其用力举业之时，亦于正业不相妨碍。诸弟试静心领略，亦可徐徐会悟也。

外附录《五箴》一首、《养身要言》一纸、《求缺斋课程》一纸，诗文不暇录，惟谅之。

兄国藩手草

五箴并序　　甲辰春作

少不自立，荏苒遂泊〔洎〕今兹。盖古人学成之年，而吾碌碌尚如斯也，不其戚矣！继是以往，人事日纷，德慧日损，下流之赴，抑又可知。夫疢疾所以益智，逸豫所以亡身，仆以中材而履安顺，将欲刻苦而自振拔，谅哉其难之与！作《五箴》以自创云。

立志箴

煌煌先哲，彼不犹人。貌焉小子，亦父母之身。聪明福禄，予我者厚哉！弃天而佚，是及凶灾。积悔累千，其终也已。往者不可追，请从今始。荷道以躬，舆之以言。一息尚活，永矢弗谖。

居敬箴

天地定位，二五胚胎。鼎焉作配，实曰三才。俨恪斋明，以凝女

---

① 质证：质疑论证。

命。女之不庄，伐生戕性。谁人可慢？何事可弛？弛事者无成，慢人者反尔。纵彼不反，亦长吾骄。人则下女，天罚昭昭①。

主静箴

斋宿日观，天鸡一鸣。万籁俱息，但闻钟声。后有毒蛇，前有猛虎。神定不慑，谁敢余侮？岂伊避人，日对三军。我虑则一，彼纷不纷。驰骛②半生，曾不自主。今其老矣，殆扰扰③以终古。

谨言箴

巧语悦人，自扰其身。闲言送日，亦搅女神。解人不夸，夸者不解。道听途说，智笑愚骇。骇者终明，谓女实欺。笑者鄙女，虽矢犹疑。尤悔既丛，铭以自攻。铭而复蹈，嗟女既耄。

有恒箴

自吾识字，百历泊兹。二十有八载，则无一知。曩之所忻，阅时而鄙。故者既抛，新者旋徙。德业之不常，曰为物牵。尔之再食，曾未闻或惩。黍黍之增，久乃盈斗。天君司命，敢告马走。

养身要言　癸卯入蜀道中作

一阳初动处，万物始生时。不藏怒焉，不宿怨焉。右仁所以养肝也。

内有整齐思虑，外而敬慎威仪。泰而不骄，威而不猛。右礼所以养心也。

饮食有节，起居有常。作事有恒，容止有定。右信所以养脾也。

扩然而大公，物来而顺应。裁之吾心而安，揆之天理而顺。右义所以养肺也。

心欲其定，气欲其定，神欲其定，体欲其定。右智所以养肾也。

---

① 昭昭：明白；显著。
② 驰骛：奔走；奔竞。
③ 扰扰：纷乱貌；烦乱貌。

求缺斋课程　癸卯孟夏立

读熟读书十叶。看应看书十叶。习字一百。数息百入〔八〕。记过隙影即日记。记茶余偶谈一则。右每日课。

逢三日写回信。逢八日作诗、古文一艺。右月课。

熟读书：《易经》、《诗经》、《史记》、《明史》、《屈子》、《庄子》、杜诗、韩文。

应看书不具载。

道光二十四年五月十二日

致澄弟温弟沅弟季弟

日内应酬繁多。勉温甫等勿汲汲于进学，应注重于德行文章。

四位老弟足下：

自三月十三日发信后，至今未寄一信。余于三月二十四日移寓前门内西边碾儿胡同，与城外消息不通。四月间到折差一次，余竟不知。迨既知，而折差已去矣。惟四月十九欧阳小岑南归，余寄衣箱银物并信一件。四月二十四梁蓉庄南归，余寄书卷零物并信一件。两信皆仅数语，至今想尚未到。四月十三黄仙垣南归，余寄闱墨并无书信，想亦未到。兹将三次所寄各物另开清单付回，待三人到时，家中照单查收可也。

内城现住房共二十八间，每月房租京钱叁拾串，极为宽敞。冯树堂、郭筠仙所住房屋皆清洁。甲三于三月二十四日上学，天分不高不低，现已读四十天，读至自修齐至平治矣。因其年太小，故不加严。已读者字皆能认。两女皆平安。陈岱云之子在余家亦甚好。内人身子如常，现又有喜，大约九月可生。

余体气较去年略好，近因应酬太繁，天气渐热，又有耳鸣之病。今年应酬较往年更增数倍。第一为人写对联条幅，合四川、湖南两省求书者几日不暇给。第二公车①来借钱者甚多，无论有借无借，多借少借，皆须婉言款待。第三则请酒拜客及会馆公事。第四则接见门生，颇费精神。又加以散馆，殿试则代人料理，考差则自己料理。诸事冗杂，遂无暇读书矣。

三月二十八大挑甲午科，共挑知县四人，教官十九人。其全单已于梁蒙庄所带信内寄回。四月初八日发会试榜，湖南中七人，四川中八人，去年门生中二人。另有题名录附寄。十二日新进士复试，十四发一等二十一名，另有单附寄。十六日考差，余在场，二文一诗，皆妥当无弊病，写亦无错落。兹将诗稿寄回。十八日散馆，一等十九名。本家心斋取一等十二名，陈启迈取二等第三名，二人俱留馆。徐棻因诗内"皱"字误写"皷"字，改作知县，良可惜也。二十二日散馆者引见，二十六七两日考差者引见，二十八日新进士朝考，三十日发全单附回。二十一日新进士殿试，二十四日点状元，全榜附回。五月初四五两日新进士引见。初一日放云贵试差，初二日钦派大教习二人，初六日奏派小教习六人，余亦与焉。

初十日奉上谕，翰林侍读以下，詹事府洗马以下，自十六日起每日召见二员。余名次第六，大约十八日可以召见。从前无逐日分见翰詹之例，自道光十五年始一举行，足征圣上勤政求才之意。十八年亦如之，今年又如之。此次召见，则今年放差大半，奏对称旨者居其半，诗文高取者居其半也。

---

① 公车：汉代以公家车马递送应征的人，后因以"公车"为举人应试的代称。借指应试的举子。

五月十一日接到四月十三家信，内四弟、六弟各文二首，九弟、季弟各文一首。四弟东皋课文甚洁净，诗亦稳妥。"则何以哉"一篇亦清顺有法，第词句多不圆足，笔亦平沓不超脱。平沓最为文家所忌，宜力求痛改此病。六弟笔气爽利，近亦渐就范围。然词意平庸，无才气峥嵘①之处，非吾意中之温甫也。如六弟之天姿不凡，此时作文，当求议论纵横，才气奔放，作为如火如荼之文，将来庶有成就。不然一挑半剔，意浅调卑，即使获售，亦当自惭其文之浅薄不堪。若其不售，则又两失之矣。今年从罗罗山游，不知罗山意见如何？吾谓六弟今年入泮②固妙，万一不入，则当尽弃前功，壹志从事于先辈大家之文。年过二十，不为少矣，若再扶墙摩壁③，役役于考卷截搭小题之中，将来时过而业仍不精，必有悔恨于失计者，不可不早图也。余当日实见不到此，幸而早得科名，未受其害。向使至今未尝入泮，则数十年从事于吊渡映带之间，仍然一无所得，岂不腼颜也哉！此中误人终身多矣。温甫以世家之子弟，负过人之姿质，即使终不入泮，尚不至于饥饿，奈何亦以考卷误终身也？九弟要余改文详批，余实不善改小考文，当请曹西垣代改，下次折弁付回。季弟文气清爽异常，喜出望外；意亦层出不穷。以后务求才情横溢，气势充畅，切不可挑剔敷衍，安于庸陋。勉之勉之，初基不可不大也。书法亦有褚字笔意，尤为可喜。总之，吾所望于诸弟者，不在科名之有无，第一则孝弟为瑞，其次则文章不朽。诸弟若果能自立，当务其大者远者，毋徒汲汲于进学也。

冯树堂、郭筠仙在寓看书作文，功无间断。陈季牧日日习字，亦

---

① 峥嵘：卓越；不平凡。
② 入泮（pàn）：古代学宫前有泮水，故称学校为泮宫。科举时代学童入学为生员称为"入泮"。
③ 扶墙摩壁：抚摸着墙壁，比喻言论主张比较软弱平庸。

可畏也。四川门生留京约二十人，用功者颇多。余不尽书。

兄国藩草

道光二十四年八月二十九日

致澄弟温弟沅弟季弟

进德修业可由己做主，功名富贵悉由命定。

四位老弟左右：

昨二十七日接信，快畅之至，以信多而处处详明也。

四弟七夕诗甚佳，已详批诗后。从此多作诗亦甚好，但须有志有恒，乃有成就耳。余于诗亦有工夫，恨当世无韩昌黎及苏、黄一辈人可与发吾狂言者。但人事太多，故不常作诗，用心思索，则无时敢忘之耳。

吾人只有进德、修业两事靠得住。进德，则孝弟仁义是也；修业，则诗文作字是也。此二者由我作主，得尺则我之尺也，得寸则我之寸也。今日进一分德，便算积了一升谷；明日修一分业，又算余了一文钱。德业并增，则家私日起。至于功名富贵，悉由命定，丝毫不能自主。昔某官有一门生为本省学政，托以两孙当面拜为门生。后其两孙岁考临场大病，科考丁艰，竟不入学。数年后两孙乃皆入，其长者仍得两榜①。此可见早迟之际，时刻皆有前定。尽其在我，听其在天，万不可稍生妄想。六弟天分较诸弟更高，今年受黜，未免愤怨。然及此正可困心横虑，大加卧薪尝胆之功，切不可因愤废学。

---

① 两榜：甲榜和乙榜的合称，亦指进士。

九弟劝我治家之法，甚有道理，喜甚慰甚。自荆七遣去之后，家中亦甚整齐，问率五归家便知。《书》曰："非知之艰，行之维艰。"九弟所言之理，亦我所深知者。但不能庄严威厉，使人望若神明耳。自此后，当以九弟言书诸绅而刻刻警省。

季弟信天性笃厚，诚如四弟所云"乐何如之"。求我示读书之法及进德之道，另纸开示。余不具。

国藩手草

道光二十四年九月十九日

致澄弟温弟沅弟季弟

修德进业在于立志。

四位老弟足下：

自七月发信后未接诸弟信，乡间寄信较省城百倍之难，故余亦不望也。

九弟前信有意与刘霞仙同伴读书，此意甚佳。霞仙近来读朱子书大有所见，不知其言语容止、规模气象何如？若果言动有礼，威仪可则，则直以为师可也，岂特友之哉！然与之同居，亦须真能取益乃佳，无徒浮慕虚名。人苟能自立志，则圣贤豪杰何事不可为？何必借助于人！"我欲仁，斯仁至矣。"我欲为孔孟，则日夜孜孜，惟孔孟之是学，人谁得而御我哉？若自己不立志，则虽日与尧舜禹汤同住，亦彼自彼，我自我矣，何与于我哉！去年温甫欲读书省城，吾以为离却家门局促①之地而与省城诸胜己者处，其长进当不可限量。乃两年以来看书亦不甚多，至于诗文，则绝无长进，是不得归咎于地方之局促也。去年余为择师丁君叙忠，后以丁君处太远，不能从，余意中遂无他师可从。今年弟自择罗罗山改文，而嗣后杳无信息，是又不得归咎于无良友也。日月逝矣，再过数年则满三十，不能不趁三十以前立志猛进也。

余受父教，而余不能教弟成名，此余所深愧者。他人与余交，多有受余益者，而独诸弟不能受余之益，此又余所深恨者也。今寄霞仙信一封，诸弟可钞存信稿而细玩之。此余数年来学思之力，略具大端。

六弟前嘱余将所作诗录寄回。余往年皆未存稿，近年存稿者不过百余首耳，实无暇钞写，待明年将全本付回可也。

国藩草

道光二十四年十月二十一日

致澄弟温弟沅弟季弟

力除傲气，力戒自满，毋为人所冷笑。

四位老弟足下：

前次回信内有四弟诗，想已收到。九月家信有送率五诗五首，想已阅过。吾人为学最要虚心。尝见朋友中有美材者，往往恃才傲物，动谓人不如己，见乡墨则骂乡墨不通，见会墨则骂会墨不通，既骂房官②，又骂主考，未入学者则骂学院。平心而论，己之所为诗文，实

---

① 局促：谓狭小。
② 房官：明清时乡会试时分房阅卷的考官。

亦无胜人之处；不特无胜人之处，而且有不堪对人之处。只为不肯反求诸己，便都见得人家不是，既骂考官，又骂同考而先得者。傲气既长，终不进功，所以潦倒一生而无寸进也。

余平生科名极为顺遂，惟小考七次始售。然每次不进，未尝敢出一怨言，但深愧自己试场之诗文太丑而已。至今思之，如芒在背。当时之不敢怨言，诸弟问父亲、叔父及朱尧阶便知。盖场屋①之中，只有文丑而侥幸者，断无文佳而埋没者，此一定之理也。

三房十四叔非不勤读，只为傲气太胜，自满自足，遂不能有所成。京城之中，亦多有自满之人。识者见之，发一冷笑而已。又有当名士者，鄙科名为粪土，或好作诗古，或好讲考据，或好谈理学，嚣嚣然②自以为压倒一切矣。自识者观之，彼其所造，曾无几何，亦足发一冷笑而已。故吾人用功，力除傲气，力戒自满，毋为人所冷笑，乃有进步也。

诸弟平日皆恂恂③退让，第累年小试不售，恐因愤激之久，致生骄惰之气，故特作书戒之，务望细思吾言而深省焉。幸甚幸甚。

国藩手草

---

① 场屋：科举考试的地方，又称科场。
② 嚣嚣然：傲慢貌。
③ 恂恂：温顺恭谨貌。

道光二十四年十一月二十一日

致澄弟温弟沅弟季弟

望写信以作诗文读书之事相告，学问之道无穷，总以有恒为主。

四位老弟足下：

前月寄信，想已接到。余蒙祖宗遗泽、祖父教训，幸得科名，内顾无所忧，外遇无不如意，一无所觖矣。所望者再得诸弟强立，同心一力，何患令名之不显？何患家运之不兴？欲别立课程，多讲规条，使诸弟遵而行之，又恐诸弟习见而生厌心；欲默默而不言，又非长兄督责之道。是以往年常示诸弟以课程，近来则只教以有恒二字。所望于诸弟者，但将诸弟每月功课写明告我，则我心大慰矣。乃诸弟每次写信，从不将自己之业写明，乃好言家事及京中诸事。此时家中重庆，外事又有我料理，诸弟一概不管可也。以后写信，但将每月作诗几首，作文几首，看书几卷，详细告我，则我欢喜无量。诸弟或能为科名中人，或能为学问中人，其为父母之令子一也，我之欢喜一也。慎弗以科名稍迟，而遂谓无可自力也。如霞仙今日之身分，则比等闲之秀才高矣。若学问愈进，身分愈高，则等闲之举人、进士又不足论矣。

学问之道无穷，而总以有恒为主。兄往年极无恒，近年略好，而犹未纯熟。自七月初一起，至今则无一日间断。每日临帖百字，钞书百字，看书少亦须满二十页，多则不论。自七月起，至今已看过《王荆公文集》百卷，《归震川文集》四十卷，《诗经大全》二十卷，《后汉书》百卷，皆朱笔加圈批。虽极忙，亦须了本日功课，不以昨日耽搁而今日补做，不以明日有事而今日预做。诸弟若能有恒如此，则虽四弟中等之资，亦当有所成就，况六弟、九弟上等之资乎？

明年肄业之所，不知已有定否？或在家，或在外，无不可者。谓在家不可用功，此巧于卸责者也。吾今在京，日日事务纷冗，而犹可以不间断，况家中万万不及此间之纷冗乎？树堂、筠仙自十月起，每十日作文一首，每日看书十五页，亦极有恒。诸弟试将朱子《纲目》过笔圈点，定以有恒，不过数月即圈完矣。若看注疏，每经亦不过数月即完。切勿以家中有事而间断看书之课，又弗以考试将近而间断看书之课。虽走路之日，到店亦可看；考试之日，出场亦可看也。

兄日夜悬望，独此有恒二字告诸弟，伏愿诸弟刻刻留心。幸甚幸甚。

兄国藩手草

道光二十五年二月初一日

致澄弟温弟沅弟季弟

无师无友，亦可挺然特立，作第一等人物，但须立志有恒。

四位老弟足下：

去年十二月二十二日寄去书函谅已收到。顷接四弟信，谓前信小注中误写二字。其诗比即付还，今亦忘其所误谓何矣。

诸弟写信总云仓忙，六弟去年曾言城南寄信之难，每次至抚院赍奏厅打听云云。是何其蠢也！静坐书院三百六十日，日日皆可写信，何必打听折差行期而后动笔哉？或送至提塘，或送至岱云家，皆万无一失，何必问了无关涉之赍奏厅哉？若弟等仓忙，则兄之仓忙殆过十倍，将终岁无一字寄家矣！

送王五诗第二首，弟不能解，数千里致书来问。此极虚心，余得信甚喜。若事事勤思善问，何患不一日千里？兹另纸写明寄回。家塾读书，余明知非诸弟所甚愿，然近处实无名师可从，省城如陈尧农、罗罗山皆可谓明师，而六弟、九弟又不善求益；且住省二年，诗文与字皆无大长进。如今我虽欲再言，堂上大人亦必不肯听。不如安分耐烦，寂处里间，无师无友，挺然特立，作第一等人物。此则我之所期于诸弟者也。昔婺源汪双池先生一贫如洗，三十以前在窑上为人佣工画碗，三十以后读书，训蒙①到老，终身不应科举。卒著书百余卷，为本朝有数名儒。彼何尝有师友哉？又何尝出里间哉？余所望于诸弟者，如是而已，然总不出乎立志有恒四字之外也。

买笔付回，刻下实无妙便，须公车归乃可带回。大约府试院试可得用，县试则赶不到也。诸弟在家作文，若能按月付至京，则余请树堂看。随到随改，不过两月，家中又可收到。书不详尽，余俟续具。

兄国藩手草

道光二十五年四月二十四日

致澄弟温弟沅弟季弟
托冯树堂带回寿屏、对联条幅等物。

四位老弟左右：

四月十六日曾写信交折弁带回，想已收到。十七日朱啸山南归，托带纹银百两、高丽参一斤半、书一包计九套。

兹因冯树堂南还，又托带寿屏一架、狼兼毫笔二十枝、鹿胶二斤、对联条幅一包内金年伯耀南四条、朱岚暄四条、萧辛五对一幅、江岷山母舅四条、东海

---

① 训蒙：教育儿童，多指旧时学塾对儿童进行启蒙教育。

舅父四条、父亲横披一个、叔父折扇一柄，乞照单查收。前信言送江岷山、东海高丽参六两，送金耀南年伯参二两，皆必不可不送之物，唯诸弟禀告父亲大人送之可也。

　　树堂归后，我家先生尚未定。诸弟若在省得见树堂，不可不殷勤亲近。亲近愈久，获益愈多。

　　今年湖南萧史楼得状元，可谓极盛。八进士皆在长沙府。黄琴坞之胞兄及令嗣皆中，亦长沙人也。余续具。

兄国藩手草

道光二十五年五月初五日

致澄弟温弟沅弟季弟

升詹事府右春坊右庶子。望详告分戚族银之数目。

四位老弟足下：

　　四月十六日，余寄第三号交折差，备述进场阅卷及收门生诸事，内附寄会试题名录一纸。十七日朱啸山南旋，余寄第四号信，外银一百两、书一包计九函、高丽参一斤半。二十五日冯树堂南旋。余寄第五号家信，外寿屏一架、鹿胶二斤一包、对联条幅扇子及笔共一布包。想此三信，皆于六月可接到。

　　树堂去后，余于五月初二日新请李竹坞先生 名如篯，永顺府龙山县人，丁酉拔贡，庚子举人 教书。其人端方和顺，有志性理之学，虽不能如树堂之笃诚照人，而已为同辈所最难得者。

　　初二早，皇上御门办事。余蒙天恩，得升詹事府右春坊右庶子。次日具折谢恩，蒙召见于勤政殿，天语垂问共四十余句。是日同升官者：李菡升都察院左副都御史，罗惇衍升通政司副使，及余共三人。

余蒙祖父余泽，频叨非分之荣。此次升官，尤出意外。日夜恐惧修省，实无德足以当之。诸弟远隔数千里外，必须匡我之不逮，时时寄书规我之过，务使累世积德不自我一人而堕。庶几持盈保泰，得免速致颠危。诸弟能常进箴规，则弟即吾之良师益友也。而诸弟亦宜常存敬畏，勿谓家有人作官，而遂敢于侮人；勿谓已有文学，而遂敢于恃才傲人。常存此心，则是载福之道也。

今年新进士善书者甚多，而湖南尤甚。萧史楼既得状元，而周荇农寿昌去岁中南元①，孙芝房鼎臣又取朝元②，可谓极盛。现在同乡诸人讲求词章之学者固多，讲求性理之学者亦不少，将来省运必大盛。

余身体平安，惟应酬太繁，日不暇给，自三月进闱以来，至今已满两月，未得看书。内人身体极弱，而无病痛。医者云必须服大补剂，乃可回元。现在所服之药与母亲大人十五年前所服之白术黑姜方略同，差有效验。儿女四人皆平顺，婢仆辈亦如常。去年寄家之银两，屡次写信求将分给戚族之数目详实告我，而至今无一字见示，殊不可解。以后务求四弟将账目开出寄京，以释我之疑。又余所欲问家乡之事甚多，兹另开一单，烦弟逐条对是祷③。

兄国藩草

---

① 南元：明清科举时代，南方诸省的人应试北闱（乡试）考中第二名者，称为南元。因第一名例归直隶籍人，故第二名也称元。
② 朝元：清代朝考名次分一、二、三等，一等第一名称朝元。
③ 是祷：祝愿，敬辞。常用在书信结尾，表示请求或期望。

道光二十六年四月十六日

致沅弟季弟

五月初旬一定赴考差。望在省购买川漆。

子植、季洪两弟左右：

四月十四日接子植二月三日两次手书，又接季洪信一片。子植何其详，季洪何其略也！今年以来，京中已发信七号，不审俱收到否？第六号、第七号余皆有禀呈堂上，言今年恐不考差。彼时身体虽平安，而癣疥之疾未愈，头上面上颈上并斑剥陆离，恐不便于陛见，故情愿不考差。恐堂上诸大人不放心，故特作白折楷信，以安慰老亲之念。

三月初有直隶张姓医生，言最善治癣，贴膏药于癣上，三日一换，贴三次，即可拔出脓水，贴七次，即全愈矣。初十日，令于左胁试贴一处，果有效验。二十日即令贴头面颈上，至四月八日，而七次皆已贴毕。将膏药揭去，仅余红晕，向之厚皮顽癣，今已荡然平矣。十五六即贴遍身，计不过半月，即可毕事，至五月初旬考差而通身已全好矣。现在仍写白折，一定赴试。虽得不得自有一定，不敢妄想，而苟能赴考，亦可上慰高堂诸大人期望之心。

寓中大小安吉。惟温甫前月底偶患感冒风寒，遂痛左膝，服药二三帖不效，请外科开一针而愈。澄弟去年习柳字，殊不足观。今年改习赵字，而参以李北海《云麾碑》之笔意，大为长进。温弟时文已才华横溢，长安诸友多称赏之。书法以命意太高，笔不足以赴其所见。故在温老自不称意，而人亦无由称之。故论文则温高于澄，澄难为兄；论书则澄高于温，温难为弟。

子植书法驾涤、澄、温而上之，可爱之至！可爱之至！但不知家中旧有《和尚碑》徐浩书及《郭家庙》颜真卿书否？若能参以二帖之沉着，则直追古人不难矣。

狼兼毫四枝既不合用，可以二枝送莘田叔，以二枝送莆庵表叔。正月间曾在岱云处寄羊毫二枝，不知已收到否？至五月钟子冥<small>名音鸿，戊戌同年，放辰州府知府</small>太守往湖南，又可再寄二枝。以后两弟需用之物，随时写信至京可也。

祖父大人嘱买四川漆，现在四川门生留京者仅二人<small>敖册贤、陈世镳</small>，皆极寒之士。由京至渠家有五千余里，由四川至湖南有四千余里，彼此路皆太远。此二人在京常半年不能得家信，即令彼能寄信至渠家，渠家亦万无可附湖南。九弟须详禀祖父大人，不如在省以重价购顶上川漆为便。做直牌匾，祖父大人系貤①封中宪大夫，父亲系诰封中宪大夫，祖母貤封恭人，母亲诰封恭人。京官加一级请封，侍讲学士是从四品，故堂上皆正四品也。蓝顶是暗蓝，余正月已寄回二顶矣。

书不宣尽，诸详澄、温书中。今日身上敷药，不及为楷。堂上诸大人，两弟代为禀告可也。

道光二十七年三月初十日

致澄弟沅弟季弟
<small>告陈岱云意欲联儿女之姻及京中近况。</small>

澄侯四弟、子植九弟、季洪五弟左右：

二月十一接到第一、第二号来信。三月初十接到第三、四、五、六号来信，系正月十二、十八、二十二及二月朔日所发而一次收到。

---

① 貤（yí）封：旧时官员以自身所受的封爵名号呈请朝廷移授给亲族尊长。

家中诸事琐屑毕知，不胜欢慰。

祖大人之病竟以服沉香少愈，幸甚。然予终疑祖大人之体本好，因服补药太多，致火壅于上焦，不能下降。虽服沉香而愈，尚恐非切中肯綮之剂。要须服清导之品，降火滋阴为妙。予虽不知医理，窃疑必须如此，上次家书亦曾写及。不知曾与诸医商酌否？丁酉年祖大人之病，亦误服补剂，赖泽六爷投以凉药而效。此次何以总不请泽六爷一诊？泽六爷近年待我家甚好，即不请他诊病，亦须澄弟到他处常常来往，不可太疏，大小喜事宜常送礼。

尧阶既允为我觅妥地，如其觅得，即听渠买。买后或迁或否，仍由堂上大人作主，诸弟不必执见。

上次信言予思归甚切，属弟探堂上大人意思何如。顷奉父亲手书，责我甚切。兄自是谨遵父命，不敢作归计矣。

郭筠仙兄弟于二月二十到京。筠仙与其叔及江岷樵住张相公庙，去我家甚近。翊臣即住我家。树堂亦在我家入场①。我家又添二人伏侍李、郭二君。大约榜后退一人，只用一打杂人耳。

筠仙自江西来，述岱云母子之意，欲我将第二女许配渠第二子，求婚之意甚诚。前年岱云在京，亦曾托曹西垣说及，予答以缓几年再议。今又托筠仙为媒，情与势皆不可却。岱云兄弟之为人与其居官治家之道，九弟在江西一一目击。烦九弟细告父母，并告祖父，求堂上大人吩咐。或对或否，以便回江西之信。予夫妻现无成见。对之意有六分，不对之意亦有四分，但求堂上大人主张。

九弟去年在江西，予前信稍有微词，不过恐人看轻耳。仔细思之，亦无妨碍，且有莫之为而为者，九弟不必自悔艾也。

碾儿胡同之屋，房东四月要回京，予已看南横街圆通观东间壁房

---

① 入场：特指进入考场。

屋一所，大约三月尾可移寓。此房系汪醇卿之宅教习门生汪廷儒，比碾儿胡同狭一小半，取其不费力易搬，故暂移彼。若有好房，当再迁移。

黄秋农之银已付还，加利十两，予仍退之。周子佩于三月三日喜事。正斋之子竟尚未归。黄莘卿、周韩臣闻皆将告假回籍，莘卿已定十七日起行。刘盛唐得疯疾，不能入闱，可悯之至。袁漱六到京数日，即下园子用功。其夫人生女仅三日即下船进京，可谓胆大。周荇农散馆，至今未到，其胆尤大。曾仪斋宗逵正月二十六在省起行，二月二十九日到京。凌笛舟正月二十八起行，亦二十九到京，可谓快极。而澄弟出京，偏延至七十余天始到。人事之无定如此！新举人复试题"人而无恒"二句，赋得"仓庚鸣"得"鸣"字。四等十一人，各罚会试二科，湖南无之。

我身癣疾，春间略发而不甚为害。有人说方，将石灰澄清水用水调桐油揸①之，则白皮立去，如前年揸铜绿膏。予现二三日一揸，使之不起白皮，剃头后不过微露红影不甚红，虽召见亦无碍。除头顶外，他处皆不揸，以其仅能济一时，不能除根也。内人及子女皆平安。

今年分房，同乡仅恕皆，同年仅松泉与寄云大弟，未免太少。余虽不得差，一切自有张罗，家中不必挂心。今日予写信颇多，又系冯、李诸君出场之日，实无片刻暇，故予未作楷信禀堂上，乞弟为我说明。

澄弟理家事之间，须时时看《五种遗规》②，植弟、洪弟须发愤读书，不必管家事。

兄国藩草

---

① 揸（chá）：同"搽"，涂抹的意思。
② 《五种遗规》：清代社会教育和蒙童教育教材，清末中学堂修身科教材。辑者清陈宏谋有感于世上多有弊端，遂于公务之余，采录前人关于养性、修身、治家、为官、处世、教育等方面的著述事迹而成。

道光二十七年六月二十七日

致澄弟沅弟季弟

凡事不可占人半点便益，不可轻取人财。澄侯之女婚事不必急。

澄侯、子植、季洪三弟足下：

自四月二十七日得大考谕旨以后，二十九日发家信，五月十八又发一信，二十九又发一信，六月十八又发一信，不审俱收到否？二十五日接到澄弟六月一日所发信，具悉一切，欣慰之至。

发卷所走各家，一半系余旧友，惟屡次扰人，心殊不安。我自从己亥年在外把戏，至今以为恨事。将来万一作外官，或督抚，或学政，从前施情于我者，或数百，或数千，皆钓饵也。渠若到任上来，不应则失之刻薄，应之则施一报十，尚不足以满其欲。故兄自庚子到京以来，于今八年，不肯轻受人惠，情愿人占我的便益，断不肯我占人的便益。将来若作外官，京城以内无责报于我者。澄弟在京年余，亦得略见其概矣。此次澄弟所受各家之情，成事不说，以后凡事不可占人半点便益，不可轻取人财。切记切记。

彭十九家姻事，兄意彭家发泄将尽，不能久于蕴蓄，此时以女对渠家，亦若从前之以蕙妹定王家也。目前非不华丽，而十年之外，局面亦必一变。澄弟一男二女，不知何以急急定婚若此？岂少缓须臾，即恐无亲家耶？贤弟行事，多躁而少静，以后尚期三思。儿女姻缘前生注定，我不敢阻，亦不敢劝，但嘱贤弟少安无躁而已。

成忍斋府学教授系正七品，封赠一代，敕命二轴。朱心泉县学教谕系正八品，仅封本身，父母则无封。心翁之父母乃貤封也。家中现有《搢绅》，何不一翻阅？

牧云一等，汪三入学，皆为可喜。啸山教习，容当托曹西垣一查。

京寓中大小平安。纪泽读书已至"宗族称孝焉",大女儿读书已至"吾十有五"。前三月买驴子一头,顷赵炳堃又送一头。二品本应坐绿呢车,兄一切向来俭朴,故仍坐蓝呢车。寓中用度比前较大,每年进项亦较多每年俸银三百两、饭银一百两。其他外间进项尚与从前相似。

同乡诸人皆如旧。李竹屋在苏寄信来,立夫先生许以干馆。余不一一。

兄国藩手草

道光二十七年七月十八日

致澄弟沅弟季弟

奉劝澄侯三事:勤、早起、看《五种遗规》。

四弟、九弟、季弟足下:

六月二十八日发第九号家信,想已收到。七月以来,京寓大小平安。癣疾虽头面微有痕迹,而于召见已绝无妨碍。从此不治,听之可也。

丁士元散馆,是诗中"皓月"误写"浩"字。胡家玉是赋中"先生"误写"先王"。

李竹屋今年在我家教书三个月,临行送他俸金,渠坚不肯受。其人知情知义,予仅送他褂料被面等物,竟未送银。渠出京后来信三次。予有信托立夫先生为渠荐馆。昨立夫先生信来,已请竹屋在署教读矣,可喜可慰。

耦庚先生革职,同乡莫不嗟叹。而渠屡次信来,绝不怪我,尤为可感可敬。

《岳阳楼记》，大约明年总可寄到。家中《五种遗规》，四弟须日日看之，句句学之。我所望于四弟者，惟此而已。家中蒙祖父厚德余荫，我得忝列卿贰，若使兄弟姒娌不和睦，后辈子女无法则，则骄奢淫佚，立见消败。虽贵为宰相，何足取哉？我家祖父、父亲、叔父三位大人规矩极严，榜样极好，我辈踵而行之，极易为力。别家无好榜样者，亦须自立门户，自立规条；况我家祖父现样，岂可不遵行之而忍令堕落之乎？现在我不在家，一切望四弟作主。兄弟不和，四弟之罪也；姒娌不睦，四弟之罪也；后辈骄恣不法，四弟之罪也。我有三事奉劝四弟：一曰勤，二曰早起，三曰看《五种遗规》。四弟能信此三语，便是爱兄敬兄；若不信此三语，便是弁髦①老兄。我家将来气象之兴衰，全系乎四弟一人之身。

六弟近来气性极和平，今年以来未曾动气，自是我家好气象。惟兄弟俱懒。我以有事而懒，六弟无事而亦懒，是我不甚满意处。若二人俱勤，则气象更兴旺矣。吴、彭两寿文及小四书序、王待聘之父母家传，俱于八月付回，大约九月可到。

袁漱六处，予意已定将长女许与他，六弟已当面与他说过几次矣，想堂上大人断无不允。予意即于近日订庚，望四弟禀告堂上。陈岱云处姻事，予意尚有迟疑。前日四弟信来，写堂上允诺欢喜之意。筠仙已经看见，比书信告岱云矣。将来亦必成局，而予意尚有一二分迟疑。岱云丁艰，余拟送奠仪，多则五十，少则四十，别有对联之类，家中不必另致情也。余不尽言。

兄国藩手草

---

① 弁髦：古代男子行冠礼，先加缁布冠，次加皮弁，后加爵弁，三加后，即弃缁布冠不用，并剃去垂髦，理发为髻。因以"弁髦"喻弃置无用之物，引申为鄙视。弁，黑色布帽。髦，童子眉际垂发。

道光二十九年三月二十一日

致澄弟温弟沅弟季弟

与诸弟言终身大规模：不存做官发财之念，不留银钱给后人，廉俸多余者周济亲戚族党。

澄侯、温甫、子植、季洪足下：

正月初十日发第一号家信，二月初八日发第二号家信，报升任礼部侍郎之喜，二十六日发第三号信，皆由折差带寄。三月初一日由常德太守乔心农处寄第四号信，计托带银七十两、高丽参十余两、鹿胶二斤、一品顶带三枚、补服五付等件。渠由山西迂道转至湖南，大约须五月端午前后乃可到长沙。

予尚有寄兰姊、蕙妹及四位弟妇江绸棉外褂各一件，仿照去年寄呈母亲、叔母之样。前乔心农太守行时不能多带，兹因陈竹伯新放广西左江道，可于四月出京，拟即托渠带回。

澄弟《岳阳楼记》，亦即托竹伯带回家中。二月初四澄弟所发之信，三月十八接到。正月十六七之信，则至今未收到。据二月四日书云，前信着刘一送至省城，共二封，因欧阳家、邓星阶、曾厨子各有信云云。不知两次折弁何以未见带到？温弟在省时，曾发一书与我，到家后未见一书，想亦在正月一封之中。此书遗失，我心终耿耿也。

温弟在省所发书，因闻澄弟之计，而我不为揭破，一时气忿，故语多激切不平之词。予正月复温弟一书，将前后所闻温弟之行，不得已禀告堂上，及澄弟、植弟不敢禀告而误用诡计之故一概揭破。温弟骤看此书，未免恨我，然兄弟之间，一言欺诈，终不可久。尽行揭破，虽目前嫌其太直，而日久终能相谅。

现在澄弟书来，言温弟鼎力办事，甚至一夜不寐，又不辞劳，又耐得烦云云。我闻之欢喜之至，感激之至。温弟天分本高，若能改去荡佚①一路，归入勤俭一边，则兄弟之幸也，合家之福也。

我待温弟似乎近于严刻，然我自问此心，尚觉无愧于兄弟者，盖有说焉。大凡做官的人，往往厚于妻子而薄于兄弟，私肥于一家而刻薄于亲戚族党。予自三十岁以来，即以做官发财为可耻，以官〔宦〕囊②积金遗子孙为可羞可恨，故私心立誓，总不靠做官发财以遗后人。神明鉴临，予不食言。此时侍奉高堂，每年仅寄些须，以为甘旨③之佐。族戚中之穷者，亦即每年各分少许，以尽吾区区④之意。盖即多寄家中，而堂上所食所衣亦不能因而加丰，与其独肥一家，使戚族因怨我而并恨堂上，何如分润戚族，使戚族戴我堂上之德而更加一番钦敬乎？将来若作外官，禄入较丰，自誓除廉俸之外，不取一钱。廉俸若日多，则周济亲戚族党者日广，断不畜积银钱为儿子衣食之需。盖儿子若贤，则不靠宦囊，亦能自觅衣饭；儿子若不肖，则多积一钱，渠将多造一孽，后来淫佚作恶，必且大玷家声。故立定此志，决不肯以做官发财，决不肯留银钱与后人。若禄入较丰，除堂上甘旨之外，尽以周济亲戚族党之穷者。此我之素志⑤也。

至于兄弟之际，吾亦惟爱之以德，不欲爱之以姑息。教之以勤俭，劝之以习劳守朴，爱兄弟以德也；丰衣美食，俯仰如意，爱兄弟以姑息也。姑息之爱，使兄弟惰肢体，长骄气，将来丧德亏行，是即我率兄弟以不孝也，吾不敢也。我仕宦十余年，现在京寓所有惟书籍、衣服二者。衣服则当差者必不可少，书籍则我生平嗜好在此，是以二物略多。将来我罢官归家，我夫妇所有之衣服，则与五兄弟拈阄均分。

---

① 荡佚：放纵；不受约束。
② 宦囊：指做官所得的财物。
③ 甘旨：指养亲的食物。
④ 区区：形容微不足道。
⑤ 素志：平素的志愿。

我所办之书籍，则存贮利见斋中，兄弟及后辈皆不得私取一本。除此二者，予断不别存一物以为宦囊，一丝一粟不以自私。此又我待兄弟之素志也。恐温弟不能深谅我之心，故将我终身大规模告与诸弟，惟诸弟体察而深思焉。

去年所寄亲戚各项，不知果照单分送否？杜兰溪为我买《皇清经解》，不知植弟已由省城搬至家中否？

京寓一切平安。纪泽《书经》读至《冏命》。二儿甚肥大。易南榖开复原官，来京引见。闻左青士亦开复矣。同乡官京中者，诸皆如常。余不一一。

兄国藩手草

再者，九弟生子大喜，敬贺敬贺。自丙午冬葬祖妣大人于木兜冲之后，我家已添三男丁，我则升阁学，升侍郎，九弟则进学补廪。其地之吉，已有明效可验。我平日最不信风水，而于朱子所云"山环水抱""藏风聚气"二语，则笃信之。木兜冲之地，予平日不以为然，而葬后乃吉祥如此，可见福人自葬福地，绝非可以人力参预其间。家中买地，若出重价，则断断可以不必；若数十千，则买一二处无碍。

宋湘宾去年回家，腊月始到。山西之馆既失，而湖北一带又一无所得。今年因常南陔之约重来湖北，而南陔已迁官陕西矣。命运之穷如此！去年曾有书寄温弟，兹亦付去，上二次忘付也。

李笔峰代馆一月，又在寓钞书一月，现在已搬出矣。毫无道理之人，究竟难与相处。庞省三在我家教书，光景甚好。邹墨林来京捐复教官，在元通观住，日日来我家闲谈。长沙老馆，我今年大加修整，人人皆以为好。琐事兼述，诸惟心照。

道光二十九年四月十六日

致澄弟温弟沅弟季弟

官宦之家，多只一代享用便尽；孝友之家，则可绵延十代八代。

澄侯、温甫、子植、季洪足下：

四月十四日接到己酉三月初九所发第四号来信，次日又接到二月二十三所发第三号来信，其二月初四所发第二号信则已于前次三月十八接到矣，惟正月十六七所发第一号信则至今未接到。京寓今年寄回之家书：正月初十发第一号折弁，二月初八发第二号折弁，二十六发第三号折弁，三月初一发第四号乔心农太守，大约五月初可到省；十九发第五号折弁，四月十四发第六号由陈竹伯观察，大约五月底可到省。《岳阳楼记》，竹伯走时尚未到手，是以未交渠。然一两月内，不少妥便，亦必可寄到家也。

祖父大人之病，日见日甚如此，为子孙者远隔数千里外，此心何能稍置！温弟去年若未归，此时在京，亦刻不能安矣。诸弟仰观父、叔纯孝之行，能人人竭力尽劳，服事堂上，此我家第一吉祥事。我在京寓，食膏粱而衣锦绣，竟不能效半点孙子之职；妻子皆安坐享用，不能分母亲之劳。每一念及，不觉汗下。

吾细思凡天下官宦之家，多只一代享用便尽。其子孙始而骄佚，继而流荡，终而沟壑①，能庆延一二代者鲜矣。商贾之家，勤俭者能延三四代；耕读之家，谨朴者能延五六代；孝友之家，则可以绵延十代八代。我今赖祖宗之积累，少年早达，深恐其以一身享用殆尽，故教诸弟及儿辈，但愿其为耕读孝友之家，不愿其为仕宦之家。诸弟读

---

① 沟壑：借指野死之处或困厄之境。

书不可不多，用功不可不勤，切不可时时为科第仕宦起见。若不能看透此层道理，则虽巍科显宦，终算不得祖父之贤肖，我家之功臣。若能看透此道理，则我钦佩之至。澄弟每以我升官得差，便谓我是肖子贤孙，殊不知此非贤肖也。如以此为贤肖，则李林甫、卢怀慎辈，何尝不位极人臣，舄奕①一时，讵得谓之贤肖哉？予自问学浅识薄，谬膺高位，然所刻刻留心者，此时虽在宦海之中，却时作上岸之计。要令罢官家居之日，己身可以淡泊，妻子可以服劳，可以对祖父兄弟，可以对宗族乡党。如是而已。诸弟见我之立心制行与我所言有不符处，望时时切实箴规。至要至要。

鹿茸一药，我去腊甚想买就寄家，曾请漱六、岷樵两人买五六天，最后买得一架，定银九十两。而请人细看，尚云无力。其有力者，必须百余金，到南中则直二百余金矣；然至少亦须四五两乃可奏效。今澄弟来书，言谭君送四五钱便有小效，则去年之不买就急寄，余之罪可胜悔哉！近日拟赶买一架付归。以父、叔之孝行推之，祖大人应可收药力之效。叔母之病，不知宜用何药？若南中难得者，望书信来京购买。

安良会极好。地方有盗贼，我家出力除之，正是我家此时应行之事。细毛虫之事，尚不过分，然必须到这田地方可动手。不然，则难免恃势欺压之名。既已惊动官长，故我特作书谢施梧冈，到家即封口送县可也。去年欧阳家之事，今亦作书谢伍仲常，送阳凌云，属其封口寄去可也。

澄弟寄俪裳书，无一字不合。蒋祝三信已交渠。兹有回信，家中可专人送至渠家，亦免得他父母悬望。予因身体不旺，生怕得病，万事废弛，抱疚之事甚多。本想诸弟一人来京帮我，因温、沅乡试在迩，

---

① 舄（xì）奕：光耀；显耀。

澄又为家中必不可少之人，洪则年轻，一人不能来京；且祖大人未好，岂可一人再离膝下？只得俟明年再说。

希六之事，余必为之捐从九品。但恐秋间乃能上兑，乡试后南旋者乃可带照归耳。书不能详，余俟续寄。

国藩手草

道光二十九年九月二十一日

致澄弟温弟沅弟季弟

纪泽前患病，近已全愈。充两次举人复试阅卷大臣。

澄侯、温甫、子植、季洪四位老弟足下：

九月十八日接到澄弟八月十七夜一书，植弟一书，具悉一切。惟澄弟书中注明十七夜二更写，云明早飞骑归去。植弟书中注明十七夜四更写，亦云明早登舟归去。似皆于十八早回家矣。而植弟书云，今早四兄归，已先携弟稿呈堂上。澄弟书云，两弟想必誊稿付京。澄与植同时发书，而所言不符，何也？吾于八月十二发十五号家信，不审此时收到否？

京寓大小平安。纪泽儿于八月十七八遘①脾家积滞之疾。初时错服补剂，至二十九乃服石膏，九月初二服大黄，遂大见效。至重阳后全愈。惟前阴微肿，日内调治，将就痊可。饮食起居，皆已复常。纪鸿儿体最结实，日日欢笑走跃。余皆安善。

曾希六、陈体元两家执照②，已于九月十二领到。欧阳沧溟先生、

---

① 遘（gòu）：相遇；遭受。
② 执照：官府所发的文字凭证。

陈开煦两家贡单所换执照，已于九月初八领到。乡试，论人文则升玉而攘铁，榜发则升黜而攘售。天下事不可料，往往如此。

二十五日宗室举人复试，二十七派阅卷大臣三人。十五日顺天举人复试，十七日派阅卷大臣六人。吾两次皆与焉。季世兄复试一等，赛司农_{尚阿}之子、徐制军_{泽醇}之子皆一等也，同乡唐、翁二君皆一等，余不详载。

澄弟欲买鹿茸，且与谭、彭二家均分。此次廷芳宇至长沙，尚不能买，缘近日银钱甚窘；稍有可图，即行买就，今冬明春准可付回。谭、彭二家之钱，交树堂带来可。

曾、陈二家之银，如必俟照到乃可取，则今冬周济亲族一项，可先向添梓坪借用，我此次先为书告东阳叔祖也。郭云仙七月十六丁内艰，诸弟来信并未提及，何也？或省中尚未得知与？同乡各家如常。邹芸陔又丧一妾。余皆无恙。书不十一。

兄国藩手草

二十六〔七〕阅卷三人：穆中堂、贾桢、曾。十七阅卷六人：祁中堂、杜受田、柏葰、曾、何裕承、车克慎。

咸丰元年三月十二日

致澄弟温弟沅弟季弟

赛尚阿被派往广西。思念澄侯。

澄、温、植、洪四弟左右：

三月初四发第三号家信。其后初九日，予上一折，言兵饷事。适于是日皇上以粤西事棘，恐现在彼中者不堪寄此重托，特放赛中堂前往。以予折所言甚是，但目前难以遽行。命将折封存军机处，待粤西事定后再行办理。赛中堂清廉公正，名望素著，此行应可迅奏肤功①。但湖南逼近粤西，兵差过境，恐州县不免借此生端，不无一番蹂躏耳。

魏亚农以三月十三日出都，向予借银二十两。既系姻亲，又系黄生之侄，不能不借与渠。渠言到家后即行送交予家，未知果然否也。叔父前信要鹅毛管眼药并硵砂②膏药。兹付回眼药百筒、膏药千张，交魏亚农带回，呈叔父收存，为时行方便之用。其折底亦付回查收。

澄弟在保定想有信交刘午峰处。昨刘有书寄子彦，而澄弟书未到，不解何故。已有信往保定去查矣。澄弟去后，吾极思念。偶自外归，辄至其房。早起辄寻其室，夜或遣人往呼。想弟在途路弥思我也。书不十一，余俟续具。

兄国藩手草

咸丰元年八月十九日

致澄弟温弟沅弟季弟

办盗案不可过激而生变。不可帮钱垫官之亏空。
勉季洪读《小学》《五种遗规》。

澄侯、温甫、子植、季洪四位老弟足下：

八月十四日发第九号信，至十七日接到家信第七、第八二号，欣悉一切。

左光八为吾乡巨盗，能除其根株，扫其巢穴，则我境长享其利，

---

① 肤功：亦作"肤公"，大功。
② 硵（náo）砂：一种矿物名。

自是莫大阴功。第湖南会匪所在勾结，往往牵一发而全神皆动。现在制军程公特至湖南，即是奉旨查办此事。盖恐粤西匪徒穷窜，一入湖南境内，则楚之会匪因而窃发也。左光八一起，想尚非巨伙入会者流。然我境办之，亦不可过激而生变。现闻其请正绅保举，改行为良，且可捉贼自效，此自一好机会。万一不然，亦须相机图之，不可用力太猛，易发难收也。

公议粮饷一事，果出通邑之愿，则造福无量。至于帮钱垫官之亏空，则我家万不可出力。盖亏空万六千两，须大钱三万余千，每都几须派千串。现在为此说者，不过数大绅士一时豪气，为此急公好义之言。将来各处分派，仍是巧者强者少出而讨好于官之前，拙者弱者多出而不免受人之勒。穷乡殷实小户，必有怨声载道者矣。且此风一开，则下次他官来此，既引师令之借钱办公为证，又引朱令之民帮垫亏为证，或亦分派民间出钱帮他，反觉无辞以谢。若相援为例，来一官帮一官，吾邑自此无安息之日矣。

凡行公事，须深谋远虑。此事若各绅有意，吾家不必拦阻；若吾家倡议，则万万不可。且官之补缺皆有呆法，何缺出轮何班补，虽抚藩不能稍为变动。澄弟在外多年，岂此等亦未知耶？朱公若不轮到班，则虽帮垫亏空，通邑挽留，而格于成例，亦不可行。若已轮到班，则虽不垫亏空，亦自不能不补此缺。间有特为变通者，督抚专折奏请，亦不敢大违成例。季弟来书，若以朱公之实授与否，全视乎亏空之能垫与否，恐亦不尽然也。曾仪斋若系革职，则不复能穿补子；若系大计休致，则尚可穿。

季弟有志于道义身心之学，余阅其书，不胜欣喜。凡人无不可为圣贤，绝不系乎读书之多寡。吾弟诚有志于此，须熟读《小学》及《五种遗规》二书。此外各书能读固佳，不读亦初无所损。可以为天地之完人，可以为父母之肖子，不必因读书而后有所加于毫末也。匪但四六古诗可以不看，即古文为吾弟所愿学者，而不看亦自无妨。但守《小学》《遗规》二书，行一句算一句，行十句算十句，贤于记诵词章之学万万矣。季弟又言愿尽孝道，惟亲命是听。此尤足补我之缺憾。我在京十余年，定省有阙①，色笑远违，寸心之疚，无刻或释。若诸弟在家能婉愉②孝养，视无形，听无声，则余能尽忠，弟能尽孝，岂非一门之祥瑞哉？愿诸弟坚持此志，日日勿忘，则兄之疚可以稍释。幸甚幸甚。书不十一，余俟续具。

兄国藩手草

咸丰元年九月初五日

致澄弟温弟沅弟季弟

惜诸弟乡试不佳。劝温甫戒牢骚。邑中劝捐不可勒派。

澄侯、温甫、子植、季洪四弟足下：

日来京寓大小平安。癣疾又已微发，幸不为害，听之而已。湖南榜发，吾邑竟不中一人。沅弟书中言温弟之文典丽矞皇③，亦尔被抑。不知我诸弟中将来科名究竟何如？以祖宗之积累及父亲、叔父之居心立行，则诸弟应可多食厥报。以诸弟之年华正盛，即稍迟一科，亦未遽为过时。特兄自近年以来事务日多，精神日耗，常常望诸弟有继起者，长住京城，为我助一臂之力。且望诸弟分此重任，余亦欲稍稍息肩。乃不得一售，使我中心无倚！

---

① 阙：用作"缺"字。
② 婉愉：和悦。
③ 矞皇：休美貌。出自汉扬雄《太玄·交》："物登明堂，矞矞皇皇。"

盖植弟今年一病，百事荒废；场中又患眼疾，自难见长。温弟天分本甲于诸弟，惟牢骚太多，性情太懒。前在京华不好看书，又不作文，余心即甚忧之。近闻还家以后，亦复牢骚如常，或数月不搦管①为文。吾家之无人继起，诸弟犹可稍宽其责，温弟则实自弃，不得尽诿其咎于命运。吾尝见友朋中牢骚太甚者，其后必多抑塞，如吴檀台、凌荻舟之流，指不胜屈。盖无故而怨天，则天必不许；无故而尤人，则人必不服。感应之理，自然随之。温弟所处，乃读书人中最顺之境，乃动则怨尤满腹，百不如意，实我之所不解。以后务宜力除此病，以吴檀台、凌荻舟为眼前之大戒。凡遇牢骚欲发之时，则反躬自思：吾果有何不足而蓄此不平之气？猛然内省，决然去之。不惟平心谦抑，可以早得科名，亦且养此和气，可以消减病患。万望温弟再三细想，勿以吾言为老生常谈，不值一哂也。

王晓林先生禔在江西为钦差，昨有旨命其署江西巡抚。余署刑部，恐须至明年乃能交卸。袁漱六昨又生一女。凡四女，已殇其二。又丧其兄，又丧其弟，又一差不得，甚矣！穷翰林之难当也。黄麓西由江苏引见入京，迥非昔日初中进士时气象，居然有经济才。王衡臣于闰月初九引见，以知县用，后于月底搬寓下洼一庙中，竟于九月初二夜无故遽卒。先夕与同寓文任吾谈至二更，次早饭时，讶其不起，开门视之，则已死矣。死生之理，善人之报，竟不可解。

邑中劝捐弥补亏空之事，余前已有信言之，万不可勉强勒派。我县之亏，亏于官者半，亏于书吏者半，而民则无辜也。向来书吏之中饱，上则吃官，下则吃民。名为包征包解，其实当征之时，则以百姓为鱼肉而吞噬之；当解之时，则以官为雉媒②而播弄之。官索钱粮于

---

① 搦（nuò）管：握笔；执笔为文。
② 雉媒：为猎人所驯养用以诱捕野雉的雉。

书吏之手，犹索食于虎狼之口。再四求之，而终不肯吐。所以积成巨亏，并非实欠在民，亦非官之侵蚀入己也。今年父亲大人议定粮饷之事，一破从前包征包解之陋风，实为官民两利，所不利者仅书吏耳。即见制台留朱公，亦造福一邑不小。诸弟皆宜极力助父大人办成此事。惟捐银弥亏则不宜操之太急，须人人愿捐乃可。若稍有勒派，则好义之事反为厉民之举。将来或翻为书吏所借口，必且串通劣绅，仍还包征包解之故智，万不可不预防也。

梁侍御处银二百，月内必送去。凌宅之二百亦已兑去。公车来兑五七十金，为送亲族之用，亦必不可缓。但京寓近极艰窘，此外不可再兑也。邑令既与我家商办公事，自不能不往还，然诸弟苟可得已，即不宜常常入署。陶、李二处，容当为书。本邑亦难保无假名请托者，澄弟宜预告之。书不详尽，余俟续具。

兄国藩手草

咸丰元年十月十二日

致澄弟温弟沅弟季弟

贺家之女系庶出，暂缓纪泽亲事。

澄侯、温甫、子植、季洪四弟足下：

九月二十六日发家信第十三号，想已收到。十月初十日，接到家中闰月二十八所发信及九月初二、九月十四所发各件。十二夜又于陈伯符处接到父亲大人闰八月初七所发之信，系交罗罗山手转寄者。陈伯符者，贺耦庚先生之妻舅也。故罗山托其亲带来京。得此家书四件，一切皆详知矣。

纪泽聘贺家姻事,观闰八月父亲及澄弟信,已定于十月订盟①;观九月十四澄弟一信,则又改于正月订盟。而此间却有一点挂碍,不得不详告家中者。京师女流之辈,凡儿女定亲,最讲究嫡出庶出之分。内人闻贺家姻事,即托打听是否庶出,余以其无从细询,亦遂置之。昨初十日接家中正月订盟之音,十一日即内人亲至徐家打听,知贺女实系庶出,内人即甚不愿。余比晓以大义,以为嫡出庶出何必区别,且父亲大人业已喜而应允,岂可有他议?内人之意,以为为夫者先有嫌妻庶出之意,则为妻者更有局蹐②难安之情,日后曲折情事亦不可不早为虑及。求诸弟宛转禀明父母,尚须斟酌,暂缓订盟为要。陈伯符于十月十日到京,余因内人俗意甚坚,即于十二日夜请贺礼庚、陈伯符二人至寓中,告以实情,求伯符先以书告贺家,将女庚不必遽送,俟再商定。伯符已应允,明日即发书,十月底可到贺家。但兄前有书回家,言亲事求父亲大人作主。今父亲欢喜应允,而我乃以妇女俗见从而扰惑,甚为非礼。惟婚姻百年之事,必先求姑媳夫妇相安,故不能不以此层上渎。即罗山处,亦可将我此信钞送一阅,我初无别见也。夏阶平之女,内人见其容貌端庄,女工极精,甚思对之。又同乡陈奉曾一女,相貌极为富厚福泽,内人亦思对之。若贺家果不成,则此二处必有一成,明春亦可订盟;余注意尤在夏家也。京城及省城订盟,男家必办金簪、金环、玉镯之类,至少亦须花五十金。若父亲大人决意欲与贺家成亲,则此数者亦不可少。家中现无钱可办,须我在京中明年交公车带回。七月间诸弟乡试晋省之便再行订盟,亦不为晚。望澄弟下次信详以告我。

祖父佛会既于十月初办过,则父母叔父母四位大人现已即吉③,

---

① 订盟:订婚仪式的一种,意为婚姻说合,送订婚礼金。
② 局蹐(jí):形容戒慎、畏惧之貌。蹐,后脚紧跟着前脚,用极小的步子走路。
③ 即吉:谓居丧期满。古代除去丧服后才能参与吉礼,故称。

余恐尚未除服①,故昨父亲生日,外未宴客,仅内有女客二席。十一,我四十晋一,则并女客而无之。

朱石樵为官竟如此之好,实可佩服!至于铳沙伤其面尚勇往前进,真不愧为民父母。父亲大人竭力帮助,洵②大有造于一邑。诸弟苟可出力,亦必尽心相扶。现在粤西未靖,万一吾楚盗贼有乘间窃发者,得此好官粗定章程,以后吾邑各乡自为团练,虽各县盗贼四起,而吾邑自可安然无恙,如秦之桃花源,岂不安乐?须将此意告邑之正经绅耆③,自为守助。

牧云补廪,烦弟为我致意道喜。季弟往凹里教书,不带家眷最好,必须多有人在母亲前,乃为承欢之道。季洪十日一归省,亦尽孝之要也。而来书所云寡欲多男之理,亦未始不寓乎其中。甲五读书,总以背熟经书、常讲史鉴为要<u>每夜讲一刻足矣</u>。季弟看书不必求多,亦不必求记,但每日有常,自有进境,万不可厌常喜新,此书未完,忽换彼书耳。

兄国藩手草

---

① 除服:脱去丧服,谓不再守孝。
② 洵:诚实;实在。
③ 绅耆(qí):旧称地方上的绅士和年老有声望的人。

咸丰元年十二月二十二日

致澄弟温弟沅弟季弟

速与贺家订盟。诰封各轴已领到。粤西事用银已及千万两，而尚无确耗。时事多艰，明年拟告归。

澄侯、温甫、子植、季洪四位老弟足下：

十二月十一日发家书十六号，中言纪泽儿姻事，求家中即行与贺家订盟，其应办各物，已于书中载明，并悔前此嫌是庶出之咎云云，想已接到。如尚未到，接得此信，即赶紧与贺家订盟可也。

诰封各轴已于今日领到，正月二十六恩诏四轴_{曾祖父母、祖父母、父母、叔父母}，四月十三恩诏亦四轴，三月初三恩诏一轴_{本身妻室}，凡九轴。八月初六用宝一次，我家诸轴因未曾托人，是以未办。曾于闰八月写信告知，深愧我办事之疏忽。后虽托夏阶平，犹未放心，又托江苏友人徐宗勉，渠系中书科中书，专办诰敕事宜。今日承徐君亲送来宅，极为妥当，一切写法行款俱极斟酌，比二十六年所领者不啻天渊之别，颇为欣慰。虽比八月用宝者迟五个月，而办法较精，且同年同乡中有八月领到者，或只一次，未能三次同领，或此番尚未用宝者亦颇有之。诸弟为我敬告父母大人、叔父母大人，恭贺大喜也。惟目前无出京之人，恐须明年会试后乃交公车带归。重大之件，不敢轻率。向使八月领到，亦止十二月陈泰阶一处可付_{与雨苍同行}，此外无便。

余于十八日陈奏民间疾苦一疏，十九日奏银钱并用章程一疏，奉朱批交户部议奏，兹将两折付回。文任吾于十三日搬至我家，庞省三于二十四日放学，寓中一切如常，内外大小平安。今年腊底颇窘，须借二百金乃可过年，不然，恐被留住也。袁漱六亦被年留住。刘佩泉断弦①，其苦不可名状，儿女大小五六人无人看视。黎越翁尚未到京，闻明年二月始能到，未带家眷。涂心畲已到京，尚未来见我。公车中惟龙皡臣及澧州馆到二人而已。粤西事用银已及千万两而尚无确耗，户部日见支绌，内库亦仅余六百万。时事多艰，无策以补救万一，实为可愧！明年拟告归，以避尸位素餐之咎，诸弟为我先告堂上可也。余不一一。

国藩手草

咸丰二年正月初九日

致澄弟温弟沅弟季弟

决对纪泽亲事。纪泽须待《五经》读完后始学做时文。

澄侯、温甫、子植、季洪四位老弟足下：

正月初八接到十二月初旬父大人所发二信，皆系在县城发者，不胜忻慰。纪泽儿定婚之事，予于十二月连发二信，皆言十月十二所发之信言嫌贺女庶出之说系一时谬误，自知悔过，求诸弟为我敬告父亲大人，仍求作主，决意对成，以谐佳耦②。不知此二书俱已到家否？细思贺家簪缨③门弟，恐闻有前一说，惧其女将来过门受气，或因此不愿对亦未可知。果尔，则澄弟设法往省城，坚托罗罗山、刘霞仙二君将内人性情细告贺家，务祈成此亲事，不致陷我于不孝之咎。

澄弟与朱尧阶成亲，余甚欢喜。我朋友最初之交无过于尧阶者，

---

① 断弦：古以琴瑟调和喻夫妇和谐，故谓丧妻为断弦。
② 佳耦：亦作"佳偶"。
③ 簪缨：古代官吏的冠饰，比喻显贵。

盖今日姻缘，已定于二十年以前矣。魏家亦我境第一诗书人家，魏栋尚未到京，容当照拂一切也。植弟买笔事，总在春间寄南，以备科考之用。若科考不在前三名，则不宜考优，无使学政笑我家太外行也。《关帝觉世经》①刷五百张，须公车回南乃可付归，《阴骘文》②《感应篇》③亦须公车南去乃可带。澄弟戒烟正与阿兄同年，余以壬寅年戒烟，三十二也，澄弟去年亦三十二也。戒酒似可不必，三两杯以养血未始不可，但不宜多耳。去年带回父大人之干尖子皮褂，不知已做成否？若未做，可即做成，用月白缎子为面。今年当更寄白风毛褂回家，敬送与叔父大人。若父、叔二大人同日出门，则各穿一件；若不同出门，则薄寒穿干尖子，盛寒穿白风毛。予官至二品，而堂上大人衣服之少如此，于孝道则未尽，而弥足以彰堂上居家之俭德矣。

京寓大小平安。癣疾未发。文任吾先生希范于正月六日上学。其人理学甚深，今年又得一贤师。植弟劝我教泽儿学八股，其言甚切至有理，但我意要《五经》读完始可动手。计明年即可完经书，做时文尚不过满十四岁，京师教子弟十四岁开笔者甚多。若三年成篇，十七岁即可作佳文。现在本系荫生，例不准赴小考。拟令照我之样，二十四岁始行乡试，实可学做八股者十年。若稍有聪明，岂有不通者哉？若十九、二十即行乡试，无论万万不中，即中得太早又有何味？我所以决计令其明秋始学八股，二十四始乡试也。九弟为我禀告父大人，实不为迟，不必挂虑。

---

① 《关帝觉世经》：《关圣帝君觉世真经》，又称《觉世篇》《觉世宝训》。简称《觉世经》，成书年代不详，一般认为是清初。《觉世经》传为关帝降笔的训示之语，操作要旨是使世人醒悟，俾知改过迁善。
② 《阴骘文》：全称《文昌帝君阴骘文》，是道教劝善书之一种，以通俗的形式劝人行善积德。作者不详。
③ 《感应篇》：道教书名。全名《太上感应篇》。宣扬天人感应，劝善惩恶。作者无名。

余近来常思归家,今年秋间实思挈眷南旋,诸弟为我禀告堂上大人,春间即望一回信。九弟进京之说,暂不必急急。同乡诸家如故。余容后日续寄。

兄国藩手草

咸丰四年四月十四日

致澄弟温弟沅弟季弟
发湘潭、岳州等处胜败奏折,已奉朱批,抄寄回家。

澄侯、温甫、子植、季洪四位老弟左右:

十四日刘一、名四来,安五来,先后接到父大人手谕及洪弟信,具悉一切。

靖江之贼现已全数开去,窜奔下游,湘阴及洞庭皆已无贼,直至岳州以下矣。新墙一带土匪皆已扑灭,惟通城、崇阳之贼尚未剿净,时时有窥伺平江之意。湘潭之贼,在一宿河以上被烧上岸者,窜至醴陵、萍乡、万载一带。闻又新裹胁①多人,不知其尽窜江西,抑仍回湖南浏、平一带。如其回来,亦易剿也。安化土匪现尚未剿尽,想日内可平定。

吾于三月十八发岳州战败请交部治罪一折,于四月初十日奉到朱批"另有旨"。又夹片奏初五邹彬被火烧伤、初七大风坏船一案,奉朱批"何事机不顺若是,另有旨"。又夹片奏探听贼情各条,奉朱批"览。其片已存留军机处矣"。又有廷寄一道、谕旨一道,兹抄录付

---

① 裹胁:用胁迫手段使人跟从(做坏事),或被胁迫而跟从别人(做坏事)。

回。十二日会同抚台、提台奏湘潭、宁乡、靖江各处胜仗败仗一折，兹抄付回。其折系左季高所为。又单衔奏靖江战败请交部从重治罪一折。又奏调各员一片。均于十二日发，六百里递去，兹抄录寄家呈父、叔大人一阅。兄不善用兵，屡失事机，实无以对圣主。幸湘潭大胜，保全桑梓，此心犹觉稍安。现拟修整船只，添招练勇，待广西勇到、广东兵到再作出师之计。而饷项已空，无从设法。艰难之状，不知所终！人心之坏，又处处使人寒心。吾惟尽一分心作一日事，至于成败，则不能复计较矣。

魏荫亭近回馆否？澄弟须力求其来。吾家子侄半耕半读，以守先人之旧，慎无存半点官气。不许坐轿，不许唤人取水添茶等事。其拾柴收粪等事，须一一为之；插田莳禾等事，亦时时学之。庶渐渐务本而不习于淫佚①矣。至要至要，千嘱万嘱。

兄国藩草

咸丰四年五月初九日

致澄弟温弟沅弟季弟

谕旨、章奏付家者务宜妥为收藏。为李筱泉家眷寻觅住居。

澄、温、沅、季老弟左右：

初九日芝三到省，接奉父大人手谕及澄、季、芝生各信，具悉一切。余于初八日具折谢恩，并夹片三件，兹一并抄录付回。凡谕旨、章奏等件付至家中者，务宜好为藏弆②。我兄弟五人，无一人肯整齐

---

① 淫佚：亦作"淫泆"，恣纵逸乐。
② 藏弆（jǔ）：收藏。

好收拾者，亦不是勤俭人家气象。以后宜收拾完整，可珍之物固应爱惜，即寻常器件亦当汇集品分，有条有理。竹头木屑，皆为有用，则随处皆取携不穷也。温弟在此住旬余，心平气和，论事有识，以后可保家中兄弟无纷争之事，余在外大可放心。

　　李筱泉之家眷意欲寄居湘乡。一则省城虽防守甚严，而时时有寇至之虑；一则寓公馆比之居乡其奢俭相去甚远。渠托江采五在中沙等处，又托余在二十三四都等处寻觅住居渠遣一人来乡同觅，先至江采五处，后至我家。澄弟等为之留心。或在离我家二三十里之区择一善地，以省俭为主，渠光景甚窘也。余再三辞之，言我家尚难自保，且迁徙而远避，又焉能庇及他人？渠意总欲居乡，缓急尚可藏匿山穴；至土匪抢劫，渠本无可抢云云。余不能再辞，澄弟可一为照拂之。

　　鲍提军于初八日出省至辰州住，塔智亭初十拟至岳州。余不一一。即请近佳。

兄国藩手草

咸丰四年六月十八早

致澄弟温弟沅弟季弟

湖北青抚台带兵勇五六千人至省城。须以勤敬二字教子侄。

澄、温、沅、季老弟左右：

　　湖北青抚台于今日入省城，所带兵勇，均不准其入城，在城外二十里扎营，大约不过五六千人。其所称难民数万在后随来者，亦未可信。此间供应数日，即给与途费，令其至荆州另立省城。此实未有之变局也。

邹心田处，已有札至县撤委。前胡维峰言邹心田可劝捐，余不知其即至堂之兄也。昨接父大人手谕始知之，故即札县撤之。胡维峰近不妥当，亦必屏斥之。余去年办清泉宁征义、宁宏才一案，其卷已送回家中，请澄弟查出，即日付来为要。

　　湖北失守，李鹤人之父_{孟群，带广西水勇来者}想已殉难。鹤人方寸已乱，此刻无心办事。日内尚不能起行，至七月初旬乃可长征耳。余不一一。

　　诸弟在家教子侄，总须有勤敬二字。无论治世乱世，凡一家之中能勤能敬，未有不兴，不勤不敬，未有不败者。至切至切。余深悔往日未能实行此二字也，千万叮嘱。澄弟向来本勤，但不敬耳。阅历之后，应知此二字之不可须臾离也。

兄国藩手草

咸丰四年七月二十一夜

致澄弟温弟沅弟季弟

二十一日开仗，辰勇、新化勇、宝勇相继奔溃。
兄弟子侄宜以勤敬二字为法。

澄侯、温甫、子植、季洪四位老弟左右：

　　自十六日水师大败，十八日陆营获胜，吾两寄家书，想已收到。

　　十九、二十皆平安。二十一日陆军开仗，辰勇深入，误中贼伏。诸殿元阵亡，带新化勇之刘国庆亦阵亡，辰勇、新化勇、宝勇相继奔溃。塔军门坐马扎子镇住，独不奔回，身旁仅数十人。杨名声带宜章勇前往救援，喝令各营倒回，仍进前〔前进〕杀贼，始得保全。智亭又追贼数里，杀毙数十名，我军伤亡者亦仅数十人。下半天水师至陈陵矶开仗，去三板艇二十余只，二更尚未归营，不知胜负若何。下游贼势浩大，合武昌、汉口之贼尽锐上犯。水师太单，恐难得力。吾惟静镇谨守，以固军心而作士气。

初六、十四胜仗一折，十六、十八胜败互报一折，兹专人送归，呈父、叔大人一阅。

家中兄弟子侄，总宜以勤敬二字为法。一家能勤能敬，虽乱世亦有兴旺气象；一身能勤能敬，虽愚人亦有贤智风味。吾生平于此二字少工夫，今谆谆以训吾昆弟子侄，务宜刻刻遵守。至要至要。家中若送信来，子侄辈亦可写禀来岳，并将此二字细细领会，层层写出，使我放心也。余俟续布。

兄国藩手草

水师顷已于三更回营，完好无恙。辰勇间止伤十余人，阵亡者系一刘千总，带道标勇者，非刘国庆也。

咸丰四年八月十一日

致澄弟温弟沅弟季弟

若江面肃清，则回籍事父祭母。宜注意勤、敬、和三字。

澄侯、温甫、子植、季洪四弟足下：

久未遣人回家，家中自唐二、维五等到后亦无信来，想平安也。

余于二十九日自新堤移营，八月初一日至嘉鱼县。初五日自坐小舟至牌洲看阅地势，初七日即将大营移驻牌洲。水师前营、左营、中营自又七月二十三日驻扎金口。二十七日贼匪水陆上犯，我陆军未到，水军两路堵之。抢贼船二只，杀贼数十人，得一胜仗。罗山于十八、

二十三、二十四、二十六等日得四胜仗。初四发折俱详叙之，兹付回。

初三日接上谕廷寄，余得赏三品顶戴，现具折谢恩。寄谕并折寄回。余居母丧，并未在家守制，清夜自思，局蹐不安。若仗皇上天威，江面渐次肃清，即当奏明回籍，事父祭母，稍尽人子之心。诸弟及儿侄辈务宜体我寸心，于父亲饮食起居十分检点、无稍疏忽，于母亲祭品礼仪必洁必诚，于叔父处敬爱兼至、无稍隔阂。兄弟姒娣①总不可有半点不和之气。凡一家之中，勤敬二字能守得几分，未有不兴；若全无一分，未有不败。和字能守得几分，未有不兴；不和未有不败者。诸弟试在乡间将此三字于族戚人家历历验之，必以吾言为不谬也。诸弟不好收拾洁净，比我尤甚，此是败家气象。嗣后务宜细心收拾，即一纸一缕、竹头木屑，皆宜捡拾伶俐，以为儿侄之榜样。一代疏懒，二代淫泆，则必有昼睡夜坐、吸食鸦片之渐矣。四弟、九弟较勤，六弟、季弟较懒。以后勤者愈勤，懒者痛改，莫使子侄学得怠惰样子。至要至要。子侄除读书外，教之扫屋、抹桌凳、收粪、锄草，是极好之事，切不可以为有损架子而不为也。

前寄来报笋殊不佳，大约以盐菜蒸几次，又咸又苦，将笋味全夺去矣。往年寄京有报竹，今年寄营有报盐菜。此虽小事，亦足见我家妇职之不如老辈也，因便付及，一笑。烦禀堂上大人。余不一一。

兄国藩手草

坐小舟至京口看营，船太动摇，故不成字。

---

① 姒娣（sì dì）：妯娌之间，以兄妻为姒，以弟妻为娣。

咸丰四年九月十三日

致澄弟温弟沅弟季弟

二十一、二十二两日大捷,二十三日进入武汉。谢署湖北巡抚。家中子弟勿流于骄佚二字。

澄、温、沅、季四位老弟左右:

二十五日着胡二等送家信,报收复武汉之喜。二十七日具折奏捷。初一日,制台杨慰农需到鄂相会。是日又奏二十四夜焚襄河贼舟之捷。初七日奏三路进兵之折。其日酉刻,杨载福、彭玉麟等率水师六十余船前往下游剿贼。初九日,前次谢恩折奉朱批回鄂。初十日,彭四、刘四等来营。进攻武汉三路进剿之折,奉朱批到鄂。十一日,武汉克复之折奉朱批、廷寄、谕旨等件。兄署湖北巡抚,并赏戴花翎。兄意母丧未除,断不敢受官职。若一经受职,则二年来之苦心孤诣,似全为博取高官美职,何以对吾母于地下?何以对宗族乡党?方寸之地,何以自安?是以决计具折辞谢,想诸弟亦必以为然也。

功名之地,自古难居。兄以在籍之官,募勇造船,成此一番事业。其名震一时,自不待言。人之好名,谁不如我?我有美名,则人必有受不美之名与虽美而远不能及之名者。相形之际,盖难为情。兄惟谨慎谦虚,时时省惕而已。若仗圣主之威福,能速将江面肃清,荡平此贼,兄决意奏请回籍。事奉吾父,改葬吾母,久或三年,暂或一年,亦足稍慰区区之心,但未知圣意果能俯从[①]否?

诸弟在家,总宜教子侄守勤敬。吾在外既有权势,则家中子弟最易流于骄,流于佚,二字皆败家之道也。万望诸弟刻刻留心,勿使后辈近于此二字。至要至要。

---

① 俯从:敬语,听从。

罗罗山于十二日拔营，智亭于十三日拔营，余十五六亦拔营东下也。余不一一。乞禀告父亲大人、叔父大人万福金安。

兄国藩手草

猞猁①马褂亦宜付来，皮边冬帽亦可付来。泽儿写信太短，以后宜长些。

此〔按：指下文〕余寄骆中丞信中语，罗伯宜所抄。

二十一日，罗山由金口移营至河泊山，水师出队接应，恐贼因我营垒未成而遽来扑也。水师与花园江边贼营对敌，各哨官中有勇敢者冲过贼营，直下鹦鹉洲、汉阳、鲇鱼套等处。贼见水师已出其下，立时慌乱。而罗老及确湖、义渠各营竟不扎营，直扑贼垒。贼恐水师抄后、陆军攻前，相率奔溃。罗老、义、确及李光荣之川勇三路冲入，将贼营三座踏平。烧毁其墙三重，高皆盈丈。又壕三层，引江水入壕内通青林湖，竹签密布十丈，用钓桥出入。彼自奔溃，并此而不能守。军事纯视气之盛衰，不尽关人力也。

水师自巳刻开仗，至二更始行收队。烧贼船约三百余号，夺获亦近百号。自沌口起下至鹦鹉洲，东至鲇鱼套，烧毁略尽；套内尚未烧净。西岸沌口之下盐关贼营四五座，亦被魁、杨荆兵踏破烧毁。

盖贼之所以坚垒于两岸者，皆重重置炮以击我之水军。忽见水军冲出营垒之下，顿失所恃，遂相顾惊奔。而水军由江中轰岸营，子如雨下，故东岸罗老、义、确之军能破贼营，西岸魁、杨之军亦破贼营。各夺炮百余座，马数百匹。

二十二日，水师清晨出队，接攻鲇鱼套之船，鏖战②约一时之久。

---

① 猞猁（shē lì）：兽名。似猫而大，尾短。两耳尖端有两撮长毛，两颊的毛也长。全身淡黄色，有灰褐色斑点，尾端黑色。四肢粗长，善于爬树，行动敏捷，性凶猛。皮毛厚而软，是珍贵的毛皮。

② 鏖战：激烈地战斗；苦战。

各营奋勇，哨官遂弃而之他。竟攻汉口，直下塘角，并追剿青山以下。从下游雷轰而上，纵火焚舟。适北风甚劲，贼船不能下窜。塘角、汉口、鲇鱼套等处同时延烧，火光烛天，比二十一日所焚之船数尚倍之，夺获贼船约二百余号。杨载福等自青山归来，又入襄河烧船十余里。其未烧尽者，仅鲇鱼套口内数十号，襄河口内若干号而已。是日罗罗山等进踏鲇鱼套贼营六座，直抵武昌城根。魁、杨荆兵亦踏尽西岸贼营，直抵汉阳城根。

二十三日未明，两城贼众皆逃，仅留数十人点放虚炮。我军辰刻入城，两岸同时克复。贼之衣被钱物一概未收，徒手剪发鼠窜狂奔。从东门逃出者，至洪山一带遇塔兵杀二千人。自军兴以来，未有如此痛快者也。

咸丰四年十一月初七日

致澄弟温弟沅弟季弟

九江、莲花桥、广济、大河浦、黄梅诸役获胜，并攻下广济、黄梅两县城。致卒岁钱百五十金。

澄侯、温甫、子植、季洪四位老弟足下：

二十五日遣春二、维五归家，曾寄一函并谕旨奏折二册。

二十六日，水师在九江开仗获胜。陆路塔、罗之军在江北蕲州之莲花桥大获胜仗，杀贼千余人。二十八日克复广济县城。初一日在大河埔大获胜仗。初四日在黄梅城外大获胜仗。初五日克复黄梅县城。该匪数万现屯踞江岸之小池口，与九江府城相对。塔、罗之军即日追至江岸，即可水陆夹击。能将北岸扫除，然后可渡江以剿九江府城之贼。自至九江后，即可专夫由武宁以达平江、长沙。

兹因魏荫亭亲家还乡之便，付去银一百两，为家中卒岁之资。以三分计之。新屋人多，取其二以供用；老屋人少，取其一以供用。外五十两一封，以送亲族各家，即往年在京寄回之旧例也。以后我家光景略好，此项断不可缺。家中却不可过于宽裕。处此乱世，愈穷愈好。我现在军中，声名极好。所过之处，百姓爆竹焚香跪迎，送钱米猪羊来犒军者络绎不绝。以祖宗累世之厚德，使我一人食此隆报，享此荣名，寸心兢兢，且愧且慎。现在但愿官阶不再进，虚名不再张，常葆此以无咎，即是持身守家之道。至军事之成败利钝，此关乎国家之福，吾惟力尽人事，不敢存丝毫侥幸之心。诸弟禀告堂上大人，不必悬念。

冯树堂前有信来，要功牌一百张，兹亦交荫亭带归。望澄弟专差送至宝庆，妥交树堂为要。衡州所捐之部照，已交朱峻明带去。外带照千张，交郭云仙，从原奏之所指也。朱于初二日起行，江隆三亦同归。给渠钱已四十千，今年送亲族者，不必送隆三可也。余不一一。

兄国藩 书于武穴舟中

咸丰四年十一月二十三夜

致澄弟温弟沅弟季弟

家中诸弟子侄辈应俭于自奉，不可倚势骄人。
近日军中有小挫，但气未稍损。

澄侯、温甫、子植、季洪四位老弟足下：

十月二十五专人送信回家。魏荫亭归，又送一函。想先后收到。十一月二十一日，范知宝来九江，接澄弟信，具悉一切。

部监各照已交朱峻明带归矣。树堂要功牌百张，又交荫亭带归。余送朱峻明途费二十金，渠本解船来，故受之。送荫亭二十金，渠竟不受，俟有便当再寄渠。江隆三表弟来营，余念母亲之侄仅渠有子，送钱四十千。渠买盐花带归，不知已到家否？荫亭归，余寄百五十金还家，以五十周济亲族，此百金恐尚不敷家用；军中银钱，余不敢妄取丝毫也。名者，造物所珍重爱惜，不轻以予人者。余德薄能鲜，而享天下之大名，虽由高曾祖父累世积德所致，而自问总觉不称，故不敢稍涉骄奢。家中自父亲、叔父奉养宜隆外，凡诸弟及吾妻吾子吾侄吾诸女侄女辈，概愿俭于自奉，不可倚势骄人。古人谓无实而享大名者，必有奇祸①。吾常常以此儆惧，故不能不详告贤弟，尤望贤弟时时教戒吾子吾侄也。

塔、罗自田家镇渡至江北后五获胜仗，九江对岸之贼遂下窜安徽境。余现泊九江河下，塔、罗渡江攻城。罗于二十一日与贼接仗，杀贼二三百，而我军亦伤亡四十余人。此在近数月内即是小有挫失，而气则未稍损也。

水师已下泊湖口，去我舟已隔六十里。二十夜，贼自江西小河内放火船百余号，实以干柴、桐油、松脂、火药，自上游乘风放下，惊我水营。两岸各千余人呐喊，放火箭、火球。其战船放炮，即随火船冲出，欲乱我阵。幸我军镇定，毫不忙乱，反用小船梭穿于火船之中，攻入贼营，烧贼船十余号，抢贼划数十号。摇撼不动，是亦可喜之事。

余身体平安，癣疾近又大愈。胡须日长且多。军中将士俱平安。余不一一，即候近佳。并恳禀告父亲大人、叔父大人福安。

兄国藩手草 书于九江舟次

---

① 奇祸：使人不测的、出人意料的灾祸。

咸丰四年十一月二十七日

致澄弟温弟沅弟季弟

近年办理军务，常多郁屈不平之端，惟忍辱包羞，求军事万有一济。不令纪泽学作八股。

前信〔按：指十一月二十三夜之信〕已封，而春二、维五于二十五日到营，接奉父大人手谕及诸弟信件，敬悉一切。

曾祖生以本境练团派费之事，而必求救于百里之外，以图免出费资，其居心不甚良善。刘东屏先生接得父大人手书，此等小事，何难一笑释之，而必展转辨论，拂大人之意？在寻常人尚不能无介介①于中，况大人兼三达尊而又重以世交？言不见信，焉能不介怀耶？望诸弟曲慰父大人之意，大度含容，以颐天和，庶使游子在外得以安心治事。所有来往信件，谨遵父大人谕，即行寄还。

吾自服官及近年办理军务，中心常多郁屈不平之端，每效母亲大人指腹示儿女曰"此中蓄积多少闲气，无处发泄"。其往事〔年〕诸事不及尽知，今年二月在省城河下，凡我所带之兵勇仆从人等，每次上城，必遭毒骂痛打，此四弟、季弟所亲见者。谤怨沸腾、万口嘲讥，此四弟、季弟所亲闻者。自四月以后两弟不在此，景况更有令人难堪者。吾惟忍辱包羞，屈心抑志，以求军事之万有一济。现虽屡获大胜，而愈办愈难，动辄招尤②。倘赖圣主如天之福，歼灭此贼，吾实不愿久居宦场，自取烦恼。四弟自去冬以来，亦屡遭求全之毁、蜚来之谤，几于身无完肤。想宦途风味，亦深知之而深畏之矣。而温弟、季弟来书，常以保举一事疑我之有吝于四弟者，是亦不谅兄之苦衷也。

---

① 介介：形容有心事，不能忘怀。
② 招尤：招致他人的怪罪或怨恨。

甲三从师一事，吾接九弟信，辞气甚坚，即请研生兄，以书聘之。今尚未接回信，然业令其世兄两次以家信催之，断不可更有变局。学堂以古老坪为妥。研兄居马托铺乡中，亦山林寒苦之士，决无官场习气，尽可放心。至甲三读书，天分本低，若再以全力学八股、试帖，则他项学业必全荒废。吾决计不令其学作八股也。

曾兆安、欧阳钰皆已保举教官，日内想可奉旨。曾子庙税钱用空二百四十千之多，可由营寄省还之。应交何店，付何人手收存，下次信来，望详明示知，以便妥寄。范知宝来，言尚欠途费一千五百，比即给之。又给三千为两月工价，又给四千为归去途费。上次春二、维五归，给银四两。下次唐四、在十归，给钱八千。渠辈到营，往往言不够使用，不可信也。余不一一，统候续布。再颂澄、温、沅、季四弟近佳。

国藩再行

冯树堂一信，托速寄去。

咸丰五年二月二十九夜

致澄弟温弟沅弟季弟

江西办理水师一切顺平。纪泽读经，不应蛮读蛮记蛮温，草草一读可也。

澄侯、温甫、子植、季洪老弟足下：

二十一日春二、维五到，接一信。二十六日唐萍洲官封递到家书一件。二十九日王在十、良五到，接一信。此两次专夫走信均极快，每人各赏钱一千也。

自到江西办理水师，一切尚为顺平。船只三月初可尽完，惟快蟹①未毕，目下本不须此。二十七日具折，分两路用兵，兹抄稿寄回。已调罗山来江省，欲令前往饶州剿贼，不料二十九日得湖北失守之信，诸将士苦战经年，一旦前功尽弃，可惜可恨！贼既占湖北，自必窥伺湖南，兄与塔公一军恐不能不回救桑梓。而回救之法，人少则无济于事，人多则口粮无出；且全军回救，而战船之在江西鄱湖以内者，又复无人统领，殊不放心。日内定计，发折后再专信回。

　　腾七、起三、有六、怀三来江西投效，即日遣之回家。每人送银四两，腾七加二两。魏荫亭、阳凌云亦来江，亦将速遣回。

　　纪泽儿读书记性不好，悟性较佳。若令其句句读熟，或责其不可再生，则愈读愈蠢，将来仍不能读完经书也。请子植弟将泽儿未读之经，每日点五六百字教一遍，解一遍，令其读十遍而已，不必能背诵也，不必常温习也。待其草草点完之后，将来看经解，亦可求熟。若蛮读蛮记蛮温，断不能久熟，徒耗日工而已。诸弟必以兄言为不然。吾阅历甚多，问之朋友，皆以为然。植弟教泽儿即草草一读可也。儿侄辈写字亦要紧，须令其多临帖。临行草字亦自有益，不必禁之。兄癣疾未好，余俱平安，即问近好。

兄国藩 书于江西省城

---

① 　快蟹：清道光、咸丰、同治时战船名。其式仿广东船，左右桨多至二十余，其行甚速。

咸丰五年三月二十日

致澄弟温弟沅弟季弟

内湖水师以鄱阳湖为巢穴，上下活动不出二百里之内。
纪泽、纪鸿都应不看不作八股、试帖。

澄侯、温甫、子植、季洪四弟足下：

久未接家信，想堂上大人安康，家中老幼清吉为慰。

自北省再陷，兄处一军，反在下游进退两难。在内湖之水师，兄在江西驻扎两月，造船添勇，已有头绪。现在船近二百号，勇逾三千人，认真操练，可成劲旅。兄于十三日出省登舟。郭云仙于十六日到营，曾莘田、易敬臣兄弟于十五日到营，罗芸皋于初旬到营。事机不顺而来者偏众，可见乡间穷苦也。阳凌云初间归去，余送途费八两。魏荫亭尚未归。塔军门尚扎九江。罗山于初十日进剿广信、饶州之贼。李次青忽然高兴带勇，于十一日起行赴南康府，实非其所长也。

余办内湖水师，即以鄱阳湖为巢穴。间或出江剿贼，亦不过以三分之一与贼鏖战。剿上游，则在九江、武穴、田镇等处游弋，不出湖口二百里之内。利则久战，不利则退回鄱湖巢穴之内。剿下游，则在彭泽、望江、安庆等处游弋，亦不出湖口二百里之内。利则久战，不利则亦退鄱湖巢穴之内。如此办理，则上游武汉之贼与下游金陵之贼，中间江路被我兵梗阻一段，其势不能常通，亦足以制贼之命。特上游金口等处，我军战船无人统领，常不放心耳。

近日吾乡人心慌乱否？去年迁避，终非善策。如贼窜上游岳、常等处，谣言四起，总以安居不迁为是。季洪弟尽可不必教书，宜在家中读书。文理尚未甚通，不可误人子弟。去年季弟带兵在益阳等处，所出告示，人有传以为笑者。笔墨之间，不可不慎。沅弟要方望溪①、姚姬传②文集，霞仙已代为买得，可用心细看。能阅过一遍，通加圈点，自不患不长进也。

纪泽儿记性极平常，不必力求读书背诵，但宜常看生书。讲解数遍，自然有益。八股文、试帖诗皆非今日之急务，尽可不看不作。至要至要。儿于史鉴略熟，宜因而加功，看朱子《纲目》一遍为要。纪鸿儿亦不必读八股文，徒费时日，实无益也。修身齐家之道，无过陈文恭公《五种遗规》一书，诸弟与儿侄辈皆宜常常阅看。

吾夏季衣服有在家者，可交来人即日送营，特袍褂不宜带来，余皆可送也。诸不一一，惟祈心照。

兄国藩手草_{江西省河七里港舟中}

咸丰五年五月二十六日

致澄弟温弟沅弟季弟

十三日在青山获胜。罗山调保省城。静心读名人文集，亦自足以养病。

澄、温、沅、季四位老弟足下：

二十五日春二、维五到营，接奉父亲大人手谕并澄沅来信、纪泽儿禀函，具悉一切。

此间自四月十九小挫之后，五月十三各营在青山与该逆大战一次，

---

① 方望溪：方苞（1668～1749），字灵皋，亦字凤九，晚年号望溪，亦号南山牧叟，安徽桐城人。清代著名散文家，为文主张雅洁，讲求义法。
② 姚姬传：姚鼐（1732～1815），字姬传，一字梦毂，以书斋名惜抱轩，世称惜抱先生、姚惜抱，安徽桐城人。清代著名散文家，与方苞、刘大櫆并称为"桐城三祖"。

幸获全胜。该逆水战之法尽仿我军之所为，船之大小长短，桨之疏密，炮之远近，皆与我军相等。其不如我军处，在群子不能及远，故我军仅伤数人，而该逆伤亡三百余人。其更胜于我处，在每桨以两人摧送，故船行更快。

罗山克复广信后，本可即由饶州、都昌来湖口会剿，因浙江抚台札令赴徽州会剿，故停驻景德镇，未能来湖口。顷又因义宁州失守，江西抚台调之回保省城，更不能来南康、湖口等处矣。事机未顺，处处牵掣，非尽由人力作主也。

永丰十六里练团新集之众，以之壮声威则可，以之打仗则恐不可，澄弟宜认真审察一番。陈锟系加捐何职，俟查明再复。现在大营并无部照，如果漏填，尚须向麓西处借填耳。小划子营，如有营官、哨官之才，望即告知荫亭，招之以出。沅弟荐曾和六，其人本有才，但兵凶战危，渠身家丰厚，未必愿冒险从戎。若慷慨投笔则可，余以札调则不宜也。朱楚成之才，不过能带一舢板耳，亦不值一札。闻父亲所办单眼铳甚为合用，但引眼宜略大，用引线两三根更为可靠。

沅弟买得方、姚集，近已阅否？体气多病，得名人文集静心读之，亦自足以养病。凡读书有难解者，不必遽求甚解。有一字不能记者，不必苦求强记，只须从容涵泳。今日看几篇，明日看几篇，久久自然有益。但于已阅过者，自作暗号，略批几字，否则历久忘其为已阅未阅矣。筠仙来江西时，余作会合诗一首，一时和者数十人，兹命书办抄一本寄家一阅。

癣疾近已大愈，惟今年酷暑异常，将士甚苦。余不一一，即问近好。

兄国藩手草

父亲大人前，即此跪禀万福金安。叔父大人前，诸弟送阅禀安。

咸丰五年七月初八日

致澄弟温弟沅弟季弟

调彭雪琴来江。诸弟不可练团带勇。读书无好名之心则易记诵。

澄侯、温甫、子植、季洪四位老弟左右：

刘朝相来营，得植弟手书，具审一切。

内湖水师自六月十五日开仗后，至今平安。本拟令李次青带平江勇渡鄱湖之东，与水师会攻湖口，奈自六月底至今，十日大风，不克东渡。初四日风力稍息，平勇登舟。甫经解缆，狂飙大作，旋即折回。弁勇衣被帐棚，寸缕皆湿。天意茫茫，正未可知。不知湖口之贼运数不宜遽灭乎？抑此勇渡湖宜致败挫，故特阻其行以保全此军乎？现拟俟月半后请塔军渡湖会剿。

罗山进攻义宁，闻初四日可至界上，初五六日当可开仗。湖南三面用兵，骆中丞请罗山带兵回湘，业经入奏。如义宁能攻破，恐罗山须回湖南保全桑梓，则此间又少一枝劲旅矣。内湖水师船炮俱精，特少得力营官，现调彭雪琴来江，当有起色。

盐务充饷是一大好事，惟浙中官商多思专其利。邵位西来江会议，已有头绪，不知渠回浙后，彼中在事人能允行否？舍此一筹，则饷源已竭，实有坐困①之势。

东安土匪，不知近日何如？若不犯邵阳界，则吾邑尚可不至震惊。带兵之事，千难万难。澄弟带勇至衡阳，温弟带勇至新桥，幸托平安，嗣后总以不带勇为妙。吾阅历二年，知此中构怨之事、造孽之端不一而足，恨不得与诸弟当面一一缕述之也。诸弟在家侍奉父亲，和睦族

---

① 坐困：困窘；拮据。

党,尽其力之所能为,至于练团带勇,却不宜过于出头。澄弟在外已久,谅知吾言之具有苦衷也。

宽二弟去年下世,未寄奠分,至今歉然于心。兹付回银贰拾两,为宽二奠金,望送交任尊叔夫妇手收。

植弟前信言身体不健。吾谓读书不求强记,此亦养身之道。凡求强记者,尚有好名之心横亘于方寸,故愈不能记;若全无名心,记亦可,不记亦可,此心宽然无累,反觉安舒,或反能记一二处,亦未可知。此余阅历语也,植弟试一体验行之。余不一一,即问近好。并求禀呈父亲大人万福金安,叔父大人福安。

国藩手具

咸丰五年八月二十七早

致澄弟温弟沅弟季弟

李鹤人、胡林翼近日均败挫,两岸陆军皆溃。
子侄以习劳苦为第一要义。补兵部右侍郎缺。

澄侯、温甫、子植、季洪老弟足下:

十四日良五、彭四回家,寄去一信,谅已收到。

嗣罗山于十六日回剿武汉,霞仙亦即同去。近接武昌信息,知李鹤人于八月初二日败挫,金口陆营被贼踏毁。胡润芝中丞于初八日被贼踏破夆山陆营,南北两岸陆军皆溃,势已万不可支。幸水师尚足自立,杨、彭屯扎沌口。计罗山一军可于九月初旬抵鄂,或者尚有转机。即鄂事难遽旋转,而罗与杨、彭水陆依护,防御于岳鄂之间,亦必可固湘省北路之藩篱也。内湖水师,自初八日以后迄未开仗,日日操演。次青尚扎湖口,周凤山尚扎九江,俱属安谧。

葛十一于初八日在湖口阵亡,现在寻购尸首,尚未觅得,已奏请照千总例赐恤。将来若购得尸骸,当为之送柩回里。如不可觅,亦必醵金①寄恤其家。此君今年大病数月,甫经痊愈,尚未复元,即行出队开仗。人劝之勿出,坚不肯听,卒以力战捐躯,良可伤悯。可先告知其家也。去年腊月二十五夜之役,监印官潘兆奎与文生葛荣册即元五同坐一船,均报阵亡,已入奏请恤矣。顷潘兆奎竟回至江西,云是夜遇渔舟捞救得生,则葛元五或尚未死,亦不可知,不知其家人中有音耗否?

余癣疾稍愈,今年七八两月最甚,为数年之第一次,连子字都对了。近日诸事废弛,故得略痊。余俟续布,顺问近好。

兄国藩草于南康军中

父亲大人前跪禀万福金安、叔父大人前敬请福安。

甲三、甲五等兄弟,总以习劳苦为第一要义。生当乱世,居家之道,不可有余财,多财则终为患害。又不可过于安逸偷惰。如由新宅至老宅,必宜常常走路,不可坐轿骑马。又常常登山,亦可以练习筋骸。仕宦之家,不蓄积银钱,使子弟自觉一无可恃,一日不勤,则将有饥寒之患,则子弟渐渐勤劳,知谋所以自立矣。

再,父亲大人于初九日大寿,此信到日,恐已在十二以后。余二十年来,仅在家拜寿一次。游子远离,日月如梭,喜惧之怀,寸心惴惴。又十一月初三日为母亲大人七旬一冥寿,欲设为道场,殊非儒者事亲之道;欲开筵觞客,又乏哀痛未忘之意。兹幸沅弟得进一阶,母

---

① 醵(jù)金:集资;凑钱。

亲必含笑于九京。优贡①匾额，可于初三日悬挂。祭礼须极丰腆②，即以祭余宴客可也。

我家挂匾，俱不讲究。如举人即用横匾"文魁"二字，进士即用横匾"进士"二字，翰林即用直匾"翰林第"或用院字三字，诰封用直匾"诰封光禄大夫"等字，优贡即用横匾"优贡"二字。如礼部侍郎不可用匾，盖官阶所历无定也。前此用"进士及第"直匾亦属未妥。

昨接上谕，补兵部右侍郎缺。此缺二十九年八月曾署理③一次，日内当具折谢恩。

澄侯弟在县何日归家？办理外事，实不易易，徒讨烦恼。诸弟在家，吾意以不干预县府公事为妥，望细心察之。即问近好。

国藩再具

咸丰六年二月初八日

致澄弟温弟沅弟季弟

江西军事不可收拾，石达开破吉安。纪泽新婚，应速就外傅读书。新妇宜教以妇职妇道。

澄侯、温甫、子植、季洪四位老弟左右：

正月十九日发去家信，交王发六、刘照一送回，又派戈什哈萧玉振同送，想日内可到。正月三十日、二月一日连接澄侯在长沙所发四

---

① 优贡：清制，每三年各省学政于府、州、县在学生员中选拔文行俱优者，与督抚会考核定数名，贡入京师国子监，称为优贡生。经朝考合格后可任职。与岁贡、恩贡、拔贡、副贡合称"五贡"。
② 丰腆：指饮馔或祭品的丰盛。
③ 署理：本任官出缺，由别人暂时代理或兼摄。

信,具悉一切。唐四、景三等正月所送之信,至今尚未到营。

江西军事,日败坏而不可收拾。周凤山腊月四日攻克樟树,不能乘势进取临江,失此机会。后在新淦迁延十余日,正月五日复回樟镇。因浮桥难成,未遽渡剿临江,而吉安府城已于二十五日失守矣。周臬司、陈太守等坚守六十余日,而外援不至。城破之日,杀戮甚惨。伪翼王石达开,自临江至吉安督战。既破吉郡,自回临江,而遣他贼分攻赣州,以通粤东之路。如使赣郡有失,则江西之西南五府尽为贼有。北路之九、南、饶本系屡经残破之区,九江早为贼据,仅存东路数府耳。

罗山观察久攻武昌,亦不得手。现经飞函调其回江救援。但道途多梗,不知文报可达否。刘印渠一军,闻湘省将筹两月口粮,计二月初启行,不知袁州等处果能得手否。

余在南康,身体平安,癣疾已好十之七。青山陆军,正月十八日攻九江城一次,杀贼百余人。水师于二十九打败仗一次,失去战舟六号。湖口陆军于初一日打胜仗一次,杀贼七八十人。省城官绅请余晋省,就近调度。余以南康水陆不放心,尚未定也。陈锟捐官,例须专折具奏,黄、曹处之部照不可用,即日当行入奏。

纪泽儿定三月二十一日成婚。招赘之后,七日即回湘乡,尚不为久。诸事总须节省,新妇入门之日,请客亦不宜多。何者宜丰,何者宜俭,总求父大人定酌之。

纪泽儿授室①太早,经书尚未读毕。上溯江太夫人来嫔之年,吾父亦系十八岁,然常就外傅读书,未久耽阁。纪泽上绳祖武,亦宜速就外傅,慎无虚度光阴。闻贺夫人博通经史,深明礼法。纪泽至岳家,

---

① 授室:本谓把家事交给新妇。语本《礼记·郊特牲》:"舅姑降自西阶,妇降自阼阶,授之室也。"后以"授室"指娶妻。

须缄默寡言,循循规矩。其应行仪节,宜详问谙习,无临时忙乱,为岳母所鄙笑。少庚处,以兄礼事之。此外若见各家同辈,宜格外谦谨,如见尊长之礼。

新妇始至吾家,教以勤俭,纺绩①以事缝纫,下厨以议酒食。此二者,妇职之最要者也。孝敬以奉长上,温和以待同辈。此二者,妇道之最要者也。但须教之以渐。渠系富贵子女,未习劳苦,由渐而习,则日变月化,而迁善不知;若改之太骤,则难期有恒。凡此祈诸弟一一告之。

江西各属告警,西路糜烂。子植若北上,宜走樊城,不宜走浙江;或暂不北上亦可。优贡例在礼部考试,随时皆可补考。余昔在礼部阅卷数次,熟知之也。澄侯每写家信,全无安详气象,不知何事匆忙若此?以后宜戒之。即问近好,不一一。

兄国藩 书于南康

咸丰六年九月初十日

致澄弟沅弟季弟

纪泽应当多写详信来营。沅甫所招勇不必与周凤山合。

澄侯、沅甫、季洪三弟左右:

九月初二日刘一来江西,奉父亲大人、叔父大人手谕,敬悉家中平安。而澄弟在永丰,沅弟在省,季弟居稍远,均无安信,纪泽儿亦

---

① 纺绩:把丝麻等纤维纺成纱或线。古代纺指纺丝,绩指缉麻。

未写信，则殊不可解。自瑞、临道梗，不通音问①者已八阅月②。此次刘一等回家，纪泽应惊喜异常，写详禀以告家中之琐事，以安余之心，即今年新婚一节，亦应将喜事之首尾、新妇之贤否缕晰禀告，何竟无一字上陈耶？嗣后每次长夫来营，纪泽必写详禀一封，细述家中及亲邻之琐事，并陈己身及诸弟之学业，每次以一千字为率，即以此当问视之子职可也。温甫病已全愈，眠食均皆复旧，惟脚力略软，是以尚留省城再为调养。

余于初三日自省起程，初五日至瑞州。见刘峙衡营务整肃，治全军如治一家，每日皆饭毕始近黎明，深堪佩服。普承尧宝勇营亦队伍整齐。吴竹庄彪勇现已分出进省，另剿东路广信之贼。省兵五营在瑞者，亦尚有规矩。余驻瑞数日，即行回省，令温弟来瑞也。

沅弟在长沙招勇，不知系代南坡兄办就后即交他人管带？抑系亲自统辖与周凤山并为一军乎？抑各树一帜乎？此间有凤新虎三营千七百人，周凤山之旧部也，益以渠在长沙所招之千五百人、王吉昌投效之八百人，已足自成一军，皆永州道、新宁、江西属之人，即不收王吉昌之勇，亦尚有伍化蛟等营可以合并，沅弟所招之湘勇似不必与周合。如来瑞州，则与峙衡合可也，与宝勇合亦可也；如来吉安，则须另觅一军合之。沅弟与黄南兄、夏憩兄熟商后，望专人飞速寄信来江。安五在营浮躁，不甚守规矩，兹遣之送信回，以后不可令渠来营。余俟续布。书于瑞州营次

---

① 音问：音讯；书信。
② 阅月：经一月。

咸丰六年十一月初七日

致沅弟

吉安军饷可望充裕,银钱宜分多润寡。军事变幻无常,不可发之太骤。

沅浦九弟左右:

初六日俊四等至,接二十八夜来缄,具悉二十五日业经拔营,军容整肃,至以为慰。

吉安殷富,甲于江西,又得诸绅倾诚输助,军饷自可充裕。周梧冈一军同行,如有银钱,宜分多润寡,无令己肥而人独瘠。梧冈暗于大局,不能受风浪,若扎营放哨、巡更发探、开仗分枝,究系宿将,不可多得。主事匡汝谐在吉安招勇起团,冀图袭攻郡城,闻湖南援吉之师将别出一枝,起而相应。若与弟军会合,宜善待之。

袁州既克,刘、萧等军当可进攻临江,六弟与普、刘在瑞声威亦可日振。弟与夏、黄诸兄到吉安时,或宜速行抽动,或宜久顿不移,亦当相机办理。若周军与桂、茶诸军足以自立,弟率湘人雕剿来江,兄弟年内相见,则余之所欣慰者也。军事变幻无常,每当危疑震撼之际,愈当澄心定虑,不可发之太骤。至要至嘱。

咸丰六年十一月十四日

致沅弟

军到吉安后，宜驻扎不动。扎营不可离城太近，宜先远而后近，不可先近而后远。

沅甫九弟左右：

　　昨信寄去实收二百张，想即收到。军行何日抵吉？至以为念。此间有游击马占魁，曾任龙泉营都司，兹回吉安府寻其眷属。其人朴诚可悯，又新有足疾，贫不能自存，弟可优视而扶植之。

　　吉安膏腴之区，即不遽克复，若扎一老营，除供给本军外，尚可兼解银以润省城。此间众论以为弟军到吉安，宜驻扎不动，不宜遽作抽掣①他往之计，恐失民心而涸利源也。望弟熟思而审度之。扎营不可离城太近，宁先远而渐移向近，不可先近而后退向远。至嘱至嘱。如弟果扎驻吉安，余可赴吉犒师一次，与弟会合，且与黄、夏、周一叙也。

---

①　抽掣：抽取。

咸丰六年十一月二十九日

致澄弟

纪泽看书，不必惑于在精不在多之说。子侄辈须读毕经书。
今年江西艰困，仅寄银三十两奉父叔之需。

澄侯四弟左右：

二十八日，由瑞州营递到父大人手谕并弟与泽儿等信，具悉一切。

六弟在瑞州，办理一应事宜尚属妥善，识见本好，气质近亦和平。九弟治军严明，名望极振。吾得两弟为帮手，大局或有转机，次青在贵溪尚平安，惟久缺口粮，又败挫之后，至今尚未克整顿完好。雪琴在吴城名声尚好，惟水浅不宜舟战，时时可虑。

余身体平安。癣疾虽发，较之往在京师则已大减。幕府乏好帮手，凡奏折、书信、批禀均须亲手为之，以是未免有延阁耳。余性喜读书，每日仍看数十叶，亦不免抛荒军务，然非此更无以启怡也。

纪泽看《汉书》，须以勤敏行之。每日至少亦须看二十叶，不必惑于在精不在多之说。今日半页，明日数页，又明日耽阁间断，或数年而不能毕一部。如煮饭然，歇火则冷，小火则不熟，须用大柴大火乃易成也。甲五经书已读毕否？须速点速读，不必一一求熟。恐因求熟之一字，而终身未能读完经书。吾乡子弟未读完经书者甚多，此后当力戒之。诸外甥如未读毕经书，当速补之。至嘱至嘱。

再，余往年在京曾寄银回家，每年或百金或二百金不等。一以奉堂上之甘旨，一以济族戚之穷乏。自行军以来，仅甲寅冬寄百五十金。今年三月，澄弟在省城李家兑用二百金，此际实不能再寄。盖凡带勇之人，皆不免稍肥私橐①。余不能禁人之不苟取，但求我身不苟取。

---

① 私橐（tuó）：私人的钱袋，亦借指私人的钱财。橐，一种口袋。

以此风示僚属，即以此仰答圣主。今年江西艰困异常，省中官员有穷窘而不能自存者，即抚藩各衙门亦不能寄银赡家，余何敢妄取丝毫！兹寄银三十两，以二十两奉父亲大人甘旨之需，以十两奉叔父大人含饴①之佐。此外，家用及亲族常例概不能寄。

澄弟与我湘潭一别之后，已若漠然不复相关，而前年买衡阳之田，今年兑李家之银，余皆不以为然。以后余之儿女婚嫁等事，弟尽可不必代管。千万千万！再候近好。

国藩再叩

咸丰七年九月二十二日

致沅弟

文辅卿来家，病势甚重。望勿怫郁而生肝疾，应息心忍耐。

沅甫九弟左右：

十二日申刻代一自县归，接弟手书，具审一切。

十三日未刻文辅卿来家，病势甚重，自醴陵带一医生偕行，似是瘟疫之症。两耳已聋，昏迷不醒，间作谵语②，皆惦记营中。余将弟已赴营、省城可筹半饷等事告之四五次，渠已醒悟，且有喜色。因嘱其静心养病，不必挂念营务，余代为函告南省、江省等语，渠亦即放心。十四日由我家雇夫送之还家矣。若调理得宜，半月当可痊愈，复元则尚不易易。

---

① 含饴：谓哺育幼儿，形容亲子之情。
② 谵（zhān）语：病中神志不清，胡言乱语。

陈伯符十二来我家，渠因负咎①在身，不敢出外酬应，欲来乡为避地计。七十侄女十二上来。亦山先生十四归去，与临山皆朝南岳。临山以二十归馆，亦山二十二夕至。科四读上《孟》至末章，明日可毕。科六读《先进》三叶，近只耽搁一日也。彭莘庵表叔十一日仙逝，二十四日发引②。尧阶之母十月初二日发引，请叔父题主。黄子春官声极好，听讼勤明，人皆畏之。

　　弟到省之期，计在十二日。余日内甚望弟信，不知金八、佑九何以无一人归来？岂因饷事未定，不遽遣使归与？弟性褊激似余，恐怫郁或生肝疾，幸息心忍耐为要。二十二日郴州首世兄凌云专丁来家，求荐至弟营。据称弟已于十七日起程赴吉矣。兹乘便寄一缄托黄宅转递，弟接到后，望专人送信一次，以慰悬悬。

　　家中大小平安。晰箸事暂不提。诸小儿读书，余自能一一检点，弟不必挂心。顺问近好。

兄国藩手草

咸丰七年十月初四日

致沅弟

成大事者规模远大与综理密微不可缺一。宜常向李迪庵请益。

沅甫九弟左右：

　　二十二日写就一函，拟交首宅来足带省。二十二夜灯后右九、金八归，接弟十五夜所发之信，知十六日已赴吉安矣，遂不寄首宅信。

---

① 负咎：抱愧；自感有对不起人的地方。
② 发引：用以指出殡，灵车启行。

屈指计弟二十四日的可抵营，二十五六当专人归来，今日尚未到家，望眼又复悬悬。

九月二十四日六叔父六旬晋一冥寿，焚包致祭。科一、科四、科六亦往与祭。关秀姑娘于十九日生子。临三、昆八于十月初一日散学，拟初间即往邹至堂处读冬书，亦山先生之所荐也。枚谷先生十月中旬可散学，亦山先生不散学。科四已读《离娄》八叶，科六读至"点尔何如"，工课尚算有常。家中诸事，弟不必挂虑。

吉字中营尚易整顿否？古之成大事者，规模远大与综理密微二者阙一不可。弟之综理密微精力较胜于我。军中器械其略精者，宜另立一簿，亲自记注，择人而授之。古人以铠仗①鲜明为威敌之要务，恒以取胜。刘峙衡于火器亦勤于修整，刀矛则全不讲究。余曾派褚景昌赴河南采买白蜡杆子，又办腰刀分赏各将弁，人颇爱重。弟试留心此事，亦综理之一端也。至规模宜大，弟亦讲求及之。但讲阔大者，最易混入散漫一路。遇事颟顸②，毫无条理，虽大亦奚足贵？等差③不紊，行之可久。斯则器局宏大，无有流弊者耳！顷胡润芝中丞来书，赞弟有曰"才大器大"四字。余甚爱之。才根于器，良为知言。

湖口贼舟于九月八日焚夺净尽，湖口梅家洲皆于初九日攻克。三年积愤，一朝雪耻，雪琴从此重游浩荡之宇。惟次青尚在坎窞④之中，弟便中可与通音问也。润翁信来，仍欲奏请余出东征。余顷复信，具陈其不宜。不知可止住否？彭中堂复信一缄，由弟处寄至文方伯署，请其转递至京。或弟有书呈藩署，末添一笔亦可。李迪庵近有请假回籍省亲之意，但未接渠手信。渠之带勇，实有不可及处。弟宜常与通

---

① 铠仗：铠甲和兵器。
② 颟顸（mān hān）：糊涂而马虎。
③ 等差：等级次序；等级差别。
④ 坎窞（dàn）：坑穴，喻险境。

信,殷殷请益。

弟在营须保养身体。肝郁最易伤人,余生平受累以此,宜和易以调之也。兹着王芝三赴吉,报家中近日琐事,并问迩好。余俟续具。

兄国藩手草

外澄弟信一件,温弟信一件,罨山写信一件,陈心壶家信一件,京信一件。

咸丰七年十月初十日

致沅弟

整顿营务,毋求速效。进兵须由自己作主。注意购觅吉安先贤遗集。

沅甫九弟左右:

十月初七日接弟二十八日所发家信,具悉一切。所得饷银计可发两月口食,细问得二、金三等,言阖营弁勇夫役皆欢声雷动。似此气象尚好,或者此出事机顺手,余与合家大小均为欣慰。

家中内外平安。初九日父亲大人六十八冥寿,具财包五百束,行礼仍仿朱子虞祭仪节。男女客十席,夫五席,外间来祭六堂本房一、二女一、牧云一、圭十一、贤五等一、庆九等一。祭席用燕翅,客席用羊肉。凌问樵于初六日来乡。罨山先生脩金于九月底全数送去。邓汪琼处泊未写信去请。一则自涉怠惰,一则脩金颇不易筹,而余之行止亦尚未十分定妥也。

胡中丞信来,已于九月二十六日专折奏请余赴九江总统杨、彭、二李之师。余重九所发之折,至今未奉朱批。

弟此刻到营,宜专意整顿营务,毋求近功速效。弟信中以各郡往事推度，尚有欲速之念。此时自治毫无把握，遽求成效，则气浮而乏，内心不可不察。进兵须由自己作主，不可因他人之言而受其牵制。非特进兵为然，即寻常出队开仗亦不可受人牵制。应战时，虽他营不愿而我营亦必接战；不应战时，虽他营催促，我亦且持重不进。若彼此皆牵率出队，视用兵为应酬之文，则不复能出奇制胜矣。五年吴城水师，六年抚州、瑞州陆军，皆有牵率出队之弊，无一人肯坚持定见，余屡诫而不改。弟识解高出辈流，当知此事之关系最重也。

宝勇本属劲旅，普副将所统太多，于大事恐无主张，宜细察之。黄南坡太守有功于湖南，有功于水师，今被劾之后继以疾病，弟宜维持保护，不可遽以饷事烦之。逸斋知人之明特具只眼，豪侠之骨，莹澈①之识，于弟必相契合。但军事以得之阅历者为贵，如其能来，亦不宜遽主战事。各处写信自不可少，辞气须不亢不卑，平稳惬适。余生平以懒于写信开罪于人，故愿弟稍变途辙。在长沙时，官场中待弟之意态，士绅中夺情之议论，下次信回，望略书一二，以备乡校之采。

吉安在宋明两朝名贤接踵，如欧阳永叔、文信国、罗一峰、整庵诸公。若有乡绅以遗集见赠者，或近处可以购觅，望付数种寄家。余俟续布，即候近好。

兄国藩手草

---

① 莹澈：莹洁透明。

咸丰七年十月二十七夜

致沅弟

对军营对部下心中要有权衡。告将才四大端。

沅甫九弟左右：

二十三夜彭一归，接弟十五书，具悉一切。

吉安此时兵势颇盛。军营虽以人多为贵，而有时亦以人多为累。凡军气宜聚不宜散，宜忧危不宜悦豫。人多则悦豫，而气渐散矣。营虽多而可恃者惟在一二营，人虽多而可恃者惟在一二人。如木然，根好株好而后枝叶有所托；如屋然，柱好梁好而后椽瓦有所丽①。今吉安各营，以余意揆之，自应以吉中营及老湘胡、朱等营为根株，为柱梁。此外，如长和，如湘后，如三宝，虽素称劲旅，不能不侪之于枝叶椽瓦之列。遇小敌时，则枝叶之茂椽瓦之美尽可了事；遇大敌时，全靠根株培得稳柱梁立得固，断不可徒靠人数之多气势之盛。倘使根株不稳，柱梁不固，则一枝折而众叶随之，一瓦落而众椽随之，败如山崩，溃如河决，人多而反以为累矣。史册所载战事，以人多而为害者不可胜数。近日如抚州万余人卒致败溃，次青本营不足以为根株为梁柱也；瑞州万余人卒收成功，峙衡一营足以为根株为梁柱也。弟对众营立论虽不必过于轩轾②，而心中不可无一定之权衡。

来书言弁目太少，此系极要关键。吾二十二日荐曾纪仁赴吉充什长，已收用否？兹冯十五往吉，若收置厨下，亦能耐辛苦。凡将才有

---

① 丽：附着。
② 轩轾（zhì）：车前高后低叫轩，前低后高叫轾。引申为高低、轻重、优劣。语出《诗·小雅·六月》："戎车既安，如轾如轩。"

四大端：一曰知人善任，二曰善觇①敌情，三曰临阵胆识峙有胆，迪厚有胆有识，四曰营务整齐。吾所见诸将于三者略得梗概，至于善觇敌情，则绝无其人。古之觇敌者，不特知贼首之性情伎俩，而并知某贼与某贼不和，某贼与伪主不协。今则不见此等好手矣。贤弟当于此四大端下工夫，而即以此四大端察同僚及麾下之人才。第一、第二端不可求之于弁目散勇中，第三、第四端则末弁中亦未始无材也。

家中小大平安。葛亦山先生回家六日未来，闻其弟喉痛，或未愈耳。科一、科四、科六皆在馆。甲五课之点读尚属安静。弟可放心。尧阶于二十二来，二十八可归。洪、夏所争之地，余意欲买之。以东阳叔祖极称其好，不知可得否。胡润之中丞奏请余率水师东下，二十七日送寄谕来家。兹钞寄弟营一阅。余俟续布。弟初九日所发之信由省城转达者，亦二十七始到也。顺问近好。

兄国藩手草

亦山不在此，命科四等写一禀安帖。

咸丰七年十一月初五日

致沅弟

敌军大纲紊乱，力能胜之。伤王福回家。

沅甫九弟左右：

十一月初二日，春二、甲四归，接二十四夜来书，具悉一切。弟营中事机尚顺，家中大小欣慰。余二十二日寄第五号信，二十八日发

---

① 觇（chān）：看，偷偷地察看。

第六号，计次第均达矣。日内四宅平安。初三日显妣江太夫人冥诞，有客四席，兰姊、蕙妹、本房皆未来，临三、昆八亦以远在云溪寺未归也。亲戚惟五舅、龙三、魏荫庭，行礼仿十月初九之例，但添歌童耳。

帅逸斋之叔号小舟者，于初二日来。携有张六琴太守书缄，具告逸斋死事之惨。余具奠金五十两交小舟，为渠赴江西之旅资。又作书寄雪琴，嘱其备战船至广信，迎护逸斋之眷口①由浙来江；又备舟至省城，迎护逸斋与其侄之灵柩，于南康会齐，同出湖口。由湖口段窑至黄梅帅宅不过数十里耳。前此仙舟先生墓门被贼掘毁，余曾致书润之中丞、莲舫员外，筹银三四百两为修葺之资。此次小舟归里，可一并妥为安厝②。少有余资，即以赡济逸斋之眷口。然亦极薄，难以自存矣。

东乡败挫之后，李镇军、周副将均退守武阳渡。闻耆中丞缄致长沙，请夏憩亭募勇数千赴江应援，不知确否？自洪杨内乱以来，贼中大纲紊乱。石达开下顾金陵，上顾安庆，未必能再至江西；即使果来赴援，亦不过多裹乌合之卒，悍贼实已无几。我军但稍能立脚，不特吉安力能胜之，即临江萧军亦自可胜之也。

邓汪琼处已专缄去请，初五接复信，已允许矣。须正月乃可上馆，且请带一子来。亦山先生于二十八日来，科一、科四、科六读书如常。胡蔚之将以初十日回省，家中以后不请书启朋友。韩升告假回家。余文案尚繁，不可无一人料理，望弟饬王福于腊月初回家。交代后，即令韩升回省度岁。韩于正初赴吉营，计弟处有四十日无人经管文案，即交彭椿年一手料理，决无疏失。韩升与王福二人皆精细勤敏，无所

---

① 眷口：家属。
② 安厝（cuò）：安葬。

轩轾。凌荫庭于日内赴雪琴处，若弟处再须好手，亦可令凌赴吉也。诸不详尽，顺问近好。

兄国藩手草

咸丰七年十二月十四夜

致沅弟

无恒则一事无成。带勇以体察人才为第一，营规、战术次之。

沅甫九弟左右：

十二日正七、有十归，接弟信，备悉一切。

定湘营既至三曲滩，其营官成章鉴亦武弁中之不可多得者，弟可与之款接①。

来书谓意趣不在此，则兴会索然。此却大不可。凡人作一事，便须全副精神注在此一事，首尾不懈，不可见异思迁，做这样想那样，坐这山望那山。人而无恒，终身一无所成。我生平坐犯无恒的弊病，实在受害不小。当翰林时，应留心诗字，则好涉猎它书，以纷其志。读性理书时，则杂以诗文各集，以歧其趋。在六部时，又不甚实力讲求公事。在外带兵，又不能竭力专治军事，或读书写字以乱其志意。坐是垂老而百无一成。即水军一事，亦掘井九仞而不及泉，弟当以为鉴戒。现在带勇，即埋头尽力以求带勇之法，早夜孳孳②，日所思，夜所梦，舍带勇以外则一概不管。不可又想读书，又想中举，又想作州县，纷纷扰扰，千头万绪，将来又蹈我之复辙，百无一成，悔之晚

---

① 款接：结交；交往。
② 孳（zī）孳：勤勉；努力不懈。孳，通"孜"。

矣。

带勇之法，以体察人才为第一，整顿营规、讲求战守次之。《得胜歌》中各条，一一皆宜详求。至于口粮一事，不宜过于忧虑，不可时常发禀。弟营既得楚局每月六千，又得江局月二三千，便是极好境遇。李希庵十二来家，言迪庵意欲帮弟饷万金。又余有浙盐赢余万五千两在江省，昨盐局专丁前来禀询，余嘱其解交藩库充饷。将来此款或可酌解弟营，但弟不宜指请耳。饷项既不劳心，全副精神讲求前者数事，行有余力则联络各营，款接绅士。身体虽弱，却不宜过于爱惜，精神愈用则愈出，阳气愈提则愈盛。每日作事愈多，则夜间临睡愈快活。若存一爱惜精神的意思，将前将却，奄奄无气，决难成事。凡此皆因弟兴会索然之言而切戒之者也。弟宜以李迪庵为法，不慌不忙，盈科①后进，到八九个月后，必有一番回甘滋味出来。余生平坐无恒流弊极大，今老矣，不能不教诫吾弟吾子。

邓先生品学极好，甲三八股文有长进，亦山先生亦请邓改文。亦山教书严肃，学生甚为畏惮。吾家戏言戏动积习，明年吾在家当与两先生尽改之。

下游镇江、瓜洲同日克复，金陵指日可克。厚庵放闽中提督，已赴金陵会剿，准其专折奏事。九江亦即日可复。大约军事在吉安、抚、建等府结局，贤弟勉之。吾为其始，弟善其终，实有厚望。若稍参以客气，将以致志，则不能为我增气也。营中哨队诸人气尚完固否？下次祈书及。家中四宅平安。澄弟十四日赴县吊丧。余无它事，顺问近好。

兄国藩草

---

① 盈科：喻打下坚实基础。盈，满。科，坎。

咸丰七年十二月二十一日

致沅弟

惭对江西绅士，请为救正补苴。

沅浦九弟左右：

十九日亮一等归，接展来函，具悉一切。

临江克复，从此吉安当易为力，弟黾勉①为之。大约明春可复吉郡，明夏可克抚、建。凡兄所未了之事，弟能为我了之，则余之愧憾可稍减矣。

余前在江西，所以郁郁不得意者：第一不能干预民事，有剥民之权，无泽民之位，满腹诚心无处施展；第二不能接见官员，凡省中文武官僚晋接②有稽，语言有察；第三不能联络绅士，凡绅士与我营款惬，则或因吃醋而获咎万篪轩是也。坐是数者，方寸郁郁，无以自伸。然此只坐不应驻扎省垣③，故生出许多烦恼耳。弟今不驻省城，除接见官员一事无庸议外，至爱民、联绅二端皆可实心求之。现在饷项颇充，凡抽厘劝捐，决计停之。兵勇扰民，严行禁之。则吾夙昔爱民之诚心，弟可为我宣达一二矣。

吾在江西，各绅士为我劝捐八九十万，未能为江西除贼安民。今年丁忧奔丧太快，若恝然④弃去，置绅士于不顾者，此余之所悔也若少迟数日，与诸绅往复书问乃妥。弟当为余弥缝此阙。每与绅士书札往还，或接见畅谈，具言江绅待家兄甚厚，家兄抱愧甚深等语。就中如刘仰素、

---

① 黾（mǐn）勉：勉励；尽力。
② 晋接：交接；接触。
③ 省垣：省行政机关所在地。
④ 恝（jiá）然：漠不关心貌；冷淡貌。

甘子大二人，余尤对之有愧。刘系余请之带水师，三年辛苦，战功日著，渠不负吾之知，而余不克始终与共患难。甘系余请之管粮台，委曲成全，劳怨兼任，而余以丁忧遽归，未能为渠料理前程。此二人皆余所惭对，弟为我救正而补苴①之。

余在外数年，吃亏受气实亦不少，他无所惭，独惭对江西绅士。此日内省躬责己之一端耳。弟此次在营境遇颇好，不可再有牢骚之气，心平志和，以迓②天休。至嘱至嘱。

承寄回银二百两收到。今冬收外间银数百_{袁漱六、郭雨三各二百}，而家用犹不甚充裕，然后知往岁余之不寄银回家，不孝之罪，上通于天矣。澄弟于十四日赴县，二十日回家。赖古愚十七日上任。亦山先生十七日散学。邓先生尚未去。萧组田、罗伯宜并已归去。韩升亦于十七日旋省矣。

四宅大小平安。余日内心绪少佳，夜不成寐，盖由心血积亏，水不养肝之故，春来当好为调理。甲三所作八股文近颇长进，科一、四、六三人之书尚熟。二先生皆严惮，良师也。一切弟可放心。即颂年祺，不一一。

兄国藩手草

---

① 补苴（jū）：补缀；缝补。出自汉刘向《新序·刺奢》："今民衣敝不补，履决不苴。"引申为弥补缺陷。

② 迓（yà）：迎接。

咸丰八年正月初四夜

致沅弟

去机巧，求笃实，以浑含诚愚应人，并要强毅自胜。

沅甫九弟左右：

十二月二十八日接弟二十一日手书，欣悉一切。

临江已复，吉安之克实意中事。克吉之后，弟或带中营围攻抚州，听候江抚调度；或率师随迪安北剿皖省，均无不可。届时再行相机商酌。此事我为其始，弟善其终，补我之阙，成父之志，是在贤弟竭力而行之，无为邃怀归志也。

弟书自谓是笃实①一路人，吾自信亦笃实人，只为阅历世途，饱更事变，略参些机权②作用，把自家学坏了。实则作用万不如人，徒惹人笑，教人怀恨，何益之有？近日忧居猛省，一味向平实处用心，将自家笃实的本质还我真面、复我固有。贤弟此刻在外，亦急须将笃实复还，万不可走入机巧一路，日趋日下也。纵人以巧诈来，我仍以浑含③应之，以诚愚应之；久之，则人之意也消。若钩心斗角，相迎相距，则报复无已时耳。

至于强毅之气，决不可无，然强毅与刚愎有别。古语云自胜之谓强。曰强制，曰强恕，曰强为善，皆自胜之义也。如不惯早起，而强之未明即起；不惯庄敬，而强之坐尸④立斋；不惯劳苦，而强之与士卒同甘苦，强之勤劳不倦。是即强也。不惯有恒，而强之贞恒，即毅

---

① 笃实：淳厚朴实；忠诚老实。
② 机权：机智权谋。
③ 浑含：含蓄。
④ 坐尸：古代祭祀时以臣下或晚辈象征死者神灵，代死者受祭，称为"尸"。殷代之尸坐于堂上受祭，称为"坐尸"。

也。舍此而求以客气胜人，是刚愎而已矣。二者相似，而其流相去霄壤，不可不察，不可不谨。

李云麟气强识高，诚为伟器，微嫌辨论过易，弟可令其即日来家，与兄畅叙一切。

兄身体如常。惟中怀郁郁，恒不甚舒鬯①，夜间多不成寐，拟请刘镜湖三爷来此一为诊视。闻弟到营后体气大好，极慰极慰。

九弟媳近亦平善。元旦至新宅拜年，叔父、六弟亦来新宅。余与澄弟等初二至白玉堂，初三请本房来新宅。任尊家酬完龙愿三日，因五婶脚痛所许，初四即散，仅至女家及攸宝庵，并未烦动本房。温弟与迪安联姻，大约正月定庚。科四前耍包铳药之纸，微伤其手，现已全愈。邓先生订十八入馆。葛先生拟十六去接。甲三姻事拟对筱房之季女，现尚未定。三女对罗山次子，则已定矣。刘詹岩先生绎得一见否？为我极道歉忱。黄莘翁之家属近况何如？苟有可为力之处，弟为我多方照拂之。渠为劝捐之事呕气不少，吃亏颇多也。母亲之坟，今年当觅一善地改葬。惟兄脚力太弱，而地师②又无一可信者，难以下手耳。余不一一，顺问近好，诸惟心照。

国藩手具

再，带勇总以能打仗为第一义。现在久顿坚城之下，无仗可打，亦是闷事。如可移扎水东，当有一二大仗开。第弟营之勇锐气有余，沉毅不足，气浮而不敛，兵家之所忌也，尚祈细察。偶作一对联箴弟云：打仗不慌不忙，先求稳当，次求变化；办事无声无臭，既要精到，又要简捷。贤弟若能行此数语，则为阿兄争气多矣。国藩又行。

---

① 鬯（chàng）：同"畅"。
② 地师：指旧时看风水好坏的人。

咸丰八年正月十四日

致沅弟

与人周旋,要有真意,尚要有文饰。水师粮台余银可周济困苦绅民。

沅甫九弟左右:

十二日安五来营,寄第二号家信,谅已收到。

十三日午刻,九弟妇生一女,极为迅速。巳刻余在曾家坳,尚无信息。旋因胡二龙来,余回腰里交付,即闻接内人、四弟妇过去。少顷,龙过曾家坳,则已踏生矣。血晕①约大半个时辰,服大补剂,申初全愈。仰仗祖宗福庇,此事平安,弟可放心。

治军总须脚踏实地,克勤小物,乃可日起而有功。凡与人晋接周旋,若无真意,则不足以感人;然徒有真意而无文饰以将之,则真意亦无所托之以出,《礼》所称无文不行也。余生平不讲文饰,到处行不动,近来大悟前非。弟在外办事宜随时斟酌也。

甲三十三日回家,芝生十三日复来。温弟与李家定二月十三日拨庚。龙达生解元初七、初九宿腰里,初八宿小界家中。四宅平安,不必挂念。顺问近好。

兄国藩手草

闻我水师粮台银两尚有赢余,弟营此时不阙银用,不必解往。若绅民中实在流离困苦者,亦可随便周济。兄往日在营艰窘异常,初不能放手作一事,至今追恨。弟若有宜周济之处,水师粮台尚可解银二千前往。应酬亦须放手,办在绅士百姓身上,尤宜放手也。十四日又行

---

① 血晕:因失血过多而昏厥。

咸丰八年正月十九日

致沅弟

以真爱之心对待兵勇百姓，则可得民心勇心。

沅甫九弟左右：

正月十七日蒋一等归，接十一日信，借悉一切。兄于初五、十二、十四、十六共发四信，十六之信系交戈什哈李卿云带去，中有报销折稿，计二月初可到。次青处回信及密件，弟办理甚好。

民宜爱而刁民不必爱，绅宜敬而劣绅不必敬。弟在外能如此条理分明，则凡兄之缺憾，弟可一一为我弥缝而匡救之矣。昨信言无本不立，无文不行，大抵与兵勇及百姓交际，只要此心真实爱之，即可见谅于下。余之所以颇得民心勇心者，此也。与官员及绅士交际，则心虽有等差而外之仪文不可不稍隆，余之所以不获于官场者，此也。去年与弟握别之时，谆谆嘱弟，以效我之长，戒我之短。数月以来，观弟一切施行，果能体此二语，欣慰之至。惟作事贵于有恒，精力难于持久，必须日新又新，慎而加慎，庶几①常葆令名，益崇德业。

亦山先生十六日到，十七日上学。科四、科六书尚熟。九弟妇近日平安。季洪所请乳母十七已到。六弟妇、二妹子、青山舅舅皆常在左右不离。南五舅爹十七日来，十九日归。邓先生十九日可到。余身体如常。请刘镜湖先生，要二十四五始至。四宅眷口均吉。母亲改卜吉城之事，余常常在念。现请刘为章来乡，大约正月可到。猫面脑之地，必须渠与尧阶等一看始可放心。此外寻新穴颇不易得，然余决志在今年办妥。新宁知县许九霞过此，自言于风水颇精，许来帮同寻觅。

---

① 庶几：希望；但愿。

惟渠新被劾，未便在乡久住。弟在外亦尝闻有明眼人可延至家者否？若无其人，不必为此更纷心也。余俟续布，即候近好。

兄国藩手草

咸丰八年正月二十九日

致沅弟

周济绅民，系指目击最困苦者，非为沽名之举。

沅甫九弟左右：

二十七日刘福一等四人者归，接弟信，并《二十二史》七十二套，金、史赙①银三百两，具悉一切。此书十七史系汲古阁②本，《宋》《辽》《金》《元》系宏简录，《明史》系殿本③。较之兄丙申年所购者多《明史》一种，余略相类，在吾乡已极为难得矣。吾后在京亦未另买有全史，仅添买《辽》《金》《元》《明》四史及《史》《汉》各佳本而已。《宋史》至今未办，盖阙典也。

吉贼决志不窜，将来必与浔贼同一办法，想非夏末秋初不能得手。弟当坚耐以待之。迪安去岁在浔于开濠④守逻之外，间亦读书习字。弟处所掘长濠如果十分可靠，将来亦有闲隙可以偷看书籍，目前则须极力讲求濠工巡逻也。

---

① 赙（fù）：赠送财物助人治丧。
② 汲古阁：明末常熟毛晋藏书阁名。
③ 殿本：清代武英殿官刻本的简称。因刻印书籍机构设在武英殿，故名。也称殿版。所刻书籍以刻工精整、印刷优良著称。
④ 濠：同"壕"，沟。

澄弟于二十二日下县。赖明府于蝻①事办理极为认真，有信邀绅士去。温弟于二十五日回家。亦山先生二十二日归，二十六复来。瀛皆先生二十上学，二十二日开课，亦山亦执贽受业。甲五目疾总未甚好，右目外云如故，左目已属大好，究不能与常人一般。九弟妇体气极弱，服峻补之剂，日有起色。再过数日，应可出房照料杂事。青山二十七日暂归，余嘱其初一复来。二十八日夕接弟二十二日信，亦请青山在此多住月余，二月内必坚留之也。

周济受害绅民，非泛爱博施之谓，但偶遇一家之中杀害数口者、流转迁徙归来无食者、房屋被焚栖止靡定者，或与之数十金，以周其急。先星冈公云济人须济急时无。又云随缘布施，专以目之所触为主，即孟子所称"是乃仁术也"。若目无所触而泛求被害之家而济之，与造册发赈一例，则带兵者专行沽名之事，必为地方官所讥，且有挂小漏万之虑。弟之所见，深为切中事理。余系因昔年湖口绅士受害之惨，无力济之，故推而及于吉安，非欲弟无故而为沽名之举也。

金、史谢信此次未写，少迟再寄。李雨苍二十九日到家。孙朗青、吴贯槎均来。初四日系先大夫初周年忌辰，敬办小祥祭事。俟日内再行详布。即问近好，诸惟心照。

兄国藩手草

---

① 蝻（nǎn）：蝗的幼虫。形似成虫而翅短，身小头大。也叫跳蝻。古时，蝗灾时发。

咸丰八年三月初六日

致沅弟

长傲多言为凶德，宜一味言忠信行笃敬。

沅甫九弟左右：

初三日刘福一等归，接来信，借悉一切。

城贼围困已久，计不久亦可攻克。惟严断文报是第一要义，弟当以身先之。

家中四宅平安。季弟尚在湘潭，澄弟初二日自县城归矣。余身体不适。初二日住白玉堂，夜不成寐。温弟何日至吉安？在县城、长沙等处尚顺遂否？

古来言凶德致败者约有二端：曰长傲，曰多言。丹朱①之不肖，曰傲曰嚚讼，即多言也。历观名公巨卿，多以此二端败家丧生。余生平颇病执拗，德之傲也；不甚多言，而笔下亦略近乎嚚讼。静中默省②愆尤③，我之处处获戾，其源不外此二者。温弟性格略与我相似，而发言尤为尖刻。凡傲之凌物，不必定以言语加人，有以神气凌之者矣，有以面色凌之者矣。温弟之神气稍有英发之姿，面色间有蛮很之象，最易凌人。凡中心不可有所恃，心有所恃则达于面貌。以门地言，我之物望④大减，方且恐为子弟之累；以才识言，近今军中炼出人才颇多，弟等亦无过人之处。皆不可恃。只宜抑然自下，一味言忠信行笃敬，庶几可以遮护旧失、整顿新气。否则，人皆厌薄之矣。沅弟持

---

① 丹朱：尧子名。《史记·五帝本纪》："尧知子丹朱之不肖，不足授天下，于是乃权授舜。"
② 默省：犹默想。
③ 愆尤：过失；罪咎。
④ 物望：人望；众望。

躬涉世，差为妥叶。温弟则谈笑讥讽，要强充老手，犹不免有旧习。不可不猛省！不可不痛改！闻在县有随意嘲讽之事，有怪人差帖之意，急宜惩之。余在军多年，岂无一节可取？只因傲之一字，百无一成，故谆谆教诸弟以为戒也。九弟妇近已全好，无劳挂念。沅在营宜整刷精神，不可懈怠。至嘱。

兄国藩手草

咸丰八年三月三十日

致沅弟

> 胸多抑郁，怨天尤人，则不可涉世、养德、保身。

沅甫九弟左右：

春二、安五归，接手书，知营中一切平善，至为欣慰。

次青二月以后无信寄我，其眷属至江西不知果得一面否？弟寄接到胡中丞奏伊入浙之稿，未知果否成行？顷得耆中丞十三日书，言浙省江山、兰溪两县失守，调次青前往会剿。是次青近日声光亦渐渐脍炙人口。广信、衢州两府不失，似浙中终可无虑，未审近事究复如何？广东探报，言逆夷有船至上海，亦恐其为金陵余孽所攀援。若无此等意外波折，则洪杨股匪不患今岁不平耳。

九江竟尚未克，林启荣之坚忍实不可及。闻麻城防兵于三月十日小挫一次，未知确否？弟于次青、迪、厚、雪琴等处须多通音问，俾余亦略有见闻也。

家中四宅大小眷口清吉。兄病体已愈十之七八，日内并未服药，夜间亦能熟睡，至子丑以后则醒，是中年后人常态，不足异也。纪泽自省城归，二十五日到家。尧阶二十六日归去。澄侯二十七日赴永丰，为书院监课事。湘阴吴贞阶司马于二十六日来乡，是厚庵嘱其来一省视，次日归去。

余所奏报销大概规模一折，奉朱批："该部议奏。"户部奏于二月初九日。复奏言"曾国藩所拟尚属妥协"云云。至将来需用部费不下数万。闻杨、彭在华阳镇抽厘，每月可得二万，系雪琴督同凌荫庭、刘国斌等经纪其事，其银归水营杨、彭两大股分用。余偶言可从此项下设法筹出部费，贞阶力赞其议。想杨、彭亦必允从。此款有着，则余心又少一牵挂。

郭意诚信言四月当来乡一次。胡莲舫信言五月当来一次。余前荐许仙屏至杨军门处，系厚庵专人来此请荐作奏者。余荐意诚、仙屏二人，闻胡中丞荐刘小钺芳蕙，袁州人，已为起草一次，不知尚须再请仙屏否？余因厚庵未续有缄来，故未先告仙屏也。仙屏上次有一信与余，尚未复信。若已来吉营，乞先为致意。季高处此次匆遽，尚未作书，下次决不食言。

温弟尚在吉安否？前胡二等赴吉，余信中未道及温弟事。两弟相晤时，日内必甚欢畅。温弟丰神较峻，与兄之伉直简儋虽微有不同，而其难于谐世，则殊途而同归。余常用为虑。大抵胸多抑郁，怨天尤人，不特不可以涉世，亦非所以养德；不特无以养德，亦非所以保身。中年以后，则肝肾交受其病。盖郁而不畅，则伤木；心火上烁，则伤水。余今日之目疾及夜不成寐，其由来不外乎此。故于两弟时时以平和二字相勖，幸勿视为老生常谈。至要至嘱。

朱云亭妹夫二十七日来看余疾，语及其弟存七尚无功名。兹开具履历名条，望弟即为玉成之。亲族往弟营者人数不少，广厦万间，本弟素志。第善觇国者，睹贤哲在位，则卜其将兴；见冗员浮杂，则知其将替。善觇军者亦然。似宜略为分别，其极无用者，或厚给途费遣之归里，或酌赁民房令住营外，不使军中有惰漫喧杂之象，庶为得宜。至顿兵城下为日太久，恐军气渐懈，如雨后已弛之弓，三日已腐之馔，而主者晏然，不知其不可用。此宜深察者也。附近百姓果有骚扰情事否？此亦宜深察者也。

目力极疲，此次用先大夫眼镜，故字略小，而蒙蒙者仍如故。温弟未及另缄，谅之。

兄国藩手草

咸丰八年四月初九日

致沅弟

沅弟在吉安声名极好及邓、葛二师品学兼优是今年得意之事。
不可忘求人自辅。

沅甫九弟左右：

四月初五日得一等归，接弟信，得悉一切。

兄回忆往事，时形悔艾，想六弟必备述之。弟所劝譬①之语，深中机要，"素位而行"一章，比亦常以自警。只以阴分素亏，血不养肝，即一无所思，已觉心慌肠空，如极饿思食之状。再加以憧扰②之思，益觉心无主宰，怔悸不安。

今年有得意之事两端。一则弟在吉安声名极好。两省大府及各营员弁、江省绅民交口称颂，不绝于吾之耳；各处寄弟书及弟与各处禀

---

① 劝譬：劝说使之明白。
② 憧扰：纷乱不安。

牍信缄俱详实妥善，犁然①有当，不绝于吾之目。一则家中所请邓、葛二师品学俱优，勤严并著。邓师终日端坐，有威可畏，文有根柢而又曲合时趋，讲书极明正义而又易于听受。葛师志趣方正，学规谨严，小儿等畏之如神明，而代管琐事亦甚妥协。此二者皆余所深慰。虽愁闷之际，足以自宽解者也。第声闻之美，可恃而不可恃。兄昔在京中颇著清望，近在军营亦获虚誉。善始者不必善终，行百里者半九十里。誉望一损，远近滋疑。弟目下名望正隆，务宜力持不懈，有始有卒。

治军之道，总以能战为第一义。倘围攻半岁，一旦被贼冲突，不克抵御，或致小挫，则令望隳于一朝。故探骊之法，以善战为得珠②，能爱民为第二义，能和协上下官绅为第三义。愿吾弟兢兢业业，日慎一日，到底不懈，则不特为兄补救前非，亦可为吾父增光于泉壤矣。精神愈用而愈出，不可因身体素弱过于保惜；智慧愈苦而愈明，不可因境遇偶拂遽尔摧沮。此次军务，如杨、彭、二李、次青辈皆系磨炼出来，即润翁、罗翁亦大有长进，几于一日千里，独余素有微抱，此次殊乏长进。弟当趁此增番识见，力求长进也。

求人自辅，时时不可忘此意。人才至难，往时在余幕府者，余亦平等相看，不甚钦敬。洎今思之，何可多得！弟常常以求才为急，其阘冗③者虽至亲密友不宜久留，恐贤者不愿共事一方也。

澄侯弟初九日晋县，系刘月槎、朱尧阶等约去清算往年公帐。罩山先生近日小疾，服黄芪两余，尚未全愈，请甲五在曾家圳帮同背书。如再数日不愈，拟令科四来从邓先生读，科六则仍从甲五读；若渐愈，则不必耳。纪泽近亦小疾，初八日两人皆停课未作。纪泽出疹，咳嗽

---

① 犁然：明察貌；明辨貌。
② 探骊……得珠：喻应试得第或吟诗作文能抓住关键。
③ 阘（tà）冗：庸碌低劣。

亦难遽期全瘳①。余自四月来眠兴较好，近读杜佑《通典》，每日二卷，薄者三卷。惟目力极劣，余尚足支持。四宅大小眷口平安。定三舅爹三月十六来，四月初六归去，在新宅住四天，余住老宅。王福初十赴吉安，另有信，兹不详。

兄国藩草

再，弟前请兄与季高通信，兹写一信，弟试观之尚可用否？可用则便中寄省，不可用则下次再写寄可也。又行。

迪安嘱六弟不必进京，厚意可感。弟于迪、厚、润、雪、次青五处，宜常常通问。恽廉访处，弟亦可寄信数次，为释前怨。《欧阳文忠集》，吉安若能觅得，望先寄回。

咸丰八年五月初六日

致沅弟

勉慰不可焦灼，宜平心静气。喜保同知花翎。

沅弟左右：

昨信书就未发，初五夜玉六等归，又接弟信，报抚州之复，它郡易而吉州难，余固恐弟之焦灼也。一经焦躁，则心绪少佳，办事不能妥善。余前年所以废弛，亦以焦躁故尔。总宜平心静气，稳稳办去。

余前言弟之职以能战为第一义，爱民第二，联络各营将士、各省官绅为第三。今此天暑困人，弟体素弱，如不能兼顾，则将联络一层少为放松，即第二层亦可不必认真，惟能战一层，则刻不可懈。目下

---

① 瘳（chōu）：病愈。

濠沟究有几道？其不甚可靠者尚有几段？下次详细见告。九江修濠六道，宽深各二丈，吉安可仿为之否？

弟保同知花翎，甚好甚好。将来克复府城，自可保升太守。吾不以弟得升阶为喜，喜弟之吏才更优于将才，将来或可勉作循吏①，切实做几件施泽于民之事，门户之光也，阿兄之幸也。

龙翰臣方伯与弟信，内批胡中丞奏折，言有副本，勿与它人看。是何奏也？并问。余续具。

兄国藩再行

咸丰八年五月十六日

致沅弟

请保举周少濂。当趁目下适意之时做出一个局面。

沅甫九弟左右：

十三日安五等归，接手书，借知一切。抚、建各府克复，惟吉安较迟，弟意自不能无介介。然四方围逼，成功亦当在六七两月耳。

家中四宅眷口平安。十二日叔母寿辰，男女共九席，家人等三席。罨山先生十四日来馆，瀛皆先生十五日来馆。澄侯弟于十二晚往永丰一带吊各家之丧，均要余作挽联。余挽贺映南之夫人云：柳絮因风，阃内②先芬堪继武姓谢；麻衣如雪，阶前后嗣总能文。挽胡信贤之母云：元女太姬，祖德溯二千余载；周姜京室，帝梦同九十三龄胡母九十三岁。近来精力日减，惟此事尚颇如常。澄弟谓此亦可卜其未遽衰也。

---

① 循吏：守法循理的官吏。
② 阃（kǔn）内：内室，借指妇女。

袁漱六之戚郑南乔自松江来，还往年借项二百五十两。具述漱六近状，官声极好，宪眷极渥，学问与书法并大进，江南人仰望甚至，以慰以愧。

杨家滩周俊大兄号少濂，与余同读同考，多年相好。频年先祖、先考妣之丧均来致情。昨来家中，以久试不进，欲投营博一功名，求荐至吉营。余以功牌①可得，途费可赠，保举则不可必。渠若果至吉营，望弟即日填功牌送之，兼送以来往途费。如有机可假，或恰逢克复之日，则望保以从九县丞之类；若无机会，亦不勉强。以全余多年旧好。余昔在军营不妄保举，不乱用钱，是以人心不附，至今以为诟病。近日揣摩风会，一变前志。上次有孙、韩、王之托，此次又有周君之托，盖亦情之不得已者。孙、韩、王三人或保文职亦可，渠辈眼高，久已厌薄千、把也。仙屏在营，弟须优保之，借此以汲引人才。余未能超保次青，使之沉沦下位，至今以为大愧大恨之事。仙屏无论在京在外，皆当有所表见。成章鉴是上等好武官，亦宜优保。

弟之公牍信启俱大长进。上次谢王雁汀一缄，系弟一手所成？抑系魏、彭辈初稿润色？祈复示。吴子序现在何处？查明见复，并详问其近况。

余身体尚好，惟出汗甚多，三年前虽酷暑而不出汗，今胸口汗珠累累，而肺气日弱，常用惕然。甲三体亦弱甚，医者劝服补剂，余未敢率尔也。弟近日身体健否？科四、六体气甚好，科四比弟在家时更为结实，科六则活泼如常。是为可喜。甲五目疾十愈其八，右目光总欠四分耳。余不一一，即问近好。

兄国藩手草

---

① 功牌：旧时颁给有功将士的一种奖牌。原用银制，清代改用纸制。从五品以下，分为各级。有功牌就算有了出身。后来赏赐日滥，辗转顶替，甚至有预印空白，随时填写的。

再者，人生适意之时不可多得，弟现在上下交誉①，军民咸服，颇称适意，不可错过时会，当尽心竭力，做成一个局面。圣门教人不外敬恕二字，天德王道，彻始彻终，性功事功，俱可包括。余生平于敬字无工夫，是以五十而无所成。至于恕字，在京时亦曾讲求及之。近岁在外，恶人以白眼藐视京官，又因本性倔强，渐近于愎，不知不觉做出许多不恕之事，说出许多不恕之话，至今愧耻无已。弟于恕字颇有工夫，天质胜于阿兄一筹。至于敬字，则亦未尝用力，宜从此日致其功，于《论语》之九思，《玉藻》之九容，勉强行之。临之以庄，则下自加敬。习惯自然，久久遂成德器，庶不至徒做一场话说，四十五十而无闻也。兄再行。

咸丰八年六月初四日

致沅弟

奉旨定于初七日起程赴浙。

沅甫九弟左右：

初一日专人至吉营送信。初二夜接弟来信，论敬字义甚详，兼及省中奏请援浙事，劝余起复。是日未刻，郭意城来家述此事，骆中丞业出奏矣。初三日接奉廷寄，饬即赴浙办理军务，与骆奏适相符合。骆奏二十五日发，寄谕二十日自京发也。

圣恩高厚，令臣下得守年余之丧，又令起复，以免避事之责。感激之忱，匪言可喻。兹定于初七日起程，至县停一日，至省停二三日。

---

① 交誉：交相称赞。

恐驲路迂远，拟由平江、义宁以至吴城。其张运兰、萧启江诸军，约至河口会齐。将来克复吉安以后，弟所带吉字营即由吉东行至常山等处相会。先大夫少时在南岳烧香，抽得一签云："双珠齐入手，光采耀杭州。"先大夫尝语余云："吾诸子当有二人官浙。"今吾与弟赴浙剿贼，或已兆于五十年以前乎？

此次之出，约旨卑思，脚踏实地，但求精而不求阔。目前张、萧二军及弟与次青四军已不下万人，又拟抬船过常、玉二山，略带水师千余人，足敷剿办矣。此外在江各军，有饷则再添，无饷则不添，望弟为我斟酌商办。办文案者，彭椿年最为好手。现请意城送我至吴城，或至玉山，公牍私函意城均可料理。请仙屏即日回奉新，至吴城与我相会。其彭椿年、王福二人，弟随留一人，酌派一人来兄处当差，亦至吴城相会。余若出大道，则由武昌下湖口以至河口；若出捷径，则由义宁、吴城以至河口。许、彭等至吴城，声息自易通也。应办事宜及往年不合之处应行改弦者，弟一一熟思，详书告我。顺问近好。

兄国藩再肃

咸丰八年十一月二十三日

致澄弟沅弟季弟

三河之挫，恐是天意。嗣后宜兄弟和睦、贵体孝道、克勤克俭。

澄侯、沅甫、季洪老弟左右：

十三日专吉字营勇送信至家，十七日接澄弟初二日信，十八日接澄弟初五日信，敬悉一切。三河败挫之信，初五日家中尚无确耗，且县城之内毫无所闻，亦极奇矣！

九弟于二十二日在湖口发信,至今未再接信,实深悬系。幸接希庵信,言九弟至汉口后有书于渠,且专人至桐城、三河访寻下落。余始知沅甫弟安抵汉口,而久无来信,则不解何故。岂余近日别有过失,沅弟心不以为然耶?当此初闻三河凶报、手足急难之际,即有微失,亦当将皖中各事详细示我。

今年四月,刘昌储在我家请乩①。乩初到,即判曰:"赋得偃武修文,得闲字字谜败字。"余方讶败字不知何指,乩判曰:"为九江言之也,不可喜也。"余又讶九江初克,气机正盛,不知何所为而云。然乩又判曰:"为天下,即为曾宅言之。"由今观之,三河之挫,六弟之变,正与"不可喜也"四字相应,岂非数皆前定耶?

然祸福由天主之,善恶由人主之。由天主者,无可如何,只得听之;由人主者,尽得一分算一分,撑得一日算一日。吾兄弟断不可不洗心涤虑,以求力挽家运。第一,贵兄弟和睦。去年兄弟不和,以致今冬三河之变。嗣后兄弟当以去年为戒。凡吾有过失,澄、沅、洪三弟各进箴规之言,余必力为惩改;三弟有过,亦当互相箴规而惩改之。第二,贵体孝道。推祖父母之爱以爱叔父,推父母之爱以爱温弟之妻妾儿女及兰、蕙二家。又,父母坟域必须改葬。请沅弟作主,澄弟不可过执。第三,要实行勤俭二字。内间妯娌不可多写铺帐。后辈诸儿须走路,不可坐轿骑马。诸女莫太懒,宜学烧茶煮菜。书、蔬、鱼、猪,一家之生气;少睡多做,一人之生气。勤者生动之气,俭者收敛之气。有此二字,家运断无不兴之理。余去年在家,未将此二字切实做工夫,至今愧恨,是以谆谆言之。余详日记中,不赘。

---

① 请乩:占卜问疑。

咸丰八年十二月十六日

致澄弟沅弟季弟

自咸丰以来，每得意之时，即有失意之事相随而至。

澄侯、沅甫、季洪老弟左右：

十三日写信，专人回家。十五日接澄、沅冬月二十九、三十两缄，得悉叔父大人于二十七患病，有似中风之象。

吾家自道光元年即处顺境，历三十余年均极平安。自咸丰年来，每遇得意之时，即有失意之事相随而至。壬子科，余典试江西，请假归省，即闻先太夫人之讣。甲寅冬，余克武汉田家镇，声名鼎盛，腊月二十五甫奉黄马褂之赏，是夜即大败，衣服、文卷荡然无存。六年之冬、七年之春，兄弟三人督师于外，瑞州合围之时，气象甚好，旋即遭先大夫之丧。今年九弟克复吉安，誉望极隆，十月初七接到知府道衔谕旨，初十即有温弟三河之变。此四事者，皆吉凶同域，忧喜并时，殊不可解。现在家中尚未妄动，妥慎之至！余在此则不免皇皇。所寄各处之信，皆言温弟业经殉节，究欠妥慎，幸尚未人奏，将来拟俟湖北奏报后再行具疏也，家中亦俟奏报到日乃有举动。诸弟老成之见，贤于我矣。

叔父大人之病，不知近状何如？兹专法六归，送鹿茸一架，即沅弟前此送我者。此物补精血远胜他药，或者有济。

迪公、筱石之尸业经收觅，而六弟无之，尚有一线生理。若其同尽，则六弟遗骸必去迪不远。意者其已逃出，如潘兆奎；或暂降，如葛原五乎？家中分用钱项，澄弟意待各炊时再说，余亦无成见，听弟主张可也。沅弟信言家庭不可说利害话，此言精当之至，足抵万金。余生平在家在外，行事尚不十分悖谬，惟说些利害话，至今悔恨无极。

霞仙请做嫁装，即祈澄弟代做，明年三、四、五月可办婚事。即问近好。

兄国藩手草

咸丰九年正月二十三日

致澄弟沅弟季弟

告近日军事，望沅甫速来。命纪泽绘历代三十二位圣哲遗像。

澄侯、沅甫、季洪老弟左右：

正月十三日发第三号信并折稿及温弟优恤①之旨，十八日王林三等来，接澄信二件、沅信一件、纪泽一件，得知家中四宅平安，甚慰。纪泽在省所寄之禀尚未接到。

此间军事，去腊十九日吴翔冈之挫，亡百六十人，二十日凯章之胜，亦亡九十人，正月十一日凯章又小挫一次。其第五旗扎牛角岭，距凯章老营十八里之远，十二早被贼攻陷。余因五旗去凯太远，除夕曾有信止之。凯复书言旗长可恃，未移也。五旗被陷之后，又换三旗扎该处。余甚为悬悬，又函止之矣。凯军现处孤危之际，不得不思所以济之振之。已派彭山屺回湘调兵六百名，派佘星焕回湘招勇千名，与喻吉三同带之。又令朱品隆添勇二百名，函告王人树添勇三百名，又令张岳龄招平江勇千二百名。共添三千余人。向耆中丞索取饷项，能得与否，尚未可知，然不能不放手一办也。待兵勇到时，先派在建老营，赴凯章处助剿，将来须另派统领，另打一支，与萧、张分为三

---

① 优恤：特指从优抚恤。

路，庶足以张犄角之势。此间各营望沅弟如望岁，吉字中营尤如婴儿之望慈母。吾前欲派吉中营偕朱、唐去攻景镇，莘田及各帮带皆以沅弟未来，不敢作主。

余近日心绪郁郁，望沅弟来此叙手足之情，并商定大局。先考妣改葬之事，本属刻不可缓，然如此春雨淋淋，何能登山觅地？余意托萧可卿、冯至善在家再寻三四个月。九弟于二月间来营，一面为我画定全局，一面将吉字中营安个实在着落，住数月后再行回家。温弟遗蜕若竟寻不得，则沅弟于江北宿松等处招魂而归，具衣冠而葬。将来改葬先考妣时，即将温弟衣冠祔葬于二亲之旁。若鬼神呵护，温弟忠骸一旦寻得，则九弟即迎温弟灵柩以归，是亦不幸中之一大幸。先考妣改葬时，附寻吉地以葬温弟，亦可少慰叔父及温弟妇之心。若九弟久不来营，吉中营全无着落，家中不能寻地，温弟招魂葬衣冠等事早也不好，迟也不好，沅弟心悬数处，均不妥善。是否应于二月来营，数月再归，望沅弟与叔父、澄、季熟商妥办。余此次缄催郭意城、王人树、王牧村来营，皆言沅弟于二月来营。沅弟若有信与意、树诸公，可邀其同行也。正月十三日接奉御赏福字，兹专人送归。又枣果面饼等物，送一半归查收。顺问近好。在建昌军中

再，吾近写手卷一大卷。首篆字五个，次大楷四十八个，后小行书二千余，中间空一节，命纪泽觅此三十二人之遗像绘之于篆字之后、大楷之前。查武梁祠画像内有文、周、孔、孟诸像，外间间有藏本。翁覃溪《两汉金石记》曾刻之，王兰泉《金石萃编》亦刻之。此外如名臣像亦间有之。纪泽觅得像底，则双钩摹于卷内，不必着色也。或嫌此卷太大，则另办一卷画像。此卷即先付长沙装潢，楠木匣藏之，将来求沅弟精钩刻石。其像有不可尽得者，略刻数像可也。吾生平读书百无一成，而于古人为学之津途，实已窥见其大，故以此略示端绪。手此再告澄、沅、季三弟，并谕纪泽儿知之。国藩又行。

咸丰九年三月十三日

致澄弟沅弟季弟

温甫之死乃冥冥中有主之者。就纪泽所问各书作复。

澄、沅、季三位老弟左右：

初十日接澄弟及纪泽儿二十八信，沅弟二十九日自县城发信，具悉一切。温弟忠椁①初三自黄州开行，尚未到省，殊深系念。日内想已到矣。纪寿侄既奉恩旨交吏部带领引见，其叔父大人诰封，仍当咨部恭领诰轴。盖第二次谕旨中有"着再加恩"字样，再字即承前次诰封之旨言之也。请谥一节，不敢再渎矣。

澄弟信中变格谶语②之说，兄早虑及之。七年闰五月十七初得谕旨时，正在白玉堂拆阅，叔父欲将此四字悬匾槽门，余不甚愿，亦未免中有所忌。然此等大事，冥冥中有主之者，皆已安排早定。若兄则久已自命为癞头牙子，与其偷生而丛疑谤，又不如得所而泯悔憾耳。

沅弟问克复景镇作何调遣？目下镇贼狡悍，似难遽克。既克之后，如湖南渐安，萧军复来，则当全力以规皖南；如湖南尚危，萧军留湘，则且休兵以驻湖、彭。是否有当，俟沅弟来营面商尚不为迟。

纪泽儿问地图六分，可否送一分与文辅卿？此图刻板在新化，尚属易购，可分一与文也。所论怀祖③先生父子解经，什九着意于假借字。本朝诸儒，其秘要多在此，不独王氏为然。所问各书：《易林》长沙蒋氏曾刻过；《汉魏丛书》亦有之；《逸周书》，杭州卢抱经丛书

---

① 椁：棺材。
② 谶语：谶言。又泛指预言。
③ 怀祖：王念孙（1744～1832），江苏高邮人，字怀祖，生而清羸，故自号石臞。精通文字训诂之学，为清代大儒。

有之；唐石经，陕西碑洞有之，唐开成元年刻字，类欧帖，可托人刷买，郑南侨现官陕西，亦可托也；《北堂书抄》不多见，抄本尤为难得。泽禀中"讹""譌"误作两字，"喙"误"啄"，附告之。并问诸弟近好。

兄国藩手草

再，纪寿侄蒙恩交吏部带领引见，俟下次发折，再行具折谢恩。二月十五日所发折，初八日奉到批谕，比付回矣。初九日所发折，三月初九奉到批谕，今付归也。兄又行。

咸丰九年四月二十三日

致澄弟沅弟季弟

张国樑、胜保均遭挫败，各处军事皆不甚得手。目光昏花，精力日衰。

澄侯、沅甫、季洪三位老弟左右：

四月十四日王上国来，接澄、沅信各一件。日来上游信息何如？闻东安之贼窜至新宁，江、刘两家被害，并有贼踞江忠烈之屋。信否？沅弟初六日果起行否？

此间诸事如常。景德镇久未开仗，凯章与铃峰泪难和协。所派屈见田带平江老中营于初八日到湖口，与雪琴至交。水陆得渠二人，湖口应可保全矣。下游张国樑在江北浦口小挫一次，胜帅保定远大营亦屡次挫败。各处军事皆不甚得手。幸雨泽沾足，天心尚顺，当有转机。

家中一切，自沅弟去冬归去，规模大备。惟书、蔬、鱼、猪及扫屋、种竹等事，系祖父以来相传家法，无论世界之兴衰，此数事不可不尽心。朱见四先生向来能早起，又好洁有恒，此数事应可认真经理也。九弟所谓过厚之处，此后余更当留心。顺问近好。

兄国藩手草

再，余此次再出，已满十个月。论寸心之沉毅愤发志在平贼，尚不如前次之坚。至于应酬周到，有信必复，公牍必于本日办毕，则远胜于前次。惟精神日衰，虽服参茸丸亦无大效。昨胡中丞又专使赠送丸药，服之亦无起色。目光昏花作疼，难于久视。因念我兄弟体气皆弱，澄弟、季弟二人近年劳苦尤甚，趁此年力未衰，不可不早用补药扶持。季弟过于劳苦，尤须节之。兹付回高丽参一斤，为两弟配药之用，查收。沅弟想已启行矣。藩又行。

正封缄间，接沅甫弟十五日自省发信。萧浚川亦有信。知魏喻义等败挫，衡城危迫。不知吾乡近状若何？余意吾家居万山之中，贼踪难到，似可不必迁移。盖乱世保全身家本非易事，若在本乡本土，纵然贼到，东山避一个，西屋寄一个，犹有可幸全之理。若徙至别处，反恐生意外之变。均听两弟临时斟酌。沅甫信言五月初一二日可到抚州，届日再有专信。再问澄、季两弟近好。国藩又行。四月二十三夜

咸丰九年六月初四日

致澄弟

家中后辈读书事宜常常留心。接奉赴蜀作战之谕，尚未定计复奏。

澄侯四弟左右：

贺常四初二到营，接弟十九日所发一信，具悉团练操演认真，宝庆官兵云集，大局或可无碍，至以为慰。

此间一切如常。弟信言早起太晏，诚所不免。吾去年住营盘，各

营皆畏慎早起。自腊月二十七移寓公馆，至抚州亦住公馆，早间稍晏，各营皆随而渐晏。未有主帅晏而将弁能早者也，犹之一家之中，未有家长晏而子弟能早者也。吾癣疾较往年实好十之六七。目光昏蒙如故，亦因写字看书下棋，未尝休息之咎。若能戒此数事，当可渐好。沅弟在景镇，办事甚为稳靠，可爱之至。惟据称悍贼甚多，一时恐难克复。官兵有劲旅万余，决可无碍耳。季弟在湖北已来一信。胡咏帅待之甚厚，家中尽可放心。

家中读书事，弟亦宜常常留心。如甲五、科三等皆须读书，令晓文理，在乡能起稿，在外能写信，庶不失大家子弟风范。若不能此二者，则是为父母者之过，即余为伯者亦与有责焉，弟不可太疏忽也。顺问近好。

正封缄间，接奉寄谕，饬令赴蜀剿贼。此时欲去，则景镇之官兵实难遽行抽调；欲不去，则四川亦系要地。尚未定计复奏。兹先将廷寄付回一阅。又行。

咸丰九年十二月初五日

致澄弟沅弟

交人带回《十三经注疏》、砚台、字帖等物。

澄侯、沅甫两弟左右：

昨初四日发去一缄，声明俊四即日送书归去。兹交俊四箧篓一担，内殿板初印《十三经注疏》一部、端砚一方、《圣教序》帖一本、耕织图墨一匣，皆许仙屏所送者。墨似是御府所赐，应是戴中堂家之物。沅弟前索之墨并非佳品，兹以此墨赠沅。《圣教序》以给纪泽儿。纪泽好作字，此帖即属难得者。仙屏送此四物，皆罕见之珍。渠北上时，余当有以酬之。此外送余各书无甚精者，皆未寄回，即存营看也。《注疏》余用油纸包过，应可不汗坏。外寄魏德三银信一件照收。即问近好。

兄国藩手草

咸丰十年正月二十四日

致澄弟沅弟

得分关田单，谢澄、沅辛劳。敌军全力上趋，官军三万令人不足制。

澄侯、沅甫两弟左右：

二十一日接两弟手书并纪泽一禀。沅弟信中有分关①田单②，一一读悉。我于家中毫无补益而得此厚产，亦惟学早三爹频称"多多谢"而已。余敬澄弟八杯酒，曰：劳苦最多，好心好报。又敬沅弟八杯酒，曰：才大心细，家之功臣。都要吃个满斟硬刮③。祖考妣改葬事竟能于去冬办到，何其神速也！余贺澄弟迁居，亦系御赐福字一个、红缎对一付，挂屏二付、桌椅全堂内椆木桌二十张，太师椅三十张，平头椅三十张，凳六十条。仍用嫁妆之法：女家出钱，请男家自行代做代漆。自营中带回之件，且俟二月与送沅弟之件一并专人送回。叔父大人病已渐愈否？正月四日寄回之辽东参曾试服否？

此间军事如常。十三日自宿松派张胜禄、张光明、朱宽义，十五

---

① 分关：指分家析产的文书。
② 田单：田契。
③ 满斟硬刮：形容酒满于杯，犹言满杯。

日自太湖派朱、唐等四营赴前敌助战，至今十日，尚未开仗。山内金、余二军十九日开仗。金因雨雪先收，余军小挫。目下贼以全力上趋，官军三万余人似尚不足制贼，实深焦灼。季弟于二十二日太湖城下开仗，尚属平安，来信寄阅。余已屡信属弟不轻出队矣。余俟续布，顺问近好。

兄国藩手草

咸丰十年二月二十四日

致澄弟沅弟

皖南、浙江九州县失守。谈起先大夫祠堂事。

澄侯、沅甫两弟左右：

二十日接初二日信：澄弟一件、沅弟一件并文稿地图等件、纪泽一件。二十二日又接沅弟初九之信。具悉一切。

此间日内尚未进兵，已札饬各军拔营，札稿抄阅。季弟之恒字二营，吾与润公皆不欲其来太湖。弟于正月六日勉强自来，幸遇机缘，太湖克复，同奏肤功。兹湘恒营同围安庆，余亦不甚放心，而季弟自觉甚有把握，故遂令之同行。既已立营，则不能不望其少立功绩也。

自此间克复潜、太二邑，袁午帅克复凤阳，翁中丞大破炉桥，皖北军事大有起色。不料皖南徽、宁二府连陷六州县，浙江亦失去三县，杭省及湖州府危急之至。罗中丞奏请余率楚军往援，即使奉旨允准，亦缓不济急矣。金陵大营正在十分得手之际，而南则有浙江之变，北则清江浦失守。一波未平，一波复起，殊深焦灼。

陈作梅与牧云以十八日起行旋湘，盛四亦归。余前思办红缎对为两弟贺伙〔仪〕，后访查红缎极不上墨，乃改为冷金笺对。赠澄弟云：

"俭以养廉，誉洽乡党；直而能忍，庆流子孙。"赠沅弟云："入孝出忠，光大门第；亲师取友，教育后昆。"各件均交盛四带归。对在长沙裱，想三月下旬乃可到也。余在公馆设灵穿孝十四日，于二十日撤位脱素服，仍回营盘。外间来祭幛四十余幛，少迟再专人送归。其金字已尽行拆去，一则恐路远难搬，二则恐已出殡也。

起先大夫祠堂，如牌坊，如诰封亭，皆须就地势为之。余意诰封亭系乡间俗样，尽可不必；牌坊则系官样。余前日所画槽门样子，即与牌坊相近。京城凡大庙中间有照壁，两头皆有木牌坊。南中文庙及贡院之"天开文运"，亦用木牌坊。先大夫庙之槽门，即用木牌坊式可也。但各处木牌坊上不盖瓦，下不装板。此既作庙头门，则上当盖瓦，下当装板。总而言之，一正扛屋五开间两横各三间一牌坊槽门而已。至各处起屋之法，皆先立柱起架子，待上屋瓦盖毕之后，乃砌砖墙。各柱嵌于墙砖之中。屋之稳不稳，全在架子，不与砖墙相涉。先大夫庙若用此法，则须大柱子十八根前墙内六根，后墙内六根，中间承栌者四根，两头墙内顶屋脊者各一根，而庙外四面落檐之廊柱尚不在此十八根之内又须十四根。如此，则须料甚多，吾乡恐办不出，且恐木匠不能做。若用吾乡旧法，概以砖墙为主，不用架子，则省料极多而木匠亦易于交卷，望两弟悉心裁酌。修昭忠祠及东皋书院祠之正栋，亦不外先大夫庙式，五扛间而四面落檐，即极大方矣。所争者，亦在全用架子与否耳。应否由余下札，俟弟到营后再行面商。

白玉堂之事与季弟日日熟商，实难得一妥人认真照料。沅弟祭文情文极挚，亦苦无人专管事耳。即问近佳。

兄国藩手草

咸丰十年闰三月二十九日

致澄弟

以书、蔬、鱼、猪、早、扫、考、宝八字为家教。

澄侯四弟左右：

二十七日刘得四来，接弟十三日信，欣悉各宅平安。沅弟是日申刻到，又得详问一切，敬知叔父临终毫无抑郁之情，至为慰念。

余与沅弟论治家之道，一切以星冈公为法，大约有八个字诀。其四字即上年所称书、蔬、鱼、猪也，又四字则曰早、扫、考、宝。早者，起早也；扫者，扫屋也；考者，祖先祭祀，敬奉显考、王考、曾祖考，言考而妣可该也；宝者，亲族邻里，时时周旋，贺喜吊丧，问疾济急，星冈公常曰人待人无价之宝也。星冈公生平于此数端最为认真。故余戏述为八字诀曰：书、蔬、鱼、猪、早、扫、考、宝也。此言虽涉谐谑，而拟即写屏上，以祝贤弟夫妇寿辰，使后世子孙知吾兄弟家教，亦知吾兄弟风趣也。弟以为然否？顺问近好。

国藩手草

咸丰十年四月十四日

致澄弟

丹阳失守，苏州极危，大局决裂，心无愧悔，可生可死。

澄侯四弟左右：

接弟闰月二十四夜手缄，得悉五宅平安。魏承祉之事，吾家尽可不管，别人家信本不应拆阅也。孙大人名昌国号栋臣，系衡州协兵丁，吾调出保至副将向导营之官。上年雪琴将伊营官革去，派管船厂。曹级珊名禹门，广西知县，船厂委员也。吾将彼信已焚化，以后弟不必提及。

金陵大营于闰月十六日溃退镇江，旋复退守丹阳。二十九日丹阳失守，和春、何桂清均由常州退至苏城外之浒关。张国樑不知下落。苏州危如垒卵，杭州亦恐再失。大局决裂，殊不可问。

余此次出外两年，于往年未了之事概无甚愧悔，可东可西，可生可死，襟怀甚觉坦然，吾弟尽可放心。前述祖父之德，以书、蔬、鱼、猪、早、扫、考、宝八字教弟，若不能尽行，但能行一早字，则家中子弟有所取法，是厚望也。顺问近好。

国藩手草

咸丰十年四月二十二日

致沅弟

望常以爱民诚恳之意、理学迂阔之语时时与弁兵说及，大乱之世积德而勿造孽。

沅弟左右：

二十四早接二十二酉刻之信，闳论伟议，足以自豪，然中有必须发回核减者，意诚若在此，亦必批云："该道惯造谣言也。"

苏州阊门外民房十余里，繁华甲于天下，此时乃系金陵大营之逃兵溃勇先行焚烧劫抢而贼乃后至。兵犹火也，弗戢自焚，古人洵不余欺。弟在军中，望常以爱民诚恳之意、理学迂阔之语时时与弁兵说及，庶胜则可以立功，败亦不至造孽。当此大乱之世，吾辈立身行间，最易造孽，亦最易积德。吾自三年初招勇时，即以爱民为第一义。历年以来，纵未必行得到，而寸心总不敢忘爱民两个字，尤悔颇寡。家事承沅弟料理，绰有余裕，此时若死，除文章未成之外，实已毫发无憾，但怕畀①以大任，一筹莫展耳。沅弟为我熟思之。吉左营及马队不发往矣。王中丞信抄去，可抄寄希、多一阅。

兄国藩手草

再，余有信、银寄吴子序、刘星房，望传知嘉字营帮办吴嘉仪，令其派二妥当人来此接银、信，送江省并南丰为要。二十六日又行

咸丰十年四月二十四日

致澄弟

张国樑阵亡。无锡、苏州失守。家中不可趋于奢华。

澄侯四弟左右：

前寄一缄，想已入览。近日江浙军事大变，自闰月十六日金陵大营溃败退守镇江，旋退保丹阳。二十九日丹阳失守，张国樑阵亡。四月初五日和雨亭将军、何根云制军退至苏州。初十日无锡失守。十三日苏州失守。目下浙江危急之至。孤城新复，无兵无饷，又无军火器械，贼若再至，亦难固守。东南大局一旦瓦裂，皖北各军必有分援江浙之命，非胡润帅移督两江，即余往视师苏州。二者苟有其一，则目下此间三路进兵之局不能不变。抽兵以援江浙，又恐顾此而失彼；贼若得志于江浙，则江西之患亦近在眉睫。吾意劝湖南将能办之兵力出至江西，助防江西之北界，免致江西糜烂后湖南专防东界，则劳费多

---

① 畀（bì）：给；给以。

而无及矣。不知湖南以吾言为然否？左季高在余营住二十余日，昨已归去。渠尚肯顾大局，但与江西积怨颇深，恐不愿帮助耳。沅弟、季弟新围安庆，正得机得势之际，不肯舍此而它适。余则听天由命，或皖北，或江南，无所不可，死生早已置之度外，但求临死之际，寸心无可悔恨，斯为大幸。

家中之事，望贤弟力为主持，切不可日趋于奢华。子弟不可学大家口吻，动辄笑人之鄙陋，笑人之寒村，日习于骄纵而不自知。至戒至嘱。余本思将书、蔬、鱼、猪、早、扫、考、宝八字作一寿屏为贤弟夫妇贺生，日内匆匆，尚未作就。兹先寄燕菜一匣、秋罗一匹，为弟中外称庆。其寿屏亦准于五月续寄也。又寄去银五十两、袍褂料一套，为甲五侄新婚贺仪。嗣后诸侄皆照此样，余去年寄内人信已详之矣。弟身体全好否？两足流星落地否？余目疾近日略好。有言早洗面水泡洗二刻即效，比试行之。诸请放心。即问近好，并祝中外大寿。

咸丰十年四月二十八日

致沅弟季弟

得信知以尚书衔署理两江总督。商南渡事宜。

沅、季弟左右：

本日得信，余以尚书衔署两江总督。余之菲才①，加以衰老，何堪此重任！目下江南糜烂，亦不能不闻命即行南渡。所有应商事宜，略及一二，与弟熟商。

---

① 菲才：亦作"菲材"。指浅薄的才能，多用作自谦之词。

一、江之南岸，当分三路进兵。沿江由池州以至芜湖为第一路，徽州、宁国为第二路，由广信、衢州、严州以至浙江为第三路。浙江未失，则第三路以救浙为急；浙江若失，则第三路一面规复浙江，一面保守江西。余驻扎大约在第一路、第二路之间。弟以为然否？

一、江之北岸，奏请另简钦差大臣驻扎清江浦，保全下河七属并盐场之利。其都直夫江北之行，奏请免其前往，庶湖北之兵与饷稍得宽纾①。

一、拟带霆字全军至南岸，调沈幼丹守广信，调张凯章来景德镇。其以东南大局须用如唐之裴度、明之王守仁乃可挽回，非一二战将所可了也云云。余恐不能久安此间，终不免有渡江之行耳。官相信已寄去。火药即日咨调。于术六两，弟留其四留五亦可，分二两送情可也。润帅今日归英山矣。多公通信尚投洽②否？即问近好。

国藩手草

咸丰十年六月二十七日

致季弟

望在行间讲求将略、品行、学术。

季弟左右：

顷接沅弟信，知弟接行知，以训导加国子监学正衔，不胜欣慰。官阶初晋，虽不足为吾季荣，惟弟此次出山，行事则不激不随，处位则可高可卑，上下大小，无人不翕然悦服。因而凡事皆不拂意，而官

---

① 宽纾：谓紧张疲困情况得到缓和。
② 投洽：情投意合。

阶亦由之而晋。或者前数年抑塞之气，至是将畅然大舒乎？《易》曰："天之所助者顺也，人之所助者信也。"我弟若常常履信思顺，如此名位岂可限量？

吾湖南近日风气蒸蒸日上。凡在行间，人人讲求将略，讲求品行，并讲求学术。弟与沅弟既在行间，望以讲求将略为第一义，点名看操等粗浅之事必躬亲之，练胆料敌等精微之事必苦思之。品、学二者，亦宜以余力自励。目前能做到湖南出色之人，后世即推为天下罕见之人矣。大哥岂不欣然哉！哥做几件衣道贺。

沅弟以陈朱〔米〕发民夫挑濠，极好极好！此等事，弟等尽可作主，兄不吝也。

咸丰十年七月初四日

致澄弟

以黄耆党参熬浓汁可治阳虚。宁国被围，因鲍、张未到，不能往救。

澄侯四弟左右：

初二日由安庆沅弟处寄到弟信一件，得知弟体微有不适。不吃不屙，头上出汗，贪睡而不能酣眠。此三者皆系阳虚之症，于参茸桂附相宜。往年内子在京曾害阳虚之病，其时力不能买参茸，惟每日用大锅煮黄耆党参，熬成极浓之汁，惟不令成膏，恐其粘锅而有烧气也。每剂桂附姜术之类，分两皆重。又以力参茸片蒸而兑之，又以大锅中煮耆党浓汁和而服之，十余日而大愈。今弟之病亦系阳虚，可照此法办理。以耆党两味各熬极浓之汁，和于诸药之中，必有奇效。但须好好经理，恐粘锅耳。

余到祁门已二十三日，身体平安。近处惟宁国被围紧急，日日告求救援。余因鲍超、张运兰等未到，不能往救，未免望极生怨，谤议日滋。浙江之事尚属平稳。弟现在不管闲事，省费许多精神，将来大愈之后，亦可将闲事招牌收起，专意莳①蔬养鱼，生趣盎然也。

咸丰十年七月初八日

致沅弟季弟

随时推荐能耐劳苦之正人。万般由命不由人，
但教家训士，不可如此立言。

沅、季弟左右：

初七日接沅弟初三日信、季弟初二日信。旋又接沅弟初四日信。所应复者，条列如左：

辅卿而外，又荐意卿、柳南二人，甚好。柳南之笃慎，余深知之。意卿谅亦不凡。余告筱辅观人之法，以有操守而无官气、多条理而少大言为主。又嘱其求润帅、左、郭及沅荐人。以后两弟如有所见，随时推荐，将其人长处短处一一告知阿兄，或告筱荃，尤以习劳苦为办事之本。引用一班能耐劳苦之正人，日久自有大效，无以不敢冒奏四字塞责。季弟言出色之人断非有心所能做得，此语确不可易。名位大小，万般由命不由人，特父兄之教家、将帅之训士不能如此立言耳。季弟天分绝高，见道甚早，可喜可爱，然办理营中小事，教训弁勇，仍宜以勤字作主，不宜以命字谕众。

润帅先几陈奏以释群疑之说，亦有函来余处矣。昨奉六月二十四

---

① 莳（shì）：栽种。

日谕旨，实授两江督兼授钦差大臣。恩眷方渥，尽可不必陈明。所虑者，苏、常、淮、扬无一枝劲兵前往。位高非福，恐徒为物议①之张本②耳。余好出汗，沅弟亦好出汗，似不宜过劳，宜常服黄耆。京茸已到，日内专人送去。

咸丰十年七月十二日

致沅弟季弟

以勤字报君，以爱民二字报亲。留心采访好人。

沅、季弟左右：

十二早接弟贺信，系初七早所发，嫌到此太迟也。兄膺此巨任，深以为惧。若如陆、何二公之前辙，则诒我父母羞辱，即兄弟子侄亦将为人所侮。祸福倚仗〔伏〕之几，竟不知何者为可喜也。默观近日之吏治、人心及各省之督抚将帅，天下似无戡定③之理。吾惟以一勤字报吾君，以爱民二字报吾亲。才识平常，断难立功，但守一勤字，终日劳苦，以少分宵旰④之忧。行军本扰民之事，但刻刻存爱民之心，不使先人之积累自我一人耗尽。此兄之所自矢⑤者，不知两弟以为然否？愿我两弟亦常常存此念也。沅弟多置好官、遴选将才二语，极为扼要，然好人实难多得，弟为留心采访。凡有一长一技者，兄断不敢轻视。

---

① 物议：众人的议论。
② 张本：作为伏笔而预先说在前面的话，又指为事态的发展预先做的安排。
③ 戡（kān）定：平定。
④ 宵旰：借指帝王。
⑤ 自矢：犹自誓，立志不移。

谢恩折今日拜发。宁国日内无信,闻池州杨七麻子将往攻宁,可危之至!

咸丰十年七月十五日

致沅弟

除禀官、胡命之外一概疏疏落落,此法尚妥。

沅弟左右:

十三日强中营二勇回,接弟信及各家信。十五早又接弟十一申之信。浮桥办齐,长濠已有八九分工程,甚好甚慰。从此援贼虽至,吾弟必足以御之。冯事,兄处办法与润帅不谋而合,兹将一批一告示钞付弟览。

翁中丞处复信甚妥,弟意疏疏落落亦极是。弟总认定是湖北之委员,以官、胡两帅为上司,诸事禀命而行,此外一概疏疏落落。希庵于此等处界限极清,人颇嫌其疏冷。然不轻进人,即异日不轻退人之本;不妄亲人,即异日不妄疏人之本。处弟之位,行希之法,似尚妥叶。与翁稿与毓稿均好,近日修辞工夫亦进,慰喜慰喜。

焦君谱序,八九月必报命。书院图须弟起稿而兄改之,弟切莫咎兄之吝也。弟约初八日专差来,何以至今未到?京货诸件,俟弟处人到,再派人同送。

咸丰十年七月二十三日

致沅弟季弟

骆去文继，湖南局势不能不变。添人之详已照准。习字须摹欧字。

沅、季弟左右：

二十二日申刻接专丁二十日发缄，二十三日辰刻接马递十八、九两日发缄，得悉一切。应复各件，条列如左：

一、骆去文继，湖南局势不能不变。裕公赴粤，似难留。南公之局，且待文公莅任后，认准题目再行具奏。吾非怕硬也，恐难为南老耳。

一、建德二马业已到祁，尚有要证未到，难遽结案，一月后再说。

一、武明良改扎南岸甚好。添人之详，已照准矣。吾方欲另招一营以防南岸，添一哨岂不便益？

一、沈霍鸣已未令其当巡捕矣。渠好体面，保知县后即不愿当巡捕，例也情也。咨回江西一节尚可略缓。

一、彭山屺因濠墙草率而摘顶，并革营务处，所以儆河溪兵也。现患疟未愈，迟当以中军位置之。

一、辛秉衡、李熙瑞均可留弟处当差。辛、李，卫、霍西汉之名将也，弟好待之。

一、细阅来图，办理真为妥善。战守既有把握，则皖城早迟终可成功。特守濠之法尚未详言及之，不知已定章程否？

一、纪泽以油纸摹欧字非其所愿，然古今书家实从欧公别开一大门径，厥后李北海及颜、柳诸家皆不能出其范围。学书者不可不一窥此宫墙①也。弟作字大有心得,惜未窥此一重门户。如得有好帖,弟亦另用一番工夫,开一番眼界。纪泽笔乏刚劲之气,故令其勉强习之。

一、公牍之繁,深以为苦。节后少荃赴淮,仅余一手为之,则更苦矣。今日飞函去请意城,不知其肯来否。

一、季弟错诸枉之道,极为当今要务。爱禾者必去稗②,爱贤者必去邪,爱民必去害民之吏,治军必去蠹军之将,一定之理也。第所谓诸枉者何人?弟如有所闻,飞速告我。

日内闻广德收复,此心略为舒畅,然宁国尚未解围,焦灼仍深。字之忙乱,与九弟之忙相似。

咸丰十年八月十二日

致沅弟季弟

深恐蹈僧、陆、何之覆辙。天下无完全无间之人才,亦无完全无隙之交情。

沅、季两弟左右:

十一日接沅弟初六日信,是夕又接两弟初八日信,知有作一届公公之喜。初七家信尚未到也。应复事,条列如左:

一、进驻徽州,待胜仗后再看,此说甚是。目下池州之贼思犯东、建,普营之事均未妥叶,余在祁门不宜轻动,已派次青赴徽接印矣。

一、僧邸之败,沅弟去年在抚州之言皆验,实有当验之理也。余处高位,蹈危机,观陆、何与僧覆辙相寻,弥深悚惧,将有何道可以

---

① 宫墙:师门。
② 稗:一年生草本植物,长在稻田里或低湿的地方,形状像稻,是稻田的害草。

免于大戾？弟细思之而详告我。吾恐诒先人羞，非仅为一身计。

一、癸冬屏绝颇严，弟可放心。周之翰不甚密迩①，或三四日一见。若再疏，则不能安其居矣。吴退庵事，断不能返汗，且待到后再看。文士之自命过高，立论过亢，几成通病。吾所批其硬在嘴、其劲在笔，此也。然天分高者，亦可引之一变而至道。如罗山、璞山、希庵皆极高亢后乃渐归平实。即余昔年亦失之高亢，近日稍就平实。周之翰、吴退庵，其弊亦在高亢，然品行究不卑污。如此次南坡禀中胡镛、彭汝琮等，则更有难言者。余虽不愿，而不能不给札，以此衡之，亦未宜待彼太宽而待此太褊也。大抵天下无完全无间之人才，亦无完全无隙之交情。大者得正，而小者包荒②，斯可耳。

一、浙江之贼已退，一至平望，一至石门，当不足虑，余得专心治皖南之事。春霆尚未到，殊可怪也。

咸丰十年八月二十八日

致沅弟

次青至今尚无下落。不必带四营，只须来二营。

沅弟左右：

接弟信，知希庵于二十五日已拔四营南渡，可感之至。次青于二十五日酉刻城陷时，闻实已出城，至今尚无下落，必殉难矣。哀哉此人！吾用之违其才也。目下所最怕者，贼从婺源窜乐平、景镇，断祁门之后路，蹂躏江省腹地也。希公来此，专为保祁门老营。因老营仅

---

① 密迩：贴近；靠近。
② 包荒：包含荒秽，谓度量宽大。

朱、唐三千人，内有千七百人未见过仗，故止须二三营。今带四营来，已觉其多，余五六营应止之，不必渡南。恐北岸有事，希公单骑回救则易，大队回渡则难。弟可与润、希帅熟商之。

咸丰十年九月初十日

致沅弟

初五信满纸骄矜且多悖谬，今后若再有如此之信则不复。

沅弟左右：

　　初九夜接初五日一缄，初十早又接初八日巳、午刻二缄，具悉一切。

　　初九夜所接弟信，满纸骄矜之气，且多悖谬之语。天下之事变多矣，义理亦深矣，人情难知，天道亦难测，而吾弟为此一手遮天之辞、狂妄无稽之语，不知果何所本？恭亲王之贤，吾亦屡见之而熟闻之，然其举止轻浮，聪明太露，多谋多改。若驻京太久，圣驾远离，恐日久亦难尽惬人心。僧王所带蒙古诸部在天津、通州各仗，盖已挟全力与逆夷死战，岂尚留其有余而不肯尽力耶？皇上又岂禁制之而故令其不尽力耶？力已尽而不胜，皇上与僧邸皆浩叹而莫可如何。而弟屡次信来，皆言宜重用僧邸，不知弟接何处消息，谓僧邸见疏见轻，敝处并未闻此耗也。

　　分兵北援以应诏，此乃臣子必尽之分。吾辈所以忝窃虚名，为众所附者，全凭忠义二字。不忘君，谓之忠；不失信于友，谓之义。令銮舆播迁①，而臣子付之不闻不问，可谓忠乎？万一京城或有疏失，热河本无银米，从驾之兵难保其不哗溃②。根本倘拨，则南服如江西、两湖三省又岂能支持不败？庶民岂肯完粮③？商旅岂肯抽厘？州县将士岂肯听号令？与其不入援而同归于尽，先后不过数月之间，孰若入援而以正纲常以笃忠义？纵使百无一成，而死后不自悔于九泉，不诒讥于百世。弟谓切不可听书生议论，兄所见即书生迂腐之见也。

至安庆之围不可撤，兄与希庵之意皆是如此。弟只管安庆战守事宜，外间之事不可放言高论毫无忌惮。孔子曰"多闻阙疑，慎言其余"，弟之闻本不多，而疑则全不阙，言则尤不慎。捕风捉影，扣槃扪烛④，遂欲硬断天下之事。天下事果如是之易了乎？大抵欲言兵事者，须默揣本军之人才，能坚守者几人，能陷阵者几人；欲言经济，须默揣天下之人才，可保为督抚者几人，可保为将帅者几人。试令弟开一保单，未必不窘也。弟如此骄矜，深恐援贼来扑或有疏失。此次复信，责弟甚切。嗣后弟若再有荒唐之信如初五者，兄即不复信耳。

---

① 播迁：迁徙；流离。
② 哗溃：哗变溃散。
③ 完粮：旧指交纳田赋。
④ 扣槃扪烛：宋苏轼《日喻》："生而眇者不识日，问之有目者。或告之曰：'日之状如铜槃。'扣槃而得其声。他日闻钟，以为日也。或告之曰：'日之光如烛。'扪烛而得其形。他日揣籥，以为日也。日之与钟籥亦远矣，而眇者不知其异，以其未尝见而求之人也。"后因以喻不经实践，认识片面，难以得到真知。

咸丰十年九月二十三日

致沅弟

次青非带勇之才。庸人以惰致败,才人以傲致败。

沅弟左右:

接二十日午刻信并伪文二件,知安庆之贼望援孔切,只要桐城、青草塥少能坚定,自有可破之理。

此间诸事如常。有寄希庵一书未封口,交弟阅后封寄。次青十六日回祁,仅与余相见一次。闻其精神尚好,志气尚壮,将来或可有为,然实非带勇之才。弟军中诸将有骄气否?弟日内默省,傲气少平得几分否?天下古今之庸人,皆以一惰字致败;天下古今之才人,皆以一傲字致败。吾因军事而推之,凡事皆然,愿与诸弟交勉之。此次徽贼窜浙,若浙中失守,则不能免于吴越之痛骂,然吾但从傲惰二字痛下工夫,不问人之骂与否也。

咸丰十年九月二十四日

致沅弟季弟

力劝两弟戒傲戒惰。

沅、季弟左右:

恒营专人来,接弟各一信并季所寄干鱼,喜慰之至。久不见此物,两弟各寄一次,从此山人足鱼矣。

沅弟以我切责之缄,痛自引咎,惧蹈危机而思自进于谨言慎行之路，能如是，是弟终身载福之道，而吾家之幸也。季弟信亦平和温雅，远胜往年傲岸气象。

吾于道光十九年十一月初二日进京散馆，十月二十八早侍祖父星冈公于阶前，请曰："此次进京，求公教训。"星冈公曰："尔的官是做不尽的，尔的才是好的，但不可傲。满招损，谦受益，尔若不傲，更好全了。"遗训不远，至今尚如耳提面命。今吾谨述此语诰诫两弟，总以除傲字为第一义。唐虞之恶人曰丹朱，傲；曰象，傲；桀纣之无道，曰强足以拒谏，辨足以饰非，曰谓已有天命，谓敬不足行，皆傲也。吾自八年六月再出，即力戒惰字以儆无恒之弊。近来又力戒傲字。昨日徽州未败之前，次青心中不免有自是之见，既败之后，余益加猛省。大约军事之败，非傲即惰，二者必居其一；巨室之败，非傲即惰，二者必居其一。

余于初六日所发之折，十月初可奉谕旨。余若奉旨派出，十日即须成行。兄弟远别，未知相见何日。惟愿两弟戒此二字，并戒各后辈常守家规，则余心大慰耳。

咸丰十年十月初四日

致澄弟

书院图规模太崇闳。切莫玉成黄金堂买田起屋事。

澄侯四弟左右：

八月二十四发去之信，至今未接复信，不知弟在县已回家否？余所改书院图已接到否？图系就九弟原稿改正，中间添一花园。以原图系点文章，一个板板也。余所改规模太崇闳①。当此大乱之世，兴造过于壮丽，殊非所宜，恐劫数未满，或有他虑。弟与邑中诸位贤绅熟商。去年沅弟起屋太大，余至今以为隐虑。此事又系沅弟与弟作主，不可不慎之于始。弟向来于盈虚消长之机颇知留心，此事亦当三思。至嘱至嘱。

鲍、张二十六日进兵，二十九日获一胜仗，日内围扎休宁城外。祁门老营安稳，余身体亦好。惟京城信息甚坏，皖南军务无起色，且愧且愤。家事有弟照料，余甚可放心，但恐黄金堂买田起屋，以重余之罪戾②，则寸心大为不安，不特生前做人不安，即死后做鬼也是不安。特此预告贤弟，切莫玉成黄金堂买田起屋。弟若听我，我便感激尔；弟若不听我，我便恨尔。但令世界略得太平，大局略有挽回，我家断不怕没饭吃。若大局难挽，劫数难逃，则田产愈多指摘愈众，银钱愈多抢劫愈甚，亦何益之有哉？嗣后黄金堂如添置田产，余即以公膑捐于湘乡宾兴堂，望贤弟千万无陷我于恶。顺问近好。

兄国藩手草

咸丰十年十月初四夜

致沅弟季弟

给纪泽途费太多。深以子侄辈骄傲之气为虑。

沅、季弟左右：

朱祖贵来，接沅弟信，强中营勇回，接沅、季二信，皆二十五六

---

① 崇闳（hóng）：高大宏伟。
② 罪戾：罪愆。

日所发。自二十七日以后，弟处发信，想皆因中途有警折回矣。日内不知北岸贼情何如，至为系念。

此间鲍、张初二三并未开仗，唐桂生赴祁、建交界之区，亦未见贼也。季弟赐纪泽途费太多。余给以二百金，实不为少。余在京十四年，从未得人二百金之赠，余亦未尝以此数赠人，虽由余交游太寡，而物力艰难亦可概见①。余家后辈子弟，全未见过艰苦模样，眼孔大，口气大，呼奴喝婢，习惯自然，骄傲之气入于膏肓而不自觉，吾深以为虑。前函以傲字箴规两弟，两弟不深信，犹能自省自惕，若以傲字诰诫子侄，则全然不解。盖自出世以来，只做过大，并未做过小，故一切茫然，不似两弟做过小，吃过苦也。

咸丰十年十月二十四日

致沅弟

为子弟延师，当请严而有恒者，不在本人学问大。

沅弟左右：

步拨递到二十一夜来缄。李卿云归，又带到十八夜缄。余于初八日交手卷及日记于杨镇南之哨官萧祥云，不知何以至今未到？应饬杨镇南即将该哨革去。

二十九日记中记作梅之言，不知渠何以全不向余提及。猫面脑之事，弟克复安庆后，当归家妥办。如洪家执意不肯，只好略略迁改，移于夏家契地内。但求大致稳妥，不必泥于阴地一线之说，反诒求福

---

① 概见：谓窥见其概貌。

太过之讥。

鼎三明年读书，应请先生。余心中无人，请弟与季酌定。朱洪章添两哨，即当批准，弟可先令其速招。鲍镇已奏复勇号，当略高兴。芝生不肯就馆，弟请师，当请严而有恒者，又不专好用自己工夫之人，或请省城朋友亦可。此事关系极大，不可草率。省中间有著名善教书者，却不在学问大也。澄弟信寄阅。

咸丰十年十一月十四日

致澄弟

皖南局势大变。生死之际，坦然怡然，惟子侄须教以谦勤。

澄侯四弟左右：

日内皖南局势大变。初一日德兴失守，初三日婺源失守，均经左季翁一军克复。初四日建德失守，而余与安庆通信之路断矣。十二日浮梁失守，而祁门粮米必经之路断矣。现调鲍镇六千人进攻浮梁，朱、唐三千人进攻建德。若不得手，则饷道一断，万事瓦裂，殊可危虑。

余忝窃高位，又窃虚名，生死之际，坦然怡然。惟部下兵勇四五万人，若因饷断而败，亦殊不忍坐视而不为之所。家中万事，余俱放心，惟子侄须教一勤字一谦字。谦者骄之反也，勤者佚之反也。骄奢淫佚四字，惟首尾二字尤宜切戒。至诸弟中外家居之法，则以考、宝、早、扫、书、蔬、鱼、猪八字为本，千万勿忘。顺问近好。

兄国藩手草

咸丰十年十一月二十四日

致沅弟季弟
建德、羊栈之捷后的军事部署。

沅、季弟左右：

专使至，接书并胡帅、袁帅二书，具悉一切。所应复者，条列如左：

一、二十日羊栈之战，实派人数得贼尸六百四十五具，其水淹者、屋内者、已埋者尚不在此。内贼目古隆贤，据报实已杀矣，岭外之贼胆应可稍寒。二十四日令鲍镇率马步六千人赴景镇会剿，扫清鄱阳、都昌一带，直至东流、建德。鲍镇去后，岭防仍不免有事，吾与凯章当坚守，静镇以待事机之转。唐、沈七营已回祁门，霆军亦留四营在渔亭，或足以资守御。

一、狗逆既未大创①，希军万不可南渡。北岸怀、桐，狗所必争也。韦军在枞阳，亦系必应坚守之地，如无他军换防，亦不可令韦军南来。盖十七日建德之克，二十日羊栈之胜，南岸已大有转机；且闻湖口业已保守无恙，贼亦处处丧志，不必再抽动。北岸大局，弟与润帅、希公熟商可也。安庆贼之伪回文，尚未得见。

一、袁帅奏折，不为无见。然彼甘言蜜语，以师船助我打长毛，中国则峻拒之；彼若明目张胆，以师船助长毛打我中国，再哀求之，岂不更丑？余谓彼以爱兄之道来，诚信而喜之可也。下官也有一本，录稿寄阅，弟可抄送润帅一阅。

---

① 大创：指在军事上使敌人受到严重的损伤。

咸丰十一年正月初四日

致澄弟

须力戒骄惰。不轻非笑人,不晏起。

澄侯四弟左右:

腊底由九弟处寄到弟信并纪泽十一月十五七日等语,具悉一切。弟于世事阅历渐深,而信中不免有一种骄气。天地间惟谦谨是载福之道,骄则满,满则倾矣。凡动口动笔,厌人之俗,嫌人之鄙,议人之短,发人之覆,皆骄也。无论所指未必果当,即使一一切当,已为天道所不许。吾家子弟满腔骄傲之气,开口便道人短长,笑人鄙陋,均非好气象。贤弟欲戒子侄之骄,先须将自己好议人短、好发人覆之习气痛改一番,然后令后辈事事警改。欲去骄字,总以不轻非笑人为第一义;欲去惰字,总以不晏起为第一义。弟若能谨守星冈公之八字考、宝、早、扫、书、蔬、鱼、猪、三不信不信僧巫,不信医药,不信地仙,又谨记愚兄之去骄去惰,则家中子弟日趋于恭谨而不自觉矣。

此间军事如常。左、鲍二军在鄱阳、建德交界之区尚未开仗,贼数太多,未知能否得手。祁门、黟县、渔亭等处尚属平安。余身体无恙,惟齿痛耳。顺问近好。

兄国藩手草

咸丰十一年二月初四日

致澄弟
须力戒好讥评人短的骄傲习气。

澄侯四弟左右：

二月初一日唐长山等来，接正月十四日弟发之信，在近日可谓极快者。

弟言家中子弟无不谦者，此却未然，余观弟近日心中即甚骄傲。凡畏人，不敢妄议论者，谦谨者也；凡好讥评人短者，骄傲者也。弟于营中之人，如季高、次青、作梅、树堂诸君子，弟皆有信来讥评其短，且有讥至两次三次者。营中与弟生疏之人，尚且讥评，则乡间之与弟熟识者，更鄙睨嘲斥可知矣。弟尚如此，则诸子侄之藐视一切，信口雌黄可知矣。谚云："富家子弟多骄，贵家子弟多傲。"非必锦衣玉食、动手打人而后谓之骄傲也，但使志得意满毫无畏忌开口议人短长，即是极骄极傲耳。余正月初四信中言戒骄字，以不轻非笑人为第一义；戒惰字，以不晏起为第一义。望弟常常猛省，并戒子侄也。

此间鲍军于正月二十六大获胜仗，去年建德大股全行退出，风波三月，至此悉平矣。余身体平安，无劳系念。

咸丰十一年二月二十二日

致沅弟季弟

陈玉成急速回救安庆,惟有一静字可以胜之。

沅、季两弟左右：

二十一酉刻接十九早信。官相既已出城,则希庵由下巴河南渡以救省城,甚是矣。希庵既已南渡,狗逆必回救安庆,风驰雨骤,经过黄梅、宿松均不停留,直由石牌以下集贤关,此意计中事也。凡军行太速,气太锐,其中必有不整不齐之处,惟有一静字可以胜之。不出队,不喊呐,枪炮不能命中者不许乱放一声,稳住一二日,则大局已定。然后函告春霆渡江救援,并可约多军三面夹击。吾之不肯令鲍军预先北渡者：一则南岸处处危急,赖鲍军以少定人心；二则霆军长处甚多,而短处正坐少一静字。若狗贼初回集贤关,其情切于救城中之母妻眷属,拼命死战,鲍军当之,胜负尚未可知。若鲍公未至,狗贼有轻视弟等之心,而弟等持以谨静专一之气,虽危险数日,而后来得收多、鲍夹击之效,却有六七分把握。吾兄弟无功无能,俱统领万众,主持劫运,生死之早迟,冥冥者早已安排妥贴,断非人谋计较所能及。只要两弟静守数日,则数省之安危胥赖之矣。至嘱至要。

陈馀庵闻二十一日可到景镇。左公日内可进剿乐平一带。祁门日来平安。凯章守休宁亦平安。惟宋滋九侍讲带安勇扎于前敌,被贼突来抄杀小挫,宋公受三伤。抚、建此二日无信。顺候近好。

抄二十一日复左信一件,可寄胡帅一阅。

再,群贼分路上犯,其意无非援救安庆。无论武汉幸而保全,贼必以全力回扑安庆围师；即不幸而武汉疏失,贼亦必以小支牵缀武昌,而以大支回扑安庆,或竟弃鄂不顾。去年之弃浙江而解金陵之围,乃贼中得意之笔。今年抄写前文无疑也。无论武汉之或保或否，总以狗逆回扑安庆时，官军之能守不能守以定乾坤之能转不能转。安庆之濠墙能守，则武昌虽失，必复为希庵所克，是乾坤有转机也；安庆之濠墙不能守，则武昌虽无恙，贼之气焰复振，是乾坤无转机也。弟等一军关系天地剥复①之机，无以武汉有疏而遽为震摇②，须待狗逆回扑，坚守之后再定主意。

咸丰十一年二月二十四日

致澄弟

数月来军事上危险迭见。教育子弟谨记八个字、三不信及八本之说。

澄侯四弟左右：

上次送家信者，三十五日即到。此次专人，四十日未到。盖因乐平、饶州一带有贼，恐中途绕道也。

自十二日克复休宁后，左军分出八营在于甲路地方小挫，退扎景镇。贼幸未跟踪追犯，左公得以整顿数日，锐气尚未大减。目下左军进剿乐平、鄱阳之贼。鲍公一军，因抚、建吃紧，本调渠赴江西省，先顾根本，次援抚、建。因近日鄱阳有警，景镇可危，又暂留鲍军不遽赴省。胡宫保恐狗逆由黄州下犯安庆沅弟之军，又调鲍军救援北岸。其祁门附近各岭，二十三日又被贼破两处。数月以来，实属应接不暇，危险迭见。而洋鬼又纵横出入于安庆、湖口、湖北、江西等处，并有

---

① 剥复：《易》二卦名。坤下艮上为剥，表示阴盛阳衰；震下坤上为复，表示阴极而阳复。后因谓盛衰、消长为"剥复"。
② 震摇：惊恐动荡。

欲来祁门之说。看此光景，今年殆万难支持。然余自咸丰三年冬以来，久已以身许国。愿死疆场①，不愿死牖下②，本其素志。近年在军办事，尽心竭力，毫无愧怍，死即瞑目，毫无悔憾。

家中兄弟子侄，惟当记祖父之八个字，曰："考、宝、早、扫、书、蔬、鱼、猪。"又谨记祖父之三不信，曰："不信地仙，不信医药，不信僧巫。"余日记册中又有八本之说，曰："读书以训诂为本，作诗文以声调为本，事亲以得欢心为本，养生以戒恼怒为本，立身以不妄语为本即不扯谎也，居家以不晏起为本，作官以不要钱为本，行军以不扰民为本。"此八本者，皆余阅历而确有把握之论，弟亦当教诸子侄谨记之。无论世之治乱，家之贫富，但能守星冈公之八字与余之八本，总不失为上等人家。余每次写家信，必谆谆嘱咐。盖因军事危急，故预告一切也。

余身体平安。营中虽欠饷四月，而军心不甚涣散。或尚能支持，亦未可知。家中不必悬念。顺问近好。

兄国藩手草

咸丰十一年三月十四日

致沅弟季弟

攻徽州之部队被劫营，目下士气日减，专盼左、鲍、沅、季等获胜。

沅、季弟左右：

十四日接十一日来信，具悉一切。

---

① 疆场：战场。
② 牖下：户牖间之前；窗下。亦借指寿终正寝。

此间十二日再攻徽州,过于持重①。以八千余众之实在队伍,不能遵扎直攻东门,列队竟日,不一交锋。是夜贼匪焚村劫营,我军惊溃者八营,完全无恙者十四营。此次伤亡虽不满百人,而士气日减,贼氛大长,目下不可言战,但能勉守,专盼左、鲍二军攻克景镇,或两弟攻克安庆,移师东、建,庶有转危为安之一日。

家信一件,与初四信相仿,弟阅后封好派人同送。自去冬以来,实无生人②之趣。季弟劝我之言,外人亦有言之者,而不知局中度日之难也。看书久荒,下棋则毫无间断,甚至一日八九局之多。九弟劝我月攘一鸡③,我今乃日攘九鸡矣。左公日内无信来,不知足以自立否? 顺问近好。

咸丰十一年三月二十五日

致沅弟季弟
自诩智识,多由阅历太少。

沅、季弟左右:

二十四日一日未接信,焦急之至。二十四夜三更接沅弟二十三辰正信,具悉一切。

东路二十二小挫一次,幸仅三营,或无大碍;然狗逆窥破官军之

---

① 持重:稳重;谨慎。
② 生人:活人;人生。
③ 月攘一鸡:《孟子·滕文公下》:"今有人日攘其邻之鸡者。或告之曰:'是非君子之道。'曰:'请损之,月攘一鸡,以待来年然后已。'如知其非义,斯速已矣,何待来年?"比喻容忍错误,只肯逐步改正。攘,偷。

伎俩，其焰益长矣。大凡人之自诩①智识，多由阅历太少。如沅弟屡劝我移营东流，以为万全之策，而不知我在东流，若建德失陷，任贼窜入饶州、浮、景，我不能屏蔽面上太下不去，是一难也；我居高位，又窃虚名，夷目必加倍欺凌，是二难也。沅弟但知其利，不知其害。此自诩智识，由于阅历少也。季弟近日料徽州之必克，料左军之必败，不凭目击，但凭臆断，此自诩智识，由于阅历少也。沅弟服狗逆善于寻间而入，而不知城贼数万，命悬呼吸，日日将官兵营盘一一看透，毫发毕露，仅留菱湖中段为城贼一线生路。沅弟不知为城贼之蓄谋久计，而认为狗贼之突来急计，是亦阅历少也。季弟急于出濠搠战②，但料贼党之未必真悍，而不知官军之大不可恃，是亦阅历少也。目下兄所虑者，虑两弟致书胡、多，急于救援，胡、多急于赴援。再有挫失③，则大局或致决裂。若两弟不急求援，胡、多能坚坐不动，专待李、鲍二军往援，则四月初八九必有大转机矣。

多公马队精悍异常，步队则新营太多，恐难深恃。往年与鲍同战，去年与李同战，故所向有功；若令多独当一路，恐难免千虑之一失。且黄文金、林绍璋、洪仁玕、陈时永等皆在桐城，其众必有十万八万之多。若多公来援安庆，狗逆拒之于前，黄、林等蹑之于后，必难得手，且恐挂车河营盘或有疏失。故余愿弟多守数日以待李、鲍二军，不愿多公之来援。鲍公初一必到江滨，弟可放心。

---

① 自诩：自夸。
② 搠战：交战。
③ 挫失：不顺利；失败。

咸丰十一年四月初三日

致沅弟
论人力与天事。

沅弟左右：

初三辰刻接初二巳正来书，具悉一切。

昨日雨小而风大，今日风小而雨大，鲍军勇夫万余人，纵能渡江，想初二尚未渡毕，初三则断不能渡。凡办大事，半由人力，半由天事。如此次安庆之守，濠深而墙坚，稳静而不懈，此人力也；其是否不至以一蚁溃堤，以一蝇玷圭①，则天事也。各路之赴援，以多、鲍为正援集贤之师，以成、胡为后路缠护之兵，以朱、韦为助守墙濠之军，此人事也；其临阵果否得手，能否不为狗酋所算，能否不令狗酋逃遁，此天事也。吾辈但当尽人力之所能为，而天事则听之彼苍，而无所容心。弟于人力颇能尽职，而每称擒杀狗酋云云，则好代天作主张矣。

至催鲍进兵，亦不宜太急。鲍之队伍由景镇至下隅坂，仅行五日，冒雨遄征②，亦可谓极速矣。其锅帐则至今尚未到齐，以泥太深，小车难动也。弟自抚州拔营至景镇，曾经数日遇雨，试一回思，能如鲍公此次之迅速乎？润帅力劝鲍公进兵不必太急，待狗酋求战气竭力疲而后徐起应之云云，与弟见正相反。余意不必催鲍急进，亦不必嘱鲍缓战，听鲍公自行斟酌可也。多公调度远胜于鲍，其马队亦数倍于鲍，待多击退黄文金后，再与鲍军会剿集贤关，更有把握。

至狗酋虽凶悍，然屡败于多、李、鲍之手，未必此次忽较平日更很。黄文金于洋塘、小麦铺两败，军器丢弃已尽。多、鲍之足以制陈、

---

① 圭：古代帝王或诸侯在举行典礼时拿的一种玉器。
② 遄征：急行；迅速赶路。

黄二贼，理也，人力之可知者也。其临阵果否得手，则数也，天事之不可知者也。来书谓狗部有马贼二千五六百，似亦未确。系临阵细数乎？抑系投诚贼供乎？闻贼探多假称投诚者，弟宜慎之。即问近好。

咸丰十一年六月十四日

致澄弟

批评亲戚往来礼物厚而情意薄。

澄弟左右：

六月初四接五月二十四来信并纪泽一禀，具悉一切。南五舅母弃世，纪泽往吊后，弟亦往吊唁否？此等处，吾兄弟中有亲往者为妙。从前星冈公之于彭家并无厚礼厚物，而意甚殷勤，亲去之时甚多。我兄弟宜取以为法。大抵富贵人家气习，礼物厚而情意薄，使人多而亲到少。吾兄弟若能彼此常常互相规诫，必有裨益。

此间军事平安。余疮疾渐愈，已能写字矣。安庆军情，九弟常有信回，兹不赘。付回银二百两，系去年应还袁宅之项，查收。即问近好。

咸丰十一年六月二十九日

致沅弟

湖南乡试主考官为王涑、胡家玉。暂缓奏祀望溪。

沅弟左右：

专人至，接来信，城池未克，而遽索犒赏之古文，未免揭盖①太早。湖南主考放王涑、胡家玉。毛公之奏停，系听胡恕堂言浙江之失，由先年借办江南乡试，招引奸细入城云云。兹将毛信抄寄一阅。虽不免士子之讥议，而为慎守省城起见，毛固不失为贤者耳。润公专人守候，余因作《箴言书院记》，勉强交卷，文不称意，抄寄弟阅。四伪王究由宿松至怀、桐否？查明见告。日内闻池州之贼已退，不知确否？即问近好。

再，望溪先生之事，公私均不甚惬。

公牍中须有一事实册，将生平履历，某年中举中进士，某年升官降官，某年得罪，某年昭雪，及生平所著书名，与列祖褒赞其学问品行之语，一一胪列②，不作影响约略③之词，乃合定例。望溪两次获罪，一为戴名世《南山集》序入刑部狱，一为其族人方某忘其名挂名逆案，将方氏通族编入旗籍，雍正间始准赦宥，免隶旗籍，望溪文中所云因臣而宥及合族者也。今欲请从祀④孔庙，须将两案历奉谕旨一一查出，尤须将国史本传查出，恐有严旨碍眼者，易干驳诘。从前入祀两庑⑤之案，数十年而不一见，近年层见迭出，几于无岁无之。去年

---

① 揭盖：比喻把事情显示出来。
② 胪（lú）列：罗列；列举。
③ 约略：粗略；不详尽。
④ 从祀：陪祭。
⑤ 两庑（wǔ）：特指文庙中先贤从祀之处。

大学士九卿等议复陆秀夫从祀之案，声明以后外间不得率请从祀。兹甫及一年，若遽违新例而入奏，必驳无疑。右三者，公事之不甚惬者也。

望溪经学勇于自信，而国朝巨儒多不甚推服①，《四库书目》中于望溪每有贬词，《皇清经解》中并未收其一册一句。姬传先生最推崇方氏，亦不称其经说。其古文号为一代正宗，国藩少年好之，近十余年，亦别有宗尚矣。国藩于本朝大儒，学问则宗顾亭林、王怀祖两先生，经济则宗陈文恭公，若奏请从祀，须自三公始。李厚庵与望溪，不得不置之后图。右私志之不甚惬者也。

咸丰十一年七月十四日

致澄弟

总督关防及盐政印信到营。家中子侄要严戒傲惰。

澄侯四弟左右：

十三日刘德四、王厚一来，接弟信并纪泽儿信，具悉家中五宅平安。弟以捐事赴娄底一带，尚未集事②否？

此间军事，四眼狗纠同五伪王救援安庆，其打先锋者十二已至集贤关。九弟屡信皆言坚守后濠，可保无虞。但能坚持十日半月之久，城中粮米必难再支，可期克复矣。徽州六属俱平安，欠饷多者凯七个月，少者左、朱、唐、沅、鲍四五六月不等，幸军心尚未涣散。江西省城戒严，附近二三十里处处皆贼。余派鲍军往救，十一二应可到省。湖

---

① 推服：推许佩服。
② 集事：成事；成功。

北之南岸已无一贼，北岸德安、随州等处有金、刘与成大吉三军，必可日有起色。余癣疾未痊，日来天气亢燥，甚以为苦。幸公事勉强能了，近日无积搁之弊。总督关防、盐政印信于初四日到营，余即于初六日开用。

家中雇长沙园丁已到否？菜蔬茂盛否？诸子侄无傲气否？傲为凶德，惰为衰气，二者皆败家之道。戒惰莫如早起，戒傲莫如多走路、少坐轿，望弟时时留心儆戒。如闻我有傲惰之处，亦写信来规劝。即问近好。

国藩手草

咸丰十一年九月初六日

致沅弟季弟

论沅甫之字及季洪所作之挽联。

沅、季两弟左右：

接沅弟初五日申刻一缄、季弟初五夜一缄，具悉一切。沅弟之字，骨秀得之于天，手稳本之于习，所欠者势与味耳。此二信写瘦硬一路，将来必得险峭之势。尝见旧拓《颜家庙碑》，圭角①峭厉，转折分明，绝类欧书，不似近日通行本之痴肥也。

季弟所作润帅挽联，"载"字改"年"，即叶韵平一仄二。通首妥惬，不必多改。裁料尽可代出，缮写②似不宜顶替，待弟来安庆时，再面定缮送不迟。余拟候接到饰终谕旨再送礼也。今日接官相咨到夹

---

① 圭角：圭的棱角，泛指棱角。比喻锋芒。
② 缮写：誊写；编录。

片二件，抄去送阅，不知何以二十余日始到。顺问近好。

顷又得沅弟一信，厘金盐每石改为四百，甚是。吾意可改五百也。

咸丰十一年九月初十日

致沅弟

约旨卑思四字，实近来方寸隐微之弊。

沅弟左右：

初十日未刻接初八夜信，具悉一切。黄公信已加封寄去，冠北之札亦发，鹤汀早年在京极熟，容少缓再调。

约旨卑思四字，实近来方寸隐微之弊，亦阅历太久，见得天下事由命不由人也。澄弟信一件寄阅。顷接舫仙禀论进兵事，望弟取阅，度量行之。顺问近好。

咸丰十一年九月十五夜

致沅弟

蒙恩赏加官保，沅甫赏穿黄马褂，极盛之后，当加倍小心。

沅弟左右：

接丁家洲舟次信，具悉一切。

今日接官帅信，知余蒙恩赏加官保，弟蒙恩赏穿黄马褂。一家沐非常之宠，感激惶悚。谕旨尚未接到，原信寄阅。多礼堂日内来信二次，原信及余复信均寄弟阅。

东征局解饷四万，二十八起行。赣州解饷三万，初六起行。大约日内可到。泥汊贼墙不破，陆兵断不可进；泥汊即破，进否尚宜详酌。极盛之后，当加倍小心也。下游水师请增兵，不知贼船果悍乎？抑我军怯乎？请弟细查。

季弟今日大呕吐，暂未写信，言明日必写信，请弟放心。即问近好。

咸丰十一年十一月初四日

致澄弟沅弟

八君子辅政，中兴有日。沅甫将膺封疆，宜广学识严操行。

澄、沅弟左右：

二十七日接家信：澄弟一件、纪泽一件、沅弟在武昌所发一件。初一日接沅弟岳州发信。具悉一切。澄弟以狐裘袍褂为我贺生日，道理似乎太多达。余在外多年，惟待家庭甚薄，亦自有一番苦心。近日两弟待我过厚，寸衷①尤觉难安。沅弟临别时，余再三叮嘱此层，亦以余之施薄，不欲受厚；且恐彼此赠送丰厚，彼此皆趋奢靡。想弟已喻此意矣。

沅弟信中决气机之已转，世运之将亨，余意亦觉如此。盖观七月十七以后，八君子辅政，枪法尚不甚错，为从古之所难，卜中兴之有日。特余忝窃高位，又窃虚名，遐迩观瞻，深以为惧。沅弟不特不能

---

① 寸衷：指心。

幅巾①归农，且恐将膺封疆重寄，不可不早为之计。学识宜广，操行宜严，至嘱至嘱。余为遍身癣痒所苦，不能再有进境，深以为愧。泽儿要算学诸书，余于近日派潘文质送南五母舅回籍，即带书至家。顺问近好。

兄国藩手草

咸丰十一年十一月十四日

致澄弟沅弟

历述浙皖军情，望沅甫正月来皖赴援上海。邓寅皆不可去东皋书院。

澄、沅弟左右：

王采六等来营，接澄弟十月二十三日信并纪泽一禀，知家中五宅平安。又得赵玉班寄季弟信，知沅弟于十月二十八自长沙还家，竟可赶上初三祭期。至慰至慰。

此间军事平安。三河之贼于初六日无故自退，或与庐州贼目不和，或别有诡谋，均未可知。余令振字、开字两营移守三河伪城，而派竹庄之千三百人接守庐江，均札归多都统就近调度。竹庄十三日自安庆开差②，十七可至庐邑，不知振、开两营果能守三河要隘否？如守得坚定，则庐郡、巢县亦或易于得手。

浙江自绍兴失守后别无确信，闻宁波继陷，杭城被围，可危之至！余奏请左寺堂由广信、衢州援浙，又调鲍春霆进攻宁国。宁国距杭仅三百里，亦可掣浙贼之势，坚杭人之心。第目下均尚未拨行，不知赶

---

① 幅巾：古代男子以全幅细绢裹头的头巾。后裁出脚即称幞头。
② 开差：部队由驻地或休息地出发。

得及否？

江苏、上海来此请兵之钱调甫，即前任湘抚钱伯瑜中丞之少君也，久住不去，每次涕泣哀求，大约不得大兵同行即不还乡，可感可敬。余前许令沅弟带八千人往救，正月由湘至皖，二月由皖至沪，实属万不得已之举。务望沅弟于年内将新兵六千招齐，正月交盛南带来，沅则扁舟先来，共商大计。吾家一门受国厚恩，不能不力保上海重地。上海为苏、杭及外国财货所聚，每月可得厘捐六十万金，实为天下膏腴。吾今冬派员去提二十万金，当可得也。陈舫仙丁内艰，家无兄弟，本应给假回籍治丧，吾因运漕吃紧之地，批令待沅弟来再行给假。兹将原批暨信抄阅。望沅弟正月到皖，则余不甚失信。至要至要。

东皋书院请山长①，让邓寅兄去，万万不能。余自咸丰八年即与寅兄订定②，请其教科一五年。科一甫十四岁，岂可遽至书院，习为浮荡？明年决请寅兄再教之，并请带之出考，与邓世兄同寓。科四、科六未请得有恒之师，耽误光阴，余甚不放心。沅弟回家，余嘱其以此事为重，不知现已延请何人？或明年即令科四、科六从邓师读书？或癸亥年延邓师于大夫第连教数年？总之，师之有恒者极为难得。邓师在兄弟处，无论何家，皆大有益于子侄。公之书院，则为益反小，可不必也。邓师脩金，应行酌增之处，望两弟与纪泽母子商定，余必付回。梁侄生女，贺贺。

余身体平安，惟疮癣之痒迄不能愈，娶妾之后亦无增减。陈氏妾入室已二十日，尚属安静大方，但不能有裨于吾之病耳。纪泽所呈寿

---

① 山长：唐、五代时对山居讲学者的敬称。如唐代刺史孙丘于闽州古台山置学舍，延尹恭初为山长；五代蒋维东隐居衡岳，受业者称蒋为山长。宋元时为官立书院置山长，讲学兼领院务；明清时改由地方聘请。清末改书院为学堂，山长之制乃废。
② 订定：约定。

叙及诗亦尚稳适，惟藻采太少，又欠风韵。试取庾子山①《哀江南赋》熟读百遍，当引出情韵，有情则文自生矣。顺问近好。

兄国藩手草

正封缄间，接奉廷寄谕旨，兹先行抄寄一阅。涤翁道理未免太多矣。即日当专折辞谢，不敢当此重权。昔太无权，今太有权，天下事难得恰如题分也。兄又草。

咸丰十一年十一月十四日

致季弟

告摹帖之方法。

季弟左右：

五舅父归，接弟信，辨"爱人以德"四字之不确。十三日又接十二夜两信。具悉一切。

吾兄弟三人在外，一人归尚不着迹，两人归则嫌太多。吾心中恐弟遽归，故以希帅之批待沅来为是。

油纸摹帖，初为之，则写次行而首行未干，揩摩墨迹，狼藉满纸，迨摹习稍久，则手腕不甚粘滞，纸上墨迹自少矣。弟习油纸，即以此自试效验可也。

巢县铜林闸之贼果有投诚之意否？余身上痒尚未愈并告。即问近好。

---

① 庾子山：庾信（513~581），字子山，小字兰成。南阳新野（今属河南）人，北周文学家。

同治元年正月初四日

致澄弟沅弟
望少服补药，迅速来营。

澄、沅弟左右：

日来未接家信，颇为悬念。沅弟腹泄，何以至今不愈？若云脾虚发泻，则八九月在此办事，宏毅周到，断非元气亏损之象。即到家后，寄来各信字迹精光圆湛，亦殊非积弱者所能为。弟平日服药太多，余心以为非。此次久泻，不知所服者系属何方？恐一味偏补，而于所以致泻之原未能清其根。万篪轩病疟五年，多服补剂。现在娇养太惯，动辄生疾，亦由当日致疟之原未清其根也。望弟少服药饵，迅速来营，忘身报国。凡外间谤言无因而至者，余必能解之；凡险远之处，弟不愿往者，余亦不强之。但望弟早早来营。一则受恩太重，不宜久住家中；一则舫仙思归甚切，前敌今春必有战事，余甚不放心也。

徽州危急，二十六日获一大胜，已将岩寺街打开。粮运既通，当无他虑。

同治元年正月十四日

致沅弟
戒用人太滥、用财太侈之习。李鸿章欲携程学启赴镇江。

沅弟左右：

接弟腊月专丁一缄，具悉一切。

弟于十九日敬办星冈公拨向事件,起行来营,月杪①或可赶到。少荃准于二月杪赴镇江。弟能早十日赶到,则诸事皆妥。除程学启外,少荃欲再向弟处分拨千人,余亦欲许之,不知弟有何营可拨?渠赴镇江,即日将有悍贼寻战,新勇太多,实不放心。弟进攻巢县、和、含一带不妨稍迟,待新军训练已成,再行进兵可也。

用人太滥,用财太侈,是余所切戒阿弟之大端。李、黄、金本属拟不于伦,黄君心地宽厚,好处甚多。而此二者,弟亦当爱而知其恶也。在安庆未虐使军士,未得罪百姓。此二语,兄可信之。拼命报国,侧身修行。此二语,弟亦当记之。余近日平安。幼丹抚江,季高抚浙,希庵抚皖,应不至大掣肘。

同治元年正月十八日

致沅弟

奉旨兄弟分别拜协办大学士及浙江按察使之命。望兼程赴营筹商一切。

沅弟左右:

十七日钦奉谕旨,兄拜协办大学士之命,弟拜浙江按察使之命。一门之内,迭被殊恩,无功无能,忝窃至此,惭悚②何极!惟当同心努力,仍就拼命报国,侧身修行八字上切实做去。前奉旨赏头品顶戴,尚未谢恩,此次一并具折叩谢。到省后,或将新营交杏南等带来,而弟坐轻舟先行,兼程赴营,筹商一切,俾少荃得以速赴上海。至要至要。少荃现有四千五百人,望弟再拨一二营与之,便可独当一路。渠

---

① 月杪(miǎo):月末。
② 惭悚(sǒng):羞惭惶恐。

所部淮扬水师，余嘱其留两营在上游归弟调遣。弟将来若另造炮船，自增水师，此二营仍退还黄、李，弟自有水师两营。其余大处仍请杨、彭协同防剿，庶几可分可合，不伤和气。

同治元年二月二十一日

致季弟

慰丧弟妇。大通不抽船厘。

季弟左右：

接家书，知季弟妇于二月初七日仙逝。何以一病不起？想系外感之证。弟向来襟怀不畅，适闻此噩耗，谅必哀伤不能自遣。惟弟体亦不十分强旺，尚当达观节哀，保重身体。应否回籍一行，待沅弟至三山夹与弟熟商，再行定夺。

长江数百里内厘卡太多，若大通再抽船厘，恐商贾裹足，有碍大局，拟不批准。荻港厘局分成为数无多，拟批令改于华阳镇分成，为数较多，弟之所得较厚，又与外江水师无交涉争利之嫌，更为妥善。

诸嘱保重，至要至要。

同治元年三月初三日

致沅弟季弟
奏请抽广东厘金济苏、浙、皖、鄂之饷。

沅、季弟左右：

　　复奏朱侍御一疏，定于五日内拜发。请钦派大员专抽广东全省厘金，余奏派委员随同筹办，专济苏、浙、皖、鄂四省之饷。大约所得每月在二十万上下，胜于江西厘务也。此外实无可生发。计今年春夏必极穷窘，秋冬当渐优裕。

　　马队营制，余往年所定，今阅之，觉太宽而近于滥，如公夫、长夫之类是也。然业已久行，且姑仍之。弟新立营头，即照此办理。将来裁减，当与华字、顺字等营并裁，另行刻新章也。

　　上海派洋船来接少荃一军，花银至十八万两之多，可骇而亦可怜！不能不令少荃全军舟行，以顺舆情。三月之内，陆续拔行。其黄昌岐水军，则俟三四月之交，遇大顺风直冲下去。弟到运漕，可告昌岐来此一晤也。

同治元年四月初四日

致沅弟
关于分马匹、与同僚相处及由采石南渡的意见。

沅弟左右：

　　接缄具悉。应复之事，条列如左：

一、口马①到日，当为弟选留数十匹，余欠各营之马尚多，不知匀得出否。令哨勇各私其马，即水师令哨官各私其船也，法同意同，而效不同，亦视乎统领营官为何如人耳。

一、李世忠之缄，兄付之不答。此人最难处置，其部下人诡计霸道，颇善战守。弟现与之逼处②，常相交涉，宜十分以礼让自处。若不得已而动干戈，则当谋定后战，不可轻视。

一、严公长短，余所深知。媢嫉倾轧，从古以来共事者，皆所不免，吾辈当躬自厚而薄责于人耳。

一、由采石、太平一带南渡，本是妙着，亦是险着。妙处有四：使金陵、芜湖两贼隔绝不通，一也；陆师扎于南岸，水师直入内河，可进黄池、湾址，可由青弋江以达泾县，可由东路水阳江以达宁国，凡鲍军之在泾在宁者，皆可由水路运粮，二也；陆军扎采石、东梁山等处，水师扎黄池、湾址等处，则芜湖之贼四面被围，三也；青弋、水阳二江，可通石臼等湖，可通宁、广各属，并可由东坝以通苏州，四也。险处有二：初渡采石，营垒未定，恐大股来扑，一也；北岸无大支活兵，恐四眼狗③窜出乱扰无、庐、巢、含，又恐九洑洲之贼上犯，二也。有此四妙二险，故南渡之迟速难决。速或四月，迟或七月，由弟与多帅商定办理。季弟之军，余嘱其坚守不进并闻。

---

① 口马：口北出的马，泛指良马。
② 逼处：紧靠；逼近居住。
③ 四眼狗：陈玉成（1837～1862），太平天国将领。原名陈丕成，洪秀全赐名玉成，广西藤县客家人，传其儿时以艾草烧灸治病，两眼下各留下一片疤痕，清军上下称其为"四眼狗"。

同治元年四月初六日

致沅弟

不可扎营四华山。南渡宜在东梁山以下采石、太平一带。

沅弟左右：

接信知弟目下将操练新军，甚善甚善。惟称欲过江斜上四华山扎营，则断不可。四华山上逼芜湖，下逼东梁，若一两月不破此二处，则我军无势无趣，不得不退回北岸矣。

弟军南渡，总宜在东梁山以下采石、太平一带。如嫌采石下面形势太宽，即在太平以上渡江，总宜夺金柱关，占内河江面为主。余昨言妙处有四：一曰隔断金陵、芜湖之气，二曰水师打通泾县、宁国之粮路，三曰芜贼四面被围，四曰抬船过东坝可达苏州，犹妙之小者耳。又有最大者，金柱关可设厘卡，每月进款五六万；东坝可设厘卡，每月亦五六万。二处皆系苏皖交界，弟以本省之藩司，抽本省之厘税，尤为名正言顺。弟应从太平关南渡，毫无疑义，余可代作主张，其迟速则仍由弟作主耳。

西梁上下两岸，从三山起至采石止，望弟绘一图寄来。至要至要。

同治元年四月十二日

致沅弟

办大事者，以多选替手为第一义。

沅弟左右：

水师攻打金柱关时，若有陆兵三千在彼，当易得手。保彭杏南，系为弟处分统一军起见。弟军万八千人，总须另有二人堪为统带者，每人统五六千，弟自统七八千，然后可分可合。杏南而外，尚有何人可以分统？亦须早早提拔。办大事者，以多选替手①为第一义。满意之选不可得，姑节取其次，以待徐徐教育可也。

同治元年四月二十八日

致沅弟

休养锐气，不遽进兵。须查明从太平至金陵路径。

沅弟左右：

东梁、芜湖已克，由金柱关进兵，二险已化险为夷，四妙已验其三。至幸至幸。

各处败贼俱萃②宁国，杨七麻以著名枭悍之渠，当拼命力争之际，鲍军屡胜之后，杂收降卒，颇有骄矜散漫之象，余深以为虑。目下弟与雪军、季军且坚守芜、太、金柱、南陵、黄池等处，休养锐气，不

---

① 替手：替代者。
② 萃：聚集。

遽进兵。待鲍军扎围宁国，十分稳固，多军进至九洑洲，弟与雪、季再议前进。其秣陵关、淳化镇两处，为进兵之路，须派人先去看明。弟信言从太平至金陵百四十里，中不隔水。以古书证之，则尚隔一秦淮河。余处无好图可看，弟亦须先行查明。

弟以金柱关之破，水师出力最多，厘卡当雪二季二，甚善甚善。兹定为沅五、雪三、季二，尤为惬当。

袁午帅之办事，本属浮而不实，然饷项之绌，亦足令英雄短气，且胜公欺之太甚，余当少为护持。

同治元年五月十五日

致沅弟季弟

以廉、谦、劳三字作为自概之道。

沅、季弟左右：

帐棚即日赶办，大约五月可解六营，六月再解六营，使新勇略得却暑也。抬小枪之药，与大炮之药，此间并无分别，亦未制造两种药。以后定每月解药三万斤至弟处，当不致更有缺乏。王可陞十四日回省，其老营十六可到。到即派往芜湖，免致南岸中段空虚。

雪琴与沅弟嫌隙已深，难遽期其水乳①。沅弟所批雪信稿，有是处，亦有未当处。弟谓雪声色俱厉。凡目能见千里，而不能自见其睫，声音笑貌之拒人，每苦于不自见，苦于不自知。雪之厉，雪不自知；沅之声色，恐亦未始不厉，特不自知耳。曾记咸丰七年冬，余咎骆

---

① 水乳：水和乳极易融合，比喻情意融洽无间。

文①、文、耆待我之薄，温甫则曰："兄之面色，每予人以难堪。"又记十一年春，树堂深咎张伴山简傲不敬，余则谓树堂面色亦拒人于千里之外。观此二者，则沅弟面色之厉，得毋似余与树堂之不自觉乎？

余家目下鼎盛之际，余忝窃将相，沅所统近二万人，季所统四五千人，近世似此者曾有几家？沅弟半年以来，七拜君恩，近世似弟者曾有几人？日中则昃，月盈则亏，吾家亦盈时矣。管子云：斗斛②满则人概③之，人满则天概之。余谓天之概无形，仍假手于人以概之。霍氏盈满，魏相概之，宣帝概之；诸葛恪盈满，孙峻概之，吴主概之。待他人之来概而后悔之，则已晚矣。吾家方丰盈之际，不待天之来概、人之来概，吾与诸弟当设法先自概之。

自概之道云何，亦不外清、慎、勤三字而已。吾近将清字改为廉字，慎字改为谦字，勤字改为劳字，尤为明浅，确有可下手之处。沅弟昔年于银钱取与之际不甚斟酌，朋辈之讥议菲薄，其根实在于此。去冬之买犁头嘴、栗子山，余亦大不谓然。以后宜不妄取分毫，不寄银回家，不多赠亲族，此廉字工夫也。谦之存诸中者不可知，其著于外者，约有四端：曰面色，曰言语，曰书函，曰仆从属员④。沅弟一次添招六千人，季弟并未禀明，径招三千人，此在他统领所断做不到者，在弟尚能集事，亦算顺手。而弟等每次来信，索取帐棚子药等件，常多讥讽之词，不平之语，在兄处书函如此，则与别处书函更可知已。沅弟之仆从随员颇有气焰，面色言语，与人酬接时，吾未及见，而申夫曾述及往年对渠之词气，至今饮憾。以后宜于此四端痛加克治，此谦字工夫也。每日临睡之时，默数本日劳心者几件，劳力者几件，则

---

① "文"疑为"丈"之误。
② 斗斛：斗与斛，是两种量器，亦泛指量器。十斗曰斛。
③ 概：量谷物时刮平斗、斛用的器具。
④ 属员：下属官吏。

知宣勤王事之处无多,更竭诚以图之,此劳字工夫也。

余以名位太隆,常恐祖宗留诒之福自我一人享尽,故将劳、谦、廉三字时时自惕,亦愿两贤弟之用以自惕,且即以自概耳。

湖州于初三日失守,可悯可敬。

同治元年五月二十八日

致沅弟季弟

天地之道,刚柔互用,不可偏废。

沅、季弟左右:

沅于人概天概之说,不甚厝意,而言及势利之天下,强凌弱之天下。此岂自今日始哉?盖从古以然矣。

从古帝王将相,无人不由自立自强做出,即为圣坚者,亦各有自立自强之道,故能独立不惧,确乎不拔。昔余往年在京,好与诸有大名大位者为仇,亦未始无挺然特立不畏强御之意。近来得天地之道,刚柔互用,不可偏废,太柔则靡,太刚则折。刚非暴虐之谓也,强矫而已;柔非卑弱之谓也,谦退而已。趋事赴公,则当强矫,争名逐利,则当谦退;开创家业,则当强矫,守成安乐,则当谦退;出与人物应接,则当强矫,入与妻孥①享受,则当谦退。若一面建功立业,外享大名,一面求田问舍,内图厚实,二者皆有盈满之象,全无谦退之意,则断不能久,此余所深信,而弟宜默默体验者也。

---

① 妻孥:妻子和儿女。

同治元年六月初二日

致沅弟季弟

米药均紧,望节省,并述负李元度事。

沅、季弟左右:

湖南之米昂贵异常,东征局无米解来,安庆又苦于碾①碓②无多,每日不能舂出三百石,不足以应诸路之求。每月解子药③各三万斤,不能再多,望弟量入为出,少操几次,以省火药为嘱。

扎营图阅悉。得几场大雨,吟、昆等营必日松矣。处处皆系两层,前层拒城贼,后层防援贼,当可稳固无虞。

少泉代买之洋枪,今日交到一单,待物到即解弟处。洋物机括太灵多不耐久,宜慎用之。

次青之事,弟所进箴规,极是极是。吾过矣!吾过矣!吾因郑魁士享当世大名,去年袁、翁两处及京师台谏尚累疏保郑为名将,以为不妨与李并举,又有郑罪重李情轻,暨王锐意招之等语,以为比前折略轻。逮拜折之后,通首读来,实使次青难堪。今得弟指出,余益觉大负次青,愧悔无地。余生平于朋友中,负人甚少,惟负次青实甚。两弟为我设法,有可挽回之处,余不惮改过也。

---

① 碾:把东西轧碎或压平的器具。
② 碓(duì):木石做成的捣米器具。
③ 子药:弹药。

同治元年六月初四日

致澄弟

两位老师之费不可少,并告寄回高丽参五斤。

澄弟左右:

　　鸿儿印卷之费,余意三分各百千,尚是道光初年样子。弟意学书一分宜少,自是正办,请弟斟酌。其两位老师,则百千断不可少,盖学署清苦,而罗老师又贤而好学也。

　　沅、季在金陵,援贼尚无信息。春霆在宁国两获胜仗,闻宁城少粮,八月可望克复。少荃在上海获一大胜仗,此后可稳扎矣。安庆前苦亢旱,自十九至今,大雨不止,十分沾足。

　　兹寄回高丽参五斤,参不甚佳,而价则贵,宜以新石灰养之。

同治元年六月初十日

致沅弟季弟

爱惜声名,于有才无德者,不没其长而稍远其人。

沅、季弟左右:

　　专丁来信,应复者条列如左:

　　一、援贼大至,余甚为悬系。崇天义张姓,似是去春守徽州者,诡计甚多,打硬仗亦不甚悍。伪忠王前年十月在羊栈岭,去年春在建昌等处,均不甚悍,专讲避实击虚。弟所部新勇太多,总以"不出濠浪战"五字为主。如看确贼之技俩,偶然一战,则听弟十分审慎出之,余但求弟自固耳。

一、上海军情,昨已将少荃信钞寄。周沐润业经批令来皖帮办文案。许惇诗有才而名声太坏。南坡专好用名望素劣之人,如前用湖南胡听泉、彭器之、李茂斋,皆为人所指目,即与裕时卿、金眉生交契①,亦殊非正人行径。弟与南坡至好,不可不知其所短。余用周弢甫,亦系许、金之流,近日两奉寄谕查询,亦因名望太劣之故。毁誉②悠悠之口,本难尽信,然君子爱惜声名,常存冰渊③惴惴之心,盖古今因名望之劣而获罪者极多,不能不慎修以远罪。吾兄弟于有才而无德者,亦当不没其长,而稍远其人。

同治元年六月二十日

致沅弟

对外间指摘,宜抑然自修,不宜悍然不顾。

沅弟左右:

此次洋枪合用,前次解去之百支,果合用否?如有不合之处,一一指出,盖前次亦花大价钱买来,若过于吃亏,不能不一一与之申说也。

吾因近日办事,名望关系不浅,以鄂中疑季之言相告,弟则谓我不应述及。外间指摘吾家昆弟过恶,吾有所闻,自当一一告弟,明责

---

① 交契:结交;交好。
② 毁誉:诋毁和赞誉。
③ 冰渊:《诗·小雅·小旻》:"如临深渊,如履薄冰。"后遂以"冰渊"喻指处境危险。

婉劝，有则改之，无则加勉，岂可秘而不宣？鄂之于季，自系有意与之为难。名望所在，是非于是乎出，赏罚于是乎分，即饷之有无，亦于是乎判。去冬金眉生被数人参劾，后至抄没其家，妻孥中夜露立，岂果有万分罪恶哉？亦因名望所在，赏罚随之也。众口悠悠，初不知其所自起，亦不知其所由止。有才者忿疑谤之无因，而悍然①不顾，则谤且日腾；有德者畏疑谤之无因，而抑然自修，则谤亦日熄。吾愿弟等之抑然，不愿弟等之悍然。愿弟等敬听吾言，手足式好②，同御外侮，不愿弟等各逞己见，于门内计较雌雄，反忘外患。

至阿兄忝窃高位，又窃虚名，时时有颠坠之虞。吾通阅古今人物，似此名位权势，能保全善终者极少。深恐吾全盛之时，不克庇荫弟等，吾颠坠之际，或致连累弟等，惟于无事时，常以危词苦语，互相劝诫，庶几免于大戾。酷热不能治事，深以为苦。

同治元年七月二十日

致沅弟季弟

力劝季洪病中不服药。

沅、季弟左右：

季弟病似疟疾，近已全愈否？吾不以季病之易发为虑，而以季好轻下药为虑。吾在外日久，阅事日多，每劝人以不服药为上策。吴彤云近病极重，水米不进已十四日矣。十六夜四更，已将后事料理，手

---

① 悍然：蛮横貌。
② 式好：《诗·小雅·斯干》："兄及弟矣，式相好矣。"后常以"式好"谓骨肉和好。

函托我，余一概应允，而始终劝其不服药。自初十日起，至今不服药十一天，昨夜竟大有转机，疟疾减去十之四，呃逆①各症减去十之七八，大约保无它变。希庵五月之季病势极重，余缄告之，云治心以广大二字为药，治身以不药二字为药，并言作梅医道不可恃。希乃断药月余，近日病已全愈，咳嗽亦止。是二人者，皆不服药之明效大验。季弟信药太过，自信亦太深，故余所虑不在于病，而在于服药。兹谆谆以不服药为戒，望季曲从之，沅力劝之。至要至嘱。

季弟信中所商六条皆可允行。回家之期，不如待金陵克后乃去，庶几一劳永逸。如营中难耐久劳，或来安庆闲散十日八日，待火轮船之便，复还金陵本营，亦无不可。若能耐劳耐烦，则在营久熬更好，与弟之名曰贞、号曰恒者，尤相符合。其余各条皆办得到，弟可放心。

上海四万尚未到，到时当全解沅处。东征局于七月三万之外，又有专解金陵五万，到时亦当全解沅处。东局保案，自可照准，弟保案亦日内赶办。雪琴今日来省，筱泉亦到。

同治元年七月二十五日

致沅弟季弟

阅报知何桂清处死。寄鹿茸一架。

沅、季弟左右：

久不接来信，不知季病全愈否？各营平安否？东征局专解沅饷五万，上海许解四万，至今尚未到皖。阅新闻纸，其中一条言何根云六

---

① 呃逆：气逆作声，俗称打嗝。

月初七正法，读之悚惧惘怅。

余去岁腊尾买鹿茸一架，银百九十两，嫌其太贵，今年身体较好，未服补药，亦未吃丸药。兹将此茸送至金陵，沅弟配制后，与季弟分食之。中秋凉后，或可渐服，但偶有伤风微恙，则不宜服。余阅历已久，觉有病时断不可吃药，无病时可偶服补剂调理，亦不可多。吴彤云大病二十日，竟以不药而愈，邓寅皆终身多病，未尝服药一次。季弟病时好服药，且好易方，沅弟服补剂，失之太多，故余切戒之，望弟牢记之。

弟营起极早，饭后始天明，甚为喜慰。吾辈仰法家训，惟早起、务农、疏医、远巫四者尤为切要。

同治元年闰八月初四日

致澄弟

瘟病流行，军民死亡相继。洪容海部下复叛。

澄弟左右：

沅、霆两军病疫，迄未稍愈。宁国各属军民死亡相继，道殣①相望，河中积尸生虫，往往缘船而上，河水及井水皆不可食。其有力者，用舟载水于数百里之外。臭秽之气中人，十病八九。诚宇宙之大劫，军行之奇苦也。

洪容海投诚②后，其党黄、朱等目复叛，广德州既得复失，金柱关常有贼窥伺，近闻增至三四万人，深可危虑。余心所悬念者，惟此

---

① 道殣（jìn）：饿死于道路者。
② 投诚：归附；归顺。

二处。

余体气平安。惟不能多说话，稍多则气竭神乏，公事积搁，恐不免于贻误。弟体亦不甚旺，总宜好好静养。莫买田产，莫管公事。吾所嘱者，二语而已。盛时常作衰时想，上场当念下场时，富贵人家，不可不牢记此二语也。

同治元年九月初四日

致澄弟

对本县父母官，宜处于若远若近、不亲不疏之间。

澄弟左右：

沅弟金陵一军危险异常，伪忠王率悍贼十余万昼夜猛扑，洋枪极多，又有西洋之落地开花炮，幸沅弟小心坚守，应可保全无虞。鲍春霆至芜湖养病，宋国永代统宁国一军，分六营出剿，小挫一次，春霆力疾回营，凯章全军亦赶至宁国守城。虽病者极多，而鲍、张合力，此路或可保全。又闻贼于东坝抬船至宁郡诸湖之内，将图冲出大江，不知杨、彭能知之否。若水师安稳，则全局不至决裂耳。

来信言余于沅弟既爱其才，宜略其小节，甚是甚是。沅弟之才，不特吾族所少，即当世亦实不多见。然为兄者，总宜奖其所长，而兼规其短。若明知其错，而一概不说，则非特沅一人之错，而一家之错也。

吾家于本县父母官，不必力赞其贤，不可力诋其非，与之相处，宜在若远若近、不亲不疏之间。渠有庆吊，吾家必到；渠有公事，须绅士助力者，吾家不出头，亦不躲避。渠于前后任之交代，上司衙门之请托，则吾家丝毫不可与闻。弟既如此，并告子侄辈常常如此。子侄若与官相见，总以谦谨二字为主。

同治元年九月初九日

致沅弟季弟

万一芜湖失守，亦当安心坚守。用兵最重气势二字。

沅、季弟左右：

连接来信，略为宽舒，然危险情状，仍流露于纸上。护军营勇有自金陵归者，言初四夜弟营无恙，又言初六在东梁一带见陛营水陆急赴金陵。北风极大，恐初七尚未到。余忧灼之情，以初五夜为甚，不知是夜如何危殆？初六七夜，愁云暗淡，初八则月色清明，今日北风亦稍息矣。现备军火一船，专候轮舟到拖带下去。此后弟之子药银米，不患不能解济，特目下十日恐缺乏耳。

王可陞既赴弟处，闻芜湖十分惊慌，万一芜湖失守，弟亦当安心坚守。总待王、程二将到齐，出濠与之决战。程学启未到之先，仍以坚守为主。

缩十营近西头，此法甚好，何为迟疑不决？凡用兵最重气势二字。此次弟以二万人驻于该处，太不得势。兵勇之力，须常留其有余，乃能养其锐气。缩地约守，亦所以蓄气也。

同治元年九月十一日

致沅弟

缩营之策极好。制胜之道，在人不在器。

沅弟左右：

初五早之捷，破贼十三垒，从此守局应可稳固，至以为慰。缩营之说，我极以为然。既不能围城贼，又不能破援贼，专图自保，自以气敛局紧为妥，何必以多占数里为美哉？及今缩拢，少几个当冲的营盘，每日少用几千斤火药，每夜少几百人露立，亦是便益。气敛局紧四字，凡用兵处处皆然，不仅此次也。

所需洋枪洋药铜帽等，即日当专长龙船解去。然制胜之道，实在人而不在器。鲍春霆并无洋枪洋药，然亦屡当大敌。前年十月、去年六月，亦曾与忠酋接仗，未闻以无洋人军火为憾。和、张在金陵时，洋人军器最多，而无救于十年三月之败。弟若专从此等处用心，则风气所趋，恐部下将士，人人有务外取巧之习，无反己守拙之道，或流于和、张之门径而不自觉，不可不深思，不可不猛省。真美人不甚争珠翠，真书家不甚争笔墨，然则将士之真善战者，岂必力争洋枪洋药乎？

闻霆军营务处冯标说，霆营现以病者安置城内，尽挑好者扎营城外，亦是一法。弟处或可仿而行之。将病者伤者全送江北，令在西梁、运漕等处养息，专留好者在营。将东头太远之营缩于中路、西路，又将病伤太多之营缩而小之，或以二营并而一之。认真简阅一番，实在精壮可得若干人，待王、程到齐，再行出濠大战。目下若不缩营蓄锐，恐久疲之后，亦难与言战也。

穆海航在无为州，已札饬①将抵征之项银米并收，闻百姓欢欣之至。弟托之办两月米粮，必做得到，即当告之。

同治元年九月二十四日

致沅弟

不提劳苦，不夸功。审力尚在审机审势之上。

沅弟左右：

接弟二信，因余言及机势，而弟极言此次审机之难。弟虽不言，而余已深知之。萃忠、侍两酋极悍极多之贼，以求逞于弟军久病之后，居然坚守无恙。人力之瘁，天事之助，非二者兼至，不能有今日也。当弟受伤，血流裹创，忍痛骑马，周巡各营，以安军心，天地鬼神，实鉴此忱。以理势论之，守局应可保全。然吾兄弟既誓拼命报国，无论如何劳苦，如何有功，约定终始不提一字，不夸一句。知不知，壹听之人，顺不顺，壹听之天而已。

审机审势，犹在其后，第一先贵审力。审力者，知己知彼之切实工夫也。弟当初以孤军进雨花台，于审力工夫微欠。自贼到后，壹意苦守，其好处又全在审力二字，更望将此二字直做到底。古人云兵骄必败，老子云两军相对哀者胜矣。不审力，则所谓骄也；审力而不自足，即老子之所谓哀也。

药二万、银二万及洋枪一批，日内准交轮舟拖带东下，其余银米子药苦于逆风不能到皖，望弟稳守，不可急于出濠打仗。十月间，吾

---

① 札饬：旧时官府上级对下级发文训示。

再添派扩军前往助弟。弟之新勇,十月亦可赶到。昨日风雨,余极忧灼也。

同治元年十月初三日

致沅弟

先占长兴、宜兴等敌所不经意之要隘。

沅弟左右:

排递一缄,知守局平安如常,至以为慰。大官圩等处之粮多为我军所焚,则金陵援贼之粮必难久支,城贼之粮多寡,则不敢必耳,计忠、侍引退之期必不甚远。吾前有信嘱弟以追为退,改由东坝进兵,先剿溧阳,以至宜兴。先占太湖之西岸,水师亦由东坝进兵,俾李朝斌先在太湖西岸立住脚跟,则战船处处可到,而环湖之十四府州县处处震动,贼则防不胜防,我则后路极稳。较之株守金陵者,有死活之分,有险易之别,但无赫赫之名耳。

凡行军最忌有赫赫之名,为天下所指目①,为贼匪所必争。莫若从贼所不经意之处下手,既得之后,贼乃知其为要隘,起而争之,则我占先着矣。余今欲弃金陵而改攻东坝,贼所经意之要隘也;若占长兴、宜兴、太湖西岸,则贼所不经意之要隘也。愿弟早定大计,趁势图之,莫为浮言所惑,谓金陵指日可下,株守不动,贪赫赫之名,而昧于死活之势。至嘱至嘱。如弟之志必欲围攻金陵,亦不妨掀动一番,且去破东坝,剿溧阳,取宜兴,占住太湖西岸,然后折回再围金陵,

---

① 指目:手指而目视之。语本《礼记·大学》:"曾子曰:'十目所视,十手所指,其严乎!'"后以"指目"谓众所注视或众所指责。

亦不过数月间事,未为晚也。吾兄弟誓拼命报国,然须常存避名之念,总从冷淡处着笔,积劳而使人不知其劳,则善矣。

同治元年十月十五日

致沅弟

用兵之道,全军为上,保城池次之。

沅弟左右:

后濠之外,究尚有贼若干?已解围否?两次嘱弟退兵,改由东坝再进,弟复信皆深不以为然。昨又恐弟兵有难遽退之势,补发一信,令弟自行斟酌。

总之,用兵之道,全军为上,保城池次之。弟自行默度,应如何而后保全本军。如不退而后能全军,不退可也;如必退而后能全军,退可也。至于鲍军纵有挫失,而江面总可保全,大通、荻港等处厘局纵或被扰,而水中粮运总可常通。余十三日信言弟处运道终恐梗塞①,系忧灼过虑之辞,谅必不至于此耳。

---

① 梗塞:阻塞。

同治元年十月二十日

致沅弟

宜多用活兵轻兵，少用呆兵重兵。

沅弟左右：

　　宁国之事，据凯章言，老湘营守郡城，决可无碍。鲍、宋守高祖山、清弋江两处营垒，或亦尚可支持。如不能支，只好调皖北希部来救宁郡。蒋军正在力攻汤溪之际，又恐侍逆回浙，必不能饬芗救宁。吾每说军事但靠自己，莫靠他人，盖阅历之言也。左帅此次派王文瑞带三千五百人援徽，已是力顾大局之举，不可又责望芗军也。平心而论，鲍、张二军尚不能守一宁国，求援于人，实难措辞。

　　弟在军已久，阅事颇多，以后宜多用活兵，少用呆兵，多用轻兵，少用重兵。进退开合，变化不测，活兵也；屯宿一处，师老人顽，呆兵也；多用大炮辎重，文员太众，车船难齐，重兵也；器械轻灵，马驮辎重，不用车船轿夫，飙驰①电击，轻兵也。弟军积习已深，今欲全改为活兵、轻兵，势必不能，姑且改为半活半呆、半轻半重，亦有更战互休之时。望弟力变大计，以金陵、金柱为呆兵、重兵，而以进剿东坝、二溧为活兵、轻兵，庶有济乎！

---

① 飙驰：疾速奔驰。

同治元年十一月二十四日

致沅弟
劝沅甫宽怀。

沅弟左右：

兹请罨山至金陵一行，劝慰老弟宽怀，专以国事为重。不带勇则已，带勇则死于金陵，犹不失为志士。弟以季之没于金陵为悔为憾，则不可也。袁简斋①诗云"男儿欲报君恩重，死到沙场是善终"，当时以为名句。季榇到安庆，余必加漆五次，大约停住两旬。罨山至金陵小住十日可也。

同治元年十二月初四日

致澄弟
军务处处棘手，又遭季洪之变，寸心如焚。子侄须习劳起早。

澄弟左右：

三次寄缄论季弟丧事，想均接到。闻季弟灵榇尚在西梁山一带，不知何日始达安庆。皖北暂有平稳之象，惟鲍军十分危急。鲍若不支，则宁郡之老湘营亦必难坚守。宁若不支，则徽州亦难久守。日夜忧灼，无可设法。

---

① 袁简斋：袁枚（1716～1798），浙江钱塘（今杭州）人。字子才，号简斋，晚年自号仓山居士、随园主人、随园老人。清乾嘉时期代表诗人、散文家、文学评论家。

余以军务处处棘手,又遭季弟之变,寸心如焚。纪泽须留家中办季弟大事,二三月尚不能来营。但望军事稍顺,则余怀可渐渐舒邑矣。季弟枢过安庆,余欲留停二十天,一则多漆几次,二则到家后不进曹禾冲等屋,直进马公塘,则一切丧礼应行之仪注,即在安庆行之。且待到此后,再行斟酌。

家中诸子侄,望弟概教之习劳起早,不轻服药,一切照星冈公在日规矩。至嘱至嘱。

同治二年正月十八日

致沅弟

"花未全开月未圆"乃惜福保泰之道。以纪瑞承荫。

沅弟左右:

二日未寄信与弟,十七夜接弟初九日信,知弟左臂疼痛不能伸缩,实深悬系。兹专人送膏药三个与弟,即余去年贴右手背而立愈者,可试贴之,有益无损也。

拂意之事接于耳目,不知果指何事?若与阿兄间有不合,则尽可不必拂郁①。弟有大功于家,有大功于国,余岂有不感激、不爱护之理?余待希、厚、雪、霆诸君,颇自觉仁让兼至,岂有待弟反薄之理?惟有时与弟意趣不合。弟之志事,颇近春夏发舒之气;余之志事,颇近秋冬收啬②之气。弟意以发舒而生机乃王,余意以收啬而生机乃厚。平日最好昔人"花未全开月未圆"七字,以为惜福之道、保泰之法莫

---

① 拂郁:愤懑。拂,通"怫"。
② 啬:古同"穑",收割庄稼。

精于此。曾屡次以此七字教诫春霆，不知与弟道及否？星冈公昔年待人，无论贵贱老少，纯是一团和气，独对子孙诸侄则严肃异常，遇佳时令节，尤为凛不可犯。盖亦具一种收啬之气，不使家中欢乐过节，流于放肆也。余于弟营保举银钱军械等事，每每稍示节制，亦犹本"花未全开月未圆"之义。至危迫之际，则救焚拯溺，不复稍有所吝矣。弟意有不满处，皆在此等关头。故将余之襟怀①揭出，俾弟释其疑而豁其郁。此关一破，则余兄弟丝毫皆合矣。余不一一，顺问近好。

兄国藩手草

睪山信寄去。

再，余此次应得一品荫生，已于去年八月咨部，以纪瑞侄承荫。因恐弟辞让，故当时仅告澄而未告弟也。将来瑞侄满二十岁时，纪泽已三十矣，同去考荫，同当部曹②。若能考取御史，亦不失世家气象。以弟于祖父兄弟宗族之间竭力竭诚，将来后辈必有可观，目下小恚断不为害，但今年切不宜亲自督队耳。又行。

---

① 襟怀：胸怀；怀抱。
② 部曹：汉代尚书分曹治事，魏晋以后，渐改吏曹为吏部，但六部各司仍有称曹的。到明清时代，部曹就成为各部司官之称。

同治二年正月二十日

致沅弟

去忿欲以养体，存倔强以励志。

沅弟左右：

十九日接弟十四日缄，交林哨官①带回者，具悉一切。

肝气发时，不惟不和平，并不恐惧，确有此境。不特弟之盛年为然，即余渐衰老，亦常有勃不可遏之候。但强自禁制，降伏此心，释氏所谓降龙伏虎。龙即相火也，虎即肝气也。多少英雄豪杰打此两关不过，亦不仅余与弟为然。要在稍稍遏抑，不令过炽。降龙以养水，伏虎以养火。古圣所谓窒欲，即降龙也；所谓惩忿，即伏虎也。儒释之道不同，而其节制血气，未尝不同，总不使吾之嗜欲戕害吾之躯命而已。

至于倔强二字，却不可少。功业文章，皆须有此二字贯注其中，否则柔靡不能成一事。孟子所谓至刚，孔子所谓贞固，皆从倔强二字做出。吾兄弟皆禀母德居多，其好处亦正在倔强。若能去忿欲以养体，存倔强以励志，则日进无疆矣。

新编五营，想已成军。郴桂勇究竟何如？殊深悬系。吾牙疼渐愈，可以告慰。刘馨室一信抄阅，顺问近好。

兄国藩手草

---

① 哨官：指旧时军中管领一哨的长官。哨，古代军队的编制单位，历代标准不一，或以百人为哨。

同治二年三月二十四日

致沅弟

论豁达光明之识与恬淡冲融之趣。

沅弟左右：

二十三日张成旺归，接十八日来缄，旋又接十九日专人一缄，具悉一切。

弟读邵子①诗，领得恬淡冲融②之趣，此自〈是〉襟怀长进处。自古圣贤豪杰、文人才士，其志事不同，而其豁达光明之胸大略相同。以诗言之，必先有豁达光明之识，而后有恬淡冲融之趣。如李白、韩退之、杜牧之则豁达处多，陶渊明、孟浩然、白香山则冲淡处多。杜、苏二公无美不备，而杜之五律最冲淡，苏之七古最豁达。邵尧夫虽非诗之正宗，而豁达、冲淡二者兼全。吾好读《庄子》，以其豁达足益人胸襟也。去年所讲生而美者，若知之，若不知之，若闻之，若不闻之一段，最为豁达。推之即舜禹之有天下而不与，亦同此襟怀也。

吾辈现办军务，系处功利场中，宜刻刻勤劳，如农之力穑，如贾之趣利，如篙工③之上滩，早作夜思，以求有济。而治事之外，此中却须有一段豁达冲融气象。二者并进，则勤劳而以恬淡出之，最有意味。余所以令刻"劳谦君子"印章与弟者，此也。

无为之贼十九日围扑庐江后，未得信息。捻匪于十八日陷宿松后，闻二十一日至青草塥。庐江吴长庆、桐城周厚斋均无信来，想正在危

---

① 邵子：邵雍（1011～1077），字尧夫，谥号康节，自号安乐先生、伊川翁，后人称百源先生。北宋哲学家、易学家。
② 冲融：冲和；恬适。
③ 篙工：掌篙的船工。

急之际。成武臣亦无信来。春霆二十一日尚在泥汊，顷批令速援庐江。祁门亦无信来，不知若何危险。少荃已克复太仓州，若再克昆山，则苏州可图矣。吾但能保沿江最要之城隘，则大局必日振也。顺问近好。

国藩手草

同治二年四月初一日

致沅弟

尽可随时陈奏。六安或可保全。安庆城守坚固。希庵病势加剧。

沅弟左右：

昨日专人送喜信，想已接到。弟之谢恩折，尚可由安庆代作代写代递。初膺开府重任，心中如有欲说之话，思自献于君父之前者，尽可随时陈奏。奏议是人臣最要之事，弟须加一番工夫。弟文笔不患不详明，但患不简洁，以后从简当二字上着力。

春霆由枞阳、庐江进援六安，未知现抵何处。六安守兵系蒋之纯部下二营，二十五六七业已坚守三日夜。二十六日城塌数丈，贼匪猛扑，亦能御之，或可保全。枞阳周、张二营，吾批令一面驰回裕溪口，一面禀请弟示。安庆与庐江、桐城三处掎角坚守，枞阳尽可不须陆兵，但用水师分布于枞阳、上枞阳、大纲窑、练潭等处。安庆城守十分坚固，弟可放心也。希庵初十起行，病势加剧，十七始至县城，此最可虑。昨日接家信四件送去，本日接毛、黄二信抄阅。顺问近好。

国藩手草

同治二年四月十四日

致澄弟

初七日攻破东关，初九日攻破铜城闸。饷银缺乏，米粮充足。居家用费务宜收啬。

澄弟左右：

接弟三月二十五日县城发信，知已由长沙归，带陈婿夫妇回门。希庵之病，不知近日何如？此间望之真如望岁①矣。

六安州以初六日解围，闻伪忠王因太仓州为少荃中丞所克，遂率大股回援苏州，不复上犯湖北。鄂之幸，亦余之幸也。鲍军现由庐州进攻巢县，萧为则与彭杏南初九日攻破铜城闸，毛竹月、刘南云初七日攻破东关，北岸之事大有转机。苗沛霖复叛，攻围寿州已半月，尚能坚守。城中仅五百人，苗之技俩实不足畏也。南岸芜湖、金柱关、宁国皆极平稳，徽州近日亦松，江西之北边亦不致被贼冲入，此皆可喜之事。饷银虽极缺乏，然米粮充足，除度五、六、七荒月外，大约可剩谷二万余石。

余身体平安，入夏渴〔瞌〕睡甚多。欧阳凌云于初八日赴金陵，晓岑于十一日抵皖。泽儿果起行东来否？如其来营，必约金二外甥与袁婿同来。甥到此读书可豁眼界，婿亦可略就范围耳。闻弟居家用费甚奢，务宜收啬，累世俭朴之风，不可尽改。至嘱至嘱。即问近好。

兄国藩手草

---

① 望岁：即盼望丰收。岁，一年的收成。

同治二年四月十六日

致沅弟

既已换署新衔,则不必再行辞谢。

沅弟左右:

接弟十一、十二日两信,具悉一切。

辞谢一事,本可浑浑①言之,不指明武职京职,但求收回成命。已请筱泉、子密代弟与余各拟一稿矣。昨接弟咨,已换署新衔,则不必再行辞谢。吾辈所最宜畏惧敬慎者,第一则以方寸②为严师,其次则左右近习之人,如巡捕、戈什、幕府文案及部下营哨官之属,又其次乃畏清议。今业已换称新衔,一切公文体制为之一变,而又具疏辞官,已知其不出于至诚矣。欺方寸乎?欺朝廷乎?余已决计不辞,即日代弟具折。用四六谢折外,余夹片言弟愧悚思辞,请收成命。二十一二日专人赍③京。弟须用之奏折各件,即由此次折弁带归。

弟应奏之事暂不必忙。左季帅奉专衔奏事之旨,厥后三个月始行拜疏。雪琴得巡抚及侍郎后,除疏辞复奏二次后,至今未另奏事。弟非有要紧事件,不必专衔另奏,寻常报仗,仍由余办可也。

李子真尽可分送弟处。莫世兄年未二十,子偲不欲其远离。赵惠甫可至金陵先住月余,相安则订远局,否则暂订近局。

五月杪以后之米,省局尽可支应。以三万人计之,每月需米万二千石_{五百人一营者加夫一百八十名,每月需二百石}。弟部来此请米价及护票者已

---

① 浑浑:形容一片模糊的景象、状态。
② 方寸:指心。
③ 赍(jī):怀抱着;带着。

一万数千石，计六七月必到，不尽靠皖台也。顺问近好。

国藩手草

同治二年四月二十七日

致沅弟

担当大事，全在明强二字。

沅弟左右：

二十七日接二十一日来信，具悉一切。

弟辞抚之意如此坚切，余二十二日代弟所作之折想必中意矣。来信"乱世功名之际尤为难处"十字实获我心。本日余有一片，亦请将钦篆、督篆二者分出一席，另简大员。兹将片稿抄寄弟阅。吾兄弟常存此兢兢业业之心，将来遇有机缘，即便抽身引退，庶几善始善终，免蹈大戾乎？至于担当大事，全在明强二字。《中庸》学、问、思、辨、行五者，其要归于愚必明，柔必强。弟向来倔强之气，却不可因位高而顿改。凡事非气不举，非刚不济，即修身齐家，亦须以明强为本。

巢县既克，和、含必可得手。以后进攻二浦，望弟主持一切，函告鲍、萧、彭、刘四公。余相隔太远，不遥制也。顺问近好。

国藩手草

弟公文不宜用咨呈，用咨以符通例。

同治二年五月初九日

致沅弟

为文宜专从简当二字着力。

沅弟左右：

日内未接来信，不知城贼又出扑我营否？寿州之围断不能解，大约如前年安庆故事，援贼看我破城耳。顷接云仙信，于弟疏稿不甚以为然，兹寄阅。余批弟疏亦寄去查收。弟平日于文章一途最谦退不敢自信，寄云仙处请益晰疑，原无不可。祭文寄京师刘韫翁处，则似自信为能文者，不似平日之谦谨。京师人文荟萃，韫翁交游最广，万目传观，究为非宜。以后弟文宜专从简当二字着力，每日读书一时工夫亦不可少。

方子白谨厚朴实，或有裨于弟，而无佻薄①难近之态，弟若欲延之，则另派员署和州也。刘冰如一信抄阅，系寄湖北司道者，读之寒心。李黼堂在湖北偶一蹉跌②，便若半身不遂者，不知真病乎？抑装病乎？顺问近好。

国藩手草

---

① 佻薄：刻薄；不厚道。
② 蹉跌：失足跌倒。

同治二年五月十六日

致沅弟

解来火药饷粮。无形之功不必说。

沅弟左右：

十五日接弟初六、四、初十日三次信，十六日又接初八日信，具悉一切。所应复者，条列如左：

一、二浦既克，现依弟议，移韦守巢县、东关，梁、王、万三营守西梁山、铜城闸，腾出萧军分守二浦，刘军围攻九洑，鲍军南渡打东坝、二溧，另有公牍知会矣。

一、弟在湖南索取之药四万斤、银万两、绳十万，今日已到此间。除催令速行外，余又另解三万、米三千、子弹五万斤，又解还弟代济鲍营米一千九百石，均于日内成行。

一、陈氏即葬于安庆城外，已买得地一处，定于二十一日下窆①。

一、靖毅公墓志，此时可写矣，日内当添数语寄去。

去年进兵雨花台，忠、侍以全力来援，俾浙沪皆大得手。今年攻克各石城，俾二浦速下，扬州、天、六之贼皆回南岸，此弟功之最大处。然此等无形之功，吾辈不宜形诸奏牍，并不必腾诸口说，见诸书牍，此是谦字之真工夫。所谓君子之所不可及，在人之所不见也。吾时时以何为殷鉴②，望弟时时以和为殷鉴。比之向忠武，并不甚劣，弟不必郁郁也。顺问近好。

国藩手草

---

① 窆（sì）：埋棺材的坑。
② 殷鉴：谓殷人子孙应以夏的灭亡为鉴戒。《诗·大雅·荡》："殷鉴不远，在夏后之世。"后泛指可以作为借鉴的往事。

同治二年五月二十一日

致沅弟
商讨军事部署及鼓励沅甫练文笔。

沅弟左右：

二十一日接弟十三日信，盖连日南风极大，故到省极迟。应商事件，条列如左：

一、十七晚有轮舟自金陵经过，亲见九洑洲实已克复。宜以萧军守二浦，南云酌留二营守九洑洲，非畏长毛之复来也，畏李世忠之盘踞耳。如李业已派兵扎二浦城内，则弟须商之厚、雪与萧，用蛮教驱之使去李最欺善怕恶，令萧军速入，占守二城。李见我军威方盛，必不敢十分违抗。李有牍来，报渠兵克复桥林、二浦，余当批斥之，不准渠部再入二浦城也。

一、二浦、九洑既克，霆军日内必已南渡，或竟围扎孝陵卫一带，或先打二溧，均听弟与厚、雪、霆四人商办，余不遥制①。昨已函告弟处，顷又函告雪琴矣。余平日本主先攻二溧、东坝，不主合围之说。今见事机大顺，忠酋又已回苏，金陵城贼必甚惊慌，亦改而主合围之说。且天气太热，霆军奔驰太苦，不如令扎金陵东北，以资休息。待七月半间伏过暑退，弟与霆军各抽行队去打东坝、二溧，尚不为晚。届时江、席、李三军亦可由广德、建平以达东坝矣。

一、合围之道，总以断水中接济为第一义。百余里之城，数十万之贼，断非肩挑陆运所能养活。从前有红单船②接济，有洋船接济，

---

① 遥制：在远处加以控制。
② 红单船：广东商人造船需禀报海关，给予红单以备稽查，故所造船名"红单船"。

今九洑洲既克，二者皆可力禁。弟与厚、雪以全副精神查禁水次接济，则克城之期，不甚远矣。九洑洲可设一厘卡，弟处有贤员可派否？樊沛仁声名极坏，当严行查办。

一、余批折稿中，有一条不当于事理，弟亦不必怃气。余之意，不过想弟军常常有一大支活兵在外耳。今江北既一律肃清，则大局已好，或合围或游击，均无不可，余兄弟议论不至参差矣。至于云仙之意，则当分别观之。渠不以弟疏稿为然，诚所不免；谓渠遵例回避，愿入弟幕草奏尽出客气，却又不然。胡文忠八年初丁艰时，屡函称遵旨夺情，不愿作官，愿入迪庵幕中草奏帮办。人人皆疑其矫，余则知其爱迪敬迪出于至诚。云仙之爱弟敬弟，亦极诚挚，弟切莫辜负其意也。往时咸丰三、四、五年间，云仙之扬江、罗、夏、朱而抑鄙人，其书函言词均使我难堪，而日久未尝不谅其心。

至弟之文笔，亦不宜过自菲薄，近于自弃。余自壬子出京，至今十二年，自问于公牍书函、军事吏事、应酬书法无事不大长进。弟今年四十，较我壬子之时尚少三岁，而谓此后便无长进，欺人乎？自弃乎？弟文有不稳之处，无不通之处；有不简之处，无不畅之处，不过用功一年二载便可大进。昔温弟谏余曰："兄精神并非不足，便吝惜不肯用耳。"余今亦以此意谏弟也。顺问近好。

国藩手草

同治二年七月初一日

致沅弟
每日看他人奏折一二篇,看其主意、结构及用字。

沅弟左右:

接二十六日巳刻来信,具悉一切。

奏折一事,弟须用一番工夫。秋凉务闲之时试作二三篇,眼界不必太高,自谦不必太甚。上次惠甫、次卿二稿,只须改润一二十字,尽可去得。目下外间咨来之折,惟浙沪湘三处较优,左、李、郭本素称好手也。此外如官、骆、沈、严、僧、吴、都、冯之折,弟稍一留心即优为之。以后凡有咨送折稿到弟处者,弟皆视如学生之文,圈点批抹。每折看二次,一次看其办事之主意、大局之结构,一次看其造句下字之稳否。一日看一二折,不过月余,即可周知时贤之底蕴。然后参看古人奏稿,自有进益。每日极多不过二三刻工夫,不可懒也。二十五日拜发之件,尽可咨行邻省。

金眉生与鹤侪积怨甚深,吾辈听言,亦须独具权衡。权位所在,一言之是非,即他人之荣辱予夺系焉。弟性爽快,不宜发之太骤。顺问近好。

兄国藩手草

同治二年七月十一日

致沅弟

强字须从明字做出才不可屈挠。

沅弟左右：

初十夜接初六日专人来信，具悉一切。

鹤侪掯留①弟营委员至三个月之久，宜弟恚怒②不平。弟去之严札，其是处余以圆圈识之，其太繁处余以尖圈识之。乔来之戆③禀，余亦以圆圈尖圈识之。何铣之事，本拟俟筠仙查复后再行严办。今筠公有抚粤之行，后来者不知为谁。意欲严惩何铣，竟不知如何下手乃为恰如题分。盖谴罚有罪，亦须切当事理，乃服人心。筠、南二公日内必到此间，商定后再行举发可也。

近人折稿，弟处咨到者少，余当饬抄成本，陆续寄去，每月寄送二分。古人奏疏，亦当抄二三十篇，以备揣摹。

强字原是美德，余前寄信亦谓明强二字断不可少。第强字须从明字做出，然后始终不可屈挠。若全不明白，一味横蛮，待他人折之以至理，证之以后效，又复俯首输服，则前强而后弱，京师所谓瞎闹者也。余亦并非不要强之人，特以耳目太短，见事不能明透，故不肯轻于一发耳。又吾辈方鼎盛之时，委员在外，气焰熏灼，言语放肆，往往令人难近。吾辈若专尚强劲，不少敛抑，则委员仆从等不闹大祸不止。

盐务规复引地，余有寄南坡一信，抄稿付阅。所索子药太多，候

---

① 掯（kèn）留：扣留。
② 恚（huì）怒：生气；愤怒。
③ 戆（zhuàng）：刚直。

酌发之。即问近好。

国藩手草

同治二年七月二十一日

致沅弟

凡办大事,以识为主,以才为辅;凡成大事,人谋居半,天意居半。

沅弟左右:

二十日接十六日信,二十一日接十一日交雷哨官信,具悉一切。

杏南未愈而萧、伍复病,至为系念。亲兵独到而丁道之匠头未到。丁道以前二年在福建寄信来此,献硼炮之技。去年十一月到皖,已试验两次,毫无足观。居此半年,苟有长技,余方求之不得,岂肯弃而不用。渠在此无以自长,愿至金陵一为效用,余勉许之。至欲在雨花台铸炮,则尽可不必。待渠匠头来此,如需用他物,或可发给,若需锅铁及铸炮等物,则不发也。

凡办大事,以识为主,以才为辅;凡成大事,人谋居半,天意居半。往年攻安庆时,余告弟不必代天作主张。墙濠之坚,军心之固,严断接济,痛剿援贼,此可以人谋主张者也。克城之迟速,杀贼之多寡,我军士卒之病否,良将之有无损折,或添他军来助围师,或减围师分援他处,或功隳①于垂成,或无心而奏捷,此皆由天意主张者也。譬之场屋考试,文有理法才气,诗不错平仄抬头,此人谋主张者也。主司之取舍,科名之迟早,此天意主张者也。若恐天意难凭,而必广

---

① 隳(huī):毁坏;崩毁。

许神愿，行贿请枪；若恐人谋未臧，而更多方设法，或作板绫衣以抄夹带，或蒸高丽参以磨墨。合是皆无识者之所为。弟现急求克城，颇有代天主张之意。若令丁道在营铸炮，则尤近于无识矣。愿弟常存畏天之念，而慎静以缓图之，则善耳。顺问近好。

兄国藩手草

弟于吾劝诫之信，每不肯虚心体验，动辄辨论，此最不可。吾辈居此高位，万目所瞻。凡督抚是己非人、自满自足者，千人一律。君子大过人处，只在虚心而已。不特吾之言当细心寻绎，凡外间有逆耳之言，皆当平心考究一番。逆耳之言随时随事皆有，如说弟必克金陵便是顺耳，说金陵恐非沅甫所能克便是逆耳。故古人以居上位而不骄为极难。兄又及。

同治二年七月二十三日

致沅弟

谈奏折、进兵、添营及粮饷等事。

沅弟左右：

二十一夜接十八早排递一信并折稿各牍，二十三日接十九日专丁送信，具悉一切。所应复者，仍条列如左：

一、折稿皆轩爽①条畅，尽可去得。余平日好读东坡《上神宗皇

---

① 轩爽：显豁明快。

帝书》，亦取其轩爽也《古文辞类纂》①有之，弟可常常取阅。多阅数十遍，自然益我神智。譬如饮食，但得一肴适口充肠，正不必求多品也。周寿山久已署温处道，弟毫无所闻耶？金陵战事，弟自行具奏亦可，然弟总以不常奏事为妥。凡督抚以多奏新事、不袭故常为露面。吾兄弟正在鼎盛之际，弟于此等处可略退缩一步。

一、鲍军仍须由大胜关进孝陵卫，决不可由下面绕来。待过中秋后，弟信一到，余即咨鲍由南头进兵。

一、弟骤添多营，本与余平日之规模不相符合。然贼势穷蹙②之际，力求合围，亦是正办，余亦不敢以弟策为非。恽中丞余曾保过。凡大臣密保人员，终身不宜提及一字，否则近于挟长③，近于市恩④。此后余与湘中函牍，不敢多索协饷，以避挟长市恩之嫌，弟亦不宜求之过厚，以避尽欢竭忠之嫌。

一、江西厘务，下半年当可略旺。然余统兵已近十万，即半饷亦须三十万，思之胆寒。弟处米除每月三千外，本日又解四千石矣。顺问近好。

兄国藩手草

---

① 《古文辞类纂》：清代桐城派古文家姚鼐编的各类文章总集。全书七十五卷，选录战国至清代的古文，依文体分为论辨、序跋、奏议、书说、赠序、诏令、传状、碑志、杂记、箴铭、颂赞、辞赋、哀祭等十三类。
② 穷蹙：窘迫；困厄。
③ 挟长：倚仗；依恃。
④ 市恩：谓以私惠取悦于人。犹言买好，讨好。

同治二年七月二十四日

致澄弟
婉辞谢绝寅皆、牧云送眷。

澄弟左右：

前接弟信，已将寅皆、牧云两兄不宜送眷之故，致函排递至家，不知到否？途次有曾恒德、张德富照料，又系自己之座船，又有水师炮船护送，千稳万慎。寅皆、牧云二公如已成行，请于中途婉辞谢之。吾家富贵气不可太重也。

纪瑞侄完姻，吾实嫌其太早。不知系沅弟之信与？抑沅弟妇谋之于弟而成与？兹寄银五十两暨五品顶戴、补褂、朝珠以为贺礼。吾恐家中日习于奢，故诸事从俭薄也。

此间军事平安。江西已一律肃清，惟兵勇病痛尚多。苗逆猖獗，唐中丞十分危急，袁午帅业已仙逝，淮事殆无了日耳。即问近好。

同治二年九月十一日

致沅弟
从畏慎二字痛下工夫。

沅弟左右：

接初五日戌刻来函，具悉一切。旋又接十九日所发折片之批谕，饬无庸①单衔②奏事,不必咨别处,正与七年四月胡润帅所奉之批旨相同。但彼系由官帅主稿会奏,饬令胡林翼无庸单衔具奏军事,未禁其陈奏地方事件,与此次略有不同耳。弟性褊激③,于此等难免怫郁,然君父之命,只宜加倍畏慎。余自经咸丰八年一番磨炼,始知畏天命、畏人言、畏君父之训诫,始知自己本领平常之至。昔年之倔强,不免客气用事。近岁思于畏慎二字之中养出一种刚气来,惜或作或辍,均做不到。然自信此六年工夫,较之咸丰七年以前已大进矣。不知弟意中见得何如?弟经此番裁抑磨炼,亦宜从畏慎二字痛下工夫。畏天命,则于金陵之克复付诸可必不可必之数,不敢丝毫代天主张。且常觉我兄弟菲材④薄德,不配成此大功。畏人言,则不敢稍拂舆论。畏训诫,则转以小惩为进德之基。余不能与弟相见,托黄南翁面语一切,冀弟毋动肝气。至嘱至嘱。

国藩手草

同治二年九月十四日

致澄弟

沅甫近募陆军二万、水师十二营。鼎盛之际宜收敛。

澄弟左右:

接弟八月二十一日信后又连接二信:一系唐颓洲之弟德圃携来,

---

① 无庸:无须;不必。
② 单衔:单独具衔或独自署名。
③ 褊激:心胸狭窄,言行过激。
④ 菲材:亦作"菲才",指浅薄的才能,多用作自谦之词。

一系沈霭亭之甥王君携来。德圃朴实稳练，此间必有以位置之。王君则无可录用，霭亭亦同来，此又不能不位置也。

此间自青阳解围后，各路平安。唐义渠在临淮近亦稳固。春霆已至南陵，令其由宁国、建平进攻东坝。沅弟军中士气甚壮，惟新奉批谕"无庸单衔奏事"，恐不免抑郁触动肝气。又沅近日添募陆军至二万之多，又添募水师十二营，全不函商余处，殊不可解。长江业已一律肃清，贼匪并无一船，杨、彭水师尽敷调遣，不知弟添十二营果作何用？其向恽中丞求索饷银火药，动辄数万或十数万，亦过于尽人之欢竭人之忠。

闻十月十九日家庙落成，将由县城叫省中戏班以志庆。吾意我家方在鼎盛之际，此等处总宜收敛，不宜过于发扬，望弟时时留心。吾身体平安，泽儿已全愈，余上下均吉。家眷船初四日尚在长沙未开，大约十月乃到也。顺问近好。

兄国藩手草

再，贺潜因兔形山之事来此告状，余批以不管隔省之事。渠求写信与弟及县局蔡、许诸君，但求不褫革渠之秀才，以后再不敢多事兴讼云云。究竟渠之讼事有理与否，褫革秀才之说已见明文否，望弟查明。渠既言以后定不多事，或有可以挽回之处若太无理则不勉强，弟为之出力可也。十四日又行

同治二年十月十四日

致澄弟
闻家中过于奢华。

澄弟左右：

接弟九月中旬信，具悉一切。

此间近事，自石埭、太平、旌德三城投诚后，又有高淳县投诚，于十月初二日收复，东坝于初七日克复，宁国、建平于初六、初九日收复，广德亦有投诚之信，皖南即可一律肃清。淮上苗逆虽甚猖獗，而附苗诸圩因其派粮派人诛求无厌，纷纷叛苗而助官兵，苗亦必不能成大气候矣。

近与儿女辈道述家中琐事，知吾弟辛苦异常，凡关孝友根本之事，弟无不竭力经营。惟各家规模总嫌过于奢华。即如四轿一事，家中坐者太多，闻纪泽亦坐四轿，此断不可。弟曷不严加教责？即弟亦只可偶一坐之，常坐则不可。篾结轿而远行，四抬则不可；呢轿而四抬则不可入县城、衡城，省城则尤不可。湖南现有总督四人，皆有子弟在家，皆与省城各署来往，未闻有坐四轿。余昔在省办团，亦未四抬也。以此一事推之，凡事皆当存一谨慎俭朴之见。

八侄女发嫁，兹寄去奁仪百两、套料裙料各一件。科三盖新屋移居，闻费钱颇多。兹寄去银百两，略为佽助。吾恐家中奢靡太惯，享受太过，故不肯多寄钱物回家，弟必久亮之矣。即问近好。

国藩手草

同治二年十一月十二日

致沅弟

但在积劳二字上着力，不必问及成名享福。苗沛霖二十六夜擒斩。

沅弟左右：

接初四、初六日两次来信，知初五夜地道轰陷贼城十余丈，被该逆抢堵，我军伤亡三百余人。此盖意中之事。城内多百战之寇，阅历极多，岂有不能抢堵缺口之理？苏州先复，金陵尚遥遥无期，弟切不必焦急。

古来大战争、大事业，人谋仅占十分之三，天意恒居十分之七。往往积劳之人非即成名之人，成名之人非即享福之人。此次军务，如克复武汉、九江、安庆，积劳者即是成名之人，在天意已算十分公道，然而不可恃也。吾兄弟但在积劳二字上着力，成名二字则不必问及，享福二字则更不必问矣。

厚庵坚请回籍养亲侍疾，只得允准，已于今日代奏。

苗逆于二十六夜擒斩，其党悉行投诚。凡寿州、正阳、颍上、下蔡等城一律收复，长、淮指日肃清，真堪庆幸。

郭世兄于十二日到此，大约暂留安庆小住。牧云定十五以后回湘。弟近日身体健王否？吾所嘱者二端：一曰天怀淡定，莫求速效；二曰谨防援贼城贼内外猛扑，稳慎御之。顺问近好。

　　　　　　　　　　　　　　　　　　　国藩手草

同治二年十二月初四日

致澄弟

将凑万金为李家丧事及将来日用之资。

澄弟左右：

初一日接弟二缄，一系蒋官一等十一月初三日所发，一系王继清等十一日所发，具悉一切。

此间近事平安。二十九日忽接鲍春霆信，言溧水失守。次日始知为谣言，该城实坚守无恙。伪忠王到金陵已二十日，尚未猛扑沅弟营盘。大约扑沅营数次不得逞，即以全力上犯江西耳。

袁婿读书之事抛荒①太久，又心之所向不在此途，故不令其拜师上学。金二外甥悟性日开，发奋异常，文赋诗字均有长进，不特进学补廪②可以操券③而获，即乡会试亦大可望，可为蕙妹庆，可为诸舅庆。望弟详告蕙妹、王太宜人，尽〈可〉安心养病，不患无显荣之日也。

衡州都司唐翚，稍迟再行咨调。彭寿七爹钱挥，弟可涂销交彭九峰手。王辅臣已派至金柱关坐厘卡，距沅营仅百余里，当可常往请示。李家之挽联挽幛甚为妥叶④。迪庵早年入款，尚有万金分存成、萧、蒋、毛、张五处。余拟提回寄李家，为姻伯养赡之资。此外奠仪之类，

---

① 抛荒：荒废；荒疏。
② 补廪：明清科举制度，生员经岁、科两试成绩优秀者，增生可依次升廪生，谓之"补廪"。
③ 操券：古代契约分左右两片，双方各执其一，作为凭据，左券由债权人收执，右券由债务人收执。但亦有相反之说。"操左券"比喻事成有把握，亦省作"操券"。
④ 叶：同"谐"，和洽。

或尚可凑万金，为希帅丧事及迪、希二家将来日用之资。不知妥否？现尚未定局，亦未函告李家也。

安庆寓中内外大小平安，足慰远念。共办棉花车七架，每日纺声甚热闹。顺问近好。余详日记中。

兄国藩手草

同治二年十二月二十一日

致沅弟

言大炮之长处与短处。

沅弟左右：

二十日接十六日来信并抄寄、筠两帅来信，具悉一切。

大炮守垒，只可偶一用之，多用则实可不必。吾在水营多年，深知大炮之长短。

凡炮火之利有二：曰及远，曰命中。大炮之大子可以及远而难以命中，谓其愈远则行愈迟慢，且有声可以回避；又往往自上落下，不能横穿也。其群子可以命中而难以及远。包得合膛，筑得极紧，可及二三箭之远，否则仅及一箭而已。群子所能及之处，先锋包亦几能及之。

军兴日久，各弁勇①事事外行，徒慕大炮之名。见贼在二三里外，纷纷开大炮大子击之，喜其响之震、烟之浓而已。见贼不畏炮而排进如故，则以为凶悍无匹，而不知大子实不伤人也。吾在水营时，教将

---

① 弁（biàn）勇：弁兵。弁，旧时称低级武官。

弁专用群子包得圆、筑得紧、开得近三语者，内湖各营罕能做到，外江间有做到者，便是无敌之将。陆营善用大炮者，吾尚无所闻。弟营善用大炮者共若干人？然大约不满三百人，而营中之炮，却不止三百尊。弟去年请黄南翁解炮四尊，今年请丁道铸炮数尊，皆外行之举动也。

余恐火药接济不上，故于地洞、大炮二事详悉言之。

火药腊月已解八万，正月不过三四万耳。饷银今日起解六万，竟不能践十万之约，亦因弟处腊月有沪上之三万、运司之七万八千、无为之二万，而此间亦已先解九万，在近日已有贫儿骤富之象矣。余近于饷银粮药等物，稍缺则有决裂之患，稍足又惧满盈之灾。

义渠并无实缺，所带之勇殊难交卸。李世忠事，余有复奏密疏。抄寄弟阅。南翁尚未到此，颇不可解。程学启将到常州。余函商少荃，令程来共图金陵。顺问近好。

国藩手草

同治三年正月十四日

致澄弟

不欲多寄银物至家，恐家中骄奢。

澄弟左右：

正月四日接弟十二月二十日排递之函，初七日接弟二十日函，由谢绍武等带来者。些微①寄件，何足云谢。

---

① 些微：少许；一点儿。

吾不欲多寄银物至家，总恐老辈失之奢，后辈失之骄。未有钱多而子弟不骄者也。吾兄弟欲为先人留遗泽，为后人惜余福，除却勤俭二字，别无做法。弟与沅弟皆能勤而不能俭，余微俭而不甚俭，子侄看大眼吃大口，后来恐难挽回。弟须时时留心。

大雪五日，平地四尺，此间军士极苦。沅弟初二日以后尚无信来。安庆合家平安，足慰远念。顺问近好。

国藩手草

同治三年正月二十六日

致沅弟

富贵功名为浮荣，惟胸次浩大是真正受用。

沅弟左右：

二十五日接十八日来信，二十六日接二十二夜来信。天保城以无意得之，大慰大慰。此与十一年安庆北门外两小垒相似，若再得宝塔梁子，则火候到矣。

弟近来气象极好，胸襟必能自养其淡定之天，而后发于外者有一段和平虚明之味。如去岁初奉不必专折奏事之谕，毫无怫郁之怀，近两月信于请饷请药毫无激迫之辞，此次于莘田、芝圃外家渣滓悉化，皆由胸襟广大之效验，可喜可敬。如金陵果克，于广大中再加一段谦退工夫，则萧然无与，人神同钦矣。富贵功名皆人世浮荣，惟胸次①浩大是真正受用。余近年专在此处下功夫，愿与我弟交勉之。

---

① 胸次：胸间，亦指胸怀。

闻家中内外大小及姊妹亲族无一不和睦整齐，皆弟连年筹画①之功。愿弟出以广大之胸，再进以俭约之诚，则尽善矣。喜极答函，顺问近好。

国藩手草

同治三年二月十四日

致澄弟

探称洪秀全自誓城破则放火自焚。

澄弟左右：

二月十三日接弟正月二十五日衡州一函，其萧开二等所带腊肉亦于十二始到。弟所寄食物多而且好，谢谢。

正月下冻冰雪太久，恐非佳兆，而弟决谷米之必贱，何也？此间亦苦风雪严寒，气象黯惨，几与庚申春间苏杭大变时景象相似，余深以为忧。幸二日内已放晴矣。

沅军平安如故。自正月底合围，贼至今未出城猛扑。探称洪逆积柴绕屋，自誓城破则放火自焚。上窜江西之贼近日未闻的报，不知已至抚、建否？寓中大小平安。

纪泽之病已愈，但尚禁风。后辈体气远不如吾兄弟之强壮也。吾所以屡教家人崇俭习劳，盖艰苦则筋骨渐强，娇养则精力愈弱也。老弟以为然否？顺问近好。

国藩手草

---

① 筹画：谋划。

同治三年二月二十四日

致澄弟

时时于俭字用功，牢记有减无增四字。

澄弟左右：

接弟信，知临三生子，兰姊可慰于九泉矣。兹付去银拾两为贺。五十侄女生子，亦寄十两为贺。请弟妥交。

此间近状平安。上海李军于十二日克复常州。金陵之贼外援已绝，计瓜熟蒂落之期当亦不远。惟米粮昂贵，且无处可买，颇以为虑。江西之贼自席军在金溪获胜，大局不致糜烂。然穷寇觅食纷窜，闽广两湖均属可虑，不可以其为残败之匪而忽之。如省城、衡州有与弟商及贼情者，宜互相诫慎①也。

俭之一字，弟言时时用功，极慰极慰，然此事殊不易易。由既奢之后而返之于俭，若登天然。即如雇夫赴县，昔年仅轿夫二名，挑夫一名，今已增至十余名。欲挽回仅用七八名且不可得，况挽至三四名乎？随处留心，牢记有减无增四字，便极好耳。顺问近好。

国藩手草

---

① 诫慎：警惕；谨慎。

同治三年四月初三日

致沅弟
兄弟惟有互劝互勖互恭维而已。

沅弟左右：

按二十七、八日两信，具悉一切。

地道既难中止，听弟加工再挖，余不复遥制。徽、休、祁、黟俱无恙，贼已由婺境横窜遂安、华埠，将仍走玉山、广信以犯抚、建，闻剃头者甚多，并不杀人放火，或有各自逃散之意亦未可知。弟军今年饷项之少为历年所无，余岂忍更有挑剔，况近来外侮纷至迭乘①，余日夜战兢恐惧，若有大祸即临眉睫者。即兄弟同心御侮，尚恐众推墙倒，岂肯微生芥蒂？又岂肯因弟词气稍戆藏诸胸臆？又岂肯受他人千言万怄遂不容胞弟片语乎？老弟千万放心，千万保养。此时之兄弟，实患难风波之兄弟，惟有互劝互勖②互恭维而已。

余日内所患者三端：一则恐弟过劳生病，弁勇因饷绌而散漫；二则恐霆营人心涣散，另生祸变，兹将霆营周委员寄鄂台一信抄阅；三则恐汉中大股东窜，庐普守、巢何绍彩守巢、和、滁俱不能守，西梁山亦无兵可以拨防。此三事中，弟有法可以补救一二否？即问近好。

---

① 迭乘：轮流更替。
② 勖（xù）：古同勉励。

同治三年四月初七日

致沅弟
当以旷怀、小心二者相慰勉。

沅弟左右：

　　昨日寄去一缄，言湖州尚未克复，鲍军未可轻动，想已接到。顷接澄弟家信，黄鼎甫侄婿于三月十七去世，实深骇悲。温弟妇忧郁如此，何以为生！吾兄弟近日所闻见多不适意之事，惟当以旷怀①、小心二者交相慰勉。纪泽病又五日，今痊愈矣。顺问近好。

同治三年四月十三日

致沅弟
毋恼毋怒以养肝疾。

沅弟左右：

　　十三日接弟初十日书，具悉一切。

　　其时适闻初六常州克复、初八丹阳克复之信，正深欣慰，而弟信中有云肝病已深，痼疾已成，逢人辄怒，遇事辄忧等语，读之不胜焦虑。今年以来，苏浙克城甚多，独金陵迟迟尚无把握，又饷项奇绌，不如意之事机、不入耳之言语纷至迭乘。余尚愠郁成疾，况弟之劳苦过甚百倍阿兄，心血久亏数倍于阿兄乎？余自春来，常恐弟发肝病，而弟信每含糊言之，此四句乃露实情。此病非药饵所能为力，必须将

---

① 旷怀：豁达的襟怀。

万事看空，毋恼毋怒，乃可渐渐减轻。蝮蛇螫手，则壮士断其手①，所以全生也。吾兄弟欲全其生，亦当视恼怒如蝮蛇，去之不可不勇。至嘱至嘱。

余年来愧对老弟之事，惟拨去程学启一名将，有损于阿弟。然有损于家，有益于国，弟不必过郁，兄亦不必过悔。顷见少荃为程学启请恤一疏，立言公允，兹特寄弟一阅，请弟抄后寄还。李世忠事，十二日奏结，兹咨弟处。渠见此奏，或可将三十万串迅速解来，并请弟抄折再咨李处余已咨矣，恐其到缓。又饷绌情形一片抄阅，即为将来兄弟引退之张本。余病假于四月二十五日满期，余意二十五再请续假。幕友皆劝销假，弟意以为何如？淮北票盐、课厘两项，每岁共得八十万串，拟概供弟一军。此亦巨款，而弟尚嫌其无几，且愧对万、忠，盖亦眼大口大之过。余于咸丰四、五、六、七、八、九等年从无一年收过八十万者，再筹此等巨款，万不可得矣。顺问近好。

同治三年四月二十日

致沅弟

总须守定"畏天知命"，以此养身却病持盈保泰。

沅弟左右：

十九日接弟十六日信，具悉上海解到十三万六千，合之前批之银三万钱二万串，共得银十八万有奇。春霆分去五万，合之大通之二万，又由江外粮台再解二万，即足九万之数。加以篪轩所办之米四千石，

---

① 壮士断其手：《三国志·魏书·陈泰传》："蝮蛇螫手，壮士解其腕。"螫手解腕，比喻为了顾全大局而忍痛牺牲局部。

霆营尽可起程援江矣。弟收沪银十三万零,今日再由江外粮台解去六万,合之各卡厘金,计亦可勉强过节。此节之不决裂,实天幸也。深信器重,施之于富或容有之,施之于冯则甚不确。富欲派六千人助剿金陵,亦有信到此间,拟复信令其调回北岸,守六合而保里下河,预防湖北股匪。十二日之片,亦已发其端矣。事事落人后着,不必追悔,不必怨人,此等处总须守定畏天知命四字。

金陵之克,亦本朝之大勋,千古之大名,全凭天意主张,岂尽关乎人力?天于大名,吝之惜之,千磨百折,艰难拂乱而后予之。老氏所谓"不敢为天下先"者,即不敢居第一等大名之意。弟前岁初进金陵,余屡信多危悚儆戒之辞,亦深知大名之不可强求。今少荃二年以来屡立奇功,肃清全苏,吾兄弟名望虽减,尚不致身败名裂,便是家门之福。老师虽久而朝廷无贬辞,大局无他变,即是吾兄弟之幸。只可畏天知命,不可怨天尤人。所以养身却病在此,所以持盈保泰亦在此。千嘱千嘱,无煎迫而致疾也。顺问近好。

同治三年四月二十八日

致沅弟
不复续假。

沅弟左右:

二十四五日接二十一日两信,二十六日接二十三夜来信,具悉一切。余已于二十七日具片销假矣。弟信既恳至,雪琴又由湖口特来此间一行,遂不复续假,亦恐人疑我此举专为沈中丞也。片稿先抄弟阅。

抚州于十八早解围,外间言围攻极猛,不知实尚隔一大河,炮船排列，断难飞渡也。富公数千人预备助剿金陵，谕旨令其以江北为重，富来函亦谓即将调回扬防。大约除少荃亲来外，别无一支来弟处帮忙者。事权之一，可喜；担荷之重，亦可惧。究竟尹光六须借稿荐否？中关之接济已断否？望示及。

弟病在水不能生木，余亦夙有此疾，非药物所能为力。每日无论如何忙迫，总须略有抽闲之时，或静坐，或渴睡①，或散步，火不动，则水得所养矣。弟若续接沪饷九万，可分二三万运湘中官盐否？顺问近好。

同治三年五月初六日

致沅弟

肝脾之病非良医所能为功，全仗以心治之。

沅弟左右：

昨寄一缄，旋接初二日来信，具悉弟腹泄小愈。腹泄及不食油荤均不足介意，惟肝脾二家全仗老弟以心治之，非阿兄所能助谋，亦非良医所能为功，弟之天君即神医也。

江西宜黄、崇仁失守，省城吃紧，实出意外。兹有催杨军门之咨，请弟转递。余排递弟处信三日可到，而排递杨、彭信总须八九日，州县之以亲疏为势利，可恶如此。昌岐来此，必厚待之如初。前澄弟寄弟信与茶叶，久未专送，顷又接澄付弟信，兹一并排递，而另派亲兵送茶叶去。火药即日再解二万，以资应用。

---

① 渴睡：瞌睡。想睡觉或困倦而进入睡眠、半睡眠状态。

金陵贼情，常、丹克复与未克时有异乎？无异乎？顺问近好。

同治三年五月十六日

致沅弟
不必占天下之第一美名。

沅弟左右：

十二日接弟劝纪鸿乡试之信，字秀劲而有静气，知弟病体大愈。因复一缄，商请少荃来金陵会剿。十四日因接初八寄谕，又去一咨一缄，商少荃会剿之事，十五日又将余与少荃之一咨一缄专戈什哈送至弟处转递，想均到矣。夜来又细思，少荃会剿金陵，好处甚多，其不好处不过分占美名而已。后之论者曰：润克鄂省，迪克九江，沅克安庆，少荃克苏州，季高克杭州，金陵一城沅与泉各克其半而已。此亦非甚坏之名也。何必全克而后为美名哉？人又何必占天下之第一美名哉？如弟必不求助于人，迁延日久，肝愈燥，脾愈弱，必成内伤，兄弟二人皆将后悔，不如及今决计，不着痕迹。望弟将余与少泉一咨一函递去，弟亦自加一缄。待弟复信到日，余即会弟衔复奏。

少泉将到之时，余亦必赶到金陵会剿，一看热闹也。顺问近好。

同治三年五月二十三日

致沅弟

粤饷至今未到。世路艰险，心愈抑畏，气愈平和。

沅弟左右：

昨日余宗发归，寄一信，想可先到。接胡莲舫咨，广东解银四万八千零至金陵大营，不知到否？自贼窜江西，余即寄信与云仙，恐江右道梗，请将粤饷全由海道径达上海，以解金陵。云仙之复信早已接到，而饷则至今未到，粤厘日见日减，良可深虑。云仙深不以吴公昌寿为然。而吴公在粤在京，物望极美，不日即将履鄂抚之任，未知果贤于旧令尹否？兹将云仙前来密缄抄达弟览。

弟之内疾外症果愈几分？凡郁怒最伤人。余有错处，弟尽可一一直说。人之忌我者，惟愿弟做错事，惟愿弟之不恭。人之忌弟者，惟愿兄做错事，惟愿兄之不友。弟看破此等物情，则知世路之艰险，而心愈抑畏，气反愈平和矣。顺问近好。

同治三年五月二十五日

致沅弟

养生以少恼怒为本。江西敌军将回救金陵。

沅弟左右：

二十五日辰刻接弟二十一夜信，知地道又被斗穿三洞，实堪愤闷。然与其轰开而被贼以火球堵住伤亡尤多，又不如被其掘穿，我之士气不大挫减也。弟须多方劝慰诸将无过忧郁。凡子弟生徒，平日懒惰，场文荒谬而不售者，则当督责之；至平日劳苦，场文极佳而不售者，则当奖慰之。弟所统诸将，皆劳苦佳文之生徒①也。余中厅悬八本堂匾，跋云：养生以少恼怒为本，事亲以得欢心为本。弟久劳之躯，当极力求少恼怒。纪泽事叔如事父，当极力求得欢心也。

又闻江西之贼将由青阳、芜湖回救金陵。厚庵调湘后三营，撤金柱关之防，余极不放心。渠言当面商吾弟，果商及否？望弟加意慎重。陆防江西、湖州之援贼，水防江面之接济，只要此二事办得认真，金陵终有蒇事②之日，无以地道无成、苏军将至稍涉大意也。千万千万！顺问近好。

同治三年六月初一日

致沅弟

陈玉成部数将领请投降。奖纪泽"博文约礼"，语太重大。欣慰家庭姒娌子侄和睦。

沅弟左右：

初一日午刻接二十七日一函，知二十六日苦攻无益，弟又以皖北空虚之故，心急如焚。我弟忧劳如此，何可再因上游之事，添出一番焦灼！上游之事，千妥万妥。僧邸即日可至三河尖，陈国瑞已至正阳关，其力足制此贼。而狗党数酋坚请投诚，已派刘维桢前往收降。刘亦狗部大酋，十一年在德安降蒋之纯。狗党陈、马等有信，约刘往黄

---

① 生徒：学生；门徒。
② 蒇（chǎn）事：谓事情办理完成。蒇，完成；解决。

州说事者也。若非真有降意，岂有徘徊黄、麻月余不下皖境之理？江西侍、康各股亦纷纷逃散，不出宜、崇城外一步。两岸之事，皆易收拾。弟积劳太久，用心太苦，不可再虑及外事。

弟以"博文约礼"奖泽儿，语太重大，然此儿纯是弟奖借而日进。记咸丰七年冬，胡帅寄余信，极赞三庵一琴之贤，时温弟在坐，告余曰："沅弟实胜迪、希、厚、雪。"余比尚不深信。近见弟之围攻百数十里而毫无罅隙①，欠饷数百万而毫无怨言，乃信温弟之誉有所试。然则弟之誉泽儿者，或亦有所试乎？余于家庭有一欣慰之端：闻妯娌及子侄辈和睦异常，科一、三、四有姜被②同眠之风，甲三、五等亦爱敬兼至。此足卜家道之兴。然亦全赖老弟分家时布置妥善，乃克臻此。大女儿病已大愈，殊出望外。余俟江西案办妥乃赴金陵，弟千万莫过忧灼。至祷至嘱。即问近好。

文辅卿今日到。

同治三年六月初四日

致澄弟
有福不可享尽，有势不可使尽。

澄弟左右：

六月四日接五月二十二日信，初一日接十一日信，具悉一切。震

---

① 罅（xià）隙：嫌隙。
② 姜被：《后汉书·姜肱传》："肱与二弟仲海、季江，俱以孝行著闻。其友爱天至，常共卧起。"李贤注引《谢承书》曰："肱性笃孝，事继母恪勤。母既年少，又严厉。肱感《凯风》之孝，兄弟同被而寝，不入房室，以慰母心。"后因以"姜被"指兄弟友好之情。

四果尔早世，四妹适朱家，万缘皆空。吾骨肉中今年何多变也！老弟终日奔驰劳苦，身体吃得住否？深为系念。

此间近状平安。大女儿病六七日，今已全愈。沅弟病亦愈矣，闻二十五六日每日又骑行百余里。余命泽儿往看沅病，初二归来云"尽可放心"，但六月尚盖棉被三床，体亦弱矣。弟能从此少管公事，甚慰甚慰。余蒙先人余荫忝居高位，与诸弟及子侄谆谆慎守者但有二语，曰"有福不可享尽，有势不可使尽"而已。福不多享，故总以俭字为主，少用仆婢，少花银钱，自然惜福矣；势不多使，则少管闲事，少断是非，无感者亦无怕者，自然悠久矣。余详日记中，顺问近好。

外李北冈一信，阅毕专人送去。

同治三年六月十六日

致沅弟

男儿自立，必须有倔强之气，以懦弱无刚四字为大耻。

沅弟左右：

接弟十二夜信，知连日辛苦异常，猛攻数日，并未收队，深为惦念。弟向来督攻，好往来于炮子如雨之中，此次想无二致也。少泉前奏至湖州一看，仍回苏州。此次十六启行，不知径来金陵乎？抑先至湖州乎？难禁风浪四字璧还①，甚好甚慰。古来豪杰皆以此四字为大忌。吾家祖父教人，亦以懦弱无刚四字为大耻。故男儿自立，必须有倔强之气。惟数万人困于坚城之下，最易暗销锐气。弟能养数万人之

---

① 璧还：敬辞，表示退还赠礼或归还借物。

刚气而久不销损，此是过人之处，更宜从此加功。

子弹日内装就，明日开行，不知果赶得上否？余启行之期，仍候弟一确信也。顺问近好。

同治三年六月十九日

致沅弟

得咨文，知十六日午刻克金陵。

沅弟左右：

十八夜子正接弟十六日申刻咨文，知午刻克复金陵。弟功在社稷，岂仅一家之光哉！虽有志者事竟成，然弟苦矣，将士苦矣。未得弟详信，不知弟平安否？将士伤亡不甚多否？进城巷战不甚久否？洪、李二酋未逃出否？俟得详函发详折后，再赴金陵与弟相会也。顺问近好，并贺并谢。

同治三年七月二十九日

致沅弟

要紧守金陵、芜湖、金柱，出兵广德。

沅弟左右：

数日未寄信于弟，想弟悬系无已。余于二十二宿芜湖，二十六宿池州，二十八坐一小舟回省寓中，内外平安。二十五日接到初七日所发一折之批、一明谕、一寄谕，舟中匆匆，尚未咨弟。兹接弟二十六日信，已赶办咨文矣。

弟撤勇之事，余必一一速办，除催李世忠及办里下河之捐外，再札上海官绅办沪捐六十万，并加函托苏、常绅士，必有所获，弟可放心。昨得云仙信，已办六万径解弟营矣。弟之退志，兄应成全，兄之门面亦赖弟成全。第一要紧守金陵、芜湖、金柱三处，第二要分一支出剿广德，以塞众望。即令朱南桂与刘松山、易开俊三人进剿广德。而弟处派三支，分防宁郡、泾、旌，或亦一道，望弟早为酌定。倘兄之门面撑立不住，弟亦无颜久居山中矣。熊登武、张诗日、刘南云三人，弟万万不可放走。陈舫仙稍迟一步，明年再退可也。此外孰留孰散，听弟裁酌，总不使我遽倒门面为要。千万千万。

弟肝气不能平伏，深为可虑。究之弟何必郁郁？从古有大勋劳者，不过本身得一爵耳！弟则本身既挣一爵，又赠送阿兄一爵。弟之赠送此礼，人或忽而不察，弟或谦而不居，而余深知之。顷已详告妻子知之，将来必遍告家人宗族知之。吾弟于国事家事，可谓有志必成，有谋必就，何郁郁之有？千万自玉自重。顺问近好。

同治三年八月初四日

致澄弟

家中应以勤俭为主。

澄弟左右：

八月初一接弟在长沙排单一信，知已得见科一，并在胡宅演戏三日。初二日又接弟十三在家所发之信，具悉一切。

余在金陵二十日起行，二十八日至安庆，内外小大平安。门第太盛，余教儿女辈惟以勤俭谦三字为主。自安庆以至金陵，沿江六百里大小城隘皆沅弟所攻取。余之幸得大名高爵，皆沅弟之所赠送也，皆高曾祖父之所留贻也。余欲上不愧先人，下不愧沅弟，惟以力教家中勤俭为主。余于俭字做到六七分，勤字则尚无五分工夫。弟与沅弟于勤字做到六七分，俭字则尚欠工夫。以后各勉其所长，各戒其所短。弟每用一钱，均须三思。至嘱。

　　李宅二万金，上年十一月曾由东征局解去二千，此次应行扣除，顷已补札东局矣。余详日记中。即问近好。

同治三年八月二十二日

致沅弟

勿以小事呕气。

沅弟左右：

　　二十一夜亲兵赍到各谢折十六分、安折四十八分，无弟手缄，深为疑虑。文案处接赵煦信，言弟身体不爽快①，有云抱病数日，未能搦管。余问亲兵，言吃饭尚如常，不知果否？今日接弟十八日一咨，言期票及东饷事，似不以兄去咨为然。此等小事，弟不可郁郁，致又增肝家之病。期票事，余只商之于弟及东征局，并未札饬各营。弟以为不可，则此议立止矣。东征三万事犹小，目下所差以数百万计，岂以三万为有无哉？弟于各大事呕气②颇多，此种小事千万不可再呕。

---

① 爽快：舒适畅快。
② 呕气：谓生闷气。

吾以后咨文，亦必加意检点也。

大臣告病，第一折请假调养，第二、三折乃能请开缺回籍。弟并未到任，微有不同，拟第一折即请开缺回籍。八月二十七日发，九月发第二折，十月初发第三折，十月底决可成行。余定于九月朔赴金陵邕叙一切。顺问近好。

同治三年八月二十四日

致澄弟

沅甫郁抑之气并未稍减。子侄须勤俭可长保盛美。

澄弟左右：

前接弟信，知已由李家送葬归来，具悉一切。

此间近状平安。沅弟之肝疾未平，湿毒更炽，克城封爵之后而郁抑之气并未稍减。余在金陵住二十余日，自六月二十五至七月初八、九，沅弟心神不怡，初十日至二—十日，察沅心怀似稍开豁，病亦日减。近与余相隔二十余日，情复郁结，疾亦略增。余定于初一日起程，再赴金陵，家眷亦于初间同去，并于二十一日具折，为沅弟告病开缺①回籍调理。沅见归期已近，或可速痊。然起行总在十月，但能归家过年，不能赶十一月初三也。

纪鸿想已抵家，在署一年，已沾染贵公子气习否？吾家子侄，人人须以勤俭二字自勉，庶几长保盛美。观《汉书·霍光传》，而知大

---

① 开缺：旧时官吏因故不能留任，免除其职务，准备另外选人充任。《清会典事例·吏部·各官开缺》："凡大小官员，由开列推升者，以奉旨科抄到部日开缺；承袭官爵者，由该旗咨文到日开缺。"

家所以速败之故。观金日䃅、张安世二传，而知大家所以久盛之故。弟抄此三传解示后辈可也。即问近好。

同治三年九月二十四日

致澄弟
宜自知爱惜保养，莫过于操劳。

澄弟左右：

九月十七日接弟八月二十九日信，系在县城所发者。二十二三日连接弟九月初七、八日两缄，具悉一切。

弟为送科一之考两次晋省，实觉过于勤劳，兄闻之深抱不安。且弟于家庭骨肉之间劳心劳力已历三十余年，今年力渐老，亦宜自知爱惜保养，不特为家庭之际，不可过劳也。

吾入金陵署中已半月，大小平安，隔日至沅弟处看病。沅之湿毒未愈，尚尔疼痛，而肝郁少减，大约十月初登舟起行。其湿毒与我二十五六年之病相似，而我之病似更重。余劝沅不必吃药敷药，此等皮肤之疾，终可不治自愈。惟夜不成寐，却是要紧之症，须用养心和平之法医之。褚一帆事，不能请谥。盐局之事，全依次帅与黄、郭之言，断不掣肘。顺问近好。

同治三年十月十四日

致沅弟

拟请解兵权，不愿赴楚界及他处。

沅弟左右：

自前发二信后，闻柳寿田割耳事，恐伤弟之肝气，甚不放心。又闻弟意欲除吉中二字，各勇必不舒服，因札撤柳之委。若余无此札，各统领不能不遵弟札行事。一去吉中二字，则水陆相仇无已时矣。兄为弥息争端起见，不知果妥否？接弟初十日在大通所发一咨，未接信函，不知病势加重乎？减轻乎？

十三夜接奉寄谕，督篆交少泉暂署，饬余赴鄂皖之交剿贼。少泉三日内可到。余交卸后，拟即力陈精力已衰，请解兵柄①。实不愿赴楚界，更不愿赴他处矣。弟闻此信，未免更增郁结。然此次寄谕与七月各寄谕，朝廷于外间艰难实未周知。吾辈坦然安之若命，正不必稍怀悒悒②。弟难作字，请朱心槛代写病状告我。顺问近好。

---

① 兵柄：兵权；军权。
② 悒悒：忧郁；愁闷。

同治四年正月十四日

致沅弟
常诵《常棣》《小宛》二诗以自保。

沅弟左右：

前奉饬南云赴豫之旨，殊难筹画，少荃亦以刘铭传赴豫为难。此次谕旨概免中州之行，以后诸事皆易措置。惟春霆须速赴新疆，刘铭传赴闽归左帅调度，尚非二将所愿耳。

弟病近日大愈否？疮癣皆皮肤之疾，决无损于元气，切不可轻用克伐之剂，谓之无罪攻伐。吾观弟在途所寄簏轩之对、眉生之屏，皆圆湛秀劲，其福泽必方兴未艾。韫斋先生谓京中言及弟者，贤愚皆俯首无异辞。弟若无端而郁恼，是与无罪而攻伐同一失也。

余近事极顺，弟可放心。愿兄弟常诵《常棣》《小宛》二诗以自保耳。

同治四年五月二十五日

致澄弟沅弟
祝贺纪瑞得取县案首。二十五日启行赴北。

澄、沅弟左右：

五月十七、十九两日接澄弟四月十七暨三十日两信，又接沅弟四月十八、二十六、三十日三信，逮二十一日又接沅弟四月初九日一缄，欣悉一切。

纪瑞侄得取县案首①，喜慰无已。吾不望代代得富贵，但愿代代有秀才。秀才者，读书之种子也，世家之招牌也，礼义之旗帜也。谆嘱瑞侄从此奋勉加功，为人与为学并进，切戒骄奢二字，则家中风气日厚，而诸子侄争相濯磨②矣。

吾自奉督办山东军务之命，初九、十三日两折皆已寄弟阅看。兹将两次批谕抄阅。蔡寿祺参吾与沅弟，暨骆、劳等奉有谕旨，霞仙辨诬一折奉有谕旨，兹一并抄阅。少泉于二十二日到宁接印，吾于二十五日启行登舟，在河下停泊三日，待遣回之十五营一概开行，带去之六营一概拔队，然后解维③长行。茂堂不愿久在北路，拟至徐州度暑后，九月间，准茂堂还湘。勇丁有不愿留徐者，亦听随茂堂归。总使吉中全军人人荣归，可去可来，无半句闲话惹人谈论，沅弟千万放心。

家眷仍住公馆之内。罗婿率妻子还湘，袁婿偕叶亭随赴徐州。余舌尖蹇涩，不能多说话，诸事不甚耐烦，幸饮食如常耳。吾既不在金陵，次山不必再来金陵居住，然二千金买屋、二百金修葺之说，已久告潘、罗二公，并复函次山亦略为提及。将来如何不食此言，容再与潘、罗图之。弟闻次山决居何处，便中告我与伊卿可也。金陵昭忠祠，余已捐五千金买田添屋矣。沅弟湿毒未减，悬系之至。药物断难奏效，总以能养能睡为妙。许仙屏散馆第二，已留馆矣。顺问近好。

国藩手草

---

① 案首：明清时科举考试，县、府试及院试的第一名，称为案首。
② 濯磨：洗涤磨炼。比喻加强修养，以期有为。
③ 解维：解开缆索，指开船。

同治五年三月二十六日

致澄弟沅弟

用人不率冗，存心不自满，可免咎戾。

澄、沅弟左右：

三月十八接沅弟二月二十八日长沙河干一信，二十二日接澄弟二月二十二日一缄，具悉一切。

沅弟定于十七接印，此时已履任数日矣。督抚本不易做，近则多事之秋，必须筹兵筹饷。筹兵，则恐以败挫而致谤；筹饷，则恐以搜括而致怨。二者皆易坏声名。而其物议沸腾，被人参劾者，每在于用人之不当。沅弟爱博而面软①，向来用人失之于率，失之于冗。以后宜慎选贤员，以救率字之弊；少用数员，以救冗字之弊。位高而资浅，貌贵温恭，心贵谦下。天下之事理人才，为吾辈所不深知、不及料者多矣，切弗存一自是之见。用人不率冗，存心不自满，二者本末俱到，必可免于咎戾，不坠②令名。至嘱至嘱，幸勿以为泛常之语而忽视之。

陈筱浦不愿赴鄂。渠本盐务好手，于军事吏事恐亦非其所长。余处亦无折奏好手，仍邀子密前来，事理较为清晰，文笔亦见精当。自奏折外，沅弟又当找一书启高手，说事明畅，以通各路之情。

此间军事，二十一日各折已咨弟处，另有密件抄去一览。复张子青一信亦抄阅。纪泽母子等四月中旬当可抵鄂，纪鸿留弟署读书，余以回湘为是。科三嫂病愈，甚慰甚慰。顺问近好。

---

① 面软：谓顾及情面，板不起面孔来。
② 不坠：不辱。

同治五年四月二十一日

致沅弟
谈捻军战术。

沅弟左右：

四月十二日接弟三月二十四信，二十一日又接四月初三来缄，与我订五日一信之约。此次余以四月七日出营查阅黄、运两河，并察看泰安形势，登岱礼神，致十四日未发家信，有愆夙约，将来不知果能践五日之约否。

山东军情，半月前事已具于初七折片之中，半月内事有调王镇、刘学士两牍咨达弟处，本日与少荃一信抄阅。捻匪长处在专好避兵，不肯轻战，偶尔接战，亦复凶悍异常。好用马队四面包围，而正兵则马步夹进。马队冲突时，多用大刀长棒。步队冒烟冲突时，专用长锚猛刺。我军若能搪①此数者，则枪炮伤人较多，究非捻匪所可及，劈山炮尤为捻所畏。弟可详告刘、朱、彭、郭、熊、陈诸人也。调四将之折，甚为条鬯②妥叶。谢绝陋习，慎重公事，严密以防门内，推诚以待制府③，数者皆与余见相合，声誉亦必隆隆日起矣。惟风水之说，余平日不信，于鄂抚一署却为惴惴，将来仍以改驻襄阳等处为是。

湿毒未愈，殊为悬系。余自腰以下，无寸肤不癣，然较之道光二十六七年之大颗隆起者，已觉减轻。弟若不能全好，则变成癣疾，犹为彼善于此，总不可服克伐药耳。复问近好。

---

① 搪（táng）：挡；抵拒。
② 条鬯：畅达。鬯，同"畅"。
③ 制府：宋代的安抚使、制置使，明清两代的总督，均尊称为"制府"。

同治五年六月初五日

致澄弟

拟于数日内至宿迁一带查看堤墙,并告养身五事及持家之本。

澄弟左右:

五月十八日接弟四月八日信,具悉一切。七十侄女移居县城,长与娘家人相见,或可稍解郁郁之怀。乡间谷价日贱,禾豆畅茂,尤是升平景象,极慰极慰。

此间军事,贼自三月下旬退出曹、郓之境,幸保山东运河以东各属,而仍蹂躏于曹、宋、徐、泗、凤、淮诸府,彼剿此窜,倏往忽来。直至五月下旬,张、牛各股始窜至周家口以西,任、赖各股始窜至太和以西,大约夏秋数月山东、江苏可以高枕无忧,河南、皖、鄂又必手忙脚乱。余拟于数日内至宿迁、桃源一带察看堤墙,即由水路上临淮而至周家口。盛暑而坐小船,是一极苦之事,因陆路多被水淹,雇车又甚不易,不得不改由水程。余老境日逼,勉强支持一年半载,实不能久当大任矣。因思吾兄弟体气皆不甚健,后辈子侄尤多虚弱,宜于平日讲求养生之法,不可于临时乱投药剂。

养生之法约有五事:一曰眠食有恒,二曰惩忿,三曰节欲,四曰每夜临睡洗脚,五曰每日两饭后各行三千步。惩忿,即余匾中所谓养生以少恼怒为本也。眠食有恒及洗脚二事,星冈公行之四十年,余亦学行七年矣。饭后三千步近日试行,自矢永不间断。弟从前劳苦太久,年近五十,愿将此五事立志行之,并劝沅弟与诸子侄行之。

余与沅弟同时封爵开府,门庭可谓极盛,然非可常恃之道。记得己亥正月,星冈公训竹亭公曰:"宽一虽点翰林,我家仍靠作田为业,不可靠他吃饭。"此语最有道理,今亦当守此二语为命脉。望吾弟专在作田上用些工夫，而辅之以书、蔬、鱼、猪、早、扫、考、宝八字，任凭家中如何贵盛，切莫全改道光初年之规模。凡家道所以可久者，不恃一时之官爵，而恃长远之家规；不恃一二人之骤发，而恃大众之维持。我若有福罢官回家，当与弟竭力维持。老亲旧眷、贫贱族党不可怠慢，待贫者亦与富者一般，当盛时预作衰时之想，自有深固之基矣。

凯章家事，即照弟信办一札照收。湘军各营俱不在余左右，故每月仅能送信一次，俟至周家口后即送三次可也。余详日记中。顺问近好。沅弟在鄂拆阅，均此。

同治五年九月十二日

致沅弟

宜在自修处求强，不宜在胜人处求强。

沅弟左右：

九月初六接弟八月二十七八日信，初十日接初五樊城所发之信，具悉一切。

顺斋一事业已奏出，但望内召①不甚着迹，换替者不甚掣肘，即为至幸。弟谓命运作主，余素所深信；谓自强者每胜一筹，则余不甚深信。凡国之强，必须多得贤臣工；家之强，必须多出贤子弟。此亦

---

① 内召：被皇帝召见。

关乎天命，不尽由于人谋。至一身之强，则不外乎北宫黝①、孟施舍②、曾子③三种。孟子之集义而慊，即曾子之自反而缩也。惟曾、孟与孔子告仲由之强，略为可久可常。此外斗智斗力之强，则有因强而大兴，亦有因强而大败。古来如李斯、曹操、董卓、杨素，其智力皆横绝一世，而其祸败亦迥异寻常。近世如陆、何、肃、陈亦皆予知自雄，而俱不保其终。故吾辈在自修处求强则可，在胜人处求强则不可。福益外家若专在胜人处求强，其能强到底与否尚未可知，即使终身强横安稳，亦君子所不屑道也。

贼匪此次东窜，东军小胜二次，大胜一次，刘、潘大胜一次，小胜数次，似已大受惩创，不似上半年之猖獗。但求不窜陕、洛，即窜鄂境，或可收夹击之效。余定于明日请续假一月，十月请开各缺，仍留军营，刻一木戳，会办中路剿匪事宜而已。余详日记中。顺问近好。

---

① 北宫黝：姓北宫，名黝，战国时齐国人。《孟子·公孙丑上》载北宫黝善培养勇气，有血气之勇，似子夏。
② 孟施舍：姓孟，名施舍。《孟子·公孙丑上》认为孟施舍所养之勇能立于内在，能无慎于外，似曾子。
③ 曾子：曾参，孔子学生。孟子认为曾子之勇在于道德理性之勇，他能从道德出发而不是从环境或自我血气出发，能做到理性自觉、无怨无悔、无所畏惧，如儒学讲的杀身成仁、舍生取义，所以更胜一筹。

同治五年十月二十三日

致沅弟

开缺辞爵之件，拟三请四请，不允不休。

沅弟左右：

十二日接初五日长信，言春霆事，十八日接李鼎荣带回之信，二十一日接十七夜之信，具悉一切。十六日交便勇带来之信与澄弟信则尚未到。此间子密接方子颖信，言光一外家已暂出军机。明白回奏两次，初次认系程仪千金，二次认系充炮船之赏，从来无明白回奏而可两次互歧者，或亦神魂扰乱之故。余初闻弟折已发，焦灼弥月，直至十月朔日得见密稿，始行放心。所言皆系正人应说之事，无论输赢，皆有足以自立之道，此后惟安坐听之而已。

余腰疼旬余，今将全愈。开缺辞爵之件，本拟三请四请，不允不休。昨奉十四日严旨诘责，愈无所庸其徘徊。大约一连数疏，辞婉而意坚，得请乃已，获祸亦所不顾。春霆奉旨入秦，霞仙亦催之甚速。然米粮子药运送万难，且恐士卒滋事溃变，已批令毋庸赴秦，又函令不必奏事。除批咨达外，兹将函稿抄阅。

鸿儿十五日到此，一切平安。左公进京，当添多少谤言。日者言明年运蹇，端已见矣。顺问近好。

同治五年十一月初七日

致沅弟

得寄谕，令回江督本任。

沅弟左右：

初四日接二十八日信，初五日又接三十夜信，具悉一切。

二十日之寄谕令余入觐者初二日之复奏，均于初三日交专差带去，想已收到。顷又得初一日寄谕，令回江督本任。余奏明病体不能用心阅文，不能见客多说，既不堪为星使①，又岂可为江督？即日当具疏恭辞。余回任之说，系小泉疏中微露其意，兹将渠折片并来信抄寄弟，余回信亦抄阅。

弟信云宠荣利禄利害计较甚深，良为确论。然天下滔滔②，当今疆吏中不信倚此等人，更有何人可信可倚？吾近年专以至诚待之，此次亦必以江督让之。余仍请以散员留营，或先开星使、江督二缺，而暂留协办治军亦可，乞归林泉亦非易易。弟住家年余，值次山、筱泉皆系至好，故得优游如意。若地方大吏小有隔阂，则步步皆成荆棘。住京养病尤易招怨丛谤。余反复筹思，仍以散员留营为中下之策，此外皆下下也。

弟开罪于军机，凡有廷寄，皆不写寄弟处，概由官相转咨，亦殊可诧。若圣意于弟，则未见有薄处，弟惟诚心竭力做去。吾尝言"天道忌巧，天道忌盈，天道忌贰"，若甫在向用③之际，而遽萌前却之见，是贰也。即与他人交际，亦须略省己之不是。弟向来不肯认半个

---

① 星使：古时认为天节八星主使臣事，因称帝王的使者为星使。
② 滔滔：比喻言行或其他事物连续不断，又有盛大之义。
③ 向用：指被重用。

错字，望力改之。顺问近好。

同治五年十二月十八夜

致沅弟
好汉打脱牙和血吞。

沅弟左右：

　　十四、十五六日接弟初十日函、十二日酉刻及四更二函。贼已回窜东路，淮、霆各军将近五万，幼泉万人尚不在内，不能与之一为交手，可恨之至！岂天心果不欲灭此贼耶？抑吾辈办贼之法实有未善耶？目下深虑黄州失守，不知府县尚可靠否？略有防兵否？山东、河南州县一味闭城坚守，乡间亦闭寨坚守，贼无火药，素不善攻，从无失守城池之事，不知湖北能开此风气否？鄂中水师不善用命，能多方激劝，扼住江、汉二水，不使偷渡否？少泉言捻逆断不南渡，余谓任逆以马为命，自不肯离淮南北，赖逆则未尝不窥伺大江以南。屡接弟调度公牍，从未议及水师，以后务祈留意。

　　奉初九、十三等日寄谕，有严行申饬及云梦县等三令不准草留之旨。弟之忧灼，想尤甚于初十以前。然困心横虑，正是磨炼英雄玉汝于成，李申夫尝谓余忴气从不说出，一味忍耐，徐图自强，因引谚曰"好汉打脱牙和血吞"。此二语是余生平咬牙立志之诀，不料被申夫看破。余庚戌、辛亥间为京师权贵所唾骂，癸丑、甲寅为长沙所唾骂，乙卯、丙辰为江西所唾骂，以及岳州之败、靖江之败，湖口之败，盖打脱牙之时多矣，无一次不和血吞之。弟此次郭军之败、三县之失，亦颇有打脱门牙之象。来信每怪运气不好，便不似好汉声口①，惟有一字不说，咬定牙根，徐图自强而已。

子美倘难整顿，恐须催南云来鄂。鄂中向有之水陆，其格格不入者，须设法笼络之，不可灰心懒漫，遽萌退志也。余奉命克期回任，拟奏明新正赴津，替出少泉来豫，仍请另简江督。顺问近好。

同治五年十二月二十二日

致沅弟

捻军四种长技三种短处。

沅弟左右：

二十日接弟十三四及十六日两信，比即复信，想可先到。

日来贼窜何处？由孝感而东南，则黄陂、新洲及黄州各属处处可虑。此贼狡智，有时疾驰狂奔，日行百余里，连数日不少停歇；有时盘于百余里之内，如蚁旋磨，忽左忽右。贼中相传秘诀曰："多打几个圈圈，官兵之追者自疲矣。"僧王曹县之败，系贼以打圈圈之法疲之也。吾观捻之长技约有四端：一曰步贼长竿，于枪子如雨之中冒烟冲进；二曰马贼周围包裹速而且匀；三曰善战而不轻试其锋，必待官兵找他，他不先找官兵，得粤匪初起之诀；四曰行走剽疾②，时而数日千里，时而旋磨打圈。捻之短处亦有三端：一曰全无火器，不善攻坚，只要官吏能守城池，乡民能守堡寨，贼即无粮可掳；二曰夜不扎营，

---

① 声口：犹口气。
② 剽疾：强悍敏捷。

散住村庄，若得善偷营者乘夜劫之，胁从者最易逃溃；三曰辎重①妇女骡驴极多，若善战者与之相持而别出奇兵袭其辎重，必大受创。此吾所阅历而得之者。弟素有知兵之名，此次于星使在鄂之际，军事甚不得手，名望必为减损，仍当在选将练兵切实用功。一以维持大局，扫净中原之氛；一以挽回令名，间执②谗慝③之口。

吾复奏折昨日拜发。新正赴徐，暂接督篆，三月必切实恳辞。辛苦半生，不肯于老年博一取巧之名，被人窃笑也。余详日记中。顺问近好。

同治六年正月初二日

致沅弟

以能立能达为体，以不怨不尤为用。

沅弟左右：

鄂署五福堂有回禄④之灾，幸人口无恙，上房无恙，受惊已不小矣。其屋系板壁纸糊，本易招火。凡遇此等事，只可说打杂人役失火，固不可疑会匪之毒谋，尤不可怪仇家之奸细。若大惊小怪，胡思乱猜，生出多少枝叶，仇家转得传播以为快。惟有处处泰然，行所无事。申甫所谓"好汉打脱牙和血吞"，星冈公所谓"有福之人善退财"，真处逆境者之良法也。

---

① 辎重：指随军运载的军用器械、粮秣等。
② 间（jiàn）执：堵塞。
③ 谗慝（tè）：指邪恶奸佞之人。
④ 回禄：《左传·昭公十八年》："郊人助祝史除于国北，禳火于玄冥，回禄。"杜预注："回禄，火神。"传说中的火神。

弟求兄随时训示申儆。兄自问近年得力惟有一悔字诀。兄昔年自负本领甚大，可屈可伸，可行可藏，又每见得人家不是。自从丁巳、戊午大悔大悟之后，乃知自己全无本领，凡事都见得人家有几分是处。故自戊午至今九载，与四十岁以前迥不相同，大约以能立能达为体，以不怨不尤为用。立者，发奋自强，站得住也；达者，办事圆融，行得通也。吾九年以来，痛戒无恒之弊。看书写字，从未间断，选将练兵，亦常留心。此皆自强能立工夫。奏疏公牍，再三斟酌，无一过当之语自夸之词。此皆圆融能达工夫。至于怨天本有所不敢，尤人则常不能免，亦皆随时强制而克去之。弟若欲自儆惕①，似可学阿兄丁、戊二年之悔，然后痛下箴砭，必有大进。

立达二字，吾于己未年曾写于弟之手卷中，弟亦刻刻思自立自强，但于能达处尚欠体验，于不怨尤处尚难强制。吾信中言皆随时指点，劝弟强制也。赵广汉本汉之贤臣，因星变而劾魏相，后乃身当其灾，可为殷鉴。默存一悔字，无事不可挽回也。

同治六年正月初四日

致澄弟

告军事愈办愈坏，告诫家中不可忘寒士家风。

澄弟左右：

军事愈办愈坏。郭松林十二月初六日大败，淮军在德安附近挫败，统领张树珊阵亡。此东股任、赖一股也。其西路张逆一股，十二月十

---

① 儆惕：戒惧。

八日,秦军在灞桥大败,几于全军覆没。捻匪凶悍如此,深可忧灼。

余二十一日奏明正初暂回徐州,仍接督篆①。正月初三接奉寄谕。现定于正月初六日自周家口起行,节前后可到徐州。身体尚好。但在徐治军,实不能兼顾总督地方事件,三月再恳切奏辞耳。

沅弟劾官相,星使业已回京,而处分尚未见明文;胡公则已出军机矣。吾家位高名重,不宜作此发挥殆尽之事。米已成饭,木已成舟,只好听之而已。

余作书架样子,兹亦送回,家中可照样多做数十个。取其花钱不多,又结实又精致。寒士之家,亦可勉做一二个。吾家现虽鼎盛,不可忘寒士家风味,子弟力戒傲惰。戒傲以不大声骂仆从为首,戒惰以不晏起为首。吾则不忘蒋市街卖菜篮情景,弟则不忘竹山坳拖碑车风景。昔日苦况,安知异日不再尝之?自知谨慎矣。

同治六年正月二十二日

致沅弟

从波平浪静处安身,莫从掀天揭地处着想。

沅弟左右:

日内有战事否?留霆军剿任、赖一股,昨已附片具奏,另咨弟案。嗣后奏事,宜请人细阅熟商,不可壹意孤行是己非人为嘱。

弟克复两省,勋业断难磨灭,根基极为深固。但患不能达,不患不能立;但患不稳适,不患不峥嵘。此后总从波平浪静处安身,莫从

---

① 督篆:总督的大印,借指总督的官位。

掀天揭地①处着想。吾亦不甘为庸庸者，近来阅历万变，一味向平实处用功。非委靡也，位太高，名太重，不如是，皆危道也。

同治六年正月二十六日

致沅弟

湘淮两军、曾李两家必须联为一气。

沅弟左右：

二十五日亲兵回，接正月初十日来信，具悉一切。

顷阅邸抄，官相处分极轻。公道全泯，亦殊可惧。惟以少帅督楚，筱荃署之，又以韫斋先生抚湘，似均为安慰吾弟，不令掣肘起见。朝廷调停大臣，盖亦恐有党仇报复之事，弟不必因此而更怀郁郁也。

少荃官保于吾兄弟之事极力扶助，虽于弟劾顺斋不甚谓然，然但虑此后做官之不利，非谓做人之有损也。弟于渠兄弟务须推诚相待，同心协力，以求有济。淮军诸将在鄂中者有信至少荃处，皆感弟相待之厚，刘克仁感之尤深。大约淮湘两军、曾李两家必须联为一气，然后贼匪可渐平，外侮不能侵。少荃及此间文武力劝余即回江宁，久于其位。余以精力日衰，屡被参劾，官兴索然，现尚未能定计。霞仙去官，屡干谕旨严诘，余不能不与之通信。兹有一函，请弟阅后封口，专人妥交。

鸣原堂文亦思多选，以竟其事。若不作官，必可副弟之望。古文目录，俟抄就再寄。顺问近好。

国藩手草

---

① 掀天揭地：犹言翻天覆地，比喻声势浩大或本领高强。

同治六年二月二十一日

致沅弟
当乱世处大位，乃人生之不幸。

沅弟左右：

澄弟之孙元五殇亡，忧系之至。家中人口不甚兴旺，而后辈读书全未寻着门路，岂吾兄弟位高名大，遂将福分占尽耶？

接吴竹庄信，捻似尚未入皖境。闻巴河、武穴焚掠一空，鄂饷日绌，军事久不得手，弟之名望必且日损，深以为虑。

吾所过之处，千里萧条，民不聊生。当乱世处大位而为军民之司命者，殆人生之不幸耳，弟信云英气为之一阻，若兄则不特气阻而已，直觉无处不疚心，无日不惧祸也。

同治六年二月二十九日

致沅弟
咬牙励志，勿因失败而恭然自馁。

沅弟左右：

十八之败，杏南表弟阵亡，营官亡者亦多，计亲族邻里中或及于难，弟日内心绪之忧恼万难自解。然事已如此，只好硬心狠肠，付之不问而壹意料理军务。补救一分，即算一分。弟已立大功于前，即使屡挫，识者犹当恕之。比之兄在岳州、靖港败后栖身高峰寺，胡文忠在岑山败后舟居六溪口气象，犹当略胜。高峰寺、六溪口尚可再振，而弟今不求再振乎？

此时须将劾官相之案、圣眷之隆替、言路之弹劾一概不管。袁了凡所谓从前种种譬如昨日死，从后种种譬如今日生，另起炉灶，重开世界，安知此两番之大败，非天之磨炼英雄，使弟大有长进乎？谚云吃一堑长一智，吾生平长进全在受挫受辱之时。务须咬牙励志，蓄其气而长其智，切不可苶然①自馁也。

同治六年三月初二日

致沅弟

当此百端拂逆之时，只有逆来顺受而已。

沅弟左右：

接李少帅信，知春霆因弟复奏之片言省三系与任逆接仗、霆军系与赖逆交锋，大为不平，自奏伤疾举发，请开缺调理。又以书告少帅，谓弟自占地步②。弟当此百端拂逆之时，又添此至交龃龉之事，想心绪益觉难堪。然事已如此，亦只有逆来顺受之法，仍不外悔字诀、硬字诀而已。

朱子尝言：悔字如春，万物蕴蓄初发；吉字如夏，万物茂盛已极；吝字如秋，万物始落；凶字如冬，万物枯凋。又尝以元字配春，亨字配夏，利字配秋，贞字配冬。兄意贞字即硬字诀也。弟当此艰危之际，若能以硬字法冬藏之德，以悔字启春生之机，庶几可挽回一二乎？

闻左帅近日亦极谦慎，在汉口气象何如？弟曾闻其略否？申夫阅

---

① 苶（nié）然：形容衰落不振。
② 地步：地段；位置。

历极深。若遇危难之际，与之深谈，渠尚能于恶风骇浪之中默识把舵之道，在司道中不可多得也。

同治六年三月十二日

致沅弟
述平生四次受人讥笑之事以勉慰沅甫。

沅弟左右：

春霆之郁抑不平，大约屡奉谕旨严责，虽上元之捷，亦无奖许之辞，用是怏怏①者十之四；弟奏与渠奏报不符，用是怏怏者十之二；而少荃奏省三败挫，由于霆军爽约，其不服者亦十之二焉。余日内诸事忙冗，尚未作信劝驾。向来于诸将有挟而骄者，从不肯十分低首恳求，亦硬字诀之一端。

余到金陵已六日，应酬纷繁，尚能勉强支持，惟畏祸之心刻刻不忘。弟信以咸丰三年六月为余穷困之时。余生平吃数大堑，而癸丑六月不与焉。第一次壬辰年发佾生②，学台悬牌，责其文理之浅。第二庚戌年上日讲疏内，画一图甚陋，九卿中无人不冷笑而薄之。第三甲寅年岳州、靖港败后栖于高峰寺，为通省官绅所鄙夷。第四乙卯年九江败后赧颜走入江西，又参抚、臬；丙辰被困南昌，官绅人人目笑存之。吃此四堑，无地自容。故近虽忝窃大名，而不敢自诩为有本领，不敢自以为是。俯畏人言，仰畏天命，皆从磨炼后得来。

---

① 怏怏：不服气或闷闷不乐的神情。
② 佾（yì）生：清代朝廷及文庙举行庆祀活动时充任乐舞的童生，文的执羽箭，武的执干戚，合乐作舞。又叫"乐舞生"，简称"佾生"。

弟今所吃之堑，与余甲寅岳州、靖港败后相等，虽难处各有不同，被人指摘称快则一也。弟力守悔字硬字两诀，以求挽回。弟自任鄂抚，不名一钱，整顿吏治，外间知者者〔此字衍〕甚多，并非全无公道。从此反求诸己，切实做去，安知大堑之后无大伸之日耶？

同治十年三月初三日

致澄弟沅弟

内人患病。望互相切磋，勤俭忠恕，不坠家风。

澄、沅弟左右：

久未寄信，想弟望之殷殷。接澄弟二月初九湘潭发信，十四长沙发信。顷如九又带到一封。沅弟正月二十二之信附聂一峰信，正月十七交如九之信，均已聆悉，并承腊肉等件极多且佳，谢谢。

科六侄之女二月初七夜殇故，虽亦为门庭之不祥，然幼女尚未周岁，究非已成丁口可比，切勿过于郁损。

此间正月所生两孙俱已满月，小大平安。内人于二月十三日患病，初似温症，竟日发热谵语，十余天不愈。近日变为咳嗽，左手右腿肿疼异常，多方医调，迄无效验。余新患疝气疾，右肾偏坠，肿痛殊甚，旬日之后，渐见痊愈。日内痛已渐止，立坐均不碍事矣。瑞臣、厚九均尚无差可委。此外来找事者颇多，殊愧无以应之。

沅弟挈家①移居长沙，不知即试馆旁之公馆否？住乡住城，各有好处，各有坏处。将来一二年后，仍望撤回二十四都，无轻去桑梓之

---

① 挈（qiè）家：携带家眷。

邦为要。

省城之湘乡昭忠祠索余匾字,自当写就寄去。惟目光昏蒙,字比往年更劣,徒供人讪笑耳。

澄弟目光亦坏,申酉至卯刻直是废人。不知两目同病乎?一目独苦乎?沅弟亦近五十,迩来目光何如?牙齿有落者否?夜间能坐至四五更不倦否?能竟夜熟睡不醒否?

刘同坡翁恤典一事,即日当查明,行知湖南本籍。刘文恪公之后,至今尚有男丁若干?光景尚不甚窘否?吾乡显宦之家,世泽绵延者本少。吾兄弟忝叨爵赏,亦望后嗣子孙读书敦品,略有成立,乃不负祖宗培植之德。吾自问服官三十余年,无一毫德泽及人,且愆咎丛积,恐罚及于后裔。老年痛自惩责,思盖前愆。望两弟于吾之过失时寄箴言,并望互相切磋,以勤俭自持,以忠恕教子,要令后辈洗净骄惰之气,各敦恭谨之风,庶几不坠家声耳。顺问近好。

国藩手具

同治十年十月二十三日

致澄弟沅弟

以养生六事、为学四字勖后辈,望二者兼营并进。

澄、沅两弟左右:

屡接弟信,并阅弟给纪泽等谕帖,具悉一切。兄以八月十三出省,十月十五日归署。在外匆匆,未得常寄函与弟,深以为歉。小澄生子,岳松松字与岳字重复,应写此松字入学,是家中近日可庆之事。沅弟夫妇病而速痊,适朱氏侄女生子不育而不甚忧闷,亦属可慰。

吾见家中后辈体皆虚弱，读书不甚长进，曾以养生六事勖儿辈：一曰饭后千步，一曰将睡洗脚，一曰胸无恼怒，一曰静坐有常时，一曰习射有常时_{射足以习威仪强筋力}，子弟宜多习，一曰黎明吃白饭一碗不沾点菜。此皆闻诸老人，累试毫无流弊者，今亦望家中诸侄试行之。又曾以为学四字勖儿辈：一曰看生书宜求速，不多阅则太陋；一曰温旧书宜求熟，不背诵则易忘；一曰习字宜有恒，不善写则如身之无衣，山之无木；一曰作文宜苦思，不善作则如人之哑不能言，马之跛不能行。四者缺一不可。盖阅历一生，而深知之深悔之者，今亦望家中诸侄力行之。养生与力学，二者兼营并进，则志强而身亦不弱，或是家中振兴之象。两弟如以为然，望常以此教诫子侄为要。

兄在外两月有余，应酬极繁，眩晕、疝气等症幸未复发，脚肿亦因穿洋袜而愈。惟目蒙日甚，小便太数，衰老相逼，时势当然，无足异也。

聂一峰信来，言其子须明春乃来，又商及送女至粤成婚一层。余复信仍以招赘为定，但许迟至春间耳。

章合才果为庸才，其军断难得力。刘毅斋则无美不备，将来事业正未可量。其欠饷，余必竭力助之。王辅臣亦庸庸，颇难寻一相宜之差。

东台山为合邑之公地，众人属目，且距城太近，即系佳壤，余亦不愿求之已有，信复树堂矣。

茶叶、蛏干、川笋、酱油均已领到，谢谢！阿兄尚未有一味之甘分与老弟，而弟频致珍鲜，愧甚愧甚。川笋似不及少年乡味，并不及沅六年所送，不知何故？

鸣原堂文，余竟忘所选之为何篇，请弟将目录抄来，兄当选足百篇，以践宿诺。祖父墓表即日必寄去，请沅弟大笔一挥，但求如张石卿壁上所悬之大楷屏_{似沅七年所书足矣}，不必谦也。顺问近好。

国藩手具

下编 与子侄书

咸丰二年七月二十五夜

谕纪泽

闻母去世，吩咐纪泽在京应办事宜。

字谕纪泽儿：

七月二十五日丑正二刻，余行抵安徽太湖县之小池驿，惨闻吾母大故。余德不修，无实学而有虚名，自知当有祸变，惧之久矣。不谓天不陨灭我身，而反灾及我母。回思吾平日隐慝①大罪不可胜数，一闻此信，真无地自容矣。小池驿去大江之滨尚有二百里，此两日内雇一小轿，仍走旱路，至湖北黄梅县临江之处即行雇船。计由黄梅至武昌不过六七百里，由武昌至长沙不过千里，大约八月中秋后可望到家。一出家辄十四年，吾母音容不可再见，痛极痛极！不孝之罪，岂有稍减之处！兹念京寓眷口尚多，还家甚难。特寄信到京，料理一切，开列于后：

一、我出京时将一切家事面托毛寄云年伯，均蒙慨许。此时遭此大变，尔往叩求寄云年伯筹划一切，必能俯允②。现在京寓并无银钱，分毫无出，不得不开吊③收赙仪，以作家眷回南之路费。开吊所得，大抵不过三百金。路费以人口太多之故，计须四五百金。其不足者，可求寄云年伯张罗。此外同乡如黎樾乔、黄恕皆老伯，同年如王静庵、袁午桥年伯，平日皆有肝胆④，待我甚厚，或可求其凑办旅费。受人恩情，当为将来报答之地，不可多求人也。袁漱六姻伯处，只可求其

---

① 隐慝（tè）：别人不知的罪恶；不可告人的罪恶。
② 俯允：敬语，应允。
③ 开吊：有丧事的人家在出殡以前接待亲友来吊唁。
④ 肝胆：比喻真心诚意。

出力帮办一切，不可令其张罗银钱，渠甚苦也。

一、京寓所欠之账，惟西顺兴最多，此外如杨临川、王静安、李玉泉、王吉云、陈仲鸾诸兄皆多年未偿。可求寄云年伯及黎、黄、王、袁诸君内择其尤相熟者，前往为我展缓①，我再有信致各处。外间若有奠金来者，我当概存寄云、午桥两处。有一两即以一两还债，有一钱即以一钱还债。若并无分文，只得待我起复后再还。

一、家眷出京，行路最不易。樊城旱路既难，水路尤险，此外更无好路。不如仍走王家营为妥，只有十八日旱路。到清江即王家营也时有郭雨三亲家在彼，到池州江边有陈岱云亲家及树堂在彼，到汉口时，吾当托人照料。江路虽险，沿途有人照顾，或略好些。闻扬州有红船最稳，虽略贵亦可雇。尔母最怕坐车，或雇一驮轿亦可又闻驴子驮轿比骡子较好。然驮轿最不好坐，尔母可先试之。如不能坐，则仍坐三套大车为妥于驮轿大车之外另雇一空轿车备用，不可装行李。

一、开吊散讣不可太滥，除同年同乡门生外，惟门簿上有来往者散之，此外不可散一分。其单请庞省三先生定。此系无途费，不得已而为之，不可滥也；即不滥，我已愧恨极矣！

一、外间亲友，不能不讣告寄信，然尤不可滥。大约不过二三十封，我到武昌时当寄一单来，并寄信稿，此刻不可遽发信。

一、铺店账目宜一一清楚，今年端节已全楚矣。此外只有松竹斋新账，可请省三先生往清，只可少给他，不可欠他的出京。又有天元德皮货店，请寄云年伯往清。其新猞猁狲皮褂即退还他，若已做成，即并缎面送赠寄云可也。万一无钱，皮局账亦暂展限，但累寄云年伯多矣。

一、西顺兴账，自丁未年夏起至辛亥年夏止皆有折子，可将折子

---

① 展缓：延缓；宽限。

找出，请一明白人细算一遍如省三先生、湘宾先生及子彦皆可。究竟用他多少钱，专算本钱，不必兼算利钱。待本钱还清，然后再还利钱。我到武昌时，当写一信与萧沛之三兄。待我信到后，然后请寄云年伯去讲明可也。总须将本钱、利钱划为两段，乃不至胶轕①不清。六月所借之捐贡银壹百二十余金，须设法还他，乃足以服人。此事须与寄云年伯熟计其折子即交与毛，另誊一个带回。

一、高松年有银百五十金，我经手借与曹西垣，每月利息京钱十千立有折子。今我家出京，高之利钱已无着落。渠系苦人，我当写信与西垣，嘱其赶紧寄京。目前求黎樾乔老伯代西垣清几个月利钱，至恳至恳。并请高与黎见面一次。

一、木器等类，我出京时已面许全交与寄云，兹即一一交去，不可分散于人。虽炕垫炕枕及我坐蓝缎垫之类、玻璃灯及镜屏之类，亦一概交寄云年伯。盖器本少，分则更少矣。送渠一人，犹成人情耳，锡器、磁器亦交与他。锡器带一木箱回家亦可。其九碗合大圆席者不必带。

一、书籍我出京时一一点明，与尔舅父看过。其要紧者皆可带回；《读礼通考》四套不在要紧之列，此时亦须带回。此外我所不要带之书，惟《皇清经解》六十函算一大部，我出京时已与尔舅说明，即赠送与寄云年伯我带两函出京，将来仍寄京。又《会典》五十函算一大部，可借与寄云用。自此二部外，并无大部，亦无好板。可买打磨厂油箱，一一请书店伙计装好，上贯铁钉封皮，交寄云转寄存一庙内，每月出赁钱可也。边袖石借《通典》一函，田敬堂借地图八幅，吴南屏借梅伯言诗册，俱往取出带回。

一、大厅书架之后有油木箱三个，内皆法帖之类。其已裱好者可

---

① 胶轕（gé）：交错纷乱貌。

全带回，其未裱者带回亦可送人。家信及外来信，粘在本子上者皆宜带回。地舆图三付并田敬堂借一分则四分矣，皆宜带回，又有十八省散图亦带回。字画、对联之类，择好者带回；上下木轴均撤去，以便卷成一捆。其不好者太宽者不必带，如《画象赞》《元〔玄〕秘塔》之类。做一宽箱封锁，与书箱同寄一庙内。凡收拾书籍、字画之类，均请省三先生及子彦帮办，而牧云一一过目。其不带者，均用箱寄庙，带一点单回。

一、我本思在江西归家，凡本家亲友皆以银钱赠送，今既毫无可赠矣。尔母归来，须略备接仪，但须轻巧不累赘者，如毡帽、挽袖之类，亦不可多费钱。捞沙膏、眼药之属亦宜带些，高丽参带半斤。

一、纪泽宜做棉袍褂一付、靴帽各一，以便向祖父前叩头承欢。

一、王雁汀先生寄书，有一单，我已点与子彦看。记得乾隆二集系王世兄取去，五集系王太史敦敏向刘世兄借去，余刘世兄取去者有一片。此外皆在架上，可送还他。

一、苗仙鹿寄卖之书：《声订》《声读表》共一种、《毛诗韵订》一种、《建首字读本》，想到江西销售几部。今既不能，可将书架顶上三种各四十余部还他，交黎樾乔老伯转交。

一、送家眷出京，求牧云总其事。如牧云已中举，亦求于复试后。九月二十外起行，由王家营水路至汉口，或不还家，仍由汉口至京会试可也。下人中必须罗福、盛贵，若沈祥能来更好，否则李长子亦可。大约男仆须四人，女仆须三人。九月二十前后必须起程，不可再迟。一定由王家营走，我当写信托沿途亲友照料。

一、水陆途费约计三百余金，买东西捆装行李之物及略备接仪约须数十金，男女仆婢支用安家约须数十金罗福、盛贵、鲁厨子多给几许钱亦可，共须五百金也。开吊之所入不足，则求毛年伯及诸位老伯张罗，总以早出京到家为妥。其京中各账，我再写信去料理。

以上十七条细心看明照办,并请袁姻伯、庞先生、毛寄云年伯、黎樾乔老伯、黄恕皆老伯、王静庵年伯、袁午桥年伯同看,不可送出外去看。

咸丰二年九月十八日

谕纪泽

告母葬诸事及长沙战事。

字谕纪泽儿:

予自在太湖县闻讣后,于二十六日书家信一号,托陈岱云交安徽提塘寄京;二十七日写二号家信,托常南陔交湖北提塘寄京;二十八日发三号,交丁松亭转交江西提塘寄京。此三次信皆命家眷赶紧出京之说也。八月十三日在湖北发家信第四号,十四日发第五号,二十六日到家后发家信第六号。此三次信皆言长沙被围,家眷不必出京之说也。不知皆已收到否?

余于二十三日到家,家中一切皆清吉,父亲大人及叔父母以下皆平安。余癣疾自到家后日见痊愈。地方团练,我曾家人人皆习武艺,外姓亦多善打者,土匪决可无虞。粤匪之氛虽恶,我境僻处万山之中,不当孔道①,亦断不受其蹂躏。现奉父亲大人之命,于九月十三日权厝先妣于下腰里屋后山内,俟明年寻有吉地再行改葬。所有出殡之事,一切皆从俭约,惟新做人杠,六十四人舁②请,约费钱十余千,盖乡间木料甚贱也。请客约百余席,不用海菜,县城各官一概不请。神主

---

① 孔道:大道;通道。
② 舁(yú):轿子。

即请父亲大人自点。

丁贵自二十七日已打发他去了,我在家并未带一仆人,盖居乡即全守乡间旧样子,不参半点官宦气习。丁贵自回益阳,至渠家住数日,仍回湖北为我搬取行李回家,与荆七二人同归。孙福系山东人,至湖南声音不通,即命渠由湖北回京,给渠盘缠十六两,想渠今冬可到京也。

尔奉尔母及诸弟妹在京,一切皆宜谨慎。目前不必出京,待长沙贼退后余有信来,再行收拾出京。兹寄去信稿一件,各省应发信单一件,尔可将信稿求袁姻伯或庞师照写一纸发刻。其各省应发信,仍求袁、毛、黎、黄、王、袁诸老位妥为寄去。余到家后,诸务丛集,各处不及再写信,前在湖北所发各处信,想已到矣。

十三日申刻,母亲大人发引,戌刻下窆。十二日早响鼓,巳刻开祭,共祭百余堂。十三日正酒一百九十席,前后客席甚多。十四日开口,客八人一席,共二百六十余席。诸事办得整齐。母亲即权厝于凹里屋后山内,十九日筑坟可毕。现在地方安静。闻长沙屡获胜仗,想近日即可解围。尔等回家,为期亦近矣。

罗劭农_{芸皋之弟}至我家,求我家在京中略为分润①渠兄。我家若有钱,或十两,或八两,可略分与芸皋用。不然,恐同县留京诸人有断炊之患也。书不能尽,余俟续示。

涤生手示

---

① 分润:分取钱财;分享利益。

咸丰六年九月二十九夜

谕纪鸿

勤俭自持，习劳习苦，莫坠家风。

字谕纪鸿儿：

家中人来营者，多称尔举止大方，余为少慰。凡人多望子孙为大官，余不愿为大官，但愿为读书明理之君子。勤俭自持，习劳习苦，可以处乐，可以处约①。此君子也。余服官二十年，不敢稍染官宦气习，饮食起居，尚守寒素家风，极俭也可，略丰也可，太丰则吾不敢也。凡仕宦之家，由俭入奢易，由奢返俭难。尔年尚幼，切不可贪爱奢华，不可惯习懒惰。无论大家小家、士农工商，勤苦俭约，未有不兴，骄奢倦怠，未有不败。尔读书写字不可间断，早晨要早起，莫坠高曾祖考以来相传之家风。吾父吾叔，皆黎明即起，尔之所知也。

凡富贵功名，皆有命定，半由人力，半由天事。惟学作圣贤，全由自己作主，不与天命相干涉。吾有志学为圣贤，少时欠居敬工夫，至今犹不免偶有戏言戏动。尔宜举止端庄，言不妄发，则入德之基也。手谕。时在江西抚州门外

---

① 处约：生活在穷困之中。

咸丰六年十月初二日

谕纪泽

不可浪掷光阴。教新妇作羹纺绩。

字谕纪泽儿：

　　胡二等来，接尔安禀，字画尚来长进。尔今年十八岁，齿已渐长，而学业未见其益。陈岱云姻伯之子号杏生者，今年入学，学院批其诗冠通场。渠系戊戌二月所生，比尔仅长一岁，以其无父无母家渐清贫，遂尔勤苦好学，少年成名。尔幸托祖父余荫，衣食丰适，宽然无虑，遂尔酣豢①佚乐②，不复以读书立身为事。古人云劳则善心生，佚则淫心生，孟子云生于忧患，死于安乐，吾虑尔之过于佚也。新妇初来，宜教之入厨作羹，勤于纺绩，不宜因其为富贵子女不事操作。大、二、三诸女已能做大鞋否？三姑一嫂，每年做鞋一双寄余，各表孝敬之忱，各争针黹③之工；所织之布，所寄衣袜等件〔抄本顶批："此处似有阙文。"〕，余亦得察闺门以内之勤惰也。余在军中不废学问，读书写字未甚间断，惜年老眼蒙，无甚长进。尔今未弱冠，一刻千金，切不可浪掷光阴。四年所买衡阳之田，可觅人售出，以银寄营，为归还李家款。父母存，不有私财，士庶人且然，况余身为卿大夫乎？

　　余癣疾复发，不似去秋之甚。李次青十七日在抚州败挫，已详寄沅浦函中。现在崇仁加意整顿，三十日获一胜仗。口粮缺乏，时有决裂之虞，深用焦灼。

　　尔每次安禀详陈一切，不可草率，祖父大人之起居，合家之琐事，

---

① 酣豢（huàn）：谓沉醉于某种情境。
② 佚乐：悠闲安乐。
③ 针黹（zhǐ）：针线活。

学堂之工课,均须详载。切切此谕。

咸丰六年十一月初五日

谕纪泽

读《汉书》,必先学习小学、古文。切戒奢傲。

字谕纪泽儿:

接尔安禀,字画略长进,近日看《汉书》。余生平好读《史记》《汉书》《庄子》韩文四书,尔能看《汉书》,是余所欣慰之一端也。

看《汉书》有两种难处,必先通于小学、训诂之书,而后能识其假借奇字;必先习于古文辞章之学,而后能读其奇篇奥句。尔于小学、古文两者皆未曾入门,则《汉书》中不能识之字、不能解之句多矣。欲通小学,须略看段氏《说文》《经籍籑诂》二书。王怀祖名念孙,高邮州人先生有《读书杂志》,中于《汉书》之训诂极为精博,为魏晋以来释《汉书》者所不能及。欲明古文,须略看《文选》及姚姬传之《古文辞类纂》二书。班孟坚最好文章,故于贾谊、董仲舒、司马相如、东方朔、司马迁、扬雄、刘向、匡衡、谷永诸传皆全录其著作;即不以文章名家者,如贾山、邹阳等四人传、严助朱买臣等九人传、赵充国屯田之奏、韦元成议礼之疏以及贡禹之章、陈汤之奏狱,皆以好文之故,悉载巨篇。如贾生之文,既著于本传,复载于《陈涉传》《食货志》等篇;子云之文,既著于本传,复载于《匈奴传》《王贡传》等篇,极之《充国赞》《酒箴》,亦皆录入各传。盖孟坚于典雅瑰玮①

---

① 瑰玮:谓文章内容奇特,文辞壮丽。

之文，无一字不甄采①。尔将十二帝纪阅毕后，且先读列传。凡文之为昭明暨姚氏所选者，则细心读之；即不为二家所选，则另行标识之。若小学、古文二端略得途径，其于读《汉书》之道思过半矣。

世家子弟最易犯一奢字、傲字。不必锦衣玉食而后谓之奢也，但使皮袍呢褂俯拾即是，舆马仆从习惯为常，此即日趋于奢矣。见乡人则嗤其朴陋，见雇工则臣〔颐〕指气使，此即日习于傲矣。《书》称"世禄之家，鲜克由礼"，《传》称"骄奢淫佚，宠禄过也"。京师子弟之坏，未有不由于骄、奢二字者，尔与诸弟其戒之。至嘱至嘱。

咸丰八年七月二十一日

谕纪泽

读书之法与做人之道。

字谕纪泽儿：

余此次出门，略载日记，即将日记封每次家信中。闻林文忠家书，即系如此办法。尔在省，仅至丁、左两家，余不轻出②，足慰远怀。

读书之法，看、读、写、作，四者每日不可缺一。看者，如尔去年看《史记》《汉书》韩文《近思录》，今年看《周易折中》之类是也。读者，如《四书》《诗》《书》《易经》《左传》诸经、《昭明文选》、李杜韩苏之诗、韩欧曾王之文，非高声朗诵则不能得其雄伟之概，非密咏恬吟则不能探其深远之韵。譬之富家居积，看书则在外贸易，获利三倍者也，读书则在家慎守，不轻花费者也；譬之兵家战争，

---

① 甄采：鉴别采用；选择采用。
② 轻出：随便外出。

看书则攻城略地，开拓土宇者也，读书则深沟坚垒，得地能守者也。看书如子夏之"日知所亡"相近，读书与"无忘所能"相近，二者不可偏废。至于写字，真行篆隶，尔颇好之，切不可间断一日。既要求好，又要求快。余生平因作字迟钝，吃亏不少。尔须力求敏捷，每日能作楷书一万则几矣。至于作诸文，亦宜在二三十岁立定规模；过三十后，则长进极难。作四书文，作试帖诗，作律赋，作古今体诗，作古文，作骈体文，数者不可不一一讲求，一一试为之。少年不可怕丑，须有狂者进取之趣，过时不试为之，则后此弥不肯为矣。

至于作人之道，圣贤千言万语，大抵不外敬恕二字。"仲弓问仁"一章，言敬恕最为亲切。自此以外，如立则见参于前也，在舆则见其倚于衡也；君子无众寡，无小大，无敢慢，斯为泰而不骄；正其衣冠，俨然人望而畏，斯为威而不猛。是皆言敬之最好下手者。孔言欲立立人，欲达达人；孟言行有不得，反求诸己。以仁存心，以礼存心，有终身之忧，无一朝之患。是皆言恕之最好下手者。尔心境明白，于恕字或易著功，敬字则宜勉强行之。此立德之基，不可不谨。

科场在即，亦宜保养身体。余在外平安，不多及。

涤生手谕 舟次樵舍下去江西省城八十里

再，此次日记，已封入澄侯叔函中寄至家矣。余自十二至湖口，十九夜五更开船晋江西省，二十一申刻即至章门。余不多及。又示。

咸丰八年八月初三日

谕纪泽

读书宜虚心涵泳、切己体察。

字谕纪泽：

八月一日，刘曾撰来营，接尔第二号信并薛晓帆信，得悉家中四宅平安，至以为慰。

汝读《四书》无甚心得，由不能虚心涵泳，切己体察。朱子教人读书之法，此二语最为精当。尔现读《离娄》，即如《离娄》首章"上无道揆①，下无法守"，吾往年读之，亦无甚警惕。近岁在外办事，乃知上之人必揆诸道，下之人必守乎法。若人人以道揆自许，从心而不从法，则下凌上矣。"爱人不亲"章，往年读之，不甚亲切。近岁阅历日久，乃知治人不治者，智不足也。此切己体察之一端也。涵泳二字，最不易识，余尝以意测之。曰：涵者，如春雨之润花，如清渠之溉稻。雨之润花，过小则难透，过大则离披②，适中则涵濡而滋液；清渠之溉稻，过小则枯槁，过多则伤涝，适中则涵养而浡兴。泳者，如鱼之游水，如人之濯足。程子谓鱼跃于渊，活泼泼地；庄子言濠梁观鱼，安知非乐？此鱼水之快也。左太冲有"濯足万里流"之句，苏子瞻有夜卧濯足诗，有浴罢诗，亦人性乐水者之一快也。善读书者，须视书如水，而视此心如花如稻如鱼如濯足，则涵泳二字，庶可得之于意言之表。尔读书易于解说文义，却不甚能深入，可就朱子涵泳体察二语悉心求之。

邹叔明新刊地图甚好。余寄书左季翁，托购致十副。尔收得后，

---

① 揆（kuí）：揣度；揣测。
② 离披：分散下垂貌；纷纷下落貌。

可好藏之。薛晓帆银百两宜璧还。余有复信，可并交季翁也。此嘱。

父涤生字

咸丰八年八月二十日

谕纪泽

教学诗学字之方法。勉其雪己之三耻。

字谕纪泽儿：

十九日曾六来营，接尔初七日第五号家信并诗一首，具悉。次日入闱，考具皆齐矣。此时计已出闱还家。

余于初八日至河口。本拟由铅山入闽，进捣崇安，已拜疏矣。光泽之贼窜扰江西，连陷泸溪、金溪、安仁三县，即在安仁屯踞。十四日派张凯章往剿。十五日余亦回驻弋阳。待安仁破灭后，余乃由泸溪云际关入闽也。

尔七古诗，气清而词亦稳，余阅之忻慰。凡作诗，最宜讲究声调。余所选抄五古九家、七古六家，声调皆极铿锵，耐人百读不厌。余所未抄者，如左太冲、江文通、陈子昂、柳子厚之五古，鲍明远、高达夫、王摩诘、陆放翁之七古，声调亦清越异常。尔欲作五古七古，须熟读五古七古各数十篇。先之以高声朗诵，以昌其气；继之以密咏恬吟，以玩其味。二者并进，使古人之声调，拂拂①然若与我之喉舌相习，则下笔为诗时，必有句调凑赴腕下。诗成自读之，亦自觉琅琅可诵，引出一种兴会来。古人云"新诗改罢自长吟"，又云"煅诗未就

---

① 拂拂：颤动貌。

且长吟",可见古人惨淡经营之时,亦纯在声调上下工夫。盖有字句之诗,人籁也;无字句之诗,天籁也。解此者,能使天籁人籁凑泊①而成,则于诗之道思过半矣。

尔好写字,是一好气习。近日墨色不甚光润,较去年春夏已稍退矣。以后作字,须讲究墨色。古来书家,无不善使墨者,能令一种神光活色浮于纸上,固由临池之勤染翰之多所致,亦缘于墨之新旧浓淡,用墨之轻重疾徐,皆有精意运乎其间,故能使光气常新也。

余生平有三耻:学问各途,皆略涉其涯埃,独天文算学,毫无所知,虽恒星五纬亦不识认,一耻也;每作一事,治一业,辄有始无终,二耻也;少时作字,不能临摹一家之体,遂致屡变而无所成,迟钝而不适于用,近岁在军,因作字太钝,废阁②殊多,三耻也。尔若为克家之子,当思雪此三耻。推步算学,纵难通晓,恒星五纬,观认尚易。家中言天文之书,有《十七史》中各天文志,及《五礼通考》中所辑观象授时一种。每夜认明恒星二三座,不过数月,可毕识矣。凡作一事,无论大小难易,皆宜有始有终。作字时,先求圆匀,次求敏捷。若一日能作楷书一万,少或七八千,愈多愈熟,则手腕毫不费力。将来以之为学,则手钞群书,以之从政,则案无留牍。无穷受用,皆自写字之匀而且捷生出。三者皆足弥吾之缺憾矣。

今年初次下场,或中或不中,无甚关系,榜后即当看《诗经》注疏。以后穷经读史,二者迭进。国朝大儒,如顾、阎、江、戴、段、王数先生之书,亦不可不熟读而深思之。光阴难得,一刻千金。以后写安禀来营,不妨将胸中所见,简编所得,驰骋议论,俾余得以考察尔之进步,不宜太寥寥。此谕。书于弋阳军中

---

① 凑泊:凝合;聚合。
② 废阁:搁置而不实施。

咸丰八年九月二十八日

谕纪泽

除读《五经》《四书》外，尚须寻究《史记》《汉书》等十一种书。

字谕纪泽儿：

闻儿经书将次读毕，差用少慰。自《五经》外，《周礼》《仪礼》《尔雅》《孝经》《公羊》《穀梁》六书自古列之于经，所谓十三经也。此六经宜请塾师口授一遍。尔记性平常，不必求熟。十三经外所最宜熟读者莫如《史记》《汉书》《庄子》韩文四种。余生平好此四书，嗜之成癖，恨未能一一诂释笺疏，穷力讨治。自此四种而外，又如《文选》《通典》《说文》《孙武子》《方舆纪要》、近人姚姬传所辑《古文辞类纂》、余所抄十八家诗，此七书者，亦余嗜好之次也。凡十一种，吾以配之《五经》《四书》之后，而《周礼》等六经者，或反不知笃好，盖未尝致力于其间，而人之性情各有所近焉尔。吾儿既读《五经》《四书》，即当将此十一书寻究一番，纵不能讲习贯通，亦当思涉猎其大略，则见解日开矣。

涤生手谕

咸丰八年十月二十五日

谕纪泽

谈读《诗经》、作札记、作赋及习字诸事。

字谕纪泽：

十月十一日接尔安禀，内附隶字一册。二十四日接澄叔信，内附尔临《元教碑》一册。王五及各长夫来，具述家中琐事甚详。

尔信内言读《诗经》注疏之法，比之前一信已有长进。凡汉人传注、唐人之疏，其恶处在确守故训，失之穿凿；其好处在确守故训，不参私见。释谓为勤，尚不数见，释言为我，处处皆然，盖亦十口相传之诂，而不复顾文气之不安。如《伐木》为文王与友人入山，《鸳鸯》为明王交于万物，与尔所疑《螽斯》章解，同一穿凿。朱子《集传》，一扫旧障，专在涵泳神味，虚而与之委蛇。然如《郑风》诸什，注疏以为皆刺忽者固非，朱子以为皆淫奔者，亦未必是。尔治经之时，无论看注疏，看宋传，总宜虚心求之。其惬意者，则以朱笔识出；其怀疑者，则以另册写一小条，或多为辨论，或仅着数字，将来疑者渐晰，又记于此条之下，久久渐成卷帙，则自然日进。高邮王怀祖先生父子，经学为本朝之冠，皆自札记得来。吾虽不及怀祖先生，而望尔为伯申氏甚切也。

尔问时艺可否暂置，抑或它有所学？余惟文章之可以道古，可以适今者，莫如作赋。汉魏六朝之赋，名篇巨制，具载于《文选》，余尝以《西征》《芜城》及《恨》《别》等赋示尔矣。其小品赋，则有《古赋识小录》。律赋，则有本朝之吴谷人、顾耕石、陈秋舫诸家。尔若学赋，可于每三、八日作一篇大赋，或数千字，小赋或仅数十字，或对或不对，均无不可。此事比之八股文略有意趣，不知尔性与之相近否？尔所临隶书《孔宙碑》，笔太拘束，不甚松活，想系执笔太近毫之故，以后须执于管顶。余以执笔太低，终身吃亏，故教尔趁早改之。《元教碑》墨气甚好，可喜可喜。郭二姻叔嫌左肩太俯，右肩太耸，吴子序年伯欲带归示其子弟。尔字姿于草书尤相宜，以后专习真草二种，篆隶置之可也。四体并习，恐将来不能一工。

余癣疾近日大愈，目光平平如故。营中各勇夫病者，十分已好六七，惟尚未复元，不能拔营进剿，良深焦灼。闻甲五目疾十愈八九，忻慰之至。尔为下辈之长，须常常存个乐育诸弟之念。君子之道，莫大乎与人为善，况兄弟乎？临三、昆八，系亲表兄弟，尔须与之互相劝勉。尔有所知者，常常与之讲论，则彼此并进矣。此谕。

咸丰八年十月二十九日

谕纪泽

望钻研《五礼通考》中的天文部分。

字谕纪泽：

二十五日寄一信，言读《诗经》注疏之法。二十七日县城二男至，接尔十一日安禀，具悉一切。

尔看天文，认得恒星数十座，甚慰甚慰。前信言《五礼通考》中观象授时二十卷内恒星图最为明晰，曾翻阅否？国朝大儒于天文历数之学，讲求精熟，度越前古。自梅定九、王寅旭以至江、戴诸老，皆称绝学，然皆不讲占验，但讲推步[①]。占验者，观星象云气以卜吉凶，

---

① 推步：推算天象历法。古人谓日月转运于天，犹如人之行步，可推算而知。

《史记·天官书》《汉书·天文志》是也。推步者，测七政行度，以定授时，《史记·律书》《汉书·律历志》是也。秦味经先生之观象授时，简而得要。心壶既肯究心此事，可借此书与之阅看《五礼通考》内有之，《皇清经解》内亦有之。若尔与心壶二人能略窥二者之端绪，则足以补余之阙憾矣。四六落脚一字粘法，另纸写示因接安徽信，遂不开示。

书至此，接赵克彰十五夜自桐城发来之信，温叔及李迪庵方伯尚无确信，想已殉难矣，悲悼曷极！来信寄叔祖父封内中有往六安州之信，尚有一线生机。余官至二品，诰命三代，封妻荫子，受恩深重，久已置死生于度外，且常恐无以对同事诸君于地下。温叔受恩尚浅，早岁不获一第，近年在军，亦不甚得志，设有不测，赍憾有穷期耶？军情变幻不测，春夏间方冀此贼指日可平，不图七月有庐州之变，八九月有江浦、六合之变，兹又有三河之大变，全局破坏，与咸丰四年冬间相似，情怀难堪。但愿尔专心读书，将我所好看之书领略得几分，我所讲求之事钻研得几分，则余在军中，心常常自慰。尔每日之事，亦可写日记，以便查核。建昌营次

咸丰八年十二月初三日

谕纪泽

读经书，宜常翻阅前人校勘记。

字谕纪泽：

初一日接尔十二日一禀，得知四宅平安，尔将有长沙之行，想此时又归也。少庚早世，贺家气象日以凋耗，尔当常常寄信与尔岳母，以慰其意。每年至长沙走一二次，以解其忧。耦耕先生学问文章，卓

绝辈流,居官亦恺恻①慈祥,而家运若此,是不可解!尔挽联尚稳妥。

《诗经》字不同者,余忘之。凡经文板本②不合者,阮氏校勘记最详阮刻《十三经注疏》,今年六月在岳州寄回一部,每卷之末皆附校勘记,《皇清经解》中亦刻有校勘记,可取阅也。凡引经不合者,段氏《撰异》最详段茂堂有《诗经撰异》《书经撰异》等著,俱刻于《皇清经解》中。尔翻而校对之,则疑者明矣。

咸丰八年十二月二十三日

谕纪泽

宜先看胡刻《文选》。从明年起每月作四书文三篇。

字谕纪泽:

　　日来接尔两禀,知尔《左传》注疏将次看完。《三礼》注疏,非将江慎修《礼书纲目》识得大段,则注疏亦殊难领会,尔可暂缓,即《公》《穀》亦可缓看。尔明春将胡刻《文选》细看一遍,一则含英咀华,可医尔笔下枯涩之弊;一则吾熟读此书,可常常教尔也。沅叔及寅皆先生望尔作四书文,极为勤恳。余念尔庚申、辛酉下两科场,文章亦不可太丑,惹人笑话。尔自明年正月起,每月作四书文三篇,俱由家信内封寄营中。此外或作得诗赋论策,亦即寄呈。

　　写字之中锋者,用笔尖着纸,古人谓之蹲锋,如狮蹲虎蹲犬蹲之象。偏锋者,用笔毫之腹着纸,不倒于左,则倒于右,当将倒未倒之际,一提笔则为蹲锋。是用偏锋者,亦有中锋时也。此谕。

涤生字

---

① 恺(kǎi)恻:和乐恻隐。
② 板本:指一书经多次传抄或印刷而形成的不同的本子。

咸丰八年十二月三十日

谕纪泽

对长辈应尽爱敬之道。试阅高邮王氏之书。

字谕纪泽：

　　闻尔至长沙已逾月余，而无禀来营，何也？少庚讣信百余件，闻皆尔亲笔写之。何不发刻？或倩人帮写？非谓尔宜自惜精力，盖以少庚年未三十，情有等差，礼有隆杀，则精力亦不宜过竭耳。近想已归家度岁。今年家中因温甫叔之变，气象较之往年迥不相同。余因去年在家，争辨细事，与乡里鄙人无异，至今深抱悔憾。故虽在外，亦恻然①寡欢。尔当体我此意，于叔祖各叔父母前尽些爱敬之心。常存休戚一体之念，无怀彼此歧视之见，则老辈内外必器爱尔，后辈兄弟姊妹必以尔为榜样，日处日亲，愈久愈敬。若使宗族乡党皆曰纪泽之量大于其父之量，则余欣然矣。

　　余前有信教尔学作赋，尔复禀并未提及。又有信言涵养二字，尔复禀亦未之及。嗣后我信中所论之事，尔宜一一禀复。余于本朝大儒，自顾亭林之外，最好高邮王氏之学。王安国以鼎甲官至尚书，谥文肃，正色立朝。生怀祖先生，念孙经学精卓。生王引之，复以鼎甲官尚书，谥文简。三代皆好学深思，有汉韦氏、唐颜氏之风。余自憾学问无成，有愧王文肃公远甚，而望尔辈为怀祖先生，为伯申氏，则梦寐之际，未尝须臾忘也。怀祖先生所著《广雅疏证》《读书杂志》，家中无之。伯申氏所著《经义述闻》《经传释词》，《皇清经解》内有之。尔可试取一阅。其不知者，写信来问。本朝穷经者，皆精小学，大约不出段、

---

① 恻然：哀怜貌；悲伤貌。

王两家之范围耳。余不一一。

父涤生示

咸丰九年三月初三日

谕纪泽

写字之法，在用笔、结体两端。作文作诗赋，宜留心摹仿。风霜磨炼、苦心劳神，足坚筋骨而长见识。

字谕纪泽：

三月初二日接尔二月二十日安禀，得知一切。

内有贺丹麓先生墓志，字势流美，天骨①开张②，览之忻慰。惟间架间有太松之处，尚当加功。大抵写字只有用笔、结体两端。学用笔，须多看古人墨迹；学结体，须用油纸摹古帖。此二者，皆决不可易之理。小儿写影本，肯用心者，不过数月，必与其摹本字相肖③。吾自三十时，已解古人用笔之意，只为欠却间架工夫，便尔作字不成体段④。生平欲将柳诚悬、赵子昂两家合为一炉，亦为间架欠工夫，有志莫遂。尔以后当从间架用一番苦功，每日用油纸摹帖，或百字，或二百字，不过数月，间架与古人逼肖而不自觉。能合柳、赵为一，此吾之素愿也。不能，则随尔自择一家，但不可见异思迁耳。不特写字宜摹仿古人间架，即作文亦宜摹仿古人间架。《诗经》造句之法，无一句无所本。《左传》之文，多现成句调。扬子云为汉代文宗，而其

---

① 天骨：称美诗文风骨。
② 开张：犹恢宏，开阔雄伟。
③ 相肖：犹相似。
④ 体段：指字的形式、结构。

《太玄》摹《易》,《法言》摹《论语》,《方言》摹《尔雅》,《十二箴》摹《虞箴》,《长杨赋》摹《难蜀父老》,《解嘲》摹《客难》,《甘泉赋》摹《大人赋》,《剧秦美新》摹《封禅文》,《谏不许单于朝书》摹《国策》"信陵君谏伐韩",几于无篇不摹。即韩、欧、曾、苏诸巨公之文,亦皆有所摹拟,以成体段。尔以后作文作诗赋,均宜心有摹仿,而后间架可立,其收效较速,其取径较便。前信教尔暂不必看《经义述闻》,今尔此信言业看三本,如看得有些滋味,即一直看下去。不为或作或辍,亦是好事。惟《周礼》《仪礼》《大戴礼》《公》《榖》《尔雅》《国语》《太岁考》等卷,尔向来未读过正文者,则王氏《述闻》,亦暂可不观也。

尔思来营省觐,甚好,余亦思尔来一见。婚期既定五月二十六日,三四月间自不能来,或七月晋省乡试,八月底来营省觐亦可。身体虽弱,处多难之世,若能风霜磨炼、苦心劳神,亦自足坚筋骨而长识见。沅甫叔向最羸弱,近日从军,反得壮健,亦其证也。赠伍嵩生之君臣画像乃俗本①,不可为典要。奏折稿当抄一目录付归。余详诸叔信中。

咸丰九年三月二十三日

谕纪泽

言书法之派别。

字谕纪泽儿:

二十二日接尔禀并《书谱叙》,以示李少荃、次青、许仙屏诸公,

---

① 俗本:世间流行的校刻不精的版本。

皆极赞美。云尔钩联顿挫，纯用孙过庭草法，而间架纯用赵法，柔中寓刚，绵里藏针，动合自然等语。余听之亦欣慰也。

赵文敏集古今之大成，于初唐四家内师虞永兴，而参以钟绍京，因此以上窥二王，下法山谷，此一径也；于中唐师李北海，而参以颜鲁公、徐季海之沉着，此一径也；于晚唐师苏灵芝，此又一径也。由虞永兴以溯二王及晋六朝诸贤，世所称南派者也；由李北海以溯欧、褚及魏北齐诸贤，世所谓北派者也。尔欲学书，须窥寻此两派之所以分。南派以神韵胜，北派以魄力胜。宋四家，苏、黄近于南派，米、蔡近于北派。赵子昂欲合二派而汇为一。尔从赵法入门，将来或趋南派，或趋北派，皆可不迷于所往。

我先大夫竹亭公，少学赵书，秀骨天成。我兄弟五人，于字皆下苦功，沅叔天分尤高。尔若能光大先业，甚望甚望！

制艺一道，亦须认真用功。邓瀛师，名手也。尔作文，在家有邓师批改，付营有李次青批改，此极难得，千万莫错过了。付回赵书《楚国夫人碑》，可分送三先生汪、易、葛二外甥及尔诸堂兄弟。又旧宣纸手卷、新宣纸横幅，尔可学《书谱》，请徐柳臣一看。此嘱。

父涤生手谕

咸丰九年四月二十一日

谕纪泽

以韩、柳、王念孙父子为例，详告读书宜知所选择。

字谕纪泽：

前次于诸叔父信中，复示尔所问各书帖之目。乡间苦于无书，然尔生今日，吾家之书，业已百倍于道光中年矣。买书不可不多，而看书不可不知所择。以韩退之为千古大儒，而自述其所服膺①之书，不过数种：曰《易》、曰《书》、曰《诗》、曰《春秋左传》、曰《庄子》、曰《离骚》、曰《史记》、曰相如、子云。柳子厚自述其所得，正者：曰《易》、曰《书》、曰《诗》、曰《礼》、曰《春秋》；旁者：曰《穀梁》、曰《孟》《荀》、曰《庄》《老》、曰《国语》、曰《离骚》、曰《史记》。二公所读之书，皆不甚多。

本朝善读古书者，余最好高邮王氏父子，曾为尔屡言之矣。今观怀祖先生《读书杂志》中所考订之书：曰《逸周书》、曰《战国策》、曰《史记》、曰《汉书》、曰《管子》、曰《晏子》、曰《墨子》、曰《荀子》、曰《淮南子》、曰《后汉书》、曰《老》《庄》、曰《吕氏春秋》、曰《韩非子》、曰《杨子》、曰《楚辞》、曰《文选》，凡十六种。又别著《广雅疏证》一种。伯申先生《经义述闻》中所考订之书：曰《易》、曰《书》、曰《诗》、曰《周官》、曰《仪礼》、曰《大戴礼》、曰《礼记》、曰《左传》、曰《国语》、曰《公羊》、曰《穀梁》、曰《尔雅》，凡十二种。王氏父子之博，古今所罕，然亦不满三十种也。

余于《四书》《五经》之外，最好《史记》《汉书》《庄子》韩文四种，好之十余年，惜不能熟读精考。又好《通鉴》《文选》及姚惜抱所选《古文辞类纂》、余所选《十八家诗抄》四种，共不过十余种。早岁笃志为学，恒思将此十余书贯串精通，略作札记，仿顾亭林、王怀祖之法。今年齿衰老，时事日艰，所志不克成就，中夜思之，每用愧悔。泽儿若能成吾之志，将《四书》《五经》及余所好之八种一一熟读而深思之，略作札记，以志所得，以著所疑，则余欢欣快慰，夜

---

① 服膺：衷心信奉。

得甘寝,此外别无所求矣。至王氏父子所考订之书二十八种,凡家中所无者,尔可开一单来,余当一一购得寄回。

学问之途,自汉至唐,风气略同;自宋至明,风气略同;国朝又自成一种风气,其尤著者,不过顾、阎百诗、戴东原、江慎修、钱辛楣、秦味经、段懋堂、王怀祖数人,而风会所扇,群彦云兴。尔有志读书,不必别标汉学之名目,而不可不一窥数君子之门径。凡有所见所闻,随时禀知,余随时谕答,较之当面问答,更易长进也。

咸丰九年五月初四日

谕纪泽

宜分类手抄体面话头,此济无词藻之弊。

字谕纪泽儿:

余送叔父母生日礼目,鱼翅二斤太大,不好带,改送洋带一根。此带颇奇,可松可紧,可大可小,大而星冈公之腹可用也,小而鼎二、三之腰亦可用也。此二根皆送轩叔,春罗送叔母。

尔作时文,宜先讲词藻,欲求词藻富丽,不可不分类抄撮①体面话头②。近世文人,如袁简斋、赵瓯北、吴谷人,皆有手抄词藻小本。此众人所共知者。阮文达公为学政时,搜出生童夹带,必自加细阅。如系亲手所抄,略有条理者,即予进学;如系请人所抄,概录陈文者,照例罪斥。阮公一代闳儒,则知文人不可无手抄夹带小本矣。昌黎之记事提要、纂言钩元〔玄〕,亦系分类手抄小册也。尔去年乡试之文,

---

① 撮:取;摘取。
② 话头:文人常借以泛指启发问题的话语。

太无词藻,几不能敷衍成篇。此时下手工夫,以分类手抄词藻为第一义。

尔此次复信,即将所分之类开列目录,附禀寄来。分大纲子目,如伦纪类为大纲,则君臣、父子、兄弟为子目;王道类为大纲,则井田、学校为子目。此外各门可以类推。尔曾看过《说文》《经义述闻》,二书中可抄者多。此外如江慎修之《类腋》及《子史精华》《渊鉴类函》,则可抄者尤多矣,尔试为之。此科名之要道,亦即学问之捷径也。此谕。

父涤生字

咸丰九年五月初四日

谕纪泽

所刻《心经》微有《西安圣教》笔意。要养得胸次博大活泼。

字谕纪泽儿:

初四夜接尔二十六号禀。所刻《心经》微有《西安圣教》笔意,总要养得胸次博大活泼,此后当更有长进也。

尔去年看《诗经》注疏已毕否?若未毕,自当补看,不可无恒耳。讲《通鉴》,即以我过笔者讲之。亦可将来另购一部,尔照我之样过笔一次可也。

冯树堂师诗草曾寄营矣。尔复信言十二年进京,程资不敢领。新写"闳深肃穆"四扁字,拓一分付回。余不多及。

父涤生字

再,同县拔贡生傅泽鸿寄朱卷数十本来营,兹付去程仪三十两,尔可觅便寄傅家，或专人送去。又示。

咸丰九年六月十四日

谕纪泽

谈今古文《尚书》。读书一怕无恒，二怕未看明白。

字谕纪泽儿：

接尔二十九、三十号两禀，得悉《书经》注疏看《商书》已毕。《书经》注疏颇庸陋①，不如《诗经》之该博②。我朝儒者，如阎百诗、姚姬传诸公皆辨别古文《尚书》之伪。孔安国之传，亦伪作也。盖秦燔③书后，汉代伏生所传，欧阳及大小夏侯所习，皆仅二十八篇，所谓今文《尚书》者也。厥后孔安国家有古文《尚书》，多十余篇，遭巫蛊之事，未得立于学官，不传于世。厥后张霸有《尚书》百两篇，亦不传于世。后汉贾逵、马、郑作古文《尚书》注解，亦不传于世。至东晋梅赜始献古文《尚书》并孔安国传，自六朝唐宋以来承之，即今通行之本也。自吴才老及朱子、梅鼎祚、归震川，皆疑其为伪。至阎百诗遂专著一书以痛辨之，名曰《疏证》。自是辨之者数十家，人人皆称伪古文、伪孔氏也。《日知录》中略著其原委。王西庄、孙渊如、江艮庭三家皆详言之《皇清经解》中皆有江书，不足观。此亦《六经》中一大案，不可不知也。

尔读书记性平常，此不足虑。所虑者第一怕无恒，第二怕随笔点

---

① 庸陋：平庸浅陋。
② 该博：渊博。
③ 燔（fán）：焚烧。

过一遍，并未看得明白。此却是大病。若实看明白了，久之必得些滋味，寸心若有怡悦之境，则自略记得矣。尔不必求记，却宜求个明白。

邓先生讲书，仍请讲《周易折中》。余圈过之《通鉴》，暂不必讲，恐污坏耳。尔每日起得早否？并问。此谕。

涤生手示

咸丰九年七月十四日

谕纪泽

欧、虞、颜、柳之字是诗家之李、杜、韩、苏，须窥寻其门径。

字谕纪泽儿：

尔前寄所临《书谱》一卷，余比送徐柳臣先生处，请其批评。初七日接渠回信，兹寄尔一阅。十三日晤柳臣先生，渠盛称尔草字可以入古，又送尔扇一柄，兹寄回。刘世兄送《西安圣教》，兹与手卷并寄回查收。

尔前用油纸摹字，若常常为之，间架必大进。欧、虞、颜、柳四大家是诗家之李、杜、韩、苏，天地之日星江河也。尔有志学书，须窥寻四人门径。至嘱至嘱！

涤生手示

咸丰九年九月二十四日

谕纪泽

老境侵寻,颇思早办儿女婚嫁事。

字谕纪泽:

二十一日得家书,知尔至长沙一次,何不寄安禀来营?婚期改九月十六,余甚喜慰。余老境①侵寻②,颇思将儿女婚嫁早早料理。袁漱六亲家患喀血疾,昨专人走松江看视,若得复元,吾即思明春办大女儿嫁事。袁铁庵来我家时,尔禀问母亲,可以吾意商之。

京中书到时,有胡刻《通鉴》一部,留家中讲解,即将吾圈过一部寄来营可也。又汲古阁初印《五代史》一部,亦寄来。皮衣等件,速速寄来。吾买帖数十部,下次寄尔。此谕。

咸丰九年十月十四日

谕纪泽

告诫早起、有恒及重厚三事。

字谕纪泽儿:

接尔十九、二十九日两禀,知喜事完毕,新妇能得尔母之欢,是即家庭之福。

我朝列圣相承,总是寅正即起,至今二百年不改。我家高曾祖考

---

① 老境:老年时期的景况。
② 侵寻:渐进;渐次发展。

相传早起，吾得见竟希公、星冈公皆未明即起，冬寒起坐约一个时辰，始见天亮。吾父竹亭公亦甫黎明即起，有事则不待黎明，每夜必起看一二次不等，此尔所及见者也。余近亦黎明即起，思有以绍先人之家风。尔既冠授室，当以早起为第一先务。自力行之，亦率新妇力行之。

余生平坐无恒之弊，万事无成。德无成，业无成，已可深耻矣。逮办理军事，自矢靡他，中间本志变化，尤无恒之大者，用为内耻。尔欲稍有成就，须从有恒二字下手。

余尝细观星冈公仪表绝人，全在一重字。余行路容止①亦颇重厚，盖取法于星冈公。尔之容止甚轻，是一大弊病，以后宜时时留心。无论行坐，均须重厚。早起也，有恒也，重也，三者皆尔最要之务。早起是先人之家法，无恒是吾身之大耻，不重是尔身之短处，故特谆谆戒之。

吾前一信答尔所问者三条，一字中换笔，一"敢告马走"、一注疏得失，言之颇详，尔来禀何以并未提及？以后凡接我教尔之言，宜条条禀复，不可疏略。此外教尔之事，则详于寄寅皆先生看读写作一缄中矣。此谕。

咸丰十年二月初四日

谕纪泽

叔祖病重，宜常服侍汤药。

字谕纪泽儿：

接尔元夕禀，知叔父大人病极沉重。余未在家，尔宜常至白玉堂

---

① 容止：仪容举止。

服侍汤药，勤敬二字断不可忽。若在老宅而有倦色有肆容，则与不去无异。余往年在外多愧悔之端，近两年补救不少。至在家亦有可愧悔者，儿为我补救可也。澄叔分居上腰里，应用粗细家皿须由下腰里分去。尔禀母亲雇工陆续送去。尔至长沙看贺岳母，须待叔祖病减乃去，禀商澄、沅两叔父遵行。

涤生手示

咸丰十年二月二十四日

谕纪泽

看《文选》，分类摘抄典故词汇。下半年再来营。

字谕纪泽儿：

二十日接二月二日来禀并祭文稿。文尚条畅，惟意义太少。叔祖之德全未称道，亦非体制，词藻亦太寒俭。尔现看《文选》，宜略抄典故藻汇，分类抄记，以为馈贫之粮。《文选》前数本系汉人之赋，极难领会，后半则易看矣。余所见友朋中，无能知汉赋之意味者。尔不能记忆，亦由于不知其意味。此刻不必求记，将来若能识得意味，自可渐记一二。余向来记性极坏，近老年反略好些，由于识得意味也。时文亦不必苦心孤旨〔诣〕去作，但常常作文。心常用则活，不用则窒；常用则细，不用则粗。

江忠烈之太夫人，余将寄银一百、幛一悬，写兄弟四人名，家中不必另致情。江太夫人大事，岷樵曾赙银二百，余收一百。先大夫大事，达川曾赙银五十，余收二十也。

余前允尔来营省觐。兹因陈作梅来吾乡看地，须尔在家中陪款，恐作梅先生未到湘时，沅叔业已先出，尔须等候作梅先生，在家住二十余日，再送陈至省展谒贺岳母，小住即仍归去。闻儿妇或有梦熊之喜，尔于下半年再请来营省觐可也。此嘱。

涤生手示

咸丰十年闰三月初四日

谕纪泽

谨守家法。读《文选》应用心于训诂音调。

字谕纪泽：

初一日接尔十六日禀，澄叔已移寓新居，则黄金堂老宅，尔为一家之主矣。昔吾祖星冈公最讲求治家之法，第一起早，第二打扫洁净，第三诚修祭祀，第四善待亲族邻里。凡亲族邻里来家，无不恭敬款接，有急必周济之，有讼必排解之，有喜必庆贺之，有疾必问，有丧必吊。此四事之外，于读书、种菜等事尤为刻刻留心，故余近写家信，常常提及书、蔬、鱼、猪四端者，盖祖父相传之家法也。尔现读书无暇，此八事，纵不能一一亲自经理，而不可不识得此意，请朱运四先生细心经理，八者缺一不可。其诚修祭祀一端，则必须尔母随时留心。凡器皿第一等好者留作祭祀之用，饮食第一等好者亦备祭祀之需。凡人家不讲究祭祀，纵然兴旺，亦不久长。至要至要。

尔所论看《文选》之法不为无见。吾观汉魏文人，有二端最不可及：一曰训诂精确，二曰声调铿锵。《说文》训诂之学，自中唐以后人多不讲，宋以后说经尤不明故训，及至我朝巨儒始通小学。段茂堂、王怀祖两家，遂精研乎古人文字声音之本，乃知《文选》中古赋所用之字，无不典雅精当。尔若能熟读段、王两家之书，则知眼前常见之字，凡唐宋文人误用者，惟《六经》不误，《文选》中汉赋亦不误也。即以尔禀中所论《三都赋》言之，如"蔚若相如，皭若君平"，以一蔚字该括①相如之文章，以一皭字该括君平之道德，此虽不尽关乎训诂，亦足见其下字之不苟矣。至声调之铿锵，如"开高轩以临山，列绮窗而瞰江"，"碧出苌宏之血，乌〔鸟〕生杜宇之魄"，"洗兵海岛，刷马江洲"，"数军实乎桂林之苑，飨戎旅乎落星之楼"等句，音响节奏，皆后世所不能及。尔看《文选》，能从此二者用心，则渐有入理处矣。

作梅先生想已到家，尔宜恭敬款接②。沅叔既已来营，则无人陪往益阳，闻胡宅专人至吾乡迎接，即请作梅独去可也。尔舅父牧云先生身体不甚耐劳，即请其无庸来营。吾此次无信，尔先致吾意，下次再行寄信。此嘱。

咸丰十年四月初四日

谕纪泽

讲解穜种二字。告诫应通训诂、词章。限定功课。

字谕纪泽儿：

二十七日刘得四到，接尔禀。所谓论《文选》俱有所得，问小学亦有条理，甚以为慰。

沅叔于二十七到宿松。初三日由宿至集贤关，将尔禀带去矣。余

---

① 该括：包罗；概括。
② 款接：犹款待。

不能悉记，但记尔问穜种二字。此字段茂堂辨论甚晰。穜为艺也犹吾乡言栽也、点也、插也。种为后熟之禾，《诗》之"黍稷重穆"《七月》《閟宫》，《说文》作"种稑"。种，正字也。重，假借字也。穆与稑，异同字也。隶书以穜种二字互易，今人于耕穜，概用种字矣。吾于训诂、词章二端颇尝尽心。尔看书若能通训诂，则于古人之故训大义、引伸假借渐渐开悟，而后人承讹袭误之习可改。若能通词章，则于古人之文格文气、开合转折渐渐开悟，而后人硬腔滑调之习可改。是余之所厚望也。嗣后尔每月作三课，一赋、一古文、一时文，皆交长夫带至营中，每月恰有三次长夫接家信也。

吾于尔有不放心者二事：一则举止不甚重厚，二则文气不甚圆适。以后举止留心一重字，行文留心一圆字。至嘱。

涤生手示

四月题：
赤壁破曹军赋以周瑜纵火烧曹兵于赤壁下为韵
后汉党锢论
以善养人然后能服天下

咸丰十年四月二十四日

谕纪泽

作文写字，以珠圆玉润四字为主。

字谕纪泽儿：

十六日接尔初二日禀并赋二篇，近日大有长进，慰甚。

无论古今何等文人，其下笔造句，总以珠圆玉润四字为主。无论古今何等书家，其落笔结体，亦以珠圆玉润四字为主。故吾前示尔书，专以一重字救尔之短，一圆字望尔之成也。世人论文家之语圆而藻丽者，莫如徐陵、庾信，而不知江淹、鲍照则更圆，进之沈约、任昉则亦圆，进之潘岳、陆机则亦圆，又进而溯之东汉之班固、张衡、崔骃、蔡邕则亦圆，又进而溯之西汉之贾谊、晁错、匡衡、刘向则亦圆。至于马迁、相如、子云三人，可谓力趋险奥，不求圆适矣；而细读之，亦未始不圆。至于昌黎，其志意直欲陵驾子长、卿、云三人，戛戛独造①，力避圆熟矣，而久读之，实无一字不圆，无一句不圆。尔于古人之文，若能从江、鲍、徐、庾四人之圆步步上溯，直窥卿、云、马、韩四人之圆，则无不可读之古文矣，即无不可通之经史矣。尔其勉之。余于古人之文，用功甚深，惜未能一一达之腕下，每歉然不怡耳。

江浙贼势大乱，江西不久亦当震动，两湖亦难安枕。余寸心坦坦荡荡，毫无疑怖。尔禀告尔母，尽可放心。人谁不死，只求临终心无愧悔耳。家中暂不必添起杂屋，总以安静不动为妙。

寄回银五十两，为邓先生束脩。四叔四婶四十生日，余先寄燕窝一匣、秋罗一匹，容日续寄寿屏。甲五婚礼，余寄银五十两、袍褂料一付，尔即妥交。赋立为发还。

涤生手示

---

① 戛（jiá）戛独造：形容文章别出心裁，富有独创性。

咸丰十年十月十六日

谕纪泽纪鸿

戒举止太轻,勿积银钱置田产。

字谕纪泽、纪鸿儿:

泽儿在安庆所发各信及在黄石矶湖口之信,均已接到。鸿儿所呈拟连珠体寿文,初七日收到。

余以初九日出营至黟县查阅各岭,十四日归营,一切平安。鲍超、张凯章二军,自二十九、初四获胜后未再开仗。杨军门带水陆三千余人至南陵,破贼四十余垒,拔出陈大富一军。此近日最可喜之事。英夷业已就抚,余九月六日请带兵北援一疏,奉旨无庸前往,余得一意办东南之事,家中尽可放心。

泽儿看书天分高,而文笔不甚劲挺,又说话太易,举止太轻,此次在祁门为日过浅,未将一轻字之弊除尽,以后须于说话走路时刻刻留心。鸿儿文笔劲健,可慰可喜。此次连珠文,先生改者若干字?拟体系何人主意?再行详禀告我。银钱、田产最易长骄气逸气,我家中断不可积钱,断不可买田,尔兄弟努力读书,决不怕没饭吃。至嘱。澄叔处此次未写信,尔禀告之。

闻邓世兄读书甚有长进,顷阅贺寿之单帖寿禀,书法清润,兹付银十两,为邓世兄_{汪汇}买书之资。此次未写信寄寅阶先生,前有信留明年教书,仍收到矣。

咸丰十年十一月初四日

谕纪泽纪鸿

言语举止要稳重。写字勿恃天分,要用一番苦功夫。

字谕纪泽、纪鸿儿:

十月二十九日接尔母及澄叔信、又棉鞋瓜子二包,得知家中各宅平安。泽儿在汉口阻风六日,此时当已抵家。举止要重,发言要讱。尔终身要牢记此二语,无一刻可忽也。

余日内平安,鲍、张二军亦平安。左军二十二日在贵溪获胜一次,二十九日在德兴小胜一次,然贼数甚众,尚属可虑。普军在建德,贼以大股往扑,只要左、普二军站得住,则处处皆稳矣。

泽儿字,天分甚高,但少刚劲之气,须用一番苦工夫,切莫把天分自弃了。家中大小,总以起早为第一义。澄叔处,此次未写信,尔等禀之。

涤生手示

咸丰十一年正月初四日

谕纪泽

论文之古雅雄奇。

字谕纪泽儿:

腊月二十九日接尔一禀,系十一月十四日送家信之人带回,又由沅叔处送到尔初归时二信,慰悉。尔以十四日到家,而鸿儿十八日禀中言尔总在日内可到，何也？岂鸿信十三四写就而朱金权于十八日始署封面耶？霞仙先生之令弟仙逝，余于近日当写唁信，并寄奠仪。尔当先去吊唁。

尔问文中雄奇之道。雄奇以行气为上，造句次之，选字又次之。然未有字不古雅而句能古雅，句不古雅而气能古雅者；亦未有字不雄奇而句能雄奇，句不雄奇而气能雄奇者。是文章之雄奇，其精处在行气，其粗处全在造句选字也。余好古人雄奇之文，以昌黎为第一，扬子云次之。二公之行气，本之天授①。至于人事之精能，昌黎则造句之工夫居多，子云则选字之工夫居多。

尔问叙事志传之文难于行气，是殊不然。如昌黎《曹成王碑》《韩许公碑》，固属千奇万变，不可方物②，即卢夫人之铭、女挐之志，寥寥短篇，亦复雄奇崛强。尔试将此四篇熟看，则知二大二小，各极其妙矣。

尔所作《雪赋》，词意颇古雅，惟气势不豂，对仗不工。两汉不尚对仗，潘、陆则对矣，江、鲍、庾、徐则工对矣。尔宜从对仗上用工夫。此嘱。

涤生手示

---

① 天授：指与生俱有的禀赋。
② 不可方物：指无法形容；无可比拟。

咸丰十一年正月十四日

谕纪泽

临摹柳帖及于作诗文处痛下功夫。

字谕纪泽儿：

　　正月初十日接尔腊月十九日一禀，十二日又由安庆寄到尔腊月初四日之禀，具知一切。长夫走路太慢，而托辞于为营中他信绕道长沙耽搁之故。此不足信。譬如家中遣人送信至白玉堂，不能按期往返，有责之者，则曰被杉木坝、周家老屋各佃户强我送担耽搁了。为家主者但当严责送信之迟，不管送担之真与否也；况并无佃户强令送担乎？营中送信至家与黄金堂送信至白玉堂，远近虽殊，其情一也。

　　尔求抄古文目录，下次即行寄归。尔写字笔力太弱，以后即常摹柳帖亦好。家中有柳书《元〔玄〕秘塔》《琅邪碑》《西平碑》各种，尔可取《琅邪碑》日临百字、摹百字。临以求其神气，摹以仿其间架。每次家信内，各附数纸送阅。

　　《左传》注疏阅毕，即阅看《通鉴》。将京中带回之《通鉴》，仿我手校本，将目录写于面上。其去秋在营带去之手校本，便中仍当寄送祁门。余常思翻阅也。

　　尔言鸿儿为邓师所赏，余甚欣慰。鸿儿现阅《通鉴》，尔亦可时时教之。尔看书天分甚高，作字天分甚高，作诗文天分略低，若在十五六岁时教导得法，亦当不止于此。今年已二十三岁，全靠尔自己扎挣发愤，父兄师长不能为力。作诗文是尔之所短，即宜从短处痛下工夫。看书写字尔之所长，即宜拓而充之。走路宜重，说话宜迟，常常记忆否？

　　余身体平安，告尔母放心。

涤生手示

咸丰十一年正月二十四日

谕纪泽
告近日军情及述古人之解经说经。

字谕纪泽儿：

正月十四发第二号家信，谅已收到。日内祁门尚属平安。鲍春霆自初九日在洋塘获胜后，即追贼至彭泽。官军驻牯牛岭，贼匪踞下隅坂，与之相持，尚未开仗。日内雨雪泥泞，寒风凛冽，气象殊不适人意。伪忠王李秀成一股，正月初五日围玉山县，初八日围广丰县，初十日围广信府，均经官军竭力坚守，解围以去，现窜铅山之吴坊、陈坊等处。或由金溪以窜抚、建，或径由东乡以扑江西省城，皆意中之事。余嘱刘养素等坚守抚、建，而省城亦预筹防守事宜。只要李逆一股不甚扰江西腹地，黄逆一股不再犯景德镇等，三四月间，安庆克复，江北可分兵来助南岸，则大局必有转机矣。目下春季必尚有危险迭见，余当谨慎图之，泰然处之。

余身体平安，惟齿痛时发。所选古文，已钞目录寄归。其中有未注明名氏者，尔可查出补注，大约不出《百三名家全集》及《文选》《古文辞类纂》三书之外。尔问《左传》解《诗》《书》《易》与今解不合。古人解经，有内传，有外传。内传者，本义也；外传者，旁推曲衍，以尽其余义也。孔子系《易》，小象则本义为多，大象则余义为多。孟子说《诗》，亦本子贡之因贫富而悟切磋，子夏之因素绚而悟礼后，亦证余义处为多。《韩诗外传》，尽余义也。《左传》说经，亦以余义立言者多。

袁奥生之二百金，余去年曾借松江二百金送季仙九先生，此项只算还袁宅可也。树堂先生送尔三百金，余当面言只受百金。尔写信寄营酬谢,言受一璧二云云。余在营中备二百金,并尔信函交冯可也。此字并送澄叔一阅,此次不另作书矣。

涤生手示

咸丰十一年二月十四日

谕纪泽纪鸿

嘱于屋后山内栽竹。常记劳谦二字。

字谕纪泽、纪鸿儿:

得正月二十四日信,知家中平安。此间军事,自去冬十一月至今,危险异常,幸皆化险为夷。目下惟左军在景德镇一带十分可危,余俱平安。余将以十七日移驻东流、建德。

付回银八两,为我买好茶叶陆续寄来。下手竹茂盛,屋后山内仍须栽竹,复吾父在日之旧观。余七年在家芟①伐各竹,以倒厅不光明也。乃芟后而黑暗如故,至今悔之,故嘱尔重栽之。劳字、谦字,常常记得否?

涤生手示

---

① 芟:割草,引申为除去。

咸丰十一年三月十三日

谕纪泽纪鸿
述军情及志愿与家教。

字谕纪泽、纪鸿儿：

接二月二十三日信，知家中五宅平安，甚慰甚慰。

余以初三日至休宁县，即闻景德镇失守之信。初四日写家书，托九叔处寄湘，即言此间局势危急，恐难支持，然犹意力攻徽州，或可得手，即是一条生路。初五日进攻，强中、湘前等营在西门挫败一次。十二日再行进攻，未能诱贼出仗。是夜二更，贼匪偷营劫村，强中、湘前等营大溃。凡去二十二营，其挫败者八营强中三营、老湘三营、湘前一、震字一，其幸而完全无恙者十四营老湘六、霆三、礼二、亲兵一、峰二，与咸丰四年十二月十二夜贼偷湖口水营情形相仿。此次未挫之营较多，以寻常兵事言之，此尚为小挫，不甚伤元气。目下值局势万紧之际，四面梗塞，接济已断，加此一挫，军心尤大震动。所盼望者，左军能破景德镇、乐平之贼，鲍军能从湖口迅速来援，事或略有转机，否则不堪设想矣。

余自从军以来，即怀见危授命之志。丁、戊年在家抱病，常恐溘逝牖下，渝我初志，失信于世。起复再出，意尤坚定。此次若遂不测，毫无牵恋。自念贫窭①无知，官至一品，寿逾五十，薄有浮名，兼秉兵权，忝窃万分，夫复何憾！惟古文与诗，二者用力颇深，探索颇苦，而未能介然②用之，独辟康庄③。古文尤确有依据，若遽先朝露，则寸

---

① 贫窭（jù）：贫乏；贫穷。
② 介然：专一；坚正不移；坚定不动摇。
③ 康庄：四通八达的大道。

心所得，遂成广陵之散。作字用功最浅，而近年亦略有入处。三者一无所成，不无耿耿。至行军本非余所长，兵贵奇而余太平，兵贵诈而余太直，岂能办此滔天之贼？即前此屡有克捷，已为侥幸，出于非望矣。尔等长大之后，切不可涉历①兵间，此事难于见功，易于造孽，尤易于诒万世口实。余久处行间，日日如坐针毡，所差不负吾心，不负所学者，未尝须臾忘爱民之意耳。近来阅历愈多，深谙督师之苦。尔曹惟当一意读书，不可从军，亦不必作官。

　　吾教子弟不离八本、三致祥。八者曰：读古书以训诂为本，作诗文以声调为本，养亲以得欢心为本，养生以少恼怒为本，立身以不妄语为本，治家以不晏起为本，居官以不要钱为本，行军以不扰民为本。三者曰：孝致祥，勤致祥，恕致祥。吾父竹亭公之教人，则专重孝字。其少壮敬亲，暮年爱亲，出于至诚，故吾纂墓志，仅叙一事。吾祖星冈公之教人，则有八字，三不信。八者曰：考、宝、早、扫、书、蔬、鱼、猪。三者，曰僧巫，曰地仙，曰医药，皆不信也。处兹乱世，银钱愈少，则愈可免祸；用度愈省，则愈可养福。尔兄弟奉母，除劳字俭字之外，别无安身之法。吾当军事极危，辄将此二字叮嘱一遍，此外亦别无遗训之语，尔可禀告诸叔及尔母无忘。

---

① 涉历：犹涉猎。

咸丰十一年四月初四日

谕纪泽
告军情及嘱雇人种蔬菜。

字谕纪泽儿：

三月三十日建德途次接澄侯弟在永丰所发一信，并尔将去省时在家所留之禀。尔到省后所寄一禀，却于二十八日先到也。

余于二十六日自祁门拔营起行，初一日至东流县。鲍军七千余人于二十五日自景德镇起行，三十日至下隅坂。因风雨阻滞，初三日始渡江，即日进援安庆，大约初八九可到。沅弟、季弟在安庆稳守十余日，极为平安。朱云岩带五百人，二十四自祁门起行，初二日已至安庆助守营濠，家中尽可放心。此次贼救安庆，取势乃在千里以外，如湖北则破黄州，破德安，破孝感，破随州、云梦、黄梅、蕲州等属，江西则破吉安，破瑞州、吉水、新淦、永丰等属，皆所以分兵力，亟肆以疲我，多方以误我。贼之善于用兵，似较昔年更狡更悍。吾但求力破安庆一关，此外皆不遽与之争得失。转旋之机，只在一二月可决耳。

乡间早起之家，蔬菜茂盛之家，类多兴旺。晏起无蔬之家，类多衰弱。尔可于省城菜园中，用重价雇人至家种蔬，或二人亦可。其价若干，余由营中寄回。此嘱。

涤生手示 东流县

此次未写信与澄叔，尔禀告之。

咸丰十一年六月二十四日

谕纪泽

谈开辟菜园之法及书写篆字等事。

字谕纪泽：

六月二十日唐介科回营，接尔初三日禀并澄叔一函，具悉一切。

今年彗星出于北斗与紫微垣之间，渐渐南移，不数日而退出右辅与摇光之外，并未贯紫微垣，亦未犯天市也。占验之说，本不足信，即有不祥，或亦不大为害。

省雇园丁来家，宜废田一二丘，用为菜园。吾现在营课勇夫种菜，每块土约三丈长，五尺宽，窄者四尺余宽，务使芸草及摘蔬之时，人足行两边沟内，不践菜土之内。沟宽一尺六寸，足容便桶。大小横直，有沟有浍，下雨则水有所归，不使积潦伤菜。四川菜园极大，沟浍终岁引水长流，颇得古人井田遗法。吾乡一家园土有限，断无横沟，而直沟则不可少。吾乡老农，虽不甚精，犹颇认真，老圃则全不讲究。我家开此风气，将来荒山旷土，尽可开垦，种百谷杂蔬之类。如种茶亦获利极大，吾乡无人试行，吾家若有山地，可试种之。

尔前问《说文》中逸字，今将贵州郑子尹所著二卷寄尔一阅。渠所补一百六十五文，皆许书本有之字，而后世脱失者也。其子知同，又附考三百字，则许书本无之字，而他书引《说文》有之，知同辨为不当有者也。尔将郑氏父子书细阅一遍，则知叔重原有之字，被传写逸脱者，实已不少。

纪渠侄近写篆字甚有笔力，可喜可慰。兹圈出付回。尔须教之认熟篆文，并解明偏旁本意。渠侄、湘侄要大字横匾，余即日当写就付归。寿侄亦当付一匾也。家中有李少温篆帖《三坟记》《栖先茔记》，亦可寻出，呈澄叔一阅。澄弟作篆字，间架太散，以无帖意故也。邓石如先生所写篆字《西铭》《弟子职》之类，永州杨太守新刻一套，尔可求郭意诚姻叔拓一二分，俾家中写篆者有所摹仿。家中有褚书《西安圣教》《同州圣教》，尔可寻出寄营，《王圣教》亦寄来一阅。如无裱者，则不必寄也。《汉魏六朝百三家集》，京中一分，江西一分，想俱在家，可寄一部来营。

余疮疾略好，而癣大作，手不停爬，幸饮食如常。安庆军事甚好，大约可克复矣。此次未写信与澄叔，尔将此呈阅，并问澄弟近好。

咸丰十一年七月二十四日

谕纪泽

练习看读写作工夫。

字谕纪泽：

前接来禀，知尔钞《说文》，阅《通鉴》，均尚有恒，能耐久坐，至以为慰。去年在营，余教以看、读、写、作，四者阙一不可。尔今阅《通鉴》，算看字工夫；钞《说文》，算读字工夫。尚能临帖否？或临《书谱》，或用油纸摹欧、柳楷书，以药①尔柔弱之体，此写字工夫，必不可少者也。尔去年曾将《文选》中零字碎锦分类纂钞，以为属文之材料，今尚照常摘钞否？已卒业否？或分类钞《文选》之词藻，或分类钞《说文》之训诂，尔生平作文太少，即以此代作字工夫，亦不可少者也。尔十余岁至二十岁虚度光阴，及今将看、读、写、

---

① 药：救治。

作四字逐日无间，尚可有成。尔语言太快，举止太轻，近能力行迟重二字以改救否？

此间军事平安。援贼于十九、二十、二十一日扑安庆后濠，均经击退。二十二日自巳刻起至五更止，猛扑十一次，亦竭力击退。从此当可化险为夷，安庆可望克复矣。余癣疾未愈，每日夜手不停爬，幸无他病。皖南有左、张，江西有鲍，均可放心。目下惟安庆较险，然过二十二之风波，当无虑也。

咸丰十一年八月二十四日

谕纪泽

寄银与各处并告诫惟崇俭可以长久。

字谕纪泽：

八月二十日胡必达、谢荣凤到，接尔母子及澄叔三信，并《汉魏百三家》《圣教序》三帖。二十二日谭在荣到，又接尔及澄叔二信。具悉一切。

蔡迎五竟死于京口江中，可异可悯！兹将其口粮三两补去外，以银二十两赈恤其家。朱运四先生之母仙逝，兹寄去奠仪银八两。蕙姑娘之女一贞，于今冬发嫁，兹付去奁仪十两。家中可分别妥送。大女儿择于十二月初三日发嫁，袁家已送期来否？余向定妆奁之资①二百金，兹先寄百金回家，制备衣物，余百金俟下次再寄。其自家至袁家途费暨六十侄女出嫁奁仪，均俟下次再寄也。居家之道，惟崇俭可以

---

① 妆奁（lián）之资：奁资，女子出嫁时，从娘家带到婆家的财物。

长久，处乱世尤以戒奢侈为要义，衣服不宜多制，尤不宜大镶大缘，过于绚烂。尔教导诸妹，敬听父训，自有可久之理。

牧云舅氏书院一席，余已函托寄云中丞，沅叔告假回长沙，当面再一提及，当无不成。余身体平安。二十一日成服哭临，现在三日已毕。疮尚未好，每夜搔痒不止，幸不甚为害。满叔近患疟疾，二十二日全愈矣。此次未写澄叔信，尔将此呈阅。

咸丰十一年九月初四日

谕纪泽
文字之本原及目录分类之方法。

字谕纪泽：

接尔八月十四日禀并日课一单、分类目录一纸。日课单批明发还。

目录分类，非一言可尽。大抵有一种学问，即有一种分类之法，有一人嗜好，即有一人摘钞之法。若从本原论之，当以《尔雅》为分类之最古者。天之星辰，地之山川，鸟兽草木，皆古圣贤人辨其品汇①，命之以名。《书》所称大禹主名山川，《礼》所称黄帝正名百物是也。物必先有名，而后有是字，故必知命名之原，乃知文字之原。舟车、弓矢、俎豆②、钟鼓日用之具，皆先王制器以利民用，必先有器而后有是字，故又必知制器之原，乃知文字之原。君臣、上下、礼乐、兵刑、赏罚之法，皆先王立事以经纶天下，或先有事而后有字，或先有字而后有事，故又必知万事之本，而后知文字之原。此三者物

---

① 品汇：事物的品种类别。
② 俎豆：俎和豆。古代祭祀、宴飨时盛食物用的两种礼器，亦泛指各种礼器。

最初，器次之，事又次之。三者既具，而后有文词。《尔雅》一书，如释天、释地、释山、释水、释草木、释鸟兽虫鱼，物之属也；释器、释宫、释乐，器之属也；释亲，事之属也；释诂、释训、释言，文词之属也。《尔雅》之分类，惟属事者最略，后世之分类，惟属事者最详。事之中又判为两端焉：曰虚事，曰实事。虚事者，如经之三《礼》，马之八《书》，班之十《志》，及三《通》之区别门类是也。实事者，就史鉴中已往之事迹，分类纂记，如《事文类聚》《白孔六帖》《太平御览》及我朝《渊鉴类函》《子史精华》等书是也。尔所呈之目录，亦是钞摘实事之象，而不如《子史精华》中目录之精当。余在京藏《子史精华》，温叔于二十八年带回，想尚在白玉堂，尔可取出核对，将子目略为减少。后世人事日多，史册日繁，摘类书者，事多而器物少，乃势所必然。尔即可照此钞去，但期与《子史精华》规模相仿，即为善本①。其末附古语鄙谚，虽未必无用，而不如径摘钞《说文》训诂，庶与《尔雅》首三篇相近也。余亦思仿《尔雅》之例钞纂类书，以记日知月无忘之效，特患年齿已衰，军务少暇，终不能有所成。或余少引其端，尔将来继成之可耳。

余身体尚好，惟疮久不愈。沅叔已拔营赴庐江、无为州，一切平安。胡宫保仙逝，是东南大不幸事，可伤之至。紫兼毫营中无之。兹付笔二十支、印章一包查收。蓝格本下次再付。澄叔处尚未写信，将此送阅。

---

① 善本：珍贵优异的古代图书刻本或写本。

咸丰十一年九月二十四日

谕纪泽

批示所作之凡例并嘱女于归勿奢侈。

字谕纪泽儿：

昨见尔所作《说文》分韵解字凡例，喜尔今年甚有长进，固请莫君指示错处。莫君名友芝，字子偲，号郘亭，贵州辛卯举人，学问淹雅①。丁未年在琉璃厂与余相见，心敬其人。七月来营，复得鬯谈。其学于考据、词章二者皆有本原，义理亦践修不苟。兹将渠批订尔所作之凡例寄去，余亦批示数处。

又寄银百五十两，合前寄之百金，均为大女儿于归②之用。以二百金办奁具，以五十金为程仪，家中切不可另筹银钱，过于奢侈。遭此乱世，虽大富大贵，亦靠不住，惟勤俭二字可以持久。又寄丸药二小瓶，与尔母服食。尔在家常能早起否？诸弟妹早起否？说话迟钝、行路厚重否？宜时时省记也。

涤生手示

---

① 淹雅：犹渊博。
② 于归：出嫁。《诗·周南·桃夭》："之子于归，宜其室家。"朱熹集传："妇人谓嫁曰归。"

同治元年正月十四日

谕纪泽

须读李、杜、韩、白、苏、黄、陆、元八家之诗及习小学。

字谕纪泽：

正月十三四连接尔十二月十六、二十四两禀，又得澄叔十二月二十二一缄、尔母十六日一缄，备悉①一切。

尔诗一首阅过发回。尔诗笔远胜于文笔，以后宜常常为之。余久不作诗，而好读诗。每夜分②辄取古人名篇高声朗诵，用以自娱。今年亦当间作二三首，与尔曹相和答，仿苏氏父子之例。尔之才思，能古雅而不能雄骏，大约宜作五言，而不宜作七言。余所选十八家诗，凡十厚册，在家中，此次可交来丁带至营中。尔要读古诗，汉魏六朝，取余所选曹、阮、陶、谢、鲍、谢六家，专心读之，必与尔性质相近。至于开拓心胸，扩充气魄，穷极变态，则非唐之李杜韩白、宋金之苏黄陆元八家不足以尽天下古今之奇观。尔之质性，虽与八家者不相近，而要不可不将此八人之集悉心研究一番，实《六经》外之巨制，文字中之尤物也。尔于小学粗有所得，深用为慰。欲读周汉古书，非明于小学无可问津。余于道光末年，始好高邮王氏父子之说，从事戎行未能卒业，冀尔竟其绪耳。

余身体尚可支持，惟公事太多，每易积压。癣痒迄未甚愈。家中索用银钱甚多，其最要紧者，余必付回。京报在家，不知系报何喜？若节制四省，则余已两次疏辞矣。此等空空体面，岂亦有喜报耶？

---

① 备悉：完全知悉；详细知道。
② 夜分：夜半。

葛家信一封、扁字四个付回。澄叔处此次未写信，尔将此呈阅。

涤生手示

同治元年二月十四日

谕纪泽

徽州解围后敌军未再进攻。季洪收降卒三千编成四营。上海靠洋人助守尚无恙。

字谕纪泽儿：

二月十三日接正月二十三日来禀并澄侯叔一信，知五宅平安。二女正月二十日喜事诸凡顺遂，至以为慰。

此间军事如恒。徽州解围后贼退不远，亦未再来犯。左中丞进攻遂安，以为攻严州保衢州之计。鲍春霆顿兵青阳，近未开仗。洪叔在三山夹收降卒三千人，编成四营。沅叔初七日至汉口，十五后当可抵皖。李希帅初九日至安庆，三月初赴六安州。多礼堂进攻庐州，贼坚守不出。上海屡次被贼扑犯，洋人助守，尚幸无恙。

余身体平安。今岁间能成寐，为近年所仅见。惟圣眷太隆，责任太重，深以为危，知交有识者亦皆代我危之，只好刻刻谨慎，存一临深履薄之想而已。

今年县考在何时？鸿儿赴考，须请寅师往送。寅师父子一切盘费，皆我家供应也。共需若干，尔付信来，由营寄回。

七十侄女于归，寄去银百两、褂料一件并里裙料一件。尔所需笔墨等件付回，照单查收。

此信并呈澄叔一阅，不另具。

涤生手示

同治元年四月初四日

谕纪泽
勉以有恒及告近日军事获胜。

字谕纪泽儿：

连接尔十四、二十二日在省城所发禀，知二女在陈家，门庭雍睦①，衣食有资，不胜欣慰。

尔累月奔驰酬应，犹能不失常课，当可日进无已。人生惟有常是第一美德。余早年于作字一道，亦尝苦思力索，终无所成。近日朝朝摹写，久不间断，遂觉月异而岁不同。可见年无分老少，事无分难易，但行之有恒，自如种树畜养，日见其大而不觉耳。尔之短处在言语欠钝讷，举止欠端重，看书能深入而作文不能峥嵘。若能从此三事上下一番苦工，进之以猛，持之以恒，不过一二年，自尔精进而不觉。言语迟钝，举止端重，则德进矣。作文有峥嵘雄快之气，则业进矣。尔前作诗，差有端绪②，近亦常作否？李、杜、韩、苏四家之七古，惊心动魄，曾涉猎及之否？

此间军事，近日极得手。鲍军连克青阳、石埭、太平、泾县四城。沅叔连克巢县、和州、含山三城暨铜城闸、雍家镇、裕溪口、西梁山四隘。满叔连克繁昌、南陵二城暨鲁港一隘。现仍稳慎图之，不敢骄矜。

余近日疮癣大发，与去年九十月相等。公事丛集，竟日忙冗，尚多积阁之件。所幸饮食如常，每夜安眠或二更三更之久，不似往昔彻夜不寐，家中可以放心。此信并呈澄叔一阅，不另致也。

涤生手示

① 雍睦：犹和睦。
② 端绪：头绪。

同治元年四月二十四日

谕纪泽纪鸿

读书可以变化气质。变化之法，又须先立坚卓之志。

字谕纪泽、纪鸿儿：

今日专人送家信，甫经成行，又接王辉四等带来四月初十之信尔与澄叔各一件，借悉一切。

尔近来写字，总失之薄弱，骨力不坚劲，墨气不丰腴，与尔身体向来轻字之弊正是一路毛病。尔当用油纸摹颜字之《郭家庙》、柳字之《琅邪碑》《元〔玄〕秘塔》，以药其病。日日留心，专从厚重二字上用工。否则字质太薄，即体质亦因之更轻矣。人之气质，由于天生，本难改变，惟读书则可变化气质。古之精相法〈者〉，并言读书可以变换骨相。欲求变之法，总须先立坚卓之志。即以余生平言之，三十岁前最好吃烟，片刻不离，至道光壬寅十一月二十一日立志戒烟，至今不再吃。四十六岁以前作事无恒，近五年深以为戒，现在大小事均尚有恒。即此二端，可见无事不可变也。尔于厚重二字，须立志变改。古称金丹换骨，余谓立志即丹也。满叔四信偶忘送，故特由驲①补发。此嘱。

涤生示

---

① 驲（rì）：古代驿站专用的车，后亦指驿马。

同治元年五月十四日

谕纪泽

抄读《文选》并作文仿效,以补作文之短。

字谕纪泽儿:

　　接尔四月十九日一禀,得知五宅平安。尔《说文》将看毕,拟先看各经注疏,再从事于词章之学。

　　余观汉人词章,未有不精于小学训诂者,如相如、子云、孟坚于小学皆专著一书,《文选》于此三人之文著录最多。余于古文,志在效法此三人,并司马迁、韩愈五家。以此五家之文,精于小学训诂,不妄下一字也。尔于小学,既粗有所见,正好从词章上用功。《说文》看毕之后,可将《文选》细读一过。一面细读,一面钞记,一面作文,以仿效之。凡奇僻之字,雅故之训,不手钞则不能记,不摹仿则不惯用。自宋以后能文章者不通小学,国朝诸儒通小学者又不能文章,余早岁窥此门径,因人事太繁,又久历戎行,不克卒业,至今用为疚憾。尔之天分,长于看书,短于作文。此道太短,则于古书之用意行气,必不能看得谛当①。目下宜从短处下工夫,专肆力②于《文选》,手钞及摹仿二者皆不可少。待文笔稍有长进,则以后诂经读史,事事易于着手矣。

　　此间军事平顺。沅、季两叔皆直逼金陵城下。兹将沅信二件寄家一阅。惟沅、季两军进兵太锐,后路芜湖等处空虚,颇为可虑。余现筹兵补此瑕隙,不知果无疏失否?余身体平安。惟公事日繁,应复之信积阁甚多,余件尚能料理,家中可以放心。此信送澄叔一阅。余思

---

① 谛当:确当;恰当。
② 肆力:尽力。

家乡茶叶甚切,迅速付来为要。

涤生手示

同治元年五月二十四日

谕纪泽

当作书教诫袁婿,并告沅甫在金陵孤军无援。

字谕纪泽:

二十日接家信,系尔与澄叔五月初二所发,二十二日又接澄侯衡州一信,具悉五宅平安,三女嫁事已毕。

尔信极以袁婿为虑,余亦不料其遽尔学坏至此,余即日当作信教之。尔等在家却不宜过露痕迹,人所以稍顾体面者,冀人之敬重也。若人之傲惰鄙弃业已露出,则索性荡然无耻,拚弃不顾,甘与正人为仇,而以后不可救药矣。我家内外大小于袁婿处礼貌均不可疏忽,若久不悛改①,将来或接至皖营,延师教之亦可。大约世家子弟,钱不可多,衣不可多,事虽至小,所关颇大。

此间各路军事平安。多将军赴援陕西,沅、季在金陵孤军无助,不无可虑。湖州于初三日失守。鲍攻宁国,恐难遽克。安徽亢旱,顷间三日大雨,人心始安。谷即在长沙采买,以后澄叔不必挂心。此次不另寄澄信,尔禀告之。此嘱。

---

① 悛改:悔改。

同治元年五月二十七日

谕纪鸿

贺县试首选，戒勿沾富贵习气。

字谕纪鸿儿：

前闻尔县试幸列首选，为之欣慰。所寄各场文章，亦皆清润大方。昨接易芝生先生十三日信，知尔已到省。城市繁华之地，尔宜在寓中静坐，不可出外游戏征逐①。兹余函商郭意城先生，在于东征局兑银四百两，交尔在省为进学之用。如郭不在省，尔将此信至易芝生先生处借银亦可。印卷之费，向例两学及学书共三分，尔每分宜送钱百千。邓寅师处谢礼百两，邓十世兄处送银十两，助渠买书之资。余银数十两，为尔零用及略添衣物之需。

凡世家子弟衣食起居，无一不与寒士相同，庶可以成大器；若沾染富贵气习，则难望有成。吾忝为将相，而所有衣服不值三百金。愿尔等常守此俭朴之风，亦惜福之道也。其照例应用之钱，不宜过啬谢廪保二十千，赏号亦略丰。谒圣后，拜客数家，即行归里。今年不必乡试，一则尔工夫尚早，二则恐体弱难耐劳也。此谕。

涤生手示

再，尔县考诗有错平仄者。头场末句移，二场三句禁，仄声用者禁止禁戒也，平声用者犹云受不住也，谚云禁不起，三场四句节俭仁惠崇系倒写否？十句逸仄声，五场九、十句失粘。过院考时，务将平仄一一检点，如有记不真者，则另换一字。抬头处亦宜细心。再谕。

---

① 征逐：特指不务正业，唯有在吃、喝、玩、乐上往来。

同治元年七月十四日

谕纪泽

哦诗作字,学王、陶则可,学嵇、阮则不可。

字谕纪泽儿:

曾代四、王飞四先后来营,接尔二十日、二十六日两禀,具悉五宅平安。

和张邑侯诗,音节近古,可慰可慰。五言诗,若能学到陶潜、谢朓一种冲淡之味和谐之音,亦天下之至乐,人间之奇福也。尔既无志于科名禄位,但能多读古书,时时哦诗①作字,以陶写性情,则一生受用不尽。第宜束身②圭璧③,法王羲之、陶渊明之襟韵潇洒则可,法嵇、阮之放荡名教则不可耳。

希庵丁艰,余即在安庆送礼,写四兄弟之名,家中似可不另送礼。或鼎三侄另送礼物亦无不可,然只可送祭席挽幛之类,银钱则断不必送。尔与四叔父、六婶母商之。希庵到家之后,我家须有人往吊,或四叔,或尔去皆可,或目下先去亦可。近年以来,尔兄弟读书,所以不甚耽搁者,全赖四叔照料大事,朱金权照料小事。兹寄回鹿茸一架、袍褂料一付,寄谢四叔。丽参三两、银十二两,寄谢金权。又袍褂料一付,补谢寅皆先生。尔一一妥送。家中贺喜之客,请金权恭敬款接,不可简慢。至要至要。

贤五先生请余作传,稍迟寄回。此次未写复信,尔先告之。家中有殿板《职官表》一书,余欲一看,便中寄来。抄本国史文苑、儒林

---

① 哦(é)诗:有节奏地诵读诗文。
② 束身:约束自己,谓不放纵。
③ 圭璧:泛指贵重的玉器。

传尚在否？查出禀知。此嘱。

涤生手草

同治元年八月初四日

谕纪泽

行气为文章要义，宜先揣摩韩文行气之倔强。

字谕纪泽儿：

接尔七月十一日禀并澄叔信，具悉一切。鸿儿十三日自省起程，想早到家。

此间诸事平安。沅、季二叔在金陵亦好。惟疾疫颇多，前建清醮①，后又陈龙灯狮子诸戏，仿古大傩之礼，不知少愈否？鲍公在宁国招降童容海一股，收用者三千人。余五万人悉行遣散，每人给钱一千。鲍公办妥此事，即由高淳、东坝会剿金陵。希帅由六安回省，初三已到。久病之后，加以忧戚，气象黑瘦，咳嗽不止，殊为可虑。本日接奉谕旨，不准请假回籍，赏银八百，饬地方官照料。圣恩高厚，无以复加，而希帅思归极切。观其病象，亦非回籍静养断难痊愈。渠日内拟自行具折陈情也。

尔所作拟庄三首，能识名理，兼通训诂，慰甚慰甚。余近年颇识古人文章门径，而在军鲜暇，未尝偶作，一吐胸中之奇。尔若能解《汉书》之训诂，参以《庄子》之诙诡，则余愿偿矣。至行气为文章第一义，卿、云之跌宕，昌黎之倔强，尤为行气不易之法。尔宜先于

---

① 清醮（jiào）：谓道士设坛祈祷。

韩公倔强处揣摩一番。京中带回之书,有《谢秋水集》名文游,国初南丰人,可交来人带营一看。澄叔处未另作书,将此呈阅。

涤生手示

同治元年闰八月二十四日

谕纪泽

士卒多病,杨、鲍、张三军尚无大故。

字谕纪泽儿:

日内未接家信,想五宅平安为慰。

此间近状如常。各军士卒多病,迄未少愈。甘子大至宁国一行,归即一病不起。许吉斋座师之世兄名敬身号藻卿者,远来访我,亦数日物故①。幸杨、鲍两军门皆有转机,张凯章闻亦少瘥②。三公无他故,则大局尚可为也。沅叔营中病者亦多。沅意欲奏调多公一军回援金陵。多公在秦,正当紧急之际,焉能东旋?且沅、季共带二万余人,仅保营盘,亦无请援之理。惟祝病卒渐愈,禁得此次风浪,则此后普成坦途矣。李希庵于闰八月二十三日安庆开行,奔丧回里。唐义渠即于是日到皖。两公于余处皆以长者之礼见待,公事毫无掣肘。余亦推诚相与,毫无猜疑。皖省吏治,或可渐有起色。

余近日癣疾复发,不似去秋之甚。眼蒙则逐日增剧,夜间几不复能看字。老态相催,固其理也。余不一一。此信可送澄叔一阅。

涤生手示

---

① 物故:死亡。
② 瘥(chài):病愈。

同治元年九月十四日

谕纪泽

金陵敌军近二十万。宁国失守，形势危急。

字谕纪泽儿：

接尔闰月禀，知澄叔尚在衡州未归，家中五宅平安，至以为慰。

此间连日恶风惊浪。伪忠王在金陵苦攻十六昼夜，经沅叔多方坚守，得以保全。伪侍王初三四亦至，现在金陵之贼数近二十万。业经守二十日，或可化险为夷。兹将沅叔初九、十与我二信寄归，外又有大夫第信，一慰家人之心。鲍春霆移扎距宁郡城二十里之高祖山，虽病弁太多，十分可危，然凯军在城主守，春霆在外主战，或足御之。惟宁国县城于初六日失守，恐贼猛扑徽州、旌德、祁门等城，又恐其由间道径窜江西，殊可深虑。余近日忧灼，迥异寻常气象，与八年春间相类。盖安危之机，关系太大，不仅为一己之身名计也。但愿沅、霆两处幸保无恙，则他处尚可徐徐补救。此信送澄叔一阅，不详。

涤生手示

同治元年十月十四日

谕纪泽

望读王、段等人之书。观察天时人事，敌军无能平之理。

字谕纪泽儿：

十月初十日接尔信与澄叔九月二十日县城发信，具悉五宅平安。

希庵病亦渐好，至以为慰。

此间军事，金陵日就平稳，不久当可解围。沅叔另有二信，余不赘告。鲍军日内甚为危急。贼于湾址渡过河西，梗塞霆营粮路。霆军当士卒大病之后，布置散漫，众心颇怨，深以为虑。鲍若不支，则张凯章困于宁国郡城之内，亦极可危。如天之福，宁国亦如金陵之转危为安，则大幸也。

尔从事小学、《说文》，行之不倦，极慰极慰。小学凡三大宗。言字形者，以《说文》为宗。古书惟大小徐二本，至本朝而段氏特开生面，而钱坫、王筠、桂馥之作亦可参观。言训诂者，以《尔雅》为宗。古书惟郭注邢疏，至本朝而邵二云之《尔雅正义》、王怀祖之《广雅疏证》、郝兰皋之《尔雅义疏》，皆称不朽之作。言音韵者，以《唐韵》为宗，古书惟《广韵》《集韵》，至本朝而顾氏《音学五书》乃为不刊之典，而江慎修、戴东原、段茂堂、王怀祖、孔巽轩、江晋三诸作，亦可参观。尔欲于小学钻研古义，则三宗如顾、江、段、邵、郝、王六家之书，均不可不涉猎而探讨之。

余近日心绪极乱，心血极亏。其慌忙无措之象，有似咸丰八年春在家之时，而忧灼过之。甚思尔兄弟来此一见。不知尔何日可来营省视？仰观天时，默察人事，此贼竟无能平之理。但求全局不遽决裂，余能速死，而不为万世所痛骂，则幸矣。此信送澄叔一阅，不另致。

涤生手示

同治元年十一月初四日

谕纪泽
诗文欲求雄奇矫变，立意须超群离俗。

字谕纪泽儿：

二十九接尔十月十八在长沙所发之信，十一月初一又接尔初九日一禀，并与左镜和唱酬诗及澄叔之信，具悉一切。

尔诗胎息①近古，用字亦皆的当②。惟四言诗最难有声响，有光芒，虽《文选》韦孟以后诸作，亦复尔雅有余，精光不足。扬子云之《州箴》《百官箴》诸四言，刻意摹古，亦乏作作之光、渊渊之声。余生平于古人四言，最好韩公之作，如《祭柳子厚文》《祭张署文》《进学解》《送穷文》诸四言，固皆光如皎日，响如春霆。即其他凡墓志之铭词及集中如《淮西碑》《元和圣德》各四言诗，亦皆于奇崛之中迸出声光。其要不外意义层出、笔仗雄拔而已。自韩公而外，则班孟坚《汉书·叙传》一篇，亦四言中之最隽雅者。尔将此数篇熟读成诵，则于四言之道自有悟境。镜和诗雅洁清润，实为吾乡罕见之才，但亦少奇矫之致。凡诗文欲求雄奇矫变，总须用意有超群离俗之想，乃能脱去恒蹊。尔前信读《马汧督诔》，谓其沉郁似《史记》，极是极是。余往年亦笃好斯篇。尔若于斯篇及《芜城赋》《哀江南赋》《九辩》《祭张署文》等篇吟玩不已，则声情自茂，文思汨汨③矣。

此间军事危迫异常。九洑洲之贼纷窜江北，巢县、和州、含山俱有失守之信。余日夜忧灼，智尽能索，一息尚存，忧劳不懈，它非所

---

① 胎息：犹师承；效法。
② 的当：恰当；稳妥。
③ 文思汨汨：比喻文思源源不断。

知耳！尔行路渐重厚否？纪鸿读书有恒否？至为廑念①。余详日记中。此次澄叔处无信，尔详禀告。

涤生手示

同治元年十二月十四日

谕纪泽

谈韩愈五言诗之可骇可笑处。季枢二月可到湘潭。

字谕纪泽儿：

十一日接十一月二十二日来禀，内有鸿儿诗四首。十二日又接初五日来禀，其时尔初自长沙归也。两次皆有澄叔之信，具悉一切。

韩公五言诗本难领会，尔且先于怪奇可骇处、诙谐可笑处细心领会。可骇处，如咏落叶，则曰"谓是夜气灭，望舒霣其圆"；咏作文，则曰"蛟龙弄角牙，造次欲手揽"。可笑处，如咏登科，则曰"侪辈妒且热，喘如竹筒吹"；咏苦寒，则曰"羲和②送日出，恇怯③频窥觇"。尔从此等处用心，可以长才力，亦可添风趣。鸿儿试帖，大方而有清气，易于造就，即日批改寄回。

季叔奉初六恩旨追赠按察使，照按察使军营病故例议恤，可称极优。兹将谕旨录归。此间定于十九日开吊，二十日发引，同行者为厚四、甲二、甲六、葛翚山、江龙三诸族戚，又有员弁亲兵等数十人送

---

① 廑（qín）念：殷切关注。
② 羲和：古代神话传说中的人物，驾日车的神。《楚辞·离骚》："吾令羲和弭节兮，望崦嵫而勿迫。"王逸注："羲和，日御也。"
③ 恇怯：懦弱；胆怯。

之，大约二月可到湘潭。葬期若定二月底三月初，必可不误。

下游军事渐稳。北岸萧军于初十日克复运漕，鲍军粮路虽不甚通，而贼实不悍，或可勉强支持。此信送澄叔一阅。外冯春皋对一付查收。

涤生手示

同治二年正月二十四日

谕纪泽

劝大妹三妹忍耐顺受。

字谕纪泽儿：

萧开二来，接尔正月初五日禀，得知家中平安。罗太亲翁仙逝，此间当寄奠仪五十金、祭幛一轴，下次付回。

罗婿性情乖戾①，与袁婿同为可虑，然此无可如何之事。不知平日在三女儿之前亦或暴戾不近人情否？尔当谆嘱三妹柔顺恭谨，不可有片语违忤。三纲之道，君为臣纲，父为子纲，夫为妻纲，是地维所赖以立，天柱所赖以尊。故《传》曰：君，天也；父，天也；夫，天也。《仪礼》记曰：君至尊也，父至尊也，夫至尊也。君虽不仁，臣不可以不忠；父虽不慈，子不可以不孝；夫虽不贤，妻不可以不顺。吾家读书居官，世守礼义，尔当诰戒大妹三妹忍耐顺受。吾于诸女妆奁甚薄，然使女果贫困，吾亦必周济而覆育②之。目下陈家微窘，袁家、罗家并不忧贫。尔谆劝诸妹，以能耐劳忍气为要。吾服官多年，

---

① 乖戾：悖谬；不合情理。
② 覆育：抚养；养育。

亦常在耐劳忍气四字上做工夫也。

此间近状平安。自鲍春霆正月初六日泾县一战后，各处未再开仗。春霆营士气复壮，米粮亦足，应可再振。伪忠王复派贼数万续渡江北，非希庵与江味根等来恐难得手。

余牙疼大愈，日内将至金陵一晤沅叔。此信送澄叔一阅，不另致。

涤生手示

同治二年二月二十四日

谕纪泽

可由营付银修石桥。读书须记札记，以备考证。

字谕纪泽儿：

二月二十一日在运漕行次①，接尔正月二十二日、二月初三日两禀，并澄叔两信，具悉家中五宅平安。大姑母及季叔葬事，此时均当完毕。尔在团山嘴桥上跌而不伤，极幸极幸。闻尔母与澄叔之意欲修石桥，尔写禀来，由营付归可也。《礼》云："道而不径，舟而不游。"古之言孝者，专以保身为重。乡间路窄桥孤，嗣后吾家子侄凡遇过桥，无论轿马，均须下而步行。吾本意欲尔来营见面，因远道风波之险，不复望尔前来，且待九月霜降水落，风涛性定，再行寄谕定夺。目下尔在家饱看群书，兼持门户。处乱世而得宽闲之岁月，千难万难，尔切莫错过此等好光阴也。

余以十六日自金陵开船而上，沿途阅看金柱关、东西梁山、裕溪

---

① 行次：谓旅途暂居的处所。

口、运漕、无为州等处,军心均属稳固,布置亦尚妥当。惟兵力处处单薄,不知足以御贼否。余再至青阳一行,月杪即可还省。南岸近亦吃紧。广匪两股窜扑徽州,古、赖等股窜扰青阳。其志皆在直犯江西以营一饱,殊为可虑。

澄叔不愿受沅之貤封。余当寄信至京,停止此举,以成澄志。尔读书有恒,余欢慰之至。第所阅日博,亦须札记一二条,以自考证。脚步近稍稳重否?常常留心。此嘱。

涤生手示泥汊舟次

澄叔此次未另写信,将此禀告。

同治二年三月初四日

谕纪泽

望能以精确之训诂,作古茂之文章。谈来皖事。

字谕纪泽儿:

接尔二月十三日禀并《闻人赋》一首,具悉家中各宅平安。

尔于小学训诂颇识古人源流,而文章又窥见汉魏六朝之门径,欣慰无已。余尝怪国朝大儒如戴东原、钱辛楣、段懋堂、王怀祖诸老,其小学训诂实能超越近古,直逼汉唐,而文章不能追寻古人深处,达于本而阁①于末,知其一而昧其二,颇所不解。私窃有志,欲以戴、钱、段、王之训诂,发为班、张、左、郭之文章<small>晋人左思、郭璞小学最深,文章亦逼两汉,潘、陆不及也</small>。久事戎行,斯愿莫遂,若尔曹能成我未竟之

---

① 阁:阻隔不通。

志，则至乐莫大乎是。即日当批改付归。尔既得此津筏①，以后便当专心壹志，以精确之训诂，作古茂②之文章。由班、张、左、郭上而扬、马而《庄》《骚》而《六经》，靡不息息相通，下而潘、陆而任、沈而江、鲍、徐、庾，则词愈杂，气愈薄，而训诂之道衰矣。至韩昌黎出，乃由班、张、扬、马而上跻《六经》，其训诂亦甚精当。尔试观《南海神庙碑》《送郑尚书序》诸篇，则知韩文实与汉赋相近。又观《祭张署文》《平淮西碑》诸篇，则知韩文实与《诗经》相近。近世学韩文者，皆不知其与扬、马、班、张一鼻孔出气。尔能参透此中消息③，则几矣。

尔阅看书籍颇多，然成诵者太少，亦是一短。嗣后宜将《文选》最惬意者熟读，以能背诵为断，如《两都赋》《西征赋》《芜城赋》及《九辩》《解嘲》之类皆宜熟读。《选》后之文，如《与杨遵彦书》_徐《哀江南赋》_庾亦宜熟读。又经世之文如马贵与《文献通考》序二十四首，天文如丹元子之《步天歌》_{《文献通考》载之，《五礼通考》载之}，地理如顾祖禹之州域形势叙_{见《方舆纪要》首数卷，低一格者不必读，高一格者可读，其排列某州某郡无文气者亦不必读}。以上所选文七篇三种，尔与纪鸿儿皆当手钞熟读，互相背诵，将来父子相见，余亦课尔等背诵也。

尔拟以四月来皖，余亦甚望尔来，教尔以文。惟长江风波，颇不放心，又恐往返途中抛荒学业，尔禀请尔母及澄叔酌示。如四月起程，则只带袁婿及金二甥同来，如八九月起程，则奉母及弟妹妻女合家同来，到皖住数月，孰归孰留，再行商酌。目下皖北贼犯湖北，皖南贼犯江西，今年上半年必不安静，下半年或当稍胜。尔若于四月来谒，舟中宜十分稳慎，如八月来，则余派大船至湘潭迎接可也。余详日记

---

① 津筏：渡河的木筏，多比喻引导人们达到目的的门径。
② 古茂：古雅美盛。
③ 消息：奥妙；真谛。

中,尔送澄叔一阅,不另函矣。

涤生手示

同治二年三月十四日

谕纪泽

石涧埠最危急,捻军自湖北下,安庆亦须严防。

字谕纪泽儿:

顷接尔禀及澄叔信,知余二月初四在芜湖下所发二信同日到家,季叔与伯姑母葬事皆已办妥。尔自楮山归来,俗务应稍减少。

此间近日军事最急者,惟石涧埠毛竹丹、刘南云营盘被围。自初三至初十,昼夜环攻,水泄不通。次则黄文金大股由建德窜犯景德镇。余本檄鲍军救援景镇,因石涧埠危急,又令鲍改援北岸。沅叔亦拨七营援救石涧埠。只要守住一日,两路援兵皆到,必可解围。又有捻匪由湖北下窜,安庆必须安排守城事宜。各路交警,应接不暇,幸身体平安,尚可支持。

《闻人赋》圈批发还,尔能抗心[①]希古[②],大慰余怀。纪鸿颇好学否?尔说话走路,比往年较迟重否?付去高丽参一斤,备家中不时之需。又付银十两,尔托楮山为我买好茶叶若干斤。去年寄来之茶,不甚好也。此信送与澄叔一看,不另寄。奏章谕旨一本查收。

涤生手示

---

① 抗心:谓高尚其志。
② 希古:仰慕古人。

同治二年五月十八日

谕纪鸿
须得老成者同伴赴考。

字谕纪鸿儿：

接尔禀件，知家中五宅平安，子侄读书有恒为慰。

尔问今年应否往过科考？尔既作秀才，凡岁考科考，均应前往入场，此朝廷之功令，士子之职业也。惟尔年纪太轻，余不放心，若邓师能晋省送考，则尔凡事有所禀承，甚好甚好。若邓师不赴省，则尔或与易芝生先生同住，或随翚山、镜和、子祥诸先生同伴，总须得一老成者照应一切，乃为稳妥。尔近日常作试帖诗否？场中细检一番，无错平仄，无错抬头也。此次未写信与澄叔，尔为禀告。

涤生手示

同治二年八月初四日

谕纪鸿
嫁女不应恋母家富贵而忘其翁姑。

字谕纪鸿儿：

接尔澄叔七月十八日信并尔寄泽儿一缄，知尔奉母于八月十九日起程来皖，并三女与罗婿一同前来。

现在金陵未复，皖省南北两岸群盗如毛，尔母及四女等姑嫂来此，并非久住之局。大女理应在袁家侍姑尽孝，本不应同来安庆，因榆生在此，故吾未尝写信阻大女之行。若三女与罗婿，则尤应在家事姑事母，尤可不必同来。余每见嫁女贪恋母家富贵而忘其翁姑者，其后必无好处。余家诸女当教之孝顺翁姑，敬事丈夫，慎无重母家而轻夫家，效浇俗①小家之陋习也。三女夫妇若尚在县城省城一带，尽可令之仍回罗家奉母奉姑，不必来皖。若业已开行，势难中途折回，则可同来安庆一次。小住一月二月，余再派人送归。其陈婿与二女，计必在长沙相见，不可带之同来。俟此间军务大顺，余寄信去接可也。

此间一切平安。纪泽与袁婿、王甥初二俱赴金陵。此信及奏稿一本，尔禀寄澄叔，交去人送去。余未另信告澄叔也。

涤生手示

同治二年八月十二日

谕纪鸿

船上不可挂大帅旗，沿途不可惊动官长。

字谕纪鸿儿：

尔于十九日自家起行，想九月初可自长沙挂帆东行矣。船上有大帅字旗，余未在船，不可误挂。经过府县各城，可避者略为避开，不可惊动官长，烦人应酬也。余日内平安。沅叔及纪泽等在金陵亦平安。此谕。

涤生手示

---

① 浇俗：犹浇风，浮薄的社会风气。

同治二年十二月十四日

谕纪瑞

勿忘先世之勤俭，不可专恃荫生为基。

字寄纪瑞侄左右：

前接吾侄来信，字迹端秀，知近日大有长进。纪鸿奉母来此，询及一切，知侄身体业已长成，孝友谨慎，至以为慰。吾家累世以来，孝弟勤俭。辅臣公以上吾不及见，竟希公、星冈公皆未明即起，竟日无片刻暇逸。竟希公少时在陈氏宗祠读书，正月上学，辅臣公给钱一百，为零用之需。五月归时，仅用去一文，尚余九十八①文还其父。其俭如此。星冈公当孙入翰林之后，犹亲自种菜收粪。吾父竹亭公之勤俭，则尔等所及见也。今家中境地虽渐宽裕，侄与诸昆弟切不可忘却先世之艰难，有福不可享尽，有势不可使尽。勤字工夫，第一贵早起，第二贵有恒；俭字工夫，第一莫着华丽衣服，第二莫多用仆婢雇工。凡将相无种，圣贤豪杰亦无种，只要人肯立志，都可以做得到的。侄等处最顺之境，当最富之年，明年又从最贤之师，但须立定志向，何事不可成？何人不可作？愿吾侄早勉之也。荫生尚算正途功名，可以考御史。待侄十八九岁，即与纪泽同进京应考。然侄此际专心读书，宜以八股试帖为要，不可专恃荫生为基，总以乡试会试能到榜前，益为门户之光。

纪官闻甚聪慧，侄亦以立志二字，兄弟互相劝勉，则日进无疆矣。顺问近好。

涤生手示

---

① 此处数字前后不符，当有一错。

同治三年七月初四日

谕纪泽

悼小泉逝世。凡涉外事,请子密作缄相告。

字谕纪泽儿:

连接二十九日、初一、初二日三次四禀,具悉一切。

小泉竟尔①不起,深用悼惨,尔往吊□,余再致联幛、赙仪也。各处咨文尽可不粘保单。兹将排单寄去十余分。如咨文尚未发,排可也,不排亦可也。各省发咨太迟,今亦不复论矣。

安庆并无长龙解饷,此间已派长龙数号回皖。外间司道及各署有应商之事,余曾嘱其就子密一商。以后凡涉外事,请子密作一缄寄我可也。

裱地图,面背皆用白纸,但用黄绫镶边而已。和州图稍展,令宽四旁略有可折为妥。此嘱。

涤生手示

今日逢四送信之期,余寄四叔信一缄,日记一本,尔阅后专人送去。

---

① 竟尔:犹竟然。

同治三年七月初七日

谕纪泽
李秀成亲供五万余字已抄送军机处。

字谕纪泽儿：

日内北风甚劲，未接包封及尔禀信，余亦未发信也。

伪忠王自写亲供，多至五万余字。两日内看该酋亲供，如校对房本误书，殊费目力。顷始具奏洪、李二酋处治之法。李酋已于初六正法，供词亦钞送军机处矣。

沅叔拟于十一二等日演戏请客，余亦于十五前后起程回皖。日内因天热事多，尚未将江西一案出奏，计非五日不能核定此稿。老年畏热，亦畏案牍之繁难。余将来到金陵，即在英王府寓居，顷已派人修理矣。此谕。

涤生手示

同治三年七月初九日

谕纪鸿
告蒙朝廷封侯事，并诫力去傲惰二弊。

字谕纪鸿：

自尔起行后，南风甚多，此五日内却是东北风，不知尔已至岳州否？余以二十五日至金陵，沅叔病已痊愈。二十八日戮洪秀全之尸，初六日将伪忠王正法。初八日接富将军咨，余蒙恩封侯，沅叔封伯。

余所发之折，批旨尚未接到，不知同事诸公得何懋赏①，然得五等者甚少。余借人之力以窃上赏，寸心不安之至。

尔在外以谦谨二字为主，世家子弟，门第过盛，万目所属。临行时，教以三戒之首，末二条及力去傲惰二弊，当已牢记之矣。场前不可与州县来往，不可送条子，进身之始，务知自重，酷热尤须保养身体。此嘱。

同治三年七月初九日

谕纪泽

查三藩之役、平准之役封几人。

字谕纪泽儿：

初九日接尔初六申刻之禀，知二十三日之折，批旨尚未到皖，颇不可解。岂已递至官相处耶？各处来信皆言须用贺表，余亦不可不办一分。尔请程伯舅为我撰一表，为沅叔撰一表。伯舅前后所作谢折太多，此次拟另送润笔费三十金，盖亦仅见之美事也。

得五等之封者似无多人。余借人之力而窃上赏，寸心深抱不安。从前三藩之役，封爵之人较多，求阙斋西间有《皇朝文献通考》一部，尔试查《封建考》中三藩之役共封几人？平准部封几人？平回部封几人？开单寄来。

伪幼主有逃至广德之说，不知确否。此谕。

涤生手示

---

① 懋（mào）赏：奖赏以示勉励；褒美奖赏。

同治三年七月初十日

谕纪泽

接谕旨,封一等侯,沅甫封一等伯。

字谕纪泽儿:

今早接奉二十九日谕旨。余蒙恩封一等侯、太子太保、双眼花翎,沅叔蒙恩封一等伯、太子少保、双眼花翎,李臣典封子爵,萧孚泗男爵。其余黄马褂九人,世职十人,双眼花翎四人余兄弟及李、萧。恩旨本日包封抄回。兹先将初七之折寄回发刻,李秀成供明日付回也。

涤生手示

同治三年七月十三日

谕纪泽

因畏热,应治之事多搁废。

字谕纪泽儿:

接尔十一二三等号禀,具悉一切。此间初十、十一二等日戏酒①三日,沅叔料理周到,精力沛然,余则深以为苦。亢旱酷热,老人所畏,应治之事多搁废者。江西周石一案,奏稿久未核办,尤以为疚。自六月二十三日起,凡人证皆由余发及盘川,以示体恤。尔托子密告知两司可也。

鄂刻地图,尔可即送一分与莫偲老。《轮船行江说》,三日内准付

---

① 戏酒:谓摆酒演戏。

回。另纸缮写，粘贴大图空处。万篆轩、忠鹤皋及泰州、扬州各官日内均来此一见。李少泉亦拟来一晤，闻余将以七月回皖，遂不来矣。此谕。

涤生手示

同治三年七月十八日

谕纪泽

明日登舟回皖，在船清理积搁之事。

字谕纪泽儿：

二日未接尔禀，盖北风阻滞之故。此间十七日大风大雨，萧然便有秋气。

富将军今日来拜，邕谈一切。余拟明日登舟，乘坐民船，不求其快，舟中须作周石狱事一折，非三四日不能了。沅叔处无一人独坐之位，无一刻清净之时，故未办也。其他积搁之事亦尚不少，皆须在船一为清理。到皖当在月杪矣。此嘱。

涤生手示

同治三年七月二十日

谕纪泽
奉旨诸路将帅督抚均免造册造报销。

字谕纪泽儿：

十九日接尔十七日禀，知十一日之信至十七早始赶到安庆。哨官疲缓如此，不能不严惩也。余于十九日回拜富将军，即起程回皖，约行七十里乃至棉花堤。今日未刻发报后，长行顺风，行七十里泊宿，距采石不过十余里。

接奉谕旨，诸路将帅督抚均免造册①造报销，真中兴之特恩也。顷又接尔十八日禀，抄录封爵单一册。我朝酬庸②之典，以此次最隆，愧悚战兢，何以报称！尔曹当勉之矣。

涤生手示

同治三年七月二十四日

谕纪鸿
门户太盛，深为祇惧，望以谦敬二字为主。

字谕纪鸿：

自尔还湘启行后，久未接尔来禀，殊不放心。今年天气奇热，尔在途次平安否？

---

① 造册：编制簿籍。
② 酬庸：犹酬功；酬劳。

余在金陵与沅叔相聚二十五日，二十日登舟还皖，体中尚适。余与沅叔蒙恩晋封侯伯，门户太盛，深为祗惧①。尔在省以谦敬二字为主，事事请问意臣、芝生两姻叔，断不可送条子，致腾物议。十六日出闱，十七八拜客，十九日即可回家。九月初在家听榜信后，再起程来署可也。择交是第一要事，须择志趣远大者。此嘱。旧县舟次

同治四年闰五月初九日

谕纪泽纪鸿

告已至清江浦，诚以勤俭二字自惕。

字谕纪泽、纪鸿儿：

余于初四日自邵伯开行后，初八日至清江浦。闻捻匪张、任、牛三股并至蒙、亳一带，英方伯雉河集营被围，易开俊在蒙城，亦两面皆贼，粮路难通。余商昌岐带水师由洪泽湖至临淮，而自留此待罗、刘旱队至乃赴徐州。

尔等奉母在寓，总以勤俭二字自惕，而接物出以谦慎。凡世家之不勤不俭者，验之于内眷而毕露。余在家深以妇女之奢逸为虑，尔二人立志撑持门户，亦宜自端内教始也。余身尚安，癣略甚耳。

涤生手示

---

① 祗（zhī）惧：敬惧；小心谨慎。

同治四年五月十四日

谕纪泽纪鸿

发、捻群萃皖北。拟改驻临淮,先救皖北之急。

字谕纪泽、纪鸿儿:

专人来,接鸿儿初六夜信,具悉署内平安。罗氏外孙有病,比来已就痊否?又闻刘松山一军在龙潭闹饷,不肯渡江,不知近状何如?深为系念。

余于初八日至清江浦,发、捻二逆群萃皖北蒙、亳一带。英方伯雉河集营被围甚紧。英带二十八骑于初六日自营冲出,其诸将尚在该集守营求救。余拟改驻临淮,先救皖北之急。二十内外自袁浦启行。身体尚好。临淮至金陵官封二日可到也。日记一本可寄湘乡否?两叔信另寄矣。

涤生手示 清江浦

同治四年闰五月十九日

谕纪泽

湘勇闹饷,竟日忧灼。后辈夜饭不宜用荤。常阅习《颜氏家训》等书。

字谕纪泽儿:

接尔十一、十五日两次安禀,具悉一切。尔母病已全愈,罗外孙亦好,慰慰。

余到清江已十一日,因刘松山未到,皖南各军闹饷,故尔迟迟未发。雉河、蒙城等处日内亦无警信。罗茂堂等今日开行，由陆路赴临淮。余俟刘松山到后，拟于二十一日由水路赴临淮。身体平安，惟廑念湘勇闹饷，有弗戢自焚之惧，竟日忧灼。蒋之纯一军在湖北业已叛变，恐各处相煽，即湘乡亦难安居。思所以痛惩之之法，尚无善策。

杨见山之五十金，已函复小岑在于伊卿处致送。邵世兄及各处月送之款，已有一札，由伊卿长送矣。惟壬叔向按季送，偶未入单，刘伯山书局撤后，再代谋一安砚之所。该局何时可撤，尚无闻也。

寓中绝不酬应，计每月用钱若干？儿妇诸女，果每日纺绩有常课否？下次禀复。吾近夜饭不用荤菜，以肉汤炖蔬菜一二种，令其烂如臡①，味美无比，必可以资培养菜不必贵，适口则足养人，试炖与尔母食之星冈公好于日入时手摘鲜蔬，以供夜餐。吾当时侍食，实觉津津有味，今则加以肉汤，而味尚不逮于昔时。后辈则夜饭不荤，专食蔬而不用肉汤，亦养生之宜，且崇俭之道也。颜黄门之推《颜氏家训》作于乱离之世，张文端英《聪训斋语》②作于承平③之世，所以教家者极精。尔兄弟各觅一册，常常阅习，则日进矣。

涤生手草_{清江浦}

---

① 臡（ní）：带骨的肉酱，泛指肉酱。
② 《聪训斋语》：张英（1637～1708）告诫子弟务本力田、随分知足的一部书。
③ 承平：治平相承；太平。

同治四年六月初一日

谕纪泽纪鸿

述近日军情。须领略古人文字意趣。

字谕纪泽、纪鸿儿：

闰五月三十日由龙克胜等带到尔二十三日一禀，六月一日由驲递到尔十八日一禀，具悉一切。罗家外孙既系漫惊风，则极难医治。

余于二十五六日渡洪泽湖面二百四十里，二十七日入淮。二十八日在五河停泊一日，等候旱队。二十九日抵临淮。闻刘省三于二十四日抵徐州，二十八日由徐州赴援雉河，英西林于二十六日攻克高炉集。雉河之军心益固，大约围可解矣。罗、张、朱等明日可以到此，刘松山初五六可到。余小住半月，当仍赴徐州也。毛寄云年伯二十五日至清江，急欲与余一晤。余二十八日寄一信，因太远，止其来临淮。

尔写信太短。近日所看之书，及领略古人文字意趣，尽可自摅①所见，随时质正。前所示有气则有势，有识则有度，有情则有韵，有趣则有味，古人绝好文字，大约于此四者之中必有一长。尔所阅古文，何篇于何者为近？可放论而详问焉。鸿儿亦宜常常具禀，自述近日工夫。此示。

涤生手草

---

① 摅（shū）：发表或表示出来。

同治四年六月十九日

谕纪泽纪鸿

气势、识度、情韵、趣味四者,可以四象之说分配。

字谕纪泽、纪鸿儿:

十五日接泽儿十一日禀,鸿儿无禀,何也?今日接小岑信,知邵世兄一病不起,实深伤悼。位西立身行己读书作文俱无差谬,不知何以家运衰替若此?岂天意真不可测耶?尔母之病,总带温补之剂,当无他虞。罗氏外孙及朱金权已痊愈否?

此间大水异常,各营皆已移渡南岸。惟余所居淮北两营系罗茂堂所带,二日内尚可不移。再长水八寸,则危矣。阴云郁热,雨势殊未已也。

邵世兄处,应送奠仪五十金。可由家中先为代出,有便差来营即付去。滕中军所带百人,可令每半月派一兵来,此不必定候家乡长夫送信。余托陈小浦买龙井茶,尔可先交银十六两,亦候下次兵来时付去。邵宅每月二十金,尔告伊卿照常致送否?须补一公牍否?尔每旬至李宫保处一谈否?幕中诸友凌晓岚等,相见契惬否?气势、识度、情韵、趣味四者,偶思邵子四象之说可以分配,兹录于别纸。尔试究之。

涤生手示

同治四年六月二十五日

谕纪泽

陈刻《二十四史》颇可爱。《几何原本》可先刷一百部。

字谕纪泽儿：

二十三日接尔十七日禀，并汪刻《公羊》、陈刻《后汉书》、茶叶、腊肉等事具悉。二十四日接奉寄谕，知沅叔已简授①山西巡抚。谕旨咨少泉宫保处，尔可借阅。沅叔闰五月初六至十四之病，不知此时全愈否？余须寄信嘱其北上陛见之便，且至徐州兄弟相会。

陈刻《二十四史》颇为可爱，不知其错字多否？《几何原本》可先刷一百部。曾恒德无事，亦可来营。余又有取阅之书，可令滕中军派兵送来，录如别纸。

涤生手示

《刘禹锡集》《王昌龄集》《张籍集》。右三种于全唐诗内抽出寄来刘集有单行本否，试问子偲丈。唐四家诗选王、孟、韦、柳四本。《易经纂言》《诗经纂言》。右二种《吴文正公澄集》中有之，《通志堂经解》中亦有之，兹取吴集本。

---

① 简授：铨叙授职。铨叙，即审查官吏的资历和劳绩，确定其升降级别与职位。

同治四年七月初三日

谕纪泽纪鸿
少年文字，总贵气象峥嵘。

字谕纪泽、纪鸿儿：

二十七日接尔等各一禀，六月二日专兵至，接纪泽一禀，具悉一切。福秀之病大愈，至以为慰。福秀好吃零星东西而不甚爱饭，盖胃火强而脾土弱。胃强则贪食，脾弱则难化，难化则积滞而生疾。今不能强其多吃饭，却当禁其多食零物。食有节，则脾以有恒而渐强矣。泽儿于陶诗之识度不能领会，试取《饮酒》二十首、《拟古》九首、《归田园居》五首、《咏贫士》七首等篇反复读之，若能窥其胸襟之广大，寄托之遥深，则知此公于圣贤豪杰皆已升堂入室。尔能寻其用意深处，下次试解说一二首寄来。

又问有一专长，是否须兼三者乃为合作。此则断断不能。韩无阴柔之美，欧无阳刚之美，况于他人而能兼之？凡言兼众长者，皆其一无所长者也。鸿儿言此表范围曲成，横竖相合，足见善于领会。至于纯熟文字，极力揣摩固属切实工夫，然少年文字，总贵气象峥嵘，东坡所谓蓬蓬勃勃如釜上气。古文如贾谊《治安策》、贾山《至言》、太史公《报任安书》、韩退之《原道》、柳子厚《封建论》、苏东坡《上神宗书》，时文如黄陶庵、吕晚村、袁简斋、曹寅谷，墨卷如《墨选观止》《乡墨精锐》中所选两排三迭之文，皆有最盛之气势。尔当兼在气势上用功，无徒在揣摩上用功。大约偶句多，单句少，段落多，分股少，莫拘场屋之格式。短或三五百字，长或八九百字千余字，皆无不可。虽系《四书》题，或用后世之史事，或论目今之时务，亦无不可。总须将气势展得开，笔仗使得强，乃不至于束缚拘滞，愈紧愈呆。

嗣后尔每月作五课揣摩之文,作一课气势之文。讲揣摩者送师阅改,讲气势者寄余阅改。四象表中,惟气势之属太阳者,最难能而可贵。古来文人虽偏于彼三者,而无不在气势上痛下工夫。两儿均宜勉之。五十金、十六金兹交来卒带去。邵宅事、赵宅屋事,均办公牍矣。西序下次带回。此嘱。

涤生手示

同治四年七月十三日

谕纪泽

服炒米医脾亏。勉阅书有恒。

字谕纪泽儿:

十二日接尔初八日禀,具悉一切。福秀之病,全在脾亏。余前信已详言之。今闻晓岑先生峻补脾胃,似亦不甚相宜。凡五藏极亏者,皆不受峻补也。尔少时亦极脾亏,后用老米炒黄,熬成极酽①之稀饭,服之半年,乃有转机。尔母当尚能记忆。金陵可觅得老米否?试为福秀一服此方。开生到已数日,元徵信接到,兹有复信,并邵二世兄信。尔阅后封口交去。渠需银两,尔陆续支付可也。

义山集似曾批过,但所批无多。余于道光二十二三四五六等年,用胭脂圈批。唯余有丁刻《史记》六套在家否、王刻韩文在尔处、程刻韩诗最精本、小本杜诗、康刻《古文辞类纂》温叔带回,霞仙借去、震川集在

---

① 酽(yàn):(汁液)浓,味厚,引申指颜色的浓。

季师处、山谷集在黄恕皆家首尾完毕，余皆有始无终，故深以无恒为憾。近年在军中阅书，稍觉有恒，然已晚矣。故望尔等于少壮时，即从有恒二字痛下工夫。然须有情韵趣味，养得生机盎然，乃可历久不衰。若拘苦疲困，则不能真有恒也。

密禀悉，当细察耳。

涤生手示

正封缄间，又接泽儿初九日禀。小孩病尚未好。尔母泄泻，系脾虚火亏。昔年在京服重剂黄芪参术，此后不宜日日服药，服则补火补气。内银钱所房屋尽可退还侪山租钱。李宫保处宜旬一往，幕中陈、凌、蒋、陈等皆熟人也。又示。十四日申刻

同治四年八月十九日

谕纪泽

速寄王船山《书经稗疏》等书，以便刊刻。将《文献通考》等书带来。

字谕纪泽儿：

兹因潘文质回金陵，寄去鹿胶二斤、高丽参三斤并冬菜、口蘑等物查收。又付《全唐诗》四本，即六月间取来者。恐其遗失，故寄回，归于全部之中。

王船山先生《书经稗疏》三本、《春秋家说序》一薄本，系托刘韫斋先生在京城文渊阁抄出者。尔可速寄欧阳晓岑丈处，以便续行刊刻。刘松山前借去鄂刻地图七本，兹已取回。尚有二十六本在金陵，可寄至大营，配成全部此书金陵寓中尚有十余部，尔珍藏之，将来即以前代之图用朱笔写于此图之上。

《全唐文》太繁,而郭慕徐处有专集十余种,其中有《韩昌黎集》,吾欲借来一阅,取其无注,便于温诵也。又《文献通考》_{吾曾点过田赋、钱币、户口、职役、征榷、市籴、土贡、国用、刑、舆地等门者}、《晋书》《新唐书》_{要殿本},《晋书》兼取李芋仙送毛刻本均取来,以便翻阅。《后汉书》亦可带来_{殿本}。冬春皮衣均于此次舢板带来_{缺衿者一裹圆者皆要,袍褂不要}。此嘱。

涤生手示

同治四年九月初一日

谕纪泽

"尽其在我,听其在天"二语,亦是养生之道。

字谕纪泽儿:

三十日成鸿纲到,接尔八月十六日禀。具悉尔十一后连日患病,十六尚神倦头眩,不知近已全愈否?吾于凡事皆守"尽其在我,听其在天"二语,即养生之道亦然。体强者,如富人因戒奢而益富;体弱者,如贫人因节啬①而自全。节啬非独食色之性也,即读书用心,亦宜检约,不使太过。余八本匾中,言养生以少恼怒为本。又尝教尔胸中不宜太苦,须活泼泼地养得一段生机,亦去恼怒之道也。既戒恼怒,又知节啬,养生之道,已尽其在我者矣。此外寿之长短,病之有无,一概听其在天,不必多生妄想去计较他。凡多服药饵,求祷神祇,皆妄想也。吾于医药、祷祀等事,皆记星冈公之遗训,而稍加推阐,教

---

① 节啬:节省;节俭。

示后辈。尔可常常与家中内外言之。尔今冬若回湘，不必来徐省问，徐去金陵太远也。朱金权于初十内外回金陵，欲伴尔回湘。

近日贼犯山东，余之调度，概咨少泉宫保处。澄、沅两叔信附去查阅，不须寄来矣。此嘱。

同治四年九月晦日①

谕纪泽纪鸿

莳养花竹，饱看山水，以养身心。

字谕纪泽、纪鸿儿：

二十六日接纪泽二十日排递之禀，纪鸿初六日舢板带来禀件、衣书，今日派夫往接矣。李老太太病势颇重，近日略愈否？深为系念。泽儿肝气痛病亦全好否？尔不应有肝郁之症。或由元气不足，诸病易生，身体本弱，用心太过。上次函示以节啬之道，用心宜约，尔曾体验否？张文端公英所著《聪训斋语》，皆教子之言。其中言养身、择友、观玩山水花竹，纯是一片太和生机，尔宜常常省览。鸿儿体亦单弱，亦宜常看此书。吾教尔兄弟不在多书，但以圣祖之《庭训格言》家中尚有数本、张公之《聪训斋语》莫宅有之，申夫又刻于安庆二种为教，句句皆吾肺腑所欲言。

以后在家则莳养花竹，出门则饱看山水，环金陵百里内外，可以遍游也。算学书切不可再看，读他书亦以半日为率。未刻以后，即宜歇息游观。古人以惩忿窒欲为养生要诀。惩忿即吾前信所谓少恼怒也，

---

① 晦日：农历每月最后的一天，此即九月二十九日。因九月为月小，故二十九日称晦。

窒欲即吾前信所谓知节嗇也。因好名好胜而用心太过，亦欲之类也。药虽有利，害亦随之，不可轻服。切嘱。

此间派队于二十八日出剿，初一二可以见仗。十九日折奉旨留中，暂无寄谕。尔可先告李宫保也。余不多及。

涤生手示

同治四年十月初四日

谕纪泽

阅《聪训斋语》于养生有益。

字谕纪泽儿：

初三夜蒋大春到，接尔二十六日早一禀。具知李老太太病已痊愈，尔病亦好，慰慰。此间之贼于二十九日稍与徐郡派出之马队接仗，其夜即窜萧县，初一二日窜又渐远，现尚不知果窜何处。各兵既力求宽限，以后即限九日，以八百里之程，每日仅走九十里，并非强人所难。仍须立一课程：早到一日赏三百，早二日赏六百；迟一日打四十，二日打八十革去。

张文端公《聪训斋语》兹付去二本，尔兄弟细心省览，不特于德业有益，实于养生有益。

余身体平安，惟精神日损，老景逐增，而责任甚重，殊为悚惧。余不多及。

涤生手示

同治五年正月十八日

谕纪鸿

学字须用困知勉行工夫。

字谕纪鸿：

　　尔学柳帖《琅邪碑》，效其骨力，则失其结构，有其开张，则无其挽搏。古帖本不易学，然尔学之尚不过旬日，焉能众美毕备，收效如此神速？

　　余昔学颜柳帖，临摹动辄数百纸，犹且一无所似。余四十以前在京所作之字，骨力间架皆无可观，余自愧而自恶之。四十八岁以后，习李北海《岳麓寺碑》，略有进境，然业历八年之久，临摹已过千纸。今尔用功未满一月，遂欲遽跻神妙耶？余于凡事皆用困知勉行工夫，尔不可求名太骤，求效太捷也。以后每日习柳字百个，单日以生纸临之，双日以油纸摹之。临帖宜徐，摹帖宜疾，专学其开张处。数月之后，手愈拙，字愈丑，意兴愈低，所谓困也。困时切莫间断，熬过此关，便可少进。再进再困，再熬再奋，自有亨通精进之日。不特习字，凡事皆有极困极难之时，打得通的，便是好汉。余所责尔之功课，并无多事，每日习字一百，阅《通鉴》五叶，诵熟书一千字或经书或古文、古诗，或八股试帖，从前读书即为熟书，总以能背诵为止，总宜高声朗诵，三八日作一文一诗。此课极简，每日不过两个时辰，即可完毕，而看、读、写、作四者俱全。余则听尔自为主张可也。

　　尔母欲与全家住周家口，断不可行。周家口河道甚窄，与永丰河相似，而余住周家口亦非长局，决计全眷回湘。纪泽俟全行复元，二月初回金陵。余于初九日起程也。此嘱。

同治五年二月十八日

谕纪鸿

学字当学颜柳,学其秀而能雄。

字谕纪鸿:

凡作字总要写得秀,学颜、柳,学其秀而能雄;学赵、董,恐秀而失之弱耳。尔并非下等姿质,特从前无善讲善诱之师,近来又颇有好高好速之弊。若求长进,须勿忘而兼以勿助,乃不致走入荆棘耳。

兖州行次

同治五年二月二十五日

谕纪泽纪鸿

养生之法在顺其自然。勿贪恋外省,轻弃家乡。

字谕纪泽、纪鸿儿:

二十日接纪泽在清江浦、金陵所发之信。二十二日李鼎荣来,又接一信。二十四日又接尔至金陵十九日所发之信。舟行甚速,病亦大愈为慰。老年来始知圣人教孟武伯问孝一节之真切。尔虽体弱多病,然只宜清静调养,不宜妄施攻治。庄生云:"闻在宥[①]天下,不闻治天下也。"东坡取此二语,以为养生之法。尔熟于小学,试取在宥二字之

---

① 在宥:《庄子·在宥》:"闻在宥天下,不闻治天下也。"郭象注:"宥使自在则治,治之则乱也。"成玄英疏:"宥,宽也。在,自在也……《寓言》云,闻诸贤圣任物自在宽宥,即天下清谧。"后因以"在宥"指任物自在,无为而化。多用以赞美帝王的"仁政""德化"。

训诂体味一番，则知庄、苏皆有顺其自然之意。养生亦然，治天下亦然。若服药而日更数方，无故而终年峻补，疾轻而妄施攻伐强求发汗，则如商君治秦、荆公治宋，全失自然之妙。柳子厚所谓名为爱之其实害之，陆务观所谓天下本无事庸人自扰之，皆此义也。东坡游罗浮诗云："小儿少年有奇志，中宵起坐存黄庭。"下一存字，正合庄子在宥二字之意。盖苏氏兄弟父子皆讲养生，窃取黄老微旨，故称其子为有奇志。以尔之聪明，岂不能窥透此旨？余教尔从眠食二端用功，看似粗浅，却得自然之妙。尔以后不轻服药，自然日就壮健矣。

余以十九日至济宁，即闻河南贼匪图窜山东，暂住此间，不遽赴豫。贼于二十二日已入山东曹县境，余调朱星槛三营来济护卫，腾出潘军赴曹攻剿。须俟贼出齐境，余乃移营西行也。

尔侍母西行，宜作还里之计，不宜留连鄂中。仕宦之家，往往贪恋外省，轻弃其乡，目前之快意甚少，将来之受累甚大。吾家宜力矫此弊。余不悉。

涤生手示

李眉生于二十四日到济宁相见矣。四叔、九叔寄余信二件寄阅。他人寄纪泽信四件、王成九信一件查收。

同治五年三月十四夜

谕纪泽纪鸿

体会勤、俭、刚、明、忠、恕、谦、浑八德。

字谕纪泽、纪鸿：

顷据探报，张逆业已回窜，似有返豫之意。其任、赖一股锐意来东，已过汴梁，顷探亦有改窜西路之意。如果齐省一律肃清，余仍当赴周家口以践前言。

雪琴之坐船已送到否？三月十七果成行否？沿途州县有送迎者，除不受礼物酒席外，尔兄弟遇之，须有一种谦谨气象，勿恃其清介①而生傲惰也。余近年默省之勤、俭、刚、明、忠、恕、谦、浑八德，曾为泽儿言之，宜转告与鸿儿，就中能体会一二字，便有日进之象。泽儿天质聪颖，但嫌过于玲珑剔透，宜从浑字上用些工夫。鸿儿则从勤字上用些工夫。用工不可拘苦，须探讨些趣味出来。

余身体平安，告尔母放心。此嘱。济宁州

同治五年六月十六日

谕纪泽纪鸿

天下事无所为而成者极少，有所贪有所利而成者居其半，有所激有所逼而成者居其半。

字谕纪泽、纪鸿儿：

六月六日接纪泽五月十七、二十六日两禀，具悉一切。沅叔足疼全愈，深可喜慰。惟外毒遽瘳，不知不生内疾否。

唐文李、孙二家，系指李翱、孙樵。八家始于唐荆川之文编，至茅鹿门而其名大定，至储欣同人而添孙、李二家。御选《唐宋文醇》，亦从储而增为十家。以全唐皆尚骈俪之文，故韩、柳、李、孙四人之不骈者为可贵耳。

湘乡修县志，举尔纂修。尔学未成，就文甚迟钝，自不宜承认，

---

① 清介：清正耿直。

然亦不可全辞。一则通县公事，吾家为物望所归，不得不竭力赞助；二则尔惮于作文，正可借此逼出几篇。天下事无所为而成者极少，有所贪有所利而成者居其半，有所激有所逼而成者居其半。尔篆韵抄毕，宜从古文上用功。余不能文，而微有文名，深以为耻，尔文更浅而亦获虚名，尤不可也。或请本县及外县之高手为撰修①，而尔为协修。

吾友有山阳鲁一同通父，所撰《邳州志》《清河县志》下次专人寄回，即为近日志书之最善者。此外再取有名之志为式，议定体例，俟余核过，乃可动手。

纪鸿前文申夫改过，并自作一文三诗，兹寄去。申夫订于八月至鄂，教授一月，即行回川。渠善于讲说，而讲试帖尤为娓娓可听。鸿儿、瑞侄听渠细讲一月，纵八股不进，试帖必有长进。鸿儿文病在太无拄意②，以后以看题及想拄意为先务。

余于十五日自济宁起程，顷始行二十余里。身体尚好，但觉疲乏耳。此谕。

涤生手示

同治五年六月二十六日

谕纪泽纪鸿

居家礼节：男子讲求耕读，妇女讲求纺绩酒食。

字谕纪泽、纪鸿儿：

十六日在济宁开船后寄去一信，二十三日在韩庄下寄沅叔一信并

---

① 撰修：书写；编撰。
② 拄（zhǔ）意：即立意。拄，以杖或棍支持身体或物以保持平衡。

日记，均到否？

余于二十五日至宿迁。小舟酷热，昼不干汗，夜不成寐，较之去年赴临淮时困苦备之。欧阳健飞言宿迁极乐寺宽大可住。余以杨庄换船，本须耽搁数日乃能集事。因一面派人去办船，一面登岸住庙，拟在此稍停三日再行前进。尔兄弟侍母八月回湘。在徐州所开接礼单，余不甚记忆。惟本家兄弟接礼究嫌太薄，兹拟酌送两千金。内澄叔一千，白玉堂六百，有恒堂四百。尔禀商尔母及沅叔先行挪用，合近日将此数寄武昌抚署可也。

吾家门第鼎盛，而居家规模礼节总未认真讲求。历观古来世家久长者，男子须讲求耕读二事，妇女须讲求纺绩酒食二事。《斯干》之诗，言帝王居室之事，而女子重在酒食是议。《家人》卦，以一爻为主，重在中馈①。《内则》一篇，言酒食者居半。故吾屡教儿妇诸女亲主中馈，后辈视之若不要紧。此后还乡居家，妇女纵不能精于烹调，必须常至厨房，必须讲求作酒作醯醢②小菜换茶之类。尔等亦须留心于莳蔬养鱼。此一家兴旺气象，断不可忽。纺绩虽不能多，亦不可间断。大房唱之，四房皆和之，家风自厚矣。至嘱至嘱。

涤生手示_{宿迁}

---

① 中馈：指家中供膳诸事。
② 醯醢（xī hǎi）：用鱼肉等制成的酱。因调制肉酱必用盐醋等作料，故称。

同治五年八月初三日

谕纪泽纪鸿

读史须作史论、咏史诗。

字谕纪泽、纪鸿儿：

接纪泽六月二十三、七月初三日两禀，并纪鸿及瑞侄禀信、八股。两人气象俱光昌，有发达之概，惟思路未开，作文以思路宏开为必发之品。意义层出不穷，宏开之谓也。

余此次行役，始为酷热所困，中为风波所惊，旋为疾病所苦。此间赴周家口尚有三百余里，或可平安耳。尔拟于《明史》看毕，重看《通鉴》，即可便看王船山之《读通鉴论》，尔或间作史论或作咏史诗。惟有所作，则心自易入，史亦易熟，否则难记也。余近状详日记中。到周口后又专□送信。此示。

涤生手谕

早间所食之盐姜已完，近日设法寄至周家口。吾家妇女须讲究作小菜，如腐乳、酱油、酱菜、好醋、倒笋之类，常常做些寄与我吃。《内则》言事父母舅姑，以此为重。若外间买者。则不寄可也。

同治五年八月二十二日

谕纪泽纪鸿

虽衰病而折片不肯假手于人。望在武汉买朱子《纲目》一本。

字谕纪泽、纪鸿儿：

　　接尔等八月初十日禀，知鸿儿生男之喜。军事棘手，衰病焦灼之际，闻此大为喜慰。排行用浚、哲、文、明四字。此儿乳名浚一，书名应用广字派否，俟得沉叔回信再取名也。

　　九月初十后，泽儿送全眷回湘，鸿儿可来周家口侍奉左右。明年夏间，泽儿来营侍奉，换鸿儿回家乡试。余病已全愈，惟不能用心。偶一用心，即有齿痛出汗等患，而折片不肯假手于人。责望太重，万不能不用心也。

　　朱子《纲目》一书，有续修宋元及明合为一编者，白玉堂忠愍公有之，武汉买得出否？若有而字大明显者，可买一部带来。此谕。

　　　　　　　　　　　　　　　　　　　　　涤生手示

同治五年九月初九日

谕纪泽纪鸿

好而知其恶，恶而知其美。人但有志气，即可奖成之。

字谕纪泽、纪鸿：

　　接泽儿八月十八日禀，具悉。择期九月二十日还湘，十月二十四日四女喜事，诸务想办妥矣。凡衣服首饰百物，只可照大女二女三女之例，不可再加。纪鸿于二十日送母之后，即可束装来营，自坐一轿，行李用小车，从人或车或马皆可，请沅叔派人送至罗山，余派人迎至罗山。

淮勇不足恃，余亦久闻此言，然物论悠悠，何足深信。所贵好而知其恶，恶而知其美。省三、琴轩均属有志之士，未可厚非。申夫好作识微之论，而实不能平心细察。余所见将才杰出者极少，但有志气，即可予以美名而奖成之。

余病虽已愈，而难于用心，拟于十二日续假一月，十月奏请开缺，但须沅弟无非常之举，吾乃可徐行吾志耳。否则别有波折，又须虚与委蛇也。此谕。

同治五年十月十一日

谕纪泽

看字读古诗文当辨识其貌，领取其神。

字谕纪泽儿：

九月二十六日接尔初九日禀，二十九、初一等日接尔十八、二十一日两禀，具悉一切。二十三如果开船，则此时应抵长沙矣。二十四之喜事，不知由湘阴舟次而往乎？抑自省城发喜轿乎？

尔读李义山诗，于情韵既有所得，则将来于六朝文人诗文，亦必易于契合。

凡大家名家之作，必有一种面貌，一种神态，与他人迥不相同。譬之书家羲、献、欧、虞、褚、李、颜、柳，一点一画，其面貌既截然不同，其神气亦全无似处。本朝张得天、何义门虽称书家，而未能尽变古人之貌。故必如刘石庵之貌异神异，乃可推为大家。诗文亦然。若非其貌其神迥绝群伦，不足以当大家之目。渠既迥绝群伦矣，而后人读之，不能辨识其貌，领取其神，是读者之见解未到，非作者之咎也。尔以后读古文古诗，惟当先认其貌，后观其神，久之自能分别蹊径①。今人动指某人学某家，大抵多道听途说，扣槃扪烛之类，不足信也。君子贵于自知，不必随众口附和也。余病已大愈，尚难用心，日内当奏请开缺。近作古文二首，亦尚入理，今冬或可再作数首。

唐镜海先生没时，其世兄求作墓志，余已应允，久未动笔，并将节略失去。尔向唐家或贺世兄处_{蔗农先生子，镜海丈婿也}，索取行状节略寄来。罗山文集年谱未带来营，亦向易芝生先生_{渠求作碑甚切}索一部付来，以便作碑，一偿夙诺。

纪鸿初六日自黄安起程，日内应可到此。余不悉。

涤生手示

同治六年正月十七日

谕纪泽

定于十九日接印。沅叔劾官文，此间皆不以为然。

字谕纪泽儿：

正月初四日专人送信并书箱之式回家。旋于初六日自周家口起行，至十五日抵徐州府。一路平安，惟初十日阻雪一天，余均按程行走。定于十九日接印。官场自李少泉宫保而下，至大小文武各员，皆愿我

---

① 蹊径：门径；路子。

久于斯任，不再疏辞；江南士民闻亦望之如岁。自问素无德政，不知何以众心归向若此？

沅叔劾官相之事，此间平日相知者如少泉、雨生、眉生皆不以为然，其疏者亦复同辞。闻京师物论亦深责沅叔而共恕官相，八旗颇有恨者雨生云然。尔当时何以全不谏阻？顷见邸抄，官相处分当不甚重，而沅叔构怨颇多，将来仕途易逢荆棘矣。

曾文煜尚未到营，而尔交彼带来之信却已先到。近两旬未接尔信，殊深悬系。嗣后除专勇到□接信外，须另写两次交李中丞排递来营。每月三信，不可再少。信中须详写几句，如长沙风气何如，吾县及吾都风俗如何，尔与何人交好，凡本家亲邻近状皆宜述及，以慰远怀。此信呈澄叔一阅。

涤生手示 徐州考棚

同治六年二月二十五日

谕纪泽

以家中人口不甚旺、后辈读书天分平常为虑。
处境太顺，无困横激发之时，本难期其长进。

字谕纪泽儿：

二月十六日接正月初十禀，二十一日又接二十六日信。得知是日生女，大小平安，至以为慰。儿女早迟有定，能常生女即是可生男之征，尔夫妇不必郁郁也。李宫保于甲子年生子已四十二矣。惟元五殇亡，余却深为廑系。家中人口总不甚旺，而后辈读书天分平常，又无良师善讲者教之，亦以为虑。

科一作文数次，脉理全不明白，字句亦欠清顺。欲令其归应秋闱，则恐文理纰缪，为监临以下各官所笑；欲不令其下场①，又恐阻其少年进取之志。拟带至金陵，于三月初八、四月初八学乡场之例，令其于九日内各作三场十四艺，果能完卷无笑话，五月再遣归应秋试。科一生长富贵，但闻谀颂之言，不闻督责鄙笑之语，故文理浅陋而不自知。又处境太顺，无困横激发之时，本难期其长进。惟其眉宇大有清气，志趣亦不庸鄙，将来或终有成就。余二十岁在衡阳从汪师读书，二十一岁在家中教澄、温二弟，其时之文与科一目下之文相似，亦系脉不清而调不圆。厥后癸巳、甲午间，余年二十三四聪明始小开，至留馆以后年三十一二岁聪明始大开。科一或禀父体，似余之聪明晚开亦未可知。拟访一良师朝夕与之讲《四书》、经书、八股，不知果能聘请否？若能聘得，则科一与叶亭及今为之未迟也。

余以十六日自徐州起行，二十二日至清江，二十三日过水闸，到金陵后仍住姚宅行台。此间绅民望余回任甚为真切，御史阿凌阿至列之弹章，谓余不肯回任为骄妄，只好姑且做去，祸祸〔福〕听之而已。澄叔正月十三、二十八之信已到，暂未作复，此信送澄叔一阅。

涤生手示 宝应舟中

徐寿衡之长子次子皆殇，其妻（扶正者）并其女亦丧，附及。

---

① 下场：谓科举时代考生进考场应试。

同治六年三月二十八日

谕纪泽

不宜妄生意气，望变柔为刚，化刻为厚。

字谕纪泽儿：

接尔三月十一日省城发禀，具悉一切。鸿儿出痘，余两次详信告知家中。此六日尤为平顺，兹钞六日日记寄沅叔转寄湘乡，俾全家放心。

余忧患之余，每闻危险之事，寸心如沸汤浇灼。鸿儿病痊后，又以鄂省贼久踞臼口、天门，春霆病势甚重，焦虑之至。尔信中述左帅密劾次青，又与鸿儿信言闽中谣歌之事，恐均不确。余闻少泉言及闽绅公禀留左帅，幼丹实不与闻。特因官阶最大，列渠首衔。左帅奏请幼丹督办轮船厂务，幼已坚辞，见诸廷寄矣。余于左、沈二公之以怨报德，此中诚不能无芥蒂，然老年笃畏天命，力求克去褊心①忮心②。尔辈少年，尤不宜妄生意气，于二公但不通闻问而已，此外着不得丝毫意见。切记切记。

尔禀气太清。清则易柔，惟志趣高坚，则可变柔为刚；清则易刻，惟襟怀闲远，则可化刻为厚。余字汝曰劼刚，恐其稍涉柔弱也。教汝读书须具大量，看陆诗以导闲适之抱，恐其稍涉刻薄也。尔天性淡于荣利，再从此二事用功，则终身受用不尽矣。

鸿儿全数复元。端午后当遣之回湘。此信呈澄叔一阅，不另具。

涤生手示

---

① 褊心：心胸狭窄。
② 忮（zhì）心：嫉恨之心；妒忌之心。

同治七年十二月初三日

谕纪泽

李鸿章创机器局，为自强之本。上海铁厂请李主持。

字谕纪泽儿：

泰安发一信交刘高山带至金陵。是日接尔二十日禀，知十九日已移下江考棚为慰。李中堂欲借后园地球，尽可允许。俟渠到湖北，即交便轮船带去。并求其将方子可请入楚督署内，刊刻此图，附刻图说。仍求将方元征调入鄂省，酌委署缺，必为良吏。李相创立上海、金陵两机器局，制造船炮，为中国自强之本，厥功甚伟。余思宏其绪而大其规，如添翻译馆、造地球，皆是一串之事。故余告冯、沈二君，以后上海铁厂仍请李相主持，马、丁两帅会办。尔可将此意先行函告李相，余以后再有函商之也。

应敏斋所兑号票银虽止一万二千，而言明可用二万两，计别敬用万六七千，尚有三四千作盘川①，尽足敷用。小舫此举殊为多事。尔亦不宜寄来，姑带在身边可也。

日内途次平安。三十日小雪，恰与丁中丞在齐河会谈。今日至刘智庙，已交直隶境。兹将二十二以后九日日记寄去，尔速寄澄、沅两叔一览。余久未寄湘信，甚歉甚歉，过保定再寄耳。此嘱。

涤生手示

---

① 盘川：旅费。

同治八年正月二十二夜

谕纪泽

家眷北来一事殊难定策。存后路粮台之钱可密商作梅等散去。凡散财最忌有名。

字谕纪泽儿：

久未闻两江折差入京，是以未及写信。前接尔腊月二十六日禀，本日固安途次又接尔正月初七禀，具悉一切。余自十二月十七至除夕已载于日记中，兹付回。

正月灯节以前惟初三、五无宴席，余皆赴人之召。然每日仅吃一家，有重复者辄辞谢，不似李、马二公日或赴宴四五处。盖在京之日较久，又辈行较老，请者较少也。军机处及弘德殿诸公颇有相敬之意，较去冬初到时似加亲厚，九列中亦无违言。然余生平最怕以势利相接，以机心①相贸，决计不作京官，亦不愿久作直督。约计履任一年即当引疾悬车，若到官有掣肘之处，并不待一年期满矣。

接眷北来，殊难定策，听尔与尔母熟商。或全眷今春即回湖南，或全家北来保定，明年与我同回湖南，均无不可。若全来保定，三月初即可起行。余于二十日出京，先行查勘永定河。二十七八可到保定，接印后即派施占琦回金陵，二月二十日外可到。尔将书箱交施由沪运京，即可奉母北行耳。

余送别敬壹万四千余金，三江两湖五省全送，但亦厚耳。合之捐款及杂费凡万六千上下，加以用度千余金，再带二千余金赴官，共用二万两。已写信寄应敏斋，由作梅于余所存缉私经费项下提出归款。阅该项存后路粮台者已有三万余金，余家于此二万外不可再取丝毫。

---

① 机心：巧诈之心；机巧功利之心。

尔密商之作梅先生、雨亭方伯，设法用去。凡散财最忌有名，总不可使一人知——有名便有许多窒碍，或捏作善后局之零用，或留作报销局之部费，不可捐为善举费。至嘱至嘱。余生平以享大名为忧，若清廉之名尤恐折福也。杜小舫所寄汇票二张，已令高列三涂销寄回。尔等进京，可至雨亭处取养廉数千金作为途费，余者仍寄雨亭处另款存库，余罢官后或取作终老之资，已极丰裕矣。纪鸿儿及幕府等未随余勘河。二十三日始出京赴保定也。此谕。

涤生手示 固安工次

同治八年二月十八日

谕纪泽

殇女莫苦恼，君子之道，以知命为第一要务。公事较江督任内多三倍。

字谕纪泽儿：

初二日接印，初三日派占施〔施占〕琦至江南接眷，寄去一缄并正月日记，想将到矣。初八日纪鸿接尔正月二十七日信，知三孙女乾秀殇亡，殊为感恼，知尔夫妇尤伤怀也。然吾观儿女多少成否，丝毫皆有前定，绝非人力所可强求。故君子之道，以知命为第一要务，不知命无以为君子也。尔之天分甚高，胸襟颇广，而于儿女一事不免沾滞①之象。吾观乡里贫家儿女愈看得贱愈易长大，富户儿女愈看得娇愈难成器。尔夫妇视儿女过于娇贵。柳子厚《郭橐驼传》所谓旦视而暮抚、爪肤而摇本者，爱之而反以害之。彼谓养树通于养民，吾谓养

---

① 沾滞：犹挂碍。

树通于养儿。尔与冢妇宜深晓此意。庄子每说委心任运听其自然之道，当令人读之首肯，思之发□。东坡有目疾不肯医治，引《庄子》曰："闻在宥天下，不闻治天下也。"吾家自尔母以下皆好吃药，尔宜深明此理，而渐渐劝谏止之。

吾自初二接印，至今半月。公事较之江督任内多至三倍，无要紧者，皆刑名案件，与六部例稿相似，竟日无片刻读书之暇。做官如此，真味同嚼蜡矣。纪鸿近日习字颇有长进，温《左传》亦尚易熟，稍为慰意。此谕。

涤生手示 保定

同治九年正月初八日

谕纪寿

立志多读古书，立志作第一好人。

岳松三侄左右：

顷接来禀，字迹圆整，文气清畅，昔时四岁而孤，至是已有成立，深以为慰！

侄念及三河旧事，奋然有报仇雪憾之意，志趣远大，尤可嘉尚。古来圣贤豪杰，皆有非常之志。人之有志，犹水之有源，木之有根，作室之有基，力田之有种。今粤逆、捻逆均已殄灭①，中原次第荡平，侄年方幼学，宜立志多读古书，立志作第一好人。

读古书，先熟悉《四书》《五经》，然后次及于《周礼》《仪礼》

---

① 殄灭：消灭；灭绝。

《公》《榖》《尔雅》《孝经》《国语》《国策》《史记》《汉书》《庄子》《荀子》《说文》《文选》《通鉴》及李、杜、苏、黄之诗，韩、欧、曾、王之文，周、程、张、朱之义理，葛、陆、范、韩之经济，次第诵习。虽不能一旦全看，而立志不可不博观而广蓄。

作好人，先从五伦讲起。君臣有义，父子有亲，夫妇有别，长幼有序，朋友有信。自幼小以至老耄，自乡党以至朝廷，处处求无愧于五伦，时时以实心行之。又须求有济于斯世。伊尹以一夫不获为己之辜，范文正做秀才，便以天下为己任，可以为法。切不可度量狭隘，专作一自了汉，与他人较量锱铢。又须习勤耐苦，处贫困而不忧，历患难而不惧。孟子所谓"苦其心志，劳其筋骨，饿其体肤，困乏其身"，正所以当大任。张子所谓"贫贱忧戚，正所以玉汝于成"。自古无终身安乐而克成伟人者，历尽多少艰苦不如意之事，乃可磨炼出大材来。又须从"敬""慎"二字上用功。敬者，内则专静纯一，外则整齐严肃，《论语》之九思如"视思明，听思聪"之类。《玉藻》之九容如"足容重，手容恭"之类。慎者，凡事不苟，尤以谨言为先。此四端者，一讲敦伦，一求济世，是终身之远大规模也；一习艰苦，一学敬慎，是随时之切实工夫也。侄此时虽不能将四者全行体验，而立志不可不广大而精凝。果有志于读古书、作好人，则将来可为愍烈公克家之子，即可为朝廷有用之材矣。目下尤切者，事嫡母、生母曲尽孝道，能使两母皆洽欢心，一门毫无闲言，此即尽伦之道；于九思九容上着力，使门内有一种肃雍气象，此即敬慎之效。余事且可从容做去。至嘱，至嘱！

余今年六十，精力衰颓，目光甚蒙。内人自八月得病，至今半年未愈，署内殊无佳况。纪鸿于元旦日得举一子，小大平安，差以为慰。余详日记中。顺请叔母罗太夫人福安，侄之嫡母、生母近好。

涤生手草

同治九年六月初四日

谕纪泽纪鸿
安排后事,望二子不忮不求。

余即日前赴天津,查办殴毙洋人焚毁教堂一案。外国性情凶悍,津民习气浮嚣,俱难和叶,将来构怨兴兵,恐致激成大变。余此行反复筹思,殊无良策。余自咸丰三年募勇以来,即自誓效命疆场,今老年病躯,危难之际,断不肯吝于一死,以自负其初心。恐邂逅及难,而尔等诸事无所禀承,兹略示一二,以备不虞。

余若长逝,灵柩自以由运河搬回江南归湘为便。中间虽有临清至张秋一节须改陆路,较之全行陆路者差易。去年由海船送来之书籍、木器等过于繁重,断不可全行带回,须细心分别去留。可送者分送,可毁者焚毁,其必不可弃者,乃行带归,毋贪琐物而花途费。其在保定自制之木器全行分送。沿途谢绝一切,概不收礼,但水陆略求兵勇护送而已。

余历年奏折,令夏吏择要抄录,今已抄一多半,自须全行择抄。抄毕后存之家中,留于子孙观览,不可发刻送人,以其间可存者绝少也。

余所作古文,黎莼斋抄录颇多,顷渠已照抄一分寄余处存稿,此外黎所未抄之文寥寥无几,尤不可发刻送人,不特篇帙太少,且少壮不克努力,志亢而才不足以副之,刻出适以彰其陋耳。如有知旧劝刻余集者,婉言谢之可也。切嘱切嘱。

余生平略涉儒先之书,见圣贤教人修身,千言万语,而要以不忮不求为重。忮者,嫉贤害能,妒功争宠,所谓怠者不能修,忌者畏人修之类也。求者,贪利贪名,怀土怀惠,所谓未得患得,既得患失之类也。忮不常见，每发露于名业相侔①、势位相埒②之人；求不常见，每发露于货财相接、仕进相妨之际。将欲造福，先去忮心，所谓人能充无欲害人之心，而仁不可胜用也。将欲立品，先去求心，所谓人能充无穿窬③之心，而义不可胜用也。忮不去，满怀皆是荆棘；求不去，满腔日即卑污。余于此二者常加克治，恨尚未能扫除净尽。尔等欲心地干净，宜于此二者痛下工夫，并愿子孙世世戒之。附作忮求诗二首录右。

历览有国有家之兴，皆由克勤克俭所致。其衰也，则反是。

余生平亦颇以勤字自励，而实不能勤。故读书无手抄之册，居官无可存之牍。生平亦好以俭字教人，而自问实不能俭。今署中内外服役之人，厨房日用之数，亦云奢矣。其故由于前在军营，规模宏阔，相沿未改，近因多病，医药之资漫无限制。由俭入奢易于下水，由奢反俭难于登天。在两江交卸时，尚存养廉二万金。在余初意，不料有此，然似此放手用去，转瞬即已立尽。尔辈以后居家，须学陆梭山之法，每月用银若干两，限一成数，另封秤出。本月用毕，只准赢余，不准亏欠。衙门奢侈之习，不能不彻底痛改。余初带兵之时，立志不取军营之钱以自肥其私，今日差幸不负始愿，然亦不愿子孙过于贫困，低颜求人，惟在尔辈力崇俭德，善持其后而已。

孝友为家庭之祥瑞。凡所称因果报应，他事或不尽验，独孝友则立获吉庆，反是则立获殃祸，无不验者。

吾早岁久宦京师，于孝养之道多疏，后来展转兵间，多获诸弟之助，而吾毫无裨益于诸弟。余兄弟姊妹各家，均有田宅之安，大抵皆九弟扶助之力。我身殁之后，尔等事两叔如父，事叔母如母，视堂兄

---

① 相侔（móu）：相等；同样。
② 相埒（liè）：相等；等同。
③ 穿窬（yú）：挖墙洞和爬墙头，指偷窃行为。

弟如手足。凡事皆从省啬，独待诸叔之家则处处从厚，待堂兄弟以德业相劝、过失相规，期于彼此有成，为第一要义。其次则亲之欲其贵，爱之欲其富，常常以吉祥善事代诸昆季默为祷祝，自当神人共钦。温甫、季洪两弟之死，余内省觉有惭德①。澄侯、沅甫两弟渐老，余此生不审能否能见。尔辈若能从孝友二字切实讲求，亦足为我弥缝缺憾耳。

附忮求诗二首：

善莫大于恕，德莫凶于妒。妒者妾妇行，琐琐奚比数。己拙忌人能，己塞忌人遇。己若无事功，忌人得成务。己若无党援，忌人得多助。势位苟相敌，畏逼又相恶。己无好闻望，忌人文名著。己无贤子孙，忌人后嗣裕。争名日夜奔，争利东西骛。但期一身荣，不惜他人污。闻灾或欣幸，闻祸或悦豫。问渠何以然，不自知其故。尔室神来格，高明鬼所顾。天道常好还，嫉人还自误。幽明丛诟忌，乖气相回互。重者灾汝躬，轻亦减汝祚。我今告后生，悚然大觉寤。终身让人道，曾不失寸步。终身祝人善，曾不损尺布。消除嫉妒心，普天零甘露。家家获吉祥，我亦无恐怖。右不忮

知足天地宽，贪得宇宙隘。岂无过人姿，多欲为患害。在约每思丰，居困常求泰。富求千乘车，贵求万钉带。未得求速偿，既得求勿坏。芬馨比椒兰，磐固方泰岱。求荣不知厌，志亢神愈忕。岁燠有时寒，日明有时晦。时来多善缘，运去生灾怪。诸福不可期，百殃纷来会。片言动招尤，举足便有碍。戚戚抱殷忧，精爽日凋瘵。矫首望八荒，乾坤一何大！安荣无遽欣，患难无遽憝。君看十人中，八九无倚赖。人穷多过我，我穷犹可耐。而况处夷途，奚事生嗟忾？于世少所求，俯仰有余快。俟命堪终古，曾不愿乎外。右不求

---

① 惭德：因言行有缺失而内愧于心。

同治九年六月二十四日

谕纪泽

从崇厚之计,将府县革职治罪。此举内负神明,外惭清议。
日内目昏头晕,心胆俱裂。

字谕纪泽儿:

二十三日接尔二十二日禀。罗淑亚十九日到津,初见尚属和平,二十一二日大变初态,以兵船要挟,须将府县及陈国瑞三人抵命。不得已从地山之计,竟将府县奏参革职,交部治罪。二人俱无大过,张守尤洽民望。吾此举内负疚于神明,外得罪于清议,远近皆将唾骂,而大局仍未必能曲全,日内当再有波澜。吾目昏头晕,心胆俱裂,不料老年遭此大难。兹将渠来照会及余照复抄去折片另札行总局,嘱诸公密之。尔可交与作梅转寄卢、钱及存之一看,以明隐忍,为此非得已也。

日来服竹䇹药,晕症已减。惟目蒙日甚,断难久支,以后亦不再治目矣。余自来津,诸事惟崇公之言是听,挚甫等皆咎余不应随人作计,名裂而无救于身之败。余才衰思枯,心力不劲,竟无善策,惟临难不敢苟免,此则虽毫不改耳。此谕。

涤生手示

同治九年十一月初二日

谕纪泽纪鸿

每日以慎独、主敬、求仁、习劳四课相勉。

一曰慎独则心安。自修之道,莫难于养心。心既知有善知有恶,而不能实用其力，以为善去恶，则谓之自欺。方寸之自欺与否，盖他人所不及知，而已独知之。故《大学》之"诚意"章，两言慎独。果能好善如好好色，恶恶如恶恶臭，力去人欲，以存天理，则《大学》之所谓自慊，《中庸》之所谓戒慎恐惧，皆能切实行之。即曾子之所谓自反而缩，孟子之所谓仰不愧、俯不怍①，所谓养心莫善于寡欲，皆不外乎是。故能慎独，则内省不疚，可以对天地质鬼神，断无行有不慊于心则馁之时。人无一内愧之事，则天君泰然，此心常快足宽平，是人生第一自强之道，第一寻乐之方，守身之先务也。

二曰主敬则身强。敬之一字，孔门持以教人，春秋士大夫亦常言之，至程朱则千言万语不离此旨。内而专静纯一，外而整齐严肃，敬之工夫也；出门如见大宾，使民如承大祭，敬之气象也；修己以安百姓，笃恭而天下平，敬之效验也。程子谓上下一于恭敬，则天地自位，万物自育，气无不和，四灵毕至。聪明睿智，皆由此出。以此事天飨帝，盖谓敬则无美不备也。吾谓敬字切近之效，尤在能固人肌肤之会筋骸之束。庄敬曰〔日〕强，安肆日偷，皆自然之征应，虽有衰年病躯，一遇坛庙祭献之时，战阵危急之际，亦不觉神为之悚，气为之振，斯足知敬能使人身强矣。若人无众寡，事无大小，一一恭敬，不敢懈慢，则身体之强健，又何疑乎？

三曰求仁则人悦。凡人之生，皆得天地之理以成性，得天地之气以成形，我与民物，其大本乃同出一源。若但知私己，而不知仁民爱物，是于大本一源之道已悖而失之矣。至于尊官厚禄，高居人上，则有拯民溺救民饥之责。读书学古，粗知大义，即有觉后知觉后觉之责。若但知自了，而不知教养庶汇②，是于天之所似厚我者辜负甚大矣。

---

① 怍：惭愧。
② 庶汇：庶类；万类。

孔门教人，莫大于求仁，而其最切者，莫要于欲立立人、欲达达人数语。立者自立不惧，如富人百物有余，不假外求；达者四达不悖，如贵人登高一呼，群山四应。人孰不欲己立己达，若能推以立人达人，则与物同春矣。后世论求仁者，莫精于张子之《西铭》。彼其视民胞物与，宏济群伦，皆事天者性分当然之事。必如此，乃可谓之人；不如此，则曰悖德，曰贼。诚如其说，则虽尽立天下之人，尽达天下之人，而曾无善劳之足言，人有不悦而归之者乎？

四曰习劳则神钦。凡人之情，莫不好逸而恶劳，无论贵贱智愚老少，皆贪于逸而惮于劳，古今之所同也。人一日所着之衣所进之食，与一日所行之事所用之力相称，则旁人韪之，鬼神许之，以为彼自食其力也。若农夫织妇终岁勤动，以成数石之粟数尺之布，而富贵之家终岁逸乐，不营一业，而食必珍羞，衣必锦绣，酣豢高眠，一呼百诺，此天下最不平之事，鬼神所不许也，其能久乎？

古之圣君贤相，若汤之昧旦丕显，文王日昃不遑，周公夜以继日坐以待旦，盖无时不以勤劳自励。《无逸》一篇，推之于勤则寿考，逸则夭亡，历历不爽。为一身计，则必操习技艺，磨炼筋骨，困知勉行，操心危虑，而后可以增智慧而长才识。为天下计，则必己饥己溺，一夫不获，引为余辜①。大禹之周乘四载，过门不入，墨子之摩顶放踵②，以利天下，皆极俭以奉身，而极勤以救民。故荀子好称大禹、墨翟之行，以其勤劳也。

军兴以来，每见人有一材一技、能耐艰苦者，无不见用于人，见称于时。其绝无材技、不惯作劳者，皆唾弃于时，饥冻就毙。故勤则寿，逸则夭，勤则有材而见用，逸则无能而见弃，勤则博济斯民，而

---

① 余辜：抵偿不尽的罪愆。
② 摩顶放踵：从头顶到脚跟都磨伤。形容不辞辛苦，舍己为人。

神祇钦仰，逸则无补于人，而神鬼不歆。是以君子欲为人神所凭依，莫大于习劳也。

余衰年多病，目疾日深，万难挽回，汝及诸侄辈身体强壮者少，古之君子修己治家，必能心安身强而后有振兴之象，必使人悦神钦而后有骈集之祥。今书此四条，老年用自儆惕，以补昔岁之愆；并令二子各自勖勉，每夜以此四条相课，每月终以此四条相稽，仍寄诸侄共守，以期有成焉。